エレーヌ・カレール＝ダンコース

甦るニコライ二世

中断されたロシア近代化への道

谷口侑 訳

藤原書店

Hélène CARRÈRE D'ENCAUSSE

NICOLAS II

This book is published in Japan
by arrangement with la Librairie Arthème Fayard, Paris,
through le Bureau des Copyrights Français, Tokyo.

甦るニコライ二世／目次

甦るニコライ二世——中断されたロシア近代化への道

アンリ・トロワイヤ*へ

* ロシア生まれの仏作家（1911-）。革命後ロシアを去り、パリに亡命した。エカテリーナ女帝、イワン雷帝などを扱った歴史小説で知られる。アカデミー・フランセーズ会員。

序章

ロシアの歴史は、解読不能な記号に満ちていて、しかも、登場人物と出来事の間に神秘的な照応が織り成されている。一六一三年、長期間にわたる動乱の末に貴族会議は、やっと皇帝（ツァーリ）を選んだ。貴族会議は新皇帝を、居所であるヴォルガ河畔のコストラマのイパチエフ僧院に訪ねた。ここからロマノフ王朝の歴史が始まる。三世紀後、ロマノフ王朝最後の皇帝ニコライ二世は、家族全員と共にエカテリンブルクで虐殺されるのだが、その殺害場所は富裕な商人イパチエフの屋敷だった。奇妙な偶然がほかにもある。一六一三年に選ばれたロマノフ王朝初代皇帝の名はミハイルだった。ニコライ二世が最後の皇位を託そうと必死の努力をして無駄に終った相手の名前もミハイルである〔ニコライ二世の弟ミハイル大公のこと〕。これらの二人は、ミハイルの名を持つただ二人の皇帝である。さらに四分の三世紀が経過し、一九一七年以来のロシア革命を「瓦解させた男」であり、ロシア千年の歴史上で、初めて普通選挙で選出された初代国家元首となった人物*もエカテリンブルクから到来したのである。彼は、三色旗に双頭の鷲を刻印した国旗とニコライ二世の追憶を祖国ロシアに返還した。その同じエリツィンこそが、実はそれ以前にエカテリンブルク在勤時代、一九一八年のニコライ二世一家殺害の痕跡を消し去るためにイパチエフの屋敷を取り壊させたのだ。

＊ ボリス・エリツィン。旧共産党官僚だが一九九〇年離党。九一年のロシア共和国大統領選で圧勝。九六年の大統領選で再選されたが、九九年辞任。

このように無数の記号から、一人の人物とその企図が浮かび上がってくる。人物とはニコライ二世である。この君主が悲愴なのは、悲劇的な結末を迎えたからだけでなく、運命が自分の幸福を先天的に敵視していると思いこみ、運命からの信号に常に注意を払い、それを真に受けてしまうタイプだったからである。失意のどん底にあり、捕らわれの身の前皇帝としてシベリアを引き回される不安な旅路の果てにたどり着いたのがイパチエフの名を持つ屋敷であったことを、彼が生前詮索することを止めなかった運命からの恐ろしいメッセージの一つとニコライ二世は、見たのではなかろうか？

ウラジーミル・ウエドレはその美しいエッセイ『不在であり、存在するロシア』の中でこう断言している――「ロシアは運に恵まれたことは一度もなかった」。これこそ、ニコライ二世に取り付いていた感情だった。そして、彼の運命を例外的なものにしているのは、彼の劇的な死ではない。なぜなら、彼は革命の犠牲となったただ一人の君主ではないのだから。むしろ、二十年以上と比較的長かった治世の中で、彼の不運と祖国の不運とが重なり合い、その結果、彼個人と国家とに二重の災難が訪れたことである。

ロシアの不運はその歴史に由来する。疑いもなくロシアは欧州であり、ビザンチンの伝統の中で育てられたのだが、突然タタール人の侵略者によって欧州から引き離された。タタールの侵略者たちは、確かになにがしかの彼ら流の権力構造の原則をロシアに残したが、二世紀半もの間、ロシアを欧州の発展の正常な流れから遠ざけてしまった。ロシアの不運はまた、タタール人の教えを補うものとして、それ以前にローマ帝国の遺産をわかち持っていなかったことにあり、何世紀もかけて文明化された欧州を築く基礎となった法、所有権、契約といったものを知らなかったことにある。

そのような訳で、ロシアは長らく奇妙な、はるか彼方の国、と思われてきた。「いかにして……ロシア人たりうるのか?」とこの広大な国を訪れた冒険心のある旅行者たちは叫んだものだ。にもかかわらず、ロシアは十八世紀初頭以来、大国に成長していた。だが、その強さはロシア社会、経済、国家構造の後進性と対をなしていたし、それゆえにこの巨大な国が見かけ倒しに過ぎなかったことは否めない。「追いつくこと」こそが、ロマノフ王朝という安定した君主制が出現して以来、歴代の皇帝の課題だった。そしてピョートル大帝以降、どの君主もこの強迫観念に悩まされた。ピョートル大帝、エカテリーナ女王、アレクサンドル二世と、どの皇帝も自分なりの方法でこの課題に取り組んだ。いかにしてこの遅れを取り戻すか?いかにしてロシアと近代性の折り合いをつけるか? これが十九世紀を通して闘われた大論争だった。

遅れを取り戻すという大問題を免れるどころか、ニコライ二世は一八九四年、皇帝の座についたまさにそのときにこの大問題を受け継いだのである。彼が運命を導かねばならない国家——彼は無制限の権力を保持する専制君主なのだ——ロシアは、世紀末に目覚ましい興隆期に差しかかっていた。近隣諸国、財政家、企業家たちは新しいエルドラド(黄金の国)と思い込んだこの国に投資しようとした。トクヴィル*は新興国アメリカを目の当りにして、欧州の地にあるロシアは世紀末には大国になるだろうと予言したではないか?

＊アレクシス・ド・トクヴィル（1805-1859）　仏作家で政治家。米国訪問の後『アメリカにおけるデモクラシーについて』を書いたことで世界的に知られた。

だが、ニコライ二世を待ち受けていた仕事は果てしないものだった。永遠の反逆者クロポトキンが「憲兵隊型専制君主制」と名付けた国家の力は、後進性という永遠の問題を、社会の抱える不均衡と増大する要求を包み隠していた。問題は決して新しいわけではなかったが、一八九四年には、問題がかってなく先鋭化した。数年来、反逆の風がロシアに吹きすさんでいた。一八六三年のポーランドの蜂起は紛れもなくその兆しであり、この点に関しては何一つ解決されていなかったのである。度重なるテロ事件は、アレクサンドル三世下の手厳しい弾圧にもかかわらず止むことを知らず、国内のコンセンサスの脆弱性を示していた。いまや欧州全土が自由を口にしている。ジョルジュ・サンドの叫び、「自由か、さもなくば死を！」は各地に響き渡った。だがロシアは自由が何であるかを知らない。ロシア国境内では全ての人民が隷属させられていた。最大多数を占める農民たちは、確かに法律上は解放されたが、実際には依然として農奴の暮らしを続けていた。一八九四年、まさに始まろうとしているニコライ二世の治世の下で、ロシアが過去と決別し、自ら属する欧州大陸に歩調を揃えなければならないことは明白だった。欧州の自由諸国の世論も、まだ表現の術を知らなかった国内世論も、ニコライ二世のロシアが旧体制およびロシア的奇妙さと断絶し、欧州共通の秩序に従うことを待ち望んでいた。

いつもはもっと目配りのきくことで知られるある歴史家はニコライ二世と彼の治世を、いとも簡単に次のように要約している――「ニコライ二世は情熱も計画もなしに統治する。自国の悲惨さにも時代の展開にも無関心で、国家の要請に適合する一貫した政治計画を打ち出すこともできぬまま、彼は政治的な事柄を神の手に委ね、しがらみから逃れて私的な空間に逃避した」。

有無を言わせぬこの断定は当時広く受容されたが、ロマノフ王朝最後の皇帝の治世を特徴づけ、それに一貫性を与えるものをばっさり切り捨ててしまっている。すなわち、ロシアを近代化へと導き、ロシアをロシアらしさから切り捨てず、その本性から引き剥がさずに旧体制(アンシアン・レジーム)から欧州の時代への必要不可欠な移行を保証しようとした絶望的な試みのことである。

ニコライ二世の治世についての最良の定義は、つまるところ彼の精神を引き裂いた内的矛盾である。深い宗教的、政治的確信から、彼は受け継いだもの、すなわち専制制度に執着した。専制制度だけがロシア国民にふさわしいと彼は確信していた。同時に、彼は心情からではなく、知性からわかっていた――自分の確信と何とか折り合いをつけてロシアを近代性に適合させること、つまり専制制度を緩めることによって、ロシアを民主化せねばならないこと、自ら信じているものと理解しているものとの間の絶えざる緊張関係、既成秩序を変えたくないとする誘惑と改変せざるを得ないという確信、それらがニコライ二世の内的ドラマを構築していた。こうした内面の葛藤にもかかわらず、彼は後悔し、疑念を抱きながらも、一貫してロシア変革の試みを続けた。

強制された、いや自らが強制したこの選択は危険なものであった。なぜなら、事態が急を要するためにあらゆることを同時に、即座に実施することを必要としたからだ。ところが、ロシアが追いつくための計画のモデルとした国々では、国民とその指導者たちは幾世紀もの時間をたっぷり持っていた。ニコライ二世は支えとして、社会的支持も、時間も、「時流」さえも持ち合わせていなかった。十九世紀末と二十世紀初頭は、終末論的雰囲気の高まりを特徴としていた。ロシアでは、人々は黙示録的終末を待ち望んでいた。たぶん、時代の終焉としての宗教的な終末を、あるいは、革命が全てを、努力も、希望も、既存の秩序も押し流してしまう政治的終末を、待っていたのかも知れない。これは決して平和な移行を助けるような精神的風土ではなかった。ニコライ二世のあらゆる試みを失敗に帰そうとする矛盾はこれによって説明がつく。

　第一次世界大戦前夜、ロシアの状態はむしろ良好だった。経済革命が成果を生んでいた。貧困地域があったにせよ、国が豊かになったことは、個々人については現実に感じられていた。けれども、革命の沸騰と不満の高まりが、政治改革も社会を変え始め、社会と権力との関係も変化しつつあった。かような状況下では、破局の到来はもはや間違いない！への待望と重なり合った。

　四分の三世紀後、ロシアはニコライ二世の中断された計画の再試行とも言うべき新たな移行に直面している。とはいえ、両者の間では、立ち上がり当初の条件が異なっている。ニコライ二世は自ら統御しがたい状況の中で、父親から受け継いだ政治的・社会的枠組みの中で改革と取り組まねばならなかった。アレクサンドル三世の試みた事業をご破算にし、ロシアの既存のシステムをぶち壊すためには、世界大戦の試練を受けねばならず、ロシアはそのために恐るべき犠牲を払った。まだ自らに確信を持てずにいる社会が予感し、待ち望んだ災厄とは、まさにこの戦争であり、敗戦の悲劇と戦死者の隊列であった。けれども、ロシアは三年間も戦争に耐えた。そのことは、変化のただ中にあった社会が、信じられていたほど脆弱ではなく、災厄も必ずしも不可避ではなかったことを物語っている。

　今、まず〈ペレストロイカ〉（改革）、次いで「民主化への移行」の名の下に近代化への松明を再び掲げた者たちは、ニコライ二世に比べると、白紙の状態を前にしているという利点がある。従って、彼らは前進するしかない。そして四分の三世紀前に中断された移行の糸を紡ぎ直さなければならない。ニコライ二世の治世から、彼の希望と挫折から、彼らは教訓を学び取ることができる。なかでも、かつてトクヴィルが唱えた教訓を——「政府にとって最も危険な時は、改革を始めた時である。長い抑圧の後に臣民を解放する者（君主）を救い得るのは、天才のみである」。

ニコライ二世同様、今日近代化計画の監督者である彼の後継者たちも、移行とは多大の時間を必要とするものであり、しかもそうした時間など決してありはしない、との教訓を彼の例から学ばなければならない。なぜなら、特に国境が開放され、世界の情報が即座に伝わる時、社会の苛立ちは改革者たちに時間の余裕など与えはしないからだ。公言された進歩なるものは即時に実現されねばならず、さもなければ社会はたちまち背を向け、巧みな「笛吹き男」の後につき従ってしまうからである。また、後継者たちは、ニコライ二世の教訓として、社会が求める改革なるものは、最終的には社会そのものに敵対して作用することを学び取らねばならない。性急な人々、『ワーニャ伯父さん』[*1]の庭園で長広舌を振るう懐古主義者たちに敵対し、そしてロシアの景観から決して完全にはなくならないオブローモフ[*2]自身に敵対するのだ。

＊1　**『ワーニャ伯父さん』**　作家・劇作家アントン・チェーホフ（1860-1904）の有名な劇作の一つ。
＊2　**オブローモフ**　作家イヴァン・ゴンチャロフ（1812-91）の同名の長篇小説の主人公。善良な独身貴族だが、怠惰で無気力なインテリの代名詞となっている。

時間の不足と、達成しなければならない仕事の膨大さと、先細りの社会的支持と、遭遇する危険にもかかわらず、今日のロシアとそれを統治している人々は、ニコライ二世の試みの基礎となっていた二重の信頼の証しを再び立てなければならない。まず第一に、かつてチュッチェフがロシアという国の定義として国民に提示したために久しくスローガンとなり、かっこうの言い訳となり、慰めにもなってきた彼の言葉「ロシアは知性をもっては理解できない」が間違いであることを示さねばならない。次いで、偉大な詩人アレクサンドル・ブロークが革命の直後に発表した詩「スキタイ族」を否定しなければならない。

「そうだ、我々はスキタイ族なのだ、そうだ、我々はアジア人なのだ
吊り上がった、獰猛な眼をして……
我々はきみたちに対して我々アジア人の顔を向けるのだ……」

一世紀前のニコライ二世にとって、変革への移行とは、千年紀末の今日、彼の後継者たちが直面しているのと同様に、何よりも二重の挑戦に取り組むことにあった。すなわち、ロシアを理性で解読可能な国にすることと、ロシアからアジア人のマスクを剥ぎ取ること。そうすることによって、この国の正常な運命が完遂し、ロシアは、自らがまさにその一部でしかあり得ない欧州に復帰するのだ。

第一章　遺　産

ロマノフ王朝最後の皇帝、ロシア史上最後の君主となるニコライ二世が一八九四年に即位したとき、受け継いだ遺産なるものは皇室手当を筆頭に彼を満足させるものだった。この遺産は即位に先立つ三十六年間に蓄積された成果であり、偉大な変化と時として目を見張らせるような成功例からなっていた。当時の情勢を総点検したアナトリー・ルロワ＝ボーリユーは、ロシアに対するフランス人の意見としてキュスティーヌ侯爵*の言葉を取り上げている。侯爵は、ロシア人とタタール人を混同することは重大な過ちであるとフランス人に警告して次のように述べている――「キリスト教徒のスラブ人であり、我がオリエントの同胞であるロシア人は、モンゴル人の侵略によりヨーロッパから切り離されていたが、ピョートル大帝および彼の後継者たちによってまたヨーロッパに引き戻されたのだ」。

＊ **キュスティーヌ侯爵**　フランスの作家（1970-1857）。ニコライ一世時代のロシアを描いた『一八三九年のロシア』は痛

烈な批判書で世界的に翻訳された。

時はまさに一八九三年。おりからロシア艦隊が地中海のツーロン沖に停泊しており、パリとサンクトペテルブルクの間では軍事協定交渉が続けられていた。ロシアの人気が俄にフランスで高まり、仏政府がロシアへの支援と借款供与を考えていたのも、ロシアの社会、経済、特に政治に生じた変化ゆえだった。

解放された農民

「ロシア人は奴隷である」――十八、十九世紀にロシアを訪れた旅行者たちの訪問記に決まり文句として繰り返し登場する言葉だが、もちろんこれは間違いである。農奴制は奴隷制ではないからだ。この用語は不正確ではあるが、長いことロシアを特徴付けてきた現実を反映している。農奴制は十九世紀後半まで連綿と続いた。言い換えれば、西欧とロシアの間に存在する時間差である。ゴーゴリの名著『死せる魂』は、死んだ農奴の戸籍を売買する話だが、遥か遠くの奇妙な国ロシア、西欧の人々の知る歴史とは無縁な国という神話を広めるのに少なからず貢献した。ところが突然、この独特な遅れた農村の制度をかなぐり捨てたロシアが出現する。一八六一年、未来のニコライ二世の祖父であるアレクサンドル二世――リベラルとは言い難く、想像力に欠け、臆病な人物だったが――はルビコンを渡り、予期せぬ歴史的前進をロシアにもたらした。一八六一年二月十九日、農奴制が廃止され、ロシアの人口のかなりの部分を占める農奴たちに自由が与えられた。確かに、全ての農民が農奴であった訳ではない。とんでもない。一八五八年十二月の人口調査によると、ロシア帝国の総居住人口約六千八百万のうち、四十パーセント近くが正真正銘の農奴だった。解放政策の対象は彼らである。だがこの目覚ましい歴史的決定は不十分さも内包していた。与えられた自由は土地所有の権利を伴っていなかった。農民たちは土地をかつての地主から買い取らねばならず、国家がその仲介に立ち、資金援助を与えたが、農民たちは四十九年年賦で償還しなければならなかった。複雑な制度ではある。しかし、個人に与えられた自由そのものは残り、後述するように限度はあるのだが、総人口の半数近くにロシア市民権を付与したことにより、政治的近代化への道を開いたのである。

この解放の法的枠組みは個人の身分にではなく、〈ミール〉と呼ばれる地方共同体（コミューン）に立脚していた。農奴の解放と土地所有の移転を組織するのに地方共同体の枠組みを選んだことは二重の意味がある。第一に、改革の起草者たちはもはやほとんど存在しないこの制度に活力があると確信していたからだ。起草者たちは、農民が慣れ親しんできた土地所有と労働の共同体的組織形態に執着していると信じ込んでいた。土地問題はこのような枠組みの中で解決することがより容易であると考えていた。だが、この選択には経済的な説明もあった。一八六〇年代の農民階級は生産力が低く、受動的で、アルコール中毒に陥りやすかった。コミューンには一種の収税上の連帯関係が存在していて、成功しようと懸命に働く農民たちが仲間の分も保証する仕組みになっていた。最後に、コミューンを出て個人所有者の身分を手に入れる可能性のあることも条文上に謳われていた。といった訳で、改革の起草者たちは、農民の身分の急進革命という考え方の擁護者と、ロシアの社会関係の特殊性を信じていてその中でコミューンこそ——スラブ贔屓の人々が敬愛する神話だが——模範的な形態であると信じる者たちの仲を取り持ったと考えたのだ。

農民の解放はまた、地方に、権力の新しい組織を押し付けることになった。一八六一年までは、地主が自分たちの農奴について責任を負っていた。農奴制から解放された農民たちには権力の新しい構造と方式が必要となる。このような必要性が、当時としては政治的に最も深く重大な改革を生んだ。つまり、〈ゼムストヴォ〉の名で呼ばれる農民の地方自治組織である。一八六四年に郡（ウエズト）と県（グベルニヤ）に設置が決まったゼムストヴォは、異なる代表選出規則に基づいて選ばれた議会であるが、共通しているのは、自由を手にした農民を帝国の他の市民と同じレベルに立たせることであり、従って、彼らに真の政治的市民権を認める事であった。付け加えて言えば、村や郷（ヴォロスチ）では、権威を保持しているのは村会（スホド）であり、これらの自主統治機関には弱点や不十分さがあるにせよ、それまで国家官僚機構に握られていた権威の行使にも参画したいという願望を抱きながら、参加型生活に道を開いたことが容易に分かるであろう。確かに、一八六四年以降、土地所有貴族は、農民よりも教育を受けており、ゼムストヴォの活動に関心を持つ余裕があるだけの物的手段を持ち合わせていたので、優越的立場を占めることになる。だが地方によっては、例えば北ロシアでは、ゼムストヴォは当初から農民により支配され、結構うまく機能していた。特に、公教育、保健衛生、技術改善、地方道路網を権限下に置いていた上、ゼムストヴォは社会に近い存在だけに、現実に進歩の源泉となっていた。ゼムストヴォは、一八七〇年に都市行政の改革に際してモデルとなり、その結果、選出による〈市議会〉が設置されることになる。同時に、ロシアでまだ支配的だった官僚主義精神は、農民と都市住民による自主統治という新制度に対抗しようとして従前の権威システムを存続させる決定機関を持ち出してきた。そのために、不都合を強いられることになる。

司法革命

農奴制が廃止されると、アレクサンドル二世は気掛かりだったもう一つの問題、すなわち司法改革に取り組んだ。即位当時に発表された宣言の中で、この問題が既に取り上げられていた――「各人が法の下で等しい保護を受け、全員が等しい裁きを受ける」。

一八六四年まで実施され、それに基づいて判決が下された司法制度は、不文律だが明白な二つの原則に基づいていた。官僚主義と司法制度との緊密な関係がその一つであり、その結果として自由裁量がまかり通った。もう一つは、法の前でのロシア人の不平等。

一八六四年、大改革がこの不公平なシステムに終止符を打ち、近代的な原則と諸制度に置き換えられた。新システムは当初モスクワとサンクトペテルブルクで実験され、のち次第にロシア全土に拡大された。新しい司法制度は三段階のレベルで組織された。地方レベルでは、地方裁判所（オクルジノイ・スード）が設立され、民事及び刑事事件を扱った。第二のレベルでは、十か所の法廷が全土をカバーした。最後に、このシステムの頂点に立つものとして、元老院上告局（最高裁判所）が上告を受けた。治安判事が軽犯罪を扱い、刑事事件は陪審の前に付託された。判事は改革の新機軸の一つだった。判事たちは、住民四万人当たり一人の割合でゼムストヴォ議会によって選ばれた。地方レベルで存在する治安裁判所が控訴院の役割を果たした。治安判事は、良心的で情報に通じており、たちまち地方に絶大な影響力を持った。やがて彼らの姿は政治組織に見られるようになる。農村での係争事件は、奇妙なことに、これほど徹底して理路整然としているシステムから外れている。それらの事件は農民裁判所の所管に属しており、一般法ではなく慣習法が適用されていた。最後に、宗教裁判所と軍事裁判所もまた一般の規則から除外されていた。この司法機関の階級制度は、一八六四年まではロシアでは知られなかった新たな原則に従うことを強いられた。つまり、審議の告知、諸手続きの迅速化、そして裁判後は、報告書を官報「プラヴィーチェリスト・ヴェストニク」に挿入することによって大々的に告知されなければならない。将来に関わる最も重要な新機軸の一つは、真の司法職の養成である。判事は終身制であり、汚職の誘惑を免れるために政府により任命され、給与を支払われる。彼らは厳しい職業訓練を受けなければならない。陪審は所有財産のある種の規準に応じてゼムストヴォと市町村議会によって確立された名簿から選ばれる。裁判は係争当事者の出席の下に行われねばならず、被告は法的援助を受ける権利がある。この最後の要求は、かなりの知的、政治的影響を持つことになる。弁護士業は格の高い職業となり、教育程度の高い社会階層出の多くの候補者を惹き付けた。十九世紀末早々、ロシアの弁護士はその職業意識と話術の質の高さで知られていた。彼らの享受している威信ゆえに、弁護士は無視できない社会的影響力を及ぼし始めた。半世紀後、ケレンスキーのように最も優秀な政治家を生み出したのも、しばしばこの階層からである。

一般的に言って、このように開かれた、公的な司法は、世論にとって大きな魅力となり、世論形成に貢献することになる。フランスの法制度に着想を得たこの改革が、メンタリティーの変革に貢献したことは間違いない。それ以前は恣意的で理解し難い法制度に従わされていたロシア人は、汚職で悪評の高い法の権威の執行者たちを軽蔑していたが、国民に対する国家の義務という感覚と、官僚の行き過ぎと強大すぎる権限から守って欲しいとの意欲を持つようになった。言い換えれば、司法の領域でも地方議会の領域と同じように公民意識が発達しつつあった。司法制度の改革は時の試練に耐え、「解放者のツァーリ（皇帝）」が暗殺されたのち、相次ぐ後戻りにもかかわらず生き延びることになる。

徴兵制度による軍隊

改革政策のもう一つの重要な項目は軍隊に関するものだ。二つの理由があいまって変化を迫った。まずはクリミア戦争の教訓である。ロシア軍の敗北は、過度に中央に集中された指揮系統の欠陥を浮き彫りにした。そのために戦場について実際の知識もイニシアチブを取ろうとする精神も欠いていたのだ。また、ロシア社会に重くのしかかってる専制主義を軽減したいとの懸念から、国民のある階層に課されている義務兵役を支配する考え方を見直す必要があった。アレクサンドル二世の大いなる幸運は、この分野で首尾一貫した政策を遂行できる有能な大臣を有していたことだ。ドミートリ・ミリューチンは一八六一年、軍事大臣に任命され、そのポストに二十年間在任した。彼は軍事構造を根本的に変革するのに必要な時間を十二分に持っていたのである。早速一八六二年に、彼はまず指揮系統の再編成に取り掛かり、非中央集権化をはかり、ロシア帝国が最も神経を尖らせている周辺地域のワルシャワ、ヴィルノ、オデッサ、キエフに地方司令部を創設した。次いでこの方式はモスクワ、サンクトペテルブルク、ハリコフ、カザン、リガおよびフィンランドにも拡大され、最後にはカフカス地方、シベリアにまで及んだ。帝国の領土が中央アジアに拡張されると、同様な要請からトルキスタン、極東両軍管区が設置された。ミリューチンは指揮系統の非中央集中化を図りながら、中央の軍事的権威の強化を決心し、総参謀本部に新たな責任を付与し、それまでは存在していなかった総参謀長のポストを創設した。

まだ為すべきことは沢山あった。クリミア戦争と同様、日露戦争での敗北は、やる気十分の大臣の努力にもかかわらず、ロシアの軍事力の組織には多くの弱点が残されていることを示した。だが、権力の社会との関係という観点から最も緊急を要する問題は、ある種のカテゴリーに属する住民の上にのしかかっている要求だった。

一八六一年までは、ロシアは徴兵制度を知らず、男性人口のかなりの部分を思うままに軍隊に召し上げる方式を採用していた。全ての農奴とある種のカテゴリーの都市住民は軍務に供されていた。招集される者は――その数は「国家の必要」により決められた――二十五年間も苛烈極まりない精神的条件（家族から引き離されること）と肉体的条件（罰則は極めて厳しく、しばしば体罰が加えられ、しかも当局の監督が行き届かなかった）に置かれた。当初、ミリューチンは兵役を十六年間に短縮した。次いで、改革政策の全般的傾向に結び付いて取られた最も決定的な措置として、彼は一八七四年、この恣意的なシステムを徴兵制度に切り替えた。肉体的に兵役に耐え得ると宣告された全ての二十歳に達した男性市民は軍隊に招集された。その後、兵役は、学校教育を全く受けていない徴集兵については六年に短縮され、また小学校教育を受けた者は四年に、中等教育を受けた者は二年に、大学生は六か月に短縮された。それ以上の年齢の全ての徴集兵は九年間予備役に組み込まれ、また特別の場合は民兵としてさらに五年間も兵役につくこともありうる。家計を支えている者、既に家族の一員が兵役についている者には兵役免除の措置が取られた。教育の特典を認めたこのシステムは教育の価値を高めるのに役立った。汚職のケース、とくに徴兵のための身体検査を任された医者たちの汚職がはびこったことも確かである。しかしながら、ロシア軍は近代化され、もっとも貧しい生活を強いられている者たちにとっても徴兵されることが必ずしも生活の劇的な断絶を意味するものではなくなった。

教育こそ改革の鍵

軍隊がそれほど重視した教育こそ、全ての改革政策の鍵となる要素の一つであった。まだ識字率の低い社会を成熟した意識の高い社会へと転換することを目指していた。しかし、ロシアの将来にとってそれほど決定的な意味を持つ領域で、実際の政策は時として逡巡しがちだった。全てのレベルで教育システムは一八六〇年代に変化を余儀なくされたが、その第一義的理由は社会を覆いつつあった社会不安の広がりをくい止めるためであった。初等教育と中等教育は、ドミートリ・トルストイ伯が手掛けた大事業だった。元宗務院長官だった彼は、学生カラコゾフが皇帝暗殺に失敗した後の一八六六年、公共教育相に任命された。当局がこの暗殺未遂事件から得た結論は、教育制度の本質をもっと権威ある見通しの中で再考し、保守的見解を持つ精神を育成し、政治変化への漠然とした計画を抱かせないように仕向けることだった。トルストイ伯は保守主義者ではあったが、社会を教育することは、社会を安定化することだと考える長所を持っていた。この考え方は、ロシア社会が十九世紀末期に達成した偉大な知的進歩を説明するものである。

一八七一年から一八七二年にかけて、大臣はまず手初めに初等教育に取り組む決心をした。従来の非効率的なものにとって替わる新しい教員養成施設を設置し、ゼムストヴォにより大きな責任を任せた。それまでは、ゼムストヴォは学校の財政を一部負担しながらも、その運営に当たっては何の権限も行使できなかった。このように権限を官僚から選出され地方議会へと移譲することは、たとえ限られたものであっても、学校改善に貢献したことは疑いない。初等課程のプログラムを変更することによって、大臣は初等教育から在来中等教育及び大学教育へとつなぐ懸け橋を築こうとしたのだ。だがこの計画は国家評議会の反対に遭って失敗した。国家評議会は全ての教育システムの画一化に敵意を示したが、これは、その結果として大学入学希望者が殺到することを予測したからだろう。国家評議会は教育大臣の計画に反対し、地域の学校は最も才能に恵まれた児童たちを「実業学校」と呼ばれる学校（現代中等教育の免状を交付する）もしくは技術教育に向けて準備すべきだとの原則を押し付けた。これはどんな場合であれ、大学教育に向けての長い道程を示すものではない。といった訳で、農村や地方における無償の初等教育は中等教育から切り離されたままであり、中等教育はより限られた社会的エリート向けであった。

教育大臣はさっそく一八七一年から、政治的見地から従来の中等教育のプログラムの検討に取り掛かった。当時、教育プログラムの改定を支配していた考え方は、科学の教育は危険であり、革命的変革を指向する不安定な精神を育ててしまう、というものだった。政府内でも、科学に向けて育まれた精神と古典学科に向けて教育された精神とを明確に分ける境界線が存在すると信じられていた。進歩主義者は前者を、保守主義者は後者を支持した。そのような訳で、ロシアの中等教育ではギリシャ、ラテンなどの死語の教育が強調されると同時に、現代語と数学にも力点が置かれた。また、実業学校数が急増し、そこでは従来のサイクルと同じように科学の時間は最小限に切り詰められ、言語の勉強時間が増やされた。

こうした保守主義者たちの意図にもかかわらず、教育を社会全体に広げ、知識を深める方向に向かった改革は、結果として、教育制度に全般的進歩をもたらした。さらに、軍隊で受けることになっている新兵教育と相まって、権力側が社会との関係を、知的進歩から生まれた自覚の拡大の上に、進歩思想を退けつつ構築しようとする願望の効果がわずか数年のうちに現れて来た。

最後に大学だが、絶えざる政治的動揺が特色なだけに、権力にとっては常に懸念の種だった。異議申し立てと革命計画の火元であった大学は、歴代の大臣が抱えた複雑さを露呈しながら世紀末の矛盾に満ちた改革の辛酸を嘗めた。一八六〇年代の初め、抑圧の潮流が支配的で学生組織を禁止し、入学及び試験についてやたら規範を厳しくした。同年代初めに頻繁だった学生デモは学生の除籍と除籍学生の軍隊送りに終わった。教え子たちを擁護しようとした教授たちはポストを失った。サンクトペテルブルク大学が主舞台となった大学紛争は鎮まりそうになかったため、アレクサンドル二世は一八六二年、大学によりリベラルな地位を与えることを使命とした新大臣を任命した。皇帝は諸外国のシステムを研究することが大学生活の新たな形態を提案するための基礎となることを望んだ。権力は大学の自治権承認と厳格な統制の間で常に揺れていた。一八六三年の改革は大学に比較的自治を与える道を選び、教授団による学長及び学部長の選挙、教授任命の際の大学の選択の自由、弟子たちの教育にあたっての教授たちの自由を承認した。大臣と事務当局は目立つのを控えるようにし、自由化された大学生活が数年の間、続いた。

学生、教授たちと国家の和解を目的としたこのような政策の妥当性について議論が燃え上がったのは、またもや国家権力に対するテロリストの圧力によってだった。一八六六年、学生カラコゾフが皇帝アレクサンドル二世殺害を図った事件は、対大学政策がテロ活動の再発を考慮に入れたものでなければならないことを皇帝に確信させた。そこで皇帝はトルストイ伯を公共教育相に任命し、大学の将来について再検討するよう求めた。驚いたことに、新大臣の回答もむしろリベラルなものだった。大学についての法令の変更を望むどころか、女性への高等教育を発展させる道を選んだ。一八七二年、モスクワ大学は若い女性たちのための講座を開設した。四年後、女性のための高等教育の法令が公布された。サンクトペテルブルク軍医科学校もついに女子学生を受け入れることになった。一八八一年には早くも二千五百人の女子学生がロシア各地の有名大学で学んでいた。

これら全ての改革が学生の為になり、彼らの願望に応えることを第一義的目標にしていた訳ではない。だが、進歩を目指すという点では首尾一貫していた。トルストイの業績は三点に要約される。すなわち、ロシアの青少年を迅速に教育すること。教育を受けた青年たちが高等教育、つまり大学に殺到することを避けるために流れを抑制すること。教育のプログラムを制限して騒動を引き起こす要因を排除すること。このような犠牲を払うことにより、大学は実際には自由を享受することができた。教育の進歩を入念にコントロールすることにより、権力側は知的エリートたちが当然のことながら伝達する反抗精神の高まりとスピード競争を繰り広げていた。これらのエリートたちに対抗して、既存のシステムをより良く理解し、受け入れる社会を構築すること、これこそあらゆる改革に潜む賭けなのである。しかし、思想と反抗的態度の発展は教育の進歩と表裏一体をなしており、あらゆる近代化への努力が次第に問題とされるようになった。その影響を決して過小評価してはならないだろう。

経済大国の選択

ロシア社会が解放され、教育水準が高まり、たとえ限度があるにせよ地域社会が権力の行使に関わるようになると、新たな生活手段を与えなければならなくなる。続く時代、アレクサンドル三世の下でロシアの経済発展に手腕を発揮したのはセルゲイ・ウィッテであるが、ロシアは農業国から急速に一大産業国へと変貌を遂げ、投下先を探し求めていた大資本には魅力的な国に映った。

このような発展にはいくつもの要因が働いている。第一に農奴制廃止である。都会生活に憧れる農民、あるいは土地を持てない農民たちは職を求めて都会へ向かった。同じ理由から、力ずくで鉱山や労働条件の劣悪な工場で働かされていた農奴たちは、さほど厳しくなく割りのよい仕事を求めて地方を後にした。中央アジアの征服はロシアに木綿という資源を手に入れさせ、繊維産業を発展させるのに大きな役割を演じた。それに、鉄道網の延長は豊かな労働力を動員させた。重要な交通網の建設は一八六〇年代末から始まった。この点においても、ロシアは他の欧州諸国に比べて大きく遅れを取っていた。他の欧州諸国では既に十九世紀半ばから鉄道の発展を利用して産業化を加速させていたからだ。クリミア戦争は迅速で効果的な交通手段の欠如がいかにロシアに高い代価を払わせたを如実に示したのにもかかわらず、ロシアでは最初の鉄道網の出現は大幅に遅れた。一八五七年、皇帝は失敗から教訓をくみ取り、ロシア鉄道会社の創設を命じた。運輸省は全ての努力を調整しようと試みたが、ロシアの鉄道開発は民間会社の手によるものだった。二十年後、すでに敷設されていた約二万四千キロメートルの鉄道のうち四分の三が民間会社の所有で、国有部分はわずか四分の一に過ぎなかった。民間会社の果たしている役割に加えて、そこにはもう一つの特色があった。すなわち、建設される鉄道は全てロシアの西部に向かっていた。これもクリミア戦争の敗北の教訓だが、その過ちの結果が痛感させられたのは、日露戦争の際にロシア軍を東方に輸送しなければならなくなった時だった。

しかしながら、経済発展のための決定的要因として現れた鉄道への支配権を確立する必要を国はたちまち感じた。この支配権とはまず民間会社の設定した鉄道運賃に対するものだった。次いで、二次的な路線の買収が行われ、大鉄道会社に路線を買収させて所有の集中化を図った。次第に国が鉄道路線の大半を取得し、二十世紀初頭には私有対国有の比率は逆転し、いまや五万キロメートルに達する鉄道網の七十パーセント近くを国が管轄するようになる。

経済の進路もロシアの領土が変化するにつれて展開するようになる。運輸面での進歩は金属産業の発展と大工業中心地の転移を強力に支援する。それまでロシア最大の工業地帯だったウラル地方は、ドネツの石炭資源とクリヴォイロクの鉄鉱床の合体によってたちまち追い抜かれてしまった。こうした変化の結果、企業の集中と都市の発展がロシア社会を変容させる。一八六〇年代の初め、工業関連企業の半数以下が百人以上の労働者を雇用していたが、三十年後には四分の三の企業がこの数字を越えるまでになっていた。住民の人口が十万人を越すロシアの都市の数は中央ロシアとその周辺地帯に増える一方で、後者の典型であるバクーは石油の都として一八九〇年以来、この数字を突破していた。もう一つの社会変化の例を挙げよう。企業経営者の増加である。それも巨大資本企業（ノーベル、ロスチャイルドなど）であったり、より小規模の純粋ロシア人企業経営者であったりするが、連合を組織して大会や会議を開き、政府の指針や公権力からの注文にも影響を与えるようになった。関税問題も産業家と国家権力との厳しい交渉の対象となった。

ロシアはそこで保護主義政策の道を選ぶ。それはまず経済大国の大半がそうしているからであり、輸入を減らしてロシア国内生産を優遇した。木綿がその良い例で、中央アジアの征服によって、ロシアは木綿を確保した。それまでは容易に木綿の輸入ができたので、サンクトペテルブルクやウッジ〔現ポーランド〕に位置する加工産業は、外国から船または汽車でそれを取り寄せていた。一八八〇年代初めまでは関税率が比較的低かったが、関税率を引き上げることで国家に貿易収支のバランスを回復させ、同時に増える一方だった借金の返済に当てるための資金を入手できた。

アレクサンドル二世の治世下に始まった工業発展は一八八一年以後目覚ましい飛躍を遂げた。アレクサンドル三世は父帝の暗殺にショックを受け、頭をもたげつつあった社会的及び政治的脅威を抑え込むために祖国の経済力、軍事力を強化する必要性を確信していた。経済力強化を選択したことは、それ以前のいくつかの改革（単一国庫、財政と投融資を中央集中化した国立銀行の創設、年度予算の公表など）の成果に支えられて、発展と外国投資家の信頼を確保することに貢献した。

領土拡張の完了

求められ続けた強大さはまた、ほぼ最終形態になりつつあったロシア帝国の領土拡大に負うこと大であった。クリミア戦争が終結すると、ロシア帝国は、真のユーラシア大陸国家となるために拡張すると同時に結束することに向かった。地続きの領土を持つことの例外は、ピョートル大帝の地理に対する好奇心の思い出であるアメリカ大陸へのロシアの進出であった。一八六七年、ロシアはアメリカにアラスカを売却し、その注意を東方及び南方に向ける。既に一八五八年と一八六〇年に、ロシアは中国の弱体化につけ込んで北京に愛琿《あいぐん》条約と北京条約を押し付け、ロシアにアムール河左岸とウスーリ地方を割譲させた。この「不平等条約」に関しては、中国は久しく焦燥感を抱き続け、中露関係への影響は一世紀後になっても感じられることになる。理論的には共産主義が人々を歩み寄らせるはずであるが、一世紀前に結ばれた不平等条約の記憶が両国民の間に持続させている憎悪がある限り、この目標を達成することは至難の業であることを中露両国は国際社会に示している！　だがアレクサンドル二世が中国に押し付けた犠牲のお陰で、ロシアは太平洋沿岸にニコラエフスクやウラジオストクのような港湾と、アムール河とウスーリ河の合流点にハバロフスクの町を築き、太平洋大国になることが可能になった。アラスカの放棄を余儀なくした領土の統一性の原則は、日本海におけるロシアの領土を保護するためにサハリンに特別な重要性を与えることになる。その懸念からロシアは一八七五年に、二十年来日露間で共有されていたサハリン全体の領有と引き換えに、本土からより離れている千島列島北部を日本に譲渡する。

しかし、当時ロシアの伸長が最も目覚ましかったのはカフカス地方と中央アジアにおいてであった。カフカス南部の保護領は一七八三年、エカテリーナ二世によってキリスト教国グルジアに与えられ、近隣の大回教帝国からの侵攻に備える防壁になっていたが、一八〇一年にはロシアに併合されてしまった。カフカス北部では、イスラム教徒指導者シャミールに対する数十年に及ぶ戦いの結果、クリミア戦争の直後にこれを屈服させ、またアルメニア人が居住している領域ではエチミアジンのアウトセファル教会を保護したお陰で支配権を確立し、一八六〇年代当初からカフカス地方全体がロシアの管轄下に置かれた。残るのは中央アジアだが、そこを支配下に置けるか否かは、ロシア自身の安全保障と、征服した地域の安全保障がかかっているだけに、ロシアにとって重大なことであった。すなわち、一方の極ではカスピ海沿岸、中国から奪い取った地方、シベリアへの通路――そこには十六世紀以来絶えずロシア人を入植させていた――、そしてライバル関係にあった大英帝国としのぎを削っている地域があった。

十九世紀半ば以来、ロシアは未だ見知らぬ外国であるアジアへと進攻し、遊牧民部族を屈服させ、そこに砦の防衛線を築いた。シルダリア河沿いにアラル海とコーカンド、ブハラ汗国とを結ぶ線、セミパラチンスクから中国との国境に向けてヴェルヌイまでバルハシ湖の南を通る線である。このようにしてロシアの最初の中央アジア拠点が築かれ、遊牧民が動員され、広大な空間を征服する時代の幕が開かれた。折からの中央アジア諸国の弱体化は、ロシアがクリミア半島やカフカス地方での紛争を片付けて国力を強化していただけに、ロシアの勢力拡大を容易にした。同世紀の半ばには軍人と民間人を集めた中央アジア委員会が設置され、ロシア政府部内で機能し始めた。これも、木綿生産地方の植民地化に関心を寄せた企業家たちの圧力によるものだった。企業家たちがこの地方に関心を抱いた理由は、ちょうど同じころ、南北戦争のためにアメリカの木綿生産が打撃を受けたこともある。ロシアの商人たちは行動を起こすようにと政府を突き上げた。すでにインドに腰を据えていた英国がロシアと同じような野望を抱いていて、政治的に分裂し、軍事的にも弱体化しているこの地方をたやすく手に入れることができるとみて征服に乗り出そうとしている、と強調するのだった。

一八六〇年代当初から、まず汗国の中で最も弱体だったコーカンドから征服が開始された。一八六八年、サマルカンドが陥落、ロシアのコーカンド支配が確立する。だが国境線は不確かであり、隣国のブハラ、ヒヴァの両汗国は被征服者たちに抵抗を呼びかけた。征服した領土の安全確保のために、さらに領土を拡大することがロシアの国家的原則となった。アレクサンドル二世の外相だったゴルチャコフ公は一八六四年に諸大国に宛てた覚書の中で、この原則を擁護した。一八六八年のブハラ征服、一八七三年に完遂したヒヴァ征服の結果、ロシアは中央アジアのほぼ全域を支配することになる。残るのはトルクメン地方だけとなったが、ここは英国が見張っていた。ロシアがここを足場にしてアフガニスタンに侵略することを恐れていたからである。二回にわたりロシアは、ロンドンに確約した――「アフガニスタンは我が勢力圏外である」。一八七六年、スコベレフ将軍は「トルクメン作戦」の仕上げをまかされた時、明確な指示を受けていた――英国とペルシャに不安感を与えないために、それより東方もしくはペルシャ国境方面に兵を動かしてはならない、と。一八八四年、トルクメン地方のカラクム南方にあるマリを併合した時、英国と激しく政治的に対立したため、ロシアは英国を宥めるためにやむなくアフガニスタン国境線の共同画定の交渉に乗り出した。アムダリアからペルシャのフラサンに到る北部国境は一八八七年に画定された。だがパミール高原の南部国境については交渉が成立したのは一八九五年になってからである。この時、ロシア帝国領土の完成図ができ上がった。

ともかくロシア側にとって、すくない人命の損失で中央アジアを征服できたことは、帝国に経済的満足以上のものを与えた。ここころこそ大国のライバル意識がぶつかり合うところだからだ。ロシアのロンドン駐在武官イグナチェフはすでに一八五八年にそれが何を意味するか、見抜いていた――「英国との紛争のあかつきに、ロシアが勝利し、英国を弱体化できるのはアジアにおいて、アジアにおいてのみなのだ」。

人口の増加

社会的にも文化的にも近代化の道を進んでいる帝国、そして領土が大幅に拡大されたロシア帝国に、さらに無視できない切り札として加わるのがめざましい人口増加ぶりだ。もちろん、これには領土征服が貢献しているが、それにもまして人間のダイナミックな再生能力のお陰である。

帝国の人口は、一八六一年には七千万だったが、一八九七年の人口調査では一億二千五百万に伸びていた。このめざましい人口増加はなによりもきわめて高い出生率（千人当たり五十人）によるものであり、また死亡率が次第に低下したからである。二十世紀初頭にロシアの偉大な学者メンデレーエフは、祖国の人口がわずか四十年間のうちにほぼ二倍に増えたことに着目して、二〇五〇年には八億人に達するだろうと途方もない予測をしてみせた！　まだ居住人口が少なく、さらに領土を増やし続け、経済発展が労働力を惹き付ける果てしない国土でのこのような人口増加は、またとない好機をロシアにもたらした。だがこの人口増加も、とくに農村地帯で問題を提起することになる。その結果、社会的困難が政治危機を引き起こし、近代化と同じスピードで危機が深化する。一八六〇〜一八八〇年代の黎明期も、陰の部分を免れられなかった。

ロシアを待ち受ける運命はいかに？

改革の当初以来、ロシアが目を見張らせる近代化の道を進んでいることはだれも否定しないだろう。だが、どの改革も問題を内包しており、急速に解決が見い出されなければ、たちまち体制にとって重大な脅威に転じてしまうのだ。

帝国の抱える全ての困難の触媒の役割を果たした第一の困難は、政治的不安定さだった。その根源は専制政治へ反対する流れであり、数の上では少数だが、社会の中では政治的に緊密で影響力を持つ部分の要求に権力側の適応が遅れたことにある。

発端になったのは、フランス革命のショックとその政治変革のモデルであった。エカテリーナ二世はヴォルテールやディドロと親密な関係を持ち、孫の教育をラアルプに委ねたにもかかわらず、フランス革命と国王ルイ十六世の処刑には激しく反発し、革命に関する文書も革命思想も一切禁止した。ロシアはフランスを逃れてきた移民たちを好意的に受け入れたが、「一七八九年精神」の浸透を食い止めることはできなかった。ナポレオン戦争を終えて帰還した軍隊や、フリーメーソン組織の発展は、こうした革命思想の伝達の媒体となった。いかに革命思想が広がっていたかは、失敗に終わった一八二五年十二月のクーデター計画が説明している。クーデター計画が挫折し、国民の心にしっかりと刻み込まれているテーマが社会正義である国では、フランス革命の標語「自由・平等・友愛」が適合しないことが立証されても、この体制を最初に揺るがした思想のなにがしかがロシアに痕跡を止めることを阻むことはできなかった。憲法という思想（この用語が何を意味するのか人々がよく知らなかったとしても問題ではない）、権力側が行使する暴力という思想、従って変革が必要だとする思想、そして、とりわけ変革について考察することの緊急性という思想などだ。ロシア社会特有の現象である〈インテリゲンツィア〉なるものがそこから生まれる。

一八二五年に端を発し、十九世紀を通じて続くロシアの知的進歩は、エリート層の間に思想運動を発展させる結果を招いた。このエリート集団は次第に層を厚くし、支持者を獲得し、提言を急進化させて行く。ゲルツェンが記述したように、十九世紀のロシアは体制の政治的厳格さと人々の内的解放とが特色となっていた。この時期はまた、十八世紀から十九世紀初めにかけて優勢だったフランス思想がいささか後退したことを特徴とする。こうした思想の痕跡は、『ペテルブルクからモスクワまでの旅行』の著者ラジーシチェフに見られる。この本はヴォルテール、ディドロ及びルソーの影響を強く受けているが、著者自身はその中で宗教に対する敵意を示してはいない。フランスの影響力の後退はドイツ哲学とロマンティスムに有利に作用した。とりわけ、民族というものの特別の性格と使命について、疑問が投げかけられた。同様に、歴史が討論の中でかなりの重要性を占めるようになる。人類の運命についての考察は歴史的展望の中に含まれ、そこではルソー流の人間関係の理想的ビジョンに取って代わって、これらの関係の組織を取り仕切るのは闘争のビジョンであるとの見方が大勢を占めた（「人間社会の歴史は全て階級闘争の歴史である」）。

ロシアのエリートたちは当時、ドイツの哲学者、中でもシェリングやヘーゲルの思想を特に熱心に受容した。前者から学んだのはサークルの結成であり、一八二〇年代末以来、これらのサークルはロシアの運命について、その特殊性について、西欧の没落について論じた。これらのサークルから一人の傑出した詩人が登場する。プーシキンに近かったヴェネヴィチノフである。同じ思想の流れの中で、ピョートル・チャーダエフは一八三六年に『哲学的手紙』を刊行した。その中で彼は、ロシアは東洋でも西洋でもない、ロシアは「文明外」であり、文明に何一つもたらすことはできない、その意味でロシアは歴史的運命を持ち合わせていないのだ、という考え方を擁護した！　チャーダエフにとって、ロシアに欠けているのは文明の担い手であるカトリック教だった。当局により狂人と宣告されたチャーダエフは、のちにこの急進的な判定を翻すことになる。数年後、彼は『狂人の弁明』を出版し、その中で、ピョートル大帝の改革から論を進めて、ロシアはキリスト教文明の道を再び見いだしたと確認する。このように彼は、ロシアを完全拒否することから、ある種の希望へと切り替え、ロシア国内で広がり始めている社会思想とは反対の傾向を寄せ集めて次々と著作を発表した。

一八三〇〜一八四〇年代から始まったロシアの知的進展の特徴は、ドイツの影響が決して全面的ではなく、ロシア固有の次元を組み込んだ再評価の努力と連携していることである。チャーダエフがロシアの性格について提起した質問は、その後何年間にもわたり思索サークルに付きまとうのだが、これらのサークルはスラブ派と西欧派の二つの流れにまとまっていた。

宗教的精神で形成されている前者にとって、正教に基づくキリスト教は、チャーダエフの目にはロシアにとって不運と映るかもしれないが、歴史的にオリジナルで特別に幸せな道を開くものである。一見した所、彼らは、三つの基本原則、つまり正教、専制政治、民族的特性、によって定義される政治体制を支持しているかに見えるかも知れない。専制政治こそ支配的な原則であって、他の二つはそれに仕えるべきだとする現体制信奉者とは異なり、スラブ派は無政府主義者と定義されるべき人たちであり、宗教の原則を優先した。彼らにとって、人民は本質的に精神的な使命を持っており、権力は何ら根拠を持たない。社会の統一と調和の使徒であるこれらの人々にとっては、ロシアは、ピョートル大帝のように西欧の道を模倣する、あるいはそれに加わろうとする者たちによって運命から逸脱させられたのだ。ところが、ロシアの運命は、人々、信者たちから成る共同体の中に、アレクセイ・ホミャーコフが〈ソボールノスチ〉（共同体的一体性）と定義したものの中にこそ存在するのだ。スラブ世界はこのようなオリジナルな組織方法の中に調和の条件を見いだすことができた。農民コミューンでも家族でも同じことだった。農村の基盤である共同体への愛着にもかかわらず、スラブ派は熱烈な農奴解放論者だった。彼らが賛美する〈ムジーク〉とは、民族的生活の最も真正な形態の擁護者である。彼らはムジークの個人的自由は擁護するが、同時に、不正義極まりないにもかかわらず土地私有には反対し、共同体的組織化を主張する。こうした理想論を唱える人々――ホミャーコフ、アクサコフ兄弟、サマリンたち――はロマン主義の影響を強く受けていた。彼らは祖国の現状と取り巻く世界を嘆き、理想化された過去に逃避してしまう。

彼らの対話の相手であり敵対者でもある西欧派も同様に、異なる世界についての懐古派なのである。だが西欧派は彼らなりに未来とこれまた理想化された西欧を夢みる。スラブ派に比べれば多種多様な見解を持つ彼らは、ロシア特有の性格といった考え方を拒否し、西欧型モデルの枠内での近代化を唱える。彼らの目には、ピョートル大帝はロシアに偉大な進歩をもたらしたのであり、中断された大帝の努力を再開し、ロシアを変革して西欧という共通の宇宙に合体することが望ましいのだ。このような総合判断に立って、西欧派は二つのグループに分かれる。穏健派は、彼らの第一の任務は社会を教育し変化に備えさせることにあるべきだと確信している。一方の急進派は反対に、ゲルツェンやバクーニンのように、革命こそロシアの変革を目指す全ての運動にとって緊急の目標であるべきだと考える。

十九世紀半ば以来、国家権力が約束する解決策に取って替わるべき解決の道を求めて急進化を続けるロシア思想の動きが見られた。ペトラシェフスキーの自宅に定期的に集まる討論サークルは、数十年後に勝利を収めることになる傾向を既に体現していた。フーリエとサン＝シモンの流れを汲むユートピア主義者であるペトラシェフスキーの友人たちは、農奴解放を願うあまりに人類の将来の幸福といった次元で考える傾向があり、現時点に立って具体的問題に取り組む姿勢を欠いていた。もし、彼らがロシアの歴史に名を留めるとしたら、なによりも先ず禁止され、逮捕され、有罪を宣告された彼らが、仲間に大作家ドストエフスキーを持っていたからだ。彼はこの連中の不幸から比類のない文芸作品を生み出したのである。だが、温和なユートピア主義者をもってしても、当時のロシア社会で進行中だった論争の中で起きた断絶を忘れさせることはできない。当初は貴族階級が主体だったが、形成過程にあったこのインテリゲンツィアの内部で次第により身分の低いさまざまな階級出身の人々が加わって来る。彼らはより直接的な要求を掲げていた。彼らは先ずニヒリストであり、労働者階級の即時解放の名の下に、精神的価値や文化を拒否する。最も有名な彼らのスポークスマンであるチェルヌイシェフスキーは、文学的価値はない三文小説だが極めて教訓に富む『何を為すべきか？』の中で原則と要求を掲げている。主人公は既にレーニンの祖先である。この小説が全てのマルクス主義者を魅惑した――マルクス自身もロシア語版を読みたいと願ったほどだ――ことは、この人物が一九一七年革命で勝利した人々の先駆けであったことを示している。さりながら、チェルヌイシェフスキーは、純粋に革命的な主人公の理想像、苦行僧的で自分自身にも他人にも容赦しない主人公像を描くことに満足しなかった。彼は政治的、社会的メッセージを伝えている。彼にとっては、ロシアを近代性に到達させる条件、そこに到達するためにたどるべき道、という問題こそ決定的だった。この道は、農民コミューン、つまり人民の安寧福祉が進展する場所の上に築かれる社会主義を経由するるのである。

ゲルツェン、バクーニン、チェルヌイシェフスキーその他の多くの名前がロシアの知的風景に乱入する時こそ、アレクサンドル二世が改革の道に乗り出した時であり、全ての知識人たちが表明している共通の要求である農奴解放を実施した時であった。旧来のコミューン組織に割り当てられた場所、そしてゼムストヴォ（地方自治機関）の創設が、異議申し立てをするエリートたちが待ち望んでいた回答になるものではなかったか？ 当初は、ゲルツェンもしくはチェルヌイシェフスキーも、始まったばかりの改革について「解放の君主」を礼賛した。この世紀の当初の数十年間を際立たせた国家権力と知的エリートとの間の対立は終焉し、二つの勢力の間の協力に場所を譲るのだろうか？

改革者に対する闘い

実際には、この社会的調和は、ほんの一瞬の夢でしかなかった。改革策は多くの問題を存続させたか、あるいは新たに作り出した。貴族階級の大多数は改革に敵意を示し、その効果を制限しようとした。彼らを支持したのは、慣習を保持するのに汲々とした官僚機構である。ロシアの未来を確固たるものにするにはどの道をたどるべきか、という問題は、提起されたままだった。いかにして一八六〇〜一八六四年の改革に基づく変化を食い止めるか？　いかにして変化を加速させ、弾みをつけるか？　相いれない二つの立場がこれらのテーマに基づいて展開する。インテリゲンツィアにとって――少なくともラジカリズムに惹かれた者たちにとっては――根本の解決は、権力に対して圧力を行使し続けること、従って革命行動の継続にある。知識人たちの運動はやがて多様な道をたどりながら、ロシアの運命を思索していると称する者たちを動員した。だが、議論に続いて、社会に対して行動を起こすべきだ、との意志が現れた。一八七〇年代に痕跡を残したポピュリズム（大衆迎合主義）の時代――つまり現実に接して改革が困難に直面する時代――は、二つのアイデアに支配されていた。すなわち、歴史の特権的な立役者であり、贖罪の犠牲者である農民、つまりムジーク（民百姓）に対する絶対的信仰が一つ、特権階級が蒙った借金が二つ目である。政府から海外へ、なかでもスイスに留学しないよう求められた学生たち、つまり自分たちの特権的条件に後悔の念にさいなまれていた若者たちは、以後は「人民」に立ち返り、彼らを教育しようとし、彼らに合法的に帰属すべき場所を地上に取り戻すことを手助けしようとした。この自発的運動は地方に、寛大で熱烈な若者たちを送り込んだが、確かにこの運動を鼓舞しているモラル上の確信ぶりは目覚ましいものだった。ただし、この運動は農民社会を完全に誤解しており、農民はポピュリスト（大衆迎合主義者）たちを憲兵隊に引き渡さなくても、拒否していることを図らずも示した。この失敗は、エリートたちに、他のサークルではとっくに大幅に始まっている反省を強いることになる。

「大学のプガチョフ派」の時期

ロシアの知的エリートの間に数多い無政府主義者たちは、新しい行動様式に道を開き、全ての権力、全ての権威の組織形態は非難されるべきだと唱えた。ロシアの無政府主義者の大多数と同様に貴族階級の出身であるバクーニンは、「人民を蜂起させる」ことを望んでいた。ポピュリストを範として、人民こそ未だ隠されている歴史的真実の担い手であり、社会を解放し既成秩序を根底から覆す蜂起勢力たりうると信じていた。政治行動の究極目標として蜂起すること、そして既存の体制に対して社会の力を解き放つこと、これらはロシアの歴史的伝統に深く刻まれているものである。一人のステンカ・ラージン[*1]、一人のプガチョフ[*2]の例が、バクーニンにとってはロシア人民の蜂起への適性を示していると見えた。人民の完全解放を確実にするモデルとして、彼らこそ人民に指し示されるべきである。疑いもなく、これらこそが農奴解放を目指す皇帝の改革政策に対して、ネチャーエフ、トカチョフ、マルクス主義者たちが次々と立ち上がったことを説明するのだ。彼らの計画の根底には、一つの認識がある。つまり、ポピュリストたちの期待の星である農民は、意識を欠いているし、行動への意志も持っていない。彼らはロシアの歴史の中で何らかの役割を果たすことはできないのだ、と。従って、インテリゲンツィアこそが、彼らが組織できる運動こそが、農民に替わり権力に挑戦できるのだ。このようにして、「大学内のプガチョフ派」と、ネチャーエフが傑出している代表格であるジャコバン派の戦略との間に連携が生まれる。

＊1　**ステンカ（ステパン）・ラージン**　ドン地方のコサック指導者で、流民となった農民を組織して反乱を広げ、ヴォルガ一帯を支配した。一六七一年、捕われ処刑される。

＊2　**エメリアン・プガチョフ**　ドン・コサックの出身で「ピョートル三世」を僭称し、一七七三〜七五年、農民の反乱を指揮、処刑される。

三つの考え方がそこで形を現す。先ずはネチャーエフの考え方――革命細胞の組織者としての彼は、テロと陰謀により蜂起を扇動し、その最終目標は、既存のシステムを破壊して不確定な未来を作り出すことにある。次いで、真のレーニンの先駆者であるトカチョフの考え方は、革命的少数派のために力によって新しい政治秩序を樹立しようと夢見る。最後に、フランスやスイスに亡命しているロシア人マルクス主義者たちの考え方があり、彼らは、新世界を組織するためにプロレタリアートに依存する。

一八六〇年から一八八一年にかけてロシアを圧していた抗議の大合唱の中で、いずれの運動も討議の時期を経て同じ考え、同じ目標を持つようになる。ロシアが変革されるのは権力と共にでなく、改革によってでもない。権力に抗してであり、暴力によってである。大衆を教育しなければという懸念は、いまや二の次になった。農民あるいは労働者という大衆自身もたちまち道具としての立場へ格下げされ、あるいは日の目を見つつあるさまざまな革命的計画のための口実にされていた。「プガチョフ派知識人」の根本目標は、権力に対して決定的打撃を与えることになる。彼らの優先的標的は君主であるアレクサンドル二世であり、彼を取り巻き、その政策に協力している者たちとなるだろう。

数多くの暗殺計画、在任最後の十年間にアレクサンドル二世に仕掛けられた本物の「罠」は、高まるテロの目的を二重の意味で果たした。一八八一年、とうとうテロ攻撃が成功し、政治的社会的変化の要求に適合しようと腐心した皇帝の治世の幕を閉じさせた。このテロは、アレクサンドル二世の後継者に、もはやリベラルな努力が無駄であること、政治体制の権威主義的性格を強化する必要を確信させることになる。権力の圏内にあって改革に反対していた者たちは、彼らの賭けに勝ったと思った。同時に、二十年のうちに近代化の最も確実な道を考察することから急進的な回答へ、権力に対する暴力的闘争による近代化へと転換したインテリゲンツィアもまた、自分たちが勝利したのだと信じたのである。インテリゲンツィアにとって、権力はそれ以後は社会に敵対して自らの権威にしがみつき、大衆とエリートたちを際限なく反権力に追いやる運命にあると映る。革命側のテーゼと抑圧陣営のテーゼが、改革を信奉し、権力と社会との間の平和的対話を支持する者たちに勝利したのだ。ロシアのメンタルな面でのこの急進化——指導層も反対派も共に急進化の道を突き進んだ——は、しかし、まだ社会全体が革命計画に賛同したことを意味しない。だがその結果、権力のみがインテリゲンツィアの敵意と彼らの破壊的計画に直面させられ、改革の弱点を白日の下に晒すことで社会を蜂起させようとする彼らの意図に対応せざるを得なくなる。

断罪された政治改革

ロシア社会は、アレクサンドル二世が示した近代化への意欲に、ある種の敬意を表明しなければならない。彼の後継者であるアレクサンドル三世は一八八一年に即位した時、自分自身のため、そして将来の選択のために三月一日の悲劇(父親の暗殺)から教訓を引き出した。一八八一年三月十一日の宣言の中で明らかにしている教訓とは、改革を作り上げた人々——ロリス゠メリコフ、ミリューチン、コンスタンチン大公——を全て権力から遠ざけ、ロシアの政治生活の中心に、一切の譲歩なしに権威を行使すべきだと唱える人々を呼び戻したことだ。

彼らの頂点に立つのが、ロシア正教宗務院長官であるコンスタンチン・ポベドノスツェフである。この人物はアレクサンドル三世の教育係でもあった。十九世紀のロシアは、この人物にまさに国家イデオロギーなるものを負っている。法学者であり、憲法学の教授であるポベドノスツェフは、議会制型のあらゆる行き過ぎに対する仮借ない批判者だった。「議会主義は、現代における最大のペテンである」と彼は好んで繰り返し言うのだった。彼は、権力は二本柱、すなわち専制政治と官僚機構に立脚しなければならない、と確言している。国家の第一の任務は、秩序と社会の安定を維持することである。そのために、ロシア正教会を取り込み、専制政治に内在的正統性を与えた。最も偏狭な意味でのロシア・ナショナリズム――帝国内に居住する諸民族への抑圧、反ユダヤ主義――がポベドノスツェフの思想のカタログに入っていた。彼がロリス＝メリコフに勝利したことは、熟考した改革からあらゆる改革の拒否へと移動したことを示している。

この転換は臨機応変ではない。ポベドノスツェフの敵対者であったロリス＝メリコフは、クリミア戦争の英雄である。一八六〇年代末期、ツァーリ暗殺テロの波が高まったために、断固たる方策に転じた皇帝が、戒厳令を布告して公共秩序を回復しようとした時に、彼をハリコフの総督に任命した。両首都及びハリコフでの社会不安がこのような措置をとらせたのである。厳格な措置を取るようにとの指令にもかかわらず、ロリス＝メリコフは各種のリベラルな措置によって弾圧を軽減しようとした。アストラハンを襲ったペストに対する闘いに示された彼のエネルギーは彼の名声を確立させることになる。といった訳で、一八七九年にアレクサンドル二世がテロ攻撃続発の中で政治改革を再考して取り敢えず秩序の回復を図ろうとした時、ロリス＝メリコフは、独裁的機関である最高行政委員会の長として呼び戻された。一八八一年に委員会が廃止された時、彼は内相に任命され、「憲法の進歩」に道を開くことになる具体的な計画を自由に準備することができた。これらの計画は、代議制度の設置を目指していた。すなわち法の制定に参加する委員会であり、そのいくつかは選出議員を含んでいた。さらに約十五人の選出メンバーが国家評議会に追加された。たしかに、そのいずれもが憲法に比肩し得るものではない。しかし、ロシア政治の実践に付け加わることによって、進歩の跡は歴然としていた。

アレクサンドル三世の治世の初期には、ロリス＝メリコフは自己の計画を擁護しながら、提唱されている改革と本当の憲法との間には本質的な違いがあるとの考え方によって立っていた。しかし、立憲制度に向かって逸脱することは避けられないと騒ぎ立てるポベドノスツェフと衝突した。立場が弱まったロリス＝メリコフは論争を別の場に移そうとし、これまで諸大臣が君主の前で直接かつ個人的に責任を負っていたのに、政府自身が取って替わることを提案した。つまり、より良く連携したチームの方がより効率が上がると主張した。だがこの提案も、欧州の政治制度を示唆するとして忌み嫌われた行政府もしくは内閣に向かって決定的な一歩を踏み出すものとアレクサンドル三世には受け取られた。

ロリス＝メリコフのこの最後の攻勢が、アレクサンドル三世をしてポベドノスツェフのテーゼと揺るぎない専制政治を選ばせた。宗務院長官が準備した五月宣言は、明確に選択を指示した——全ての政治的改革は統制不可能であり、体制をある種の立憲制度化へと押しやるべく運命付けられていると皇帝は考えた。唯一の解決策は厳格な専制政治路線に身を置くにあった。しかし、この保守派路線の採択と、改革擁護派の失脚にもかかわらず、改革派の掲げた大義は決定的に失われた訳ではなかった。ロリス＝メリコフに替わって任命されたのはイグナチエフ伯である。親スラブ思想に傾倒している外交官であり、ロシア農民の運命と既存の議会に変化をもたらすべきだと確信していた。特に、イグナチエフは官僚機構とその働きを軽視していたので、直ちに荒療治をする決心をした。彼の計画は全て、多少なりとも民百姓（ムジーク）の運命に結び付いていた。このような配慮はなかんずく歓迎すべきであり、急を要していた。農民の法的身分に関わる問題だからだ。つまり、農民は相変わらず特別の法規則に、さらに慣習法に律されていたからであり、解放されたにもかかわらず社会の他の部分からかけ離れた社会的カテゴリーを構成していた。地方の司法権限をめぐる改革計画はこの問題に応えるものだった。だがイグナチエフの考えで最も驚くべきだったのは、十六、十七世紀に時折開かれた〈ゼムスキー・ソボール〉（階級代表者会議）の名で呼ばれる諮問人民議会を再生させたことだった。この議会こそニコライ一世の治世下で、親スラブ派たちがロシアの伝統へ復帰し君主と社会とを和解させるものだとして掲げたお気に入りのテーマだった。このような希望に、イグナチエフはさらにより具体的な考えを付け加えた。彼は、社会生活にあまりにも重くのしかかりしかも非効率的だった官僚制を弱体化しようとしたのだ。彼が考えた〈ゼムスキー・ソボール〉とは、三千人の選出議員からなる議会であり、確かに純粋に諮問的性格のものだったが、ポベドノスツェフの助言を受けていたアレクサンドル三世に、またもや立憲議会制へと押し流されるのではないか、との恐怖心を抱かせた。もう我慢できなかった。イグナチエフは更迭され、後任のドミートリ・トルストイ伯は文部省にはっきりと揺るぎない保守派の精神を見せつけた。

短い在任期間だったが、イグナチエフのエピソードは言及されるに値する。つまり、アレクサンドル三世の即位後も、汎スラブ主義はロリス＝メリコフのような改革派の意図とは何のつながりもなかったので、さまざまな思想の影響の下で、失われた国民的伝統の復活を求めるより開かれた政策がまだ可能であることを示している。この試みはまた、体制の新しい路線を原則的に支持していた人々の間に後悔の念をかき立てる事になる。ロリス＝メリコフとイグナチエフの努力は、高まる社会の要求に政治生活を適合させることをかたくなに拒否する姿勢がロシアの最上層部で歴然として来た時だっただけに、貴重な機会を逸したことになる。

政治的氷河期

　そのとき以来、アレクサンドル三世の治世を特徴付けることになる弾圧措置の悪循環に突入することになる。たちまち国家の安全と公共秩序を再建することを目的とした「暫定措置」が決定された。多くの地方で、官吏たちは家宅捜査、逮捕、新聞の統制などの新たな権限を受けた。社会全体が監視下に置かれた。一八八二年七月、暫定措置は法令により確認される。憲兵及び警察は内務省高官一人の手に委ねられ、国家の安全に関わる問題については、彼が国家の全てのレベルにおいて全ての警察及び行政機関の責任者となった。それ以後、全ての市民は全能の権限を持つ警察の監視下に置かれる。一八八五年の刑法典がさらにその権限の領域を拡大することになる。一八六四年の司法改革を大幅に見直すことになったこの刑法典の特徴の一つは、司法の自治権を弱め、官僚機構と司法の間の繋がりを復活させたことだ。この措置に加えて、トルストイが進めている貴族階級に有利な政策の効果が現れる。貴族階級が一八六一年の改革のために大幅に利権を失ったことに鑑みて、トルストイは皇帝をそそのかして一八八五年四月の宣言の中に、国事を遂行するに当たって貴族階級が決定的な役割を持つことを盛り込ませた。この原則のお陰で、改革の取り決めに従って選出された治安判事制は一八八九年に廃止され、できる限り地方の貴族たちから選ばれた地方の首長たち、すなわち〈ゼムスキエ・ナチャーリニキ〉（地方行政長官）に取って替わられた。

　新聞及び出版物が享受していた比較的な自由もまた、かなりの制限をこうむることになる。一八八二年の法律が規定した検閲の拡大は、全てのテキストの刊行に当たって事前検閲を必要とした。特別機関が創設され、宗務院長官が内務、文部両大臣と肩を並べて在職し、何時でも出版を停止し、出版活動を禁止することができた。同様な取締りが図書館に対しても実施された。

あれほど目覚ましかったアレクサンドル二世の教育面での努力も、かなりの侵害をこうむることになる。特に一八八二年に文部大臣に任命されたイヴァン・ドリアノフの下では甚だしかった。教育制度全般を「監督する」ために展開された努力にはいくつかの特色があった。初等教育はでき得るかぎり教会に任される。教区学校の数も一八八二年から一八八四年の間に四千から三万二千と八倍に増やされることになる。大学に通じる従来の中等教育では、教育内容に拘束が加えられ、ラテン語など死語に重点が置かれる反面、科学教育が軽視された。また、教育修了資格免状の所有者の数を厳しく制限することは当局に三つの目的を達成することを可能にした。一つの教育段階から次の段階への進路変更、つまり一つの社会階級から別の社会階級への移行――伝統的ギムナジウムはエリートたちに限られていた――は廃止されるか、最低限に止められた。望ましくない者、すなわち信頼の置けない政治分子は大学から排除された。リセもしくは伝統的ギムナジウムから大学といった最も名誉ある進学コースを辿る者たちは、彼らの知的領域が一般教養と呼ばれるものに限られ、現代世界についての知識とそれを巡る討論から遠ざけられた。アレクサンドル二世の下で奨励された女性の中等及び高等教育もまた縮小された。一八七〇年代、余りにも多くの女性たちが革命運動の中で際立ったために、権力側は女性の教育の進展ぶりを押しとどめようという誘惑に駆られた。

大学についても、一八八四年の法令に新たな規制が設けられた。自治の縮小、教授評議会の役割の弱体化、学長及び学部長を行政によって任命することへの復帰、学生への管理強化である。そのために、学生たちの政治的行動が懸念すべきものと判断された場合、直ちに彼らを追放することができた。けれども、ロシアではだれもが教育は進歩すべきであり、経済の近代化への努力がそれを要求しているのだ、と感じていた。教育にのしかかっている拘束と発展のための必要との間の格差は、アレクサンドル三世の下で特に顕著であり、一八九五年早々にもこの領域でより自由を与える方式への復帰を強いる事になる。

地方行政及び農民との関係の面では、アレクサンドル三世の治世下で最も決定的な改革は、一八八九年の地方行政長官の設置だった。その役割については、さきに治安判事の項で触れている。〈ゼムスキエ・ナチャーリニキ〉は、改革の立案者の目には二重の利点があると映った。つまり、貴族階級に剥奪されていた権限を返したのだ。地方行政長官は国家にとって、農民と農村地帯に存在する諸機関の監督官だった。彼らに与えられた役割によって、これら地方行政長官は、権力と農民社会との間の関係の進展にかなりの役割を果たすことになる。

一八九〇年には、この改革にゼムストヴォの改革が加わった。一八八九年の改革と同じように、そこでも貴族階級に特権的な地位が認められることになる。一八六四年の法律では、個人の不動産所有者は、貴族であろうと農民であろうと単一の選挙人団にまとめられていたが、一八九〇年の法律では貴族階級は別個に類別され、その代表の数を大幅に増加させることになる。一方、農民はゼムストヴォ会への候補を選出することに満足しなければならず、政府は地方行政長官の意見に基づいてこれらの候補から地域議会に出席する者を選ぶ。こうした改革は、権力側が地方に直接かつ大胆に影響力を行使することを可能にした。逆に言えば、一八八九年までは村落はしばしば国の他の地域から孤立していたが、地方行政長官がその孤立を打破し、村落を農民世界の議会に統合させ、自分たちの抱える問題や願望を体制のトップにまで「持って上がる」立場に置いた。こうして農民世界は国家の官僚制度に接触するようになった。一九〇六年以降ストルイピンは、この反改革から生まれた構造を利用して彼の考えている変革を農村地方に拡大を図ることができた。

管理及び抑圧政策について話を続けるが、帝国の非ロシア人及びロシア正教徒以外の宗教に所属する人々についての強制規定を明確にしておく必要がある。ポベドノスツェフが練り上げた国家の定義は、ロシア人及びロシア正教に基づくものであり、これが一八八〇年代の乱暴なロシア化政策に道を開くことになる。

民族感情がローマ・カトリック教会に対する忠誠心と切り離せないポーランドは、いく度となくこの乱暴なロシア化の意志を経験することになる。ウクライナでは、アレクサンドル一世、ニコライ一世、アレクサンドル二世の専制措置に対する反応として民族主義が目覚め、強まった。ウクライナ民族主義は、「キリル・メトディウス団」*の活動として現れた。キエフとペテルブルクではウクライナ出身の学生たちによる〈フロマダ〉組織として、また「民族文化」を掲げる雑誌の出版として現れた。一八八〇年代には、地下組織の出現とともに民族主義運動は政治的に過激化した。確かに、ミハイロ・ドラホマノフといったこの運動の指導的人物は、亡命を余儀なくされていた。しかし、権力側は禁止された非合法グループが絶えず生まれ変わり増殖することを恐れ、特にウクライナ問題が論議されることを懸念していた。

* **キリル・メトディウス団**　九世紀にキリスト教の布教をした兄弟の名前からその名をとった政治組織。諸民族の平等を掲げ、政治・文化活動を行い、抑圧された。

帝国の周縁部における現地語の使用を制限する抑圧措置、特にユダヤ人を対象にした決定——居住地域に住む義務と、一八八七年に大学に設けられた入学許可制限により学生数をユダヤ人居住地域では定員の十パーセントに、その他の地域では五パーセントに限定したこと――などは、出身民族に基づいて異なるカテゴリー別の居住地域にロシアを分けることになった。ロシア正教徒が圧倒的地位を占めたことは、カトリック教徒、プロテスタント、ユダヤ人、仏教徒といった他の宗教の信者たちや、ロシア各地に広がっている諸宗派の人々への差別と抑圧措置を強化させた。

既に一八八一年からユダヤ人大虐殺や反ユダヤ人暴動が発生し、権力がそれをけしかけないまでも黙認したことが帝国内のユダヤ人を震え上がらせた。ロシア帝国は拡大を続け、その国境内にロシア人とは甚だしくかけ離れた精神的・物質的文化に属する異質の多民族を抱えるようになる。同時に、帝国はロシアであり、ロシア正教であると宣言する。このような矛盾の中で、征服された人々を沈静化することのできる要因を見いだすことができようか？　誰も、こうした質問を投げかけようとしなかったし、この政策を練り上げているペテルブルクの役所の中で、こうした矛盾が将来の反乱の萌芽を内包していることに気付いた者はいなかった。

そして経済的開放

しかしながら、アレクサンドル三世の取った行動の全てが、昔日の改革に比べてこのように厳格な後戻りだけだったと断じることはできない。皇帝は保守主義のシンボルであることを望まなかった。前任者同様、彼は、誰もが考えているように、ロシアを近代化するにはいったいどのような方法があるのかと自問していた。彼が政治的変革に背を向けたとしても、それはロシアの物的・道徳的水準に比べればまだ時期尚早で、変革に取りかかることは祖国の安定のために危険であると考えたからだった。その上、彼は「経済的に先進国に追いつくこと」の必要性を信じており、それが実現すれば社会的苛立ちを沈静化し、体制に疑問の余地のない力を与えるだろうと考えていた。閣僚の顔触れと彼らが手中にしていた影響力は、変革についてのこの二重のビジョンとまさに一致するものだった。政治の面では、ポベドノスツェフの選択は不可避だった。テロ活動の高まりに直面したアレクサンドル三世の憤激と恐怖とが貴族階級のフラストレーションと重なり合っていたその時に、彼は登場したのだ。経済発展を実現する任務を負った大臣たちは、いかなる期待にも応えられなかった。官僚たちは、かつて政治改革派に対してそうだったように、閣僚たちに対しても態度を保留した。彼らを信頼したアレクサンドル三世は、わずかの支持者しか得られなかった。たぶん、重要な経済政策の選択は当時すでになされていたのだろう。鉄道網は発展を遂げ、企業家の数は増大するなど、運動はもう始まっていた。ニコライ・ブンゲ蔵相は一八八一年から一八八七年までその任にあったが、ロシアにおける労働条件を漸進的に変える一連の財政的・社会的措置を実施することになる。一八八三年、彼は農民不動産銀行を創設し、農民たちの土地取得を支援した。またもや所有権を剝奪されるのではないかと不安に駆られる貴族たちに対しては、貴族向け不動産銀行が二年後に誕生し、彼らに農民たちより有利な利率で資金を貸し出した。ともあれ、蔵相は借金に苦しめられる農民たちの悲惨さに対処しようとする。農民たちが履行できない購入代金の年賦払いについては棒引きにし、直接税を廃止して間接税の引き上げに切り替える。

加速化する工業化は労働者の世界の恐るべき労働条件を明るみに出すことになる。工場に集中する労働者の労働条件が爆発的な状況にあることを認識したブンゲ蔵相は、より現状に適合した法律の準備に取りかかる。すなわち、十二歳以下の年少者の雇用禁止、女性と未成年者の深夜労働禁止、労働監督制度の創設である。一八八二年から一八八五年にかけてさまざまな措置が採択されたが、確かに労働条件を急激に変えなかったにせよ、経営者がもはや全能ではなく、被雇用者たちも権利を持っていることを示唆していた。これらの措置はこれまでの慣習と一八八〇年代当時のロシアの抑圧的風土とぶつかるものであったので、ブンゲの失脚を招く。彼の後継者たち、つまりヴィシネグラツキーと一八九二年に蔵相に就任したウィッテは、反対派をより意識していたようで、社会措置よりも国家財政の再建に取り組む。直接税及び関税の引き上げ、新税の創設、歳出の削減――関税により既に抑えられている輸入関連の支出――などである。鉄道網の開発は放棄されていなかったが、国家は私有鉄道の取得を優先する。国家は企業家であり、介入主義者であろうとする。この時期の経済的財政的成功は国家が正しかったことを示しているようだ。結局、アレクサンドル三世は一八八一年に打って出た勝負に勝ったではないか？　産業は各種の部門で発展を遂げている。繊維・金属産業であり、とくに石油産業がそうだった。産業家たちは、自分たちの努力を政府の努力と連携しながら集団化の組織に向かい始めた。当時のロシアでは、公的権力と民間部門は経済の面ではうまく行っていた。

けれども、経済面での進歩も陰の分野を覆い隠すことはできない。国家が強大であれば、社会が苦しむ。それも第一番に、一八六一年の大改革の受益者であり、かつ犠牲者でもあった農民社会が苦しむ。農民の困難はまずこの改革の条件に由来している。農民たちは、生計を立てるには余りにも少なすぎる土地しか受け取れなかった。そして土地代金の支払い履行に苦しんだ。しかも改革は漸進的に、地方によっては不平等に適用され、農民の身分が均一化するには多くの時間を必要とした。最後に、農民は法の分野では特別の身分に押し込まれたままであり、社会組織の面では一般にコミューンに結び付けられていた。農村に住む人々にとって、コミューンは保護してくれると同時に束縛もした。農奴制から解放されたばかりの農民にとってまだ不慣れな経済界の責任者との接触をコミューンは先延ばしにしたり、弱めたりした。進歩にブレーキをかける働きもした。土地の配分方法（小さ過ぎ、価値にばらつきがある農地区画、地所の絶え間ない再配分）、農民の流動性に加えられた制限の外に、コミューンが近代的用具の取得に気乗り薄で、豊かな労働力を抱えていながら技術的進歩を求めようとしないこと、投資意欲が欠如していること、など全てが相まって、結局のところ農民階級の後進性の要因となった。

さらに困難を加えているのは、人口増であり、とくに農村人口の激増である。種々の制限を課されてコミューンを去ることができない農民たちは、人口増につれて所有農地が目減りして行った。大変厳しい労働にもかかわらず、農民たちは絶えず危なっかしい状況の中で暮らし、深いフラストレーションの感情を抱いていた。彼らは農奴解放の恩恵なるものを推し量れず、既に脆弱な均衡を決定的に破壊し兼ねない自然災害を恐れていた。干ばつに襲われた一八九一年は最悪の事態となった。飢饉と伝染病は、農民階級がろくな希望さえももたらさない組織体制の言いなりに最早なっていられないことを示した。さらに、貴族階級に比べて農民に限りなく重くのしかかっている税制のことも考慮に入れなければならない。ブンゲの改革は農民の負担を軽減したものの、間接税の引き上げ分を補うには不十分だった。工業化が加速して社会に低価格の工業製品が提供されるにつれて、農民階級は彼らにとって貴重な収入源を失うことになる。それは、彼らの生存に必要な手工芸品の販路であった。ロシア特有の気候である長い冬の間は畑仕事もできないので、それまで彼らは生活のために手工芸品作りに精を出していた。

アレクサンドル三世の治世が終わろうとしている時、クリミア戦争からロシア最後の皇帝登場に至るまでの変化に富んだ年月の決算をする必要がある。

ニコライ二世に転がり込んだ遺産はなんと対照的なことか！　一八五四年にその力を揺るがせた帝国は再建され、拡大された。ニコライ一世のロシアと、まさにアレクサンドル三世の死を見守るロシアの間には、深い溝が横たわっている。たとえ、表面上はある程度両者の間に平行線を引くことができるにしてもである。一八三三年に、当時公教育相だったウヴァロフが宣言したロシアの公式ドクトリンは、ロシアの運命を専制制、ロシア正教、民族的特性（ナロドノスチ）の三本柱の上に置いている。このドクトリンは、アレクサンドル三世が後継者に遺す国家の基礎にも役立つものである。それらの原則は、ポベドノスツェフが勝利させようと絶えず努力して来たものだった。「理論や理論家たちがロシアの未来について予言しているものについて、ロシアを五十年間押し戻したい」と述べたウヴァロフの夢はまた、部分的にはアレクサンドル三世に霊感を吹き込んでいた取り巻き連の抱いた夢でもあった。

一八八一年の時点でアレクサンドル二世の改革を消し去るには遅すぎたとしても、権力は一連の反改革措置によってその効果を限定し、政治体制の全ての発展を凍結してしまうべく努力した。この計画は部分的には実現した。ロシアの政治的進歩は続行されず、憲法制定についての考えは忘れ去られたかに見え、専制政治は自らの特典がいかなる形にせよ社会的に侵食されることを拒否する。官僚主義が最も権威主義的な形態で発展を遂げ、恣意的な取り決めが乱発され、貴族階級のフラストレーションに応えるための措置が取られるなど、ロシアはいくつかの点については後退していることがここに示されている。

だが、この判定は政治的組織を対象とし、経済と社会を脇に置き去りにしていることから、不完全なものであるばかりか、不正確である。もし、十九世紀末のロシアは、表面的には事なかれ主義に陥っているかに見えたとしても、実は変革のただ中にあったのであり、深い動揺にさらされていたのだ。当時のロシアは、半世紀前のロシアとは何の類似点もない。教会のポーチの下に立っている一八六一年の解放農奴は、聖職者が発表した解放の真の意味を必ずしもよく理解してはいなかった。だが二十年の月日のうちに、彼は自分が自由な人間になったこと、しかし、この自由を享受するべき方法を持ち合わせていないことを理解する十分な時間があった。かつての困惑の後を受けて、フラストレーションと憤りが高まった。ロシア文化の中であれほど強烈な社会正義への熱望もないがしろにされた――というのが農民階級の受け止め方だった。諸改革は、たとえ不十分だと非難されていても、進むべき道について混乱した自覚を深めさせたのだった。つい先頃までは理解されなかったポピュリストたちも、農民に対して新しい演説を聞かせ、古い思い出を呼び覚ました――ムジークの将来は彼ら自身にかかっており、彼らの一斉蜂起能力にかかっているのだ、と。ステンカ・ラージンを、プガチョフを見よ、良心の中に埋もれてしまった希望の過去と日々耐え難くなる現実の間にはさまざまなつながりがあるのだ、と。

工業化、都市が提示する仕事なるものの蜃気楼、都市開発――こうしたもの全てが農民をつき動かして一八六一年に設けられた身分に決着を付ける方法を考えさせる。自分がもはや農奴でないなら、真の解放とは何か、という表現で考えるようになる。新しい制度であるゼムストヴォだけでなく、地方行政長官の存在も、いく世紀もの間自分の生まれた村に限定されていた農民階級の心的地平線を広げることに貢献する。突然、地平線は平面的には全国土を、垂直的には権力をもひっくるめるようになる。

農民階級は依然として帝国人民の最も重要な部分を代表し続ける。農民こそ、そのほぼ全体を構成しているのだ。加速化する工業化はいまや農民を都市へと押しやり、その都市では、産業の集中化が生まれつつあり、労働者階級のフラストレーションを先鋭化しつつある。だが世紀末には、都市と工場に向かう大移動運動はまだ限られており、二百万人の労働者と農村との間の絆はまだ断ち切られていない。昨日まで農民だった労働者は家族の近くに留まっており、都会の急進的なムードを村落に伝達する。一種の社会的一体感、不正義と不幸について共通の意識というものがこのようにして発展する。こうしたモラル面での進展は、まだ革命と同意語ではなかった。それどころではない！　たとえ社会との関係及び社会の置かれた条件を改善しようとする権力側の努力が散発的で継続性を欠いていたとしても、まだ希望を抱かせていた。人民の大半がこうした問題への解決を期待しているのは、依然として彼らを指導している者たちからなのだ。

一八六〇年代に実施された改革のうち、あるものは、しばしば押し付けられた制約にもかかわらず永続的な成果を生んでいる。ロシアでは教育が進歩し、特に選出制地方政府評議会が、教育を初め公衆衛生の領域で活発だった農村地方では目覚ましかった。ゼムストヴォの行動は、農民階層の意識を高いレベルでかきたてることになる。農民たちは後先を考えない反乱に身を投じる積もりはなく、むしろ真の改革を待ち望んでいる。彼らの抱くフラストレーションは確かに不安定の源であったが、彼らは以前よりも改革を唱える演説に耳を傾ける用意ができていた。

国家の経済力とその国際的輝きは、安心感を与え、国情を不安定にしようと狙う連中の熱情を沈静させる性質のものである。アレクサンドル三世の短い治世が終わろうとするときのロシアは、その政治的事なかれ主義にもかかわらず、四半世紀前のロシアの状態とは最早たいして共通点はなかった。既に実現されたもの、つまり大規模な工業化、財政再建、強力で自らの力を十分意識している国家、といった新たな改革の飛躍をもたらす条件は整っているかに見える。一八八一年から一八九四年にかけては、ロシア史の新局面の中で一つの合間ではなかったか？　新局面とは、近代化と先進国に追いつくことである。これこそ十九世紀初頭以来、ロシアの発展を熱望する人々全てが夢見ていたものである。絶えざる不運に見舞われる国ロシア、クリミア戦争での敗北という屈辱的失敗とアレクサンドル二世の暗殺という悲劇に見舞われた国は、二回にわたり異なる時勢に適合しなければならないとの結論に達した。たとえ、段階ごとに適合の方向は異なるにせよ、アレクサンドル二世とアレクサンドル三世がそれぞれ試みた二つの計画を連結して新たに展開し、完成させることができるのではないか？　結局、ニコライ二世は幸せな後継者である。彼はその遺産の中に、確かに不完全で半ばしか成就していない経験を見出すが、そこには偉大な教訓がある。すなわち、ロシアは移行のただ中にあり、自らについて別の定義を下す途上にあるということだ。三十年以上にわたる激動の歴史ではあったが、しかし、ロシアを一変させた。この遺産はまた、あらゆる可能性をも内包している。

第二章　魅力ある皇太子

ニコライ二世は、あるロシア宮廷付き大使が書いているように、「歴史上最も悲愴な人物の一人」だったのだろうか？　たぶんそうだろう。彼が誕生したときと彼が皇帝の座に就いたときにロシアが直面していた諸問題と、それらに対処するために彼が受けていた教育との間に存在するずれを考慮に入れるならば、である。一八六八年のロシア――ニコライ二世は五月六日に生まれている――はまだ、希望の印の下に生きていた。確かに、改革の精神は、一八六三年のポーランド蜂起が流血のうちに圧殺されたショックと、カラコゾフによるアレクサンドル二世暗殺未遂事件の打撃を受けていた。だが何人もの大臣が考えぬいた末に推奨していた措置は、まだ保守的考え方への本格的な復帰には至っていなかった。その上、カラコゾフの行為は孤立したものと受け止められ、一八七〇年代始めまでは急進派たちは沈黙を守っていた。帝国は中央部では状況がやや沈静化したので、周辺部にかかり切っていた。この年、ブハラを保護領とし、中央アジアに科学調査隊が派遣されている。アレクサンドル二世の皇太子〔アレクサンドル三世のこと〕の息子は従って幸先のよい兆しのもとにこの世に生まれたかに見える。確かに、後になって絶えず思い出すことになるのだが、彼の誕生日はヨブの祭りの祝われる日であり、彼の守護聖人ヨブは汚泥の上で暮らした孤独と遺棄のシンボルであったことは、決して輝かしい前途を示すものではなかった。もっとも、将来のニコライ二世が、彼の誕生日と彼の運命の不幸な推移を結び付けて考えるようになるのは、ずっと後になってからだった。

長引いた過保護の幼少期

皇太子の息子、と言っても、実は誕生寸前にそうなったに過ぎない（アレクサンドル二世の長男ニコライは一八六五年に若死にしたために、弟アレクサンドルが皇太子の地位に就いた）のであるが、未来のニコライ二世は、将来の君主という職務に備えるのに最もふさわしい条件の下で養育されたわけではなかった。アレクサンドル大公とデンマークの王女［マリア・フョードロヴナのこと］の間に生まれた五人の子供の長兄であり、三人の弟を持っていた彼は、父が好んだスパルタ式の厳格な雰囲気の中で成長した。父であるアレクサンドル大公は実際、簡素さを旨とする人物だった。早起きし、自らの手で朝食を取り分け、食事が終わると直ちに執務室に入る彼は、家族にも厳格な生活を押しつけた。住居、衣服、食事のいずれについても求められる質素さは幼少のニコライの生活の枠組みとなったが、アレクサンドル三世は皇帝の座に就いてからもそれを守り抜いた。若きニコライの教育を形成した特徴については、簡素さ、生活様式の厳しさに加えて、父親が絶えず示した私生活と公的生活とを分けて家庭生活を保持しようとする強い意志を挙げるべきだろう。後に皇后マリアとなる大公妃は、子供の養育と家庭を任されたが、重要な決定や権力にまつわる気苦労には一切参加しなかった。聡明で快活なこの女性は社交生活を好み、舞踏会やお祝いごとを切り盛りし、それによって私生活の厳しさをまぎらわせた。このように、若きニコライは遺産として二重の教育を受けた。すなわち、父からは家庭生活を閉鎖的な枠組みにしっかりと刻み込もうとする意志を、母からは気晴らしと社交生活への好みを受け継いだのだ。

庇護され、幸せだったこの幼少時代は、しかし、早い時期から身内の不幸の陰りがあった。一番下の弟アレクサンドルは夭折した。すぐ下の弟ゲオルギーは、幼少時代にお気に入りの遊び仲間で、快活さと冗談でいつも彼に救いをもたらしてくれたが、結核に冒されて両肺をやられ、カフカス山岳地帯での療養生活を余儀なくされていた。この弟の不在は、ニコライに影響を及ぼすことのできたはずの仲間を彼から奪ったのだった。一八八一年、まだ十五歳にも満たなかった未来の君主は、自らの臣民の暴力に直面した。爆弾テロに遭った祖父アレクサンドル二世は、瀕死の状態で王宮に運び込まれたが、両脚を引き千切られ、見分けのつかぬほど顔面を損傷していた。家族は臨終の皇帝の枕元に集まった。ニコライはその時の事を決して忘れない。この痛ましい最後のことも、貴族階級に反対して改革の道を選んだ解放者である皇帝に降りかかった災難であったことも。そこからニコライは結論を引き出す――皇帝はその見返りに憎しみを受け、一連の暗殺未遂事件にさらされ、最後に新たな改革を考えていたまさにその時に痛ましい死を迎えることになったのだ、と。皇帝の座に就いた彼の父はそこから、方針を変え、専制政治を強化すべきだとの結論に達する。ニコライも父の確信に従う用意があった。なぜなら、父の強い影響を受けていたからであり、彼の受けた教育がそれに備えさせていたからだ。

教育者なしの教育

新皇帝の息子に対する影響力は多大である。アレクサンドル三世は矛盾した人格の持ち主だった。肉体的には際立っていた。とても背が高く、力持ちで、ヘラクレスさながらの力を好んで見せつけるのだった。例えば、夕食会の席上、オーストリア大使が、またぞろ情勢不安定のバルカン諸国に何個軍団かのオーストリア軍を派遣してもよいと述べたことに対する答えとして、分厚い銀製のフォークをたやすく折り曲げて見せたことがある。「オーストリア軍団など、私がこうして見せてやりますぞ」と、ねじ曲げたフォーク振り回しながら言ったものだ。もっとすごい話がある。お召し列車に乗っていて家族と共に食堂車で食事中、突然脱線事故に遭い、食堂車の屋根部分が崩れ落ちてきた時、皇帝は梁を背中で持ち上げ、家族が無事に外に逃れるまで支え続けた。この並外れた力の持ち主は、物静かで寡黙な人間であり、彼の好んだ気晴らしは森の中を果てしなく歩き回ること、そして狩猟をすることだった。質素さのあまりに吝嗇家さながらで、衣服は擦り切れるまで着用した。新しいズボンを買わなくても済むように、従僕に穴の空いたズボンに継ぎを当てさせさえした。彼を支配していたのは、祖国ロシアへの愛であり、ロシア的なもの全てへの愛であった。祖国を強大にすることが彼の目的だったのである。

この巨人の父親の傍らでは、ニコライはいかにも冴えなかった。中肉中背で、顔立ちは端正だが、彼と行き会った人々に与える印象は薄かった。母からは美しい目となかなかの魅力、途方もない優しさを受け継いでいる。それでも、多くの同時代の人々は、彼には何一つ目立つところがないと言い張る。彼が受けた教育は、社交の面では完璧だった。彼は優れた踊り手であり、スケートと乗馬の名手だった。そして、父からは狩猟への趣味と才能を受けた。ペテルブルクのサロンでも、連隊内でも、喜びを共にする愉快な仲間と見なされていた。さらに教育の面で言うと、彼の強みは外国語の才能だった。彼は何人も優れた英語教師を持っていたので、オクスフォードの学生だと自称しても通るほどだったし、フランス語もドイツ語も流暢に話せた。だが彼にとっての真の教育はそこで止まっている。父親とは異なって、ニコライは生まれた時から皇帝の座を継ぐべく運命付けられていたが、将来の君主のためには問題の多い教育を受けてきた。アレクサンドル三世の先代たちもおおむね、将来の皇帝のためにできるだけ最良の教育係を見つけるべきだという考え方にとりつかれていた。エカテリーナ二世は、スイス人の教育者ラアルプに孫の教育を頼んだ。大詩人ジュコフスキーはアレクサンドル二世を指導した。しかし、将来のアレクサンドル三世はポベドノスツェフに任されたために、全てがぶち壊しになった。もっとも、ポベドノスツェフはこの役割を担ったとき、既に偉大な法律家と見なされ、重要な憲法学概論の著作をものしていた。確かに、彼の専制主義についての考え方は純粋そのものの保守主義に刻印されており、彼のロシア正教への愛着は、考えぬいた信仰というよりももはや盲信以外のなにものでもなかった。このような師を持ったことで、アレクサンドル三世が変化を念頭に置いて考えるとか、外国に目を向けながら自国の将来について熟慮する気にならなかったとしても、驚くにあたらない。頭の働きが鈍いとのもっぱらの評判だったアレクサンドル三世――きわめて皇帝に近い側近だったウィッテはこれを否定している――だが、もしそうだとしたら、その一部はこの教育によるのかもしれない。しかし、アレクサンドル三世が皇太子の家庭教師に選んだ先生たちも、より以上に視野が狭く、不適格な人物だった。軍人家庭教師だったダニロヴィッチ将軍は、厳格な保守主義者ということ以外にはいかなる確信も徳も持ち合わせていなかった。一方、ポベドノスツェフは、かつてないほどに、ロシアの存立は専制政治と君主に従属する教会への盲目的な結び付きにかかっていると確信していたので、アレクサンドル三世が彼の生徒だった時に比べても、若き皇太子の精神を豊かにするには程遠かった。たぶん、偉大な歴史学者クリウチェフスキーが短期間だけ皇太子の側にいたことだけが、他の教師たちの影響を押し返したかもしれない。だが、ニコライが歴史に興味を抱くとしても、それは最も凝り固まった、最も古風な、当局がこね上げたロシアの過去を最も代表する形のものにでしかなかった。愛想のよい、躾も良く、注意深い生徒ではあったが、さほど好奇心を見せることもなしに、彼がこの教育にひたすら耐えて来たことを示している。良心的ではあるが、大して物事に興味を示さない人物、というのが一般的評価である。

家庭教師たちから将来の役割に備えるにふさわしい教育をも受けなかったニコライだが、自分自身で後に帝王学の即席教育を個人的努力で補完する意欲も明らかに持ち合わせなかった。父親は、彼を常に公務から遠ざけていたので、統治する術の訓練も父親から受けなかった。一八八六年、十八歳の時、国家評議会の準会員——この名称は決して現実を正しく表現していないが——になった。実際には、名士たちにより構成され、権限を持たないこの委員会で、ニコライは退屈し切って座っているだけであり、いかなる討論にも参加しなかった。彼の日記は、全くの形式に過ぎないと見なしていたこの会議に対する無関心ぶりを立証している。一八九〇年三月二十日付にはこう記している——「大臣たちの委員会に出席した。会議は二時間続いた」。そして四月九日付には「国家評議会の会議に出席したが、会議は全部で二十分続いた」とある。単に日程を記しただけの日記の記載ならいくらでも引用することができる。彼が何らかの注意を払ったたった一つの任務は、一八九一年の大飢饉の直後に、飢餓に苦しむ人々への救済措置を論じる委員会への出席である。父親同様に、ニコライも心から農民を愛していたので、民百姓の苦しみは決して遠くの出来事ではなかった。今度という今度こそ、彼は自分に任されている案件を身近に感じたのだろう。だが、このエピソードは短いものだった。ニコライの政治的未経験さは皇帝の周辺の人々を懸念させ、いつの日か彼が皇帝の座に就くとき、いったいどう対処できるだろうか、と疑念を抱かせた。そのような心配があったからこそ、ウィッテはある日、アレクサンドル三世に、皇太子をシベリア横断鉄道建設のために新設された委員会の総裁に任命するよう提案した。皇帝はこの提案に驚いて問い返した。

「何だって？　貴殿はツァレヴィッチ（皇太子）のことを良く知ってるはずだ！　これまでにも、彼と真面目に話し合ったことがあるのかね？」「いいえ、陛下、残念ながら、これまで殿下とそのようなお話しをいたすような光栄に浴したことはございません」。

「彼はまだほんの子供なんだ。幼稚な判断しかできんよ。それなのに、委員会の総裁など勤まるものかね？」

「けれども、陛下、国事について手ほどきをお始めになりませんと、何時になってもお分かりにならないでしょう」。

この対話が行われたのは、ニコライが既に二十四歳近くになっていた時だった。ウィッテは彼に信頼を置いて、委員会の総裁に任命することにこぎつけたが、未来の君主の書いた日記は、父王の抱いた疑念が当たっていたことを示している。一八九二年二月十八日付にはこう書かれている――「シベリア横断鉄道建設のために訪露したフランス人技師二人を引見した。二人とも上院議員だった」。この委員会内部での皇太子の活動に関連する記述は、それだけに留まっている。同じ時期に、彼は財政委員会の委員にも任命されているが、これもウィッテが頑固に言い張ったからだろう。この機関についてのニコライの判断は、国事に対して彼が抱いている好奇心の程度を如実に示している。そのくだりを以下に引用する――
「二日前、私は財政委員会の委員に任命された。大変、名誉なことであるが、さほど嬉しくはない。閣僚委員会の会議の前に、この委員会の六人の委員を引見した。正直のところ、この委員会が存在していることさえ知らなかった。会議は長引いた。三時半までかかった。そのお陰で、私はアカデミーの展覧会に遅れてしまい、行けなかった」。

政治生活なんて、うんざりだ！

公的生活にいささかでも興味を示すのは難しい。たとえ皇太子の目の前に扉が大きく開かれていても、である。この無関心ぶり、無知ぶりについては、誰よりも先ず父王アレクサンドル三世が責められるべきだろう。なぜなら、彼は意図的に皇太子を含め家族の全てを国事から遠ざけていたからだ。身内に対しては権威主義的で、誰にも個人的見解を述べさせなかった。子供たちの家庭教師の選び方、家族の殻に閉じこもり、個人的な打ち明け話も滅多にしようとしないという家庭生活、こういったこと全てが皇太子に多大の影響を与え、社交生活を除けば皇太子が何事にも内向的態度に終始することにつながっている。

将来の君主たるべき人物に対して行われたこの驚くべき教育については、たぶんいくつもの説明が可能だろう。アレクサンドル三世自身、皇帝の座に就いた時はまだ若く、十三年間の治世の間でも、自分の後継問題がさほど早く起きて来ようとは想像もしていない。たぶん、彼は時と共に皇太子が重要問題にも馴染んで行くだろうと考えたのだろう。さらに、彼の頑健な体質からして、自分とは大いに違う虚弱さ故に、魅力的なこの息子をいく分疑いの目で見ていたことは明らかである。特に、権力は神と教会によって君主に授けられたものである、とする彼の概念は、全ての臣下を彼の意志の下に置くことになった。この意志は、彼にとって聖なる義務であり、議論の余地はなく、従っていかなる政治勢力とも、ましてや人民自身とも、それについて話し合うことを受け入れようとはしなかった。権威というものについてのこの独占的概念は、全ての身内、家族の各員、側近、そして後継者にも及ぶ。彼が世継ぎを何事にも関わらせようとしないのは、いみじくもウィッテに言ったように、二十歳に達しているというのに、皇太子をまだ子供と見ていたからだ。そのように見るのも、アレクサンドル三世自身が息子を子供のままに止めて置こうと心を砕いていたからである。ロマノフ王朝最後のツァーリ（皇帝）の生涯で悲愴なものがあるとすれば、それは、彼が本当の帝王教育を受ける機会を奪われ、自分の存在と義務について、最も気に入ったもの、軽いものの様相でしか見ないように仕向けられていたことである。

義務についていえば、近衛騎兵中隊司令部で果たす義務は、皇太子の生活の中ではかなりの部分を占め、彼にとっては好都合だった。十九歳の時、彼は父により近衛大佐に任命される。彼は馬が好きであり、軍隊とその伝説が好きであり、とりわけ近衛精鋭連隊が好きである。なぜなら、そこには貴族階級出身の精髄だけが入隊できるのであり、そこでは熱烈な仲間意識に取り囲まれているからである。士官たちに囲まれ、ペテルブルクのにぎやかな夜会の席で、また首都近くの大軍営地であるクラスノエ・セローで、彼は皆から尊敬される王座の後継者であり、同時に士官集団の一員であり、堅い連帯で結ばれ、同じ義務と同じ気晴らしを共有しようとの熱意に燃えていた。暗黙の共犯関係にある母親に手紙を書き送る時、彼は軍事演習に参加する幸せだけでなく、「おいしいものがふんだんに出される楽しい夕食会に出て、その後、ビリヤードやカードやドミノといったゲーム遊びをする喜び」を打ち明けるのだった。酒盛りについてでもある。父親の前ではかしこまっている若者は、軍隊の中では愉快な仲間であり、なんの気兼ねもなしに仲間同士の楽しみに身を委ねるのだ。「私たちは六種類ものポルトを試し飲みし、そこを出た時はいささか酩酊状態でした」と母親に書き送っている。その喜びようが余りにも歴然としていたので、皇后は、彼が自制心を失ってしまうのではないか、と懸念して慎重に行動するよう書き送っている——「全ての視線があなたに注がれており、自由な生活の中でもあなたの一挙手一投足が見張られていることを決して忘れてはなりません」。

本当のところは、皇位継承者が軍隊生活とそのシンボルを好んでいる、ということである。以後、彼は近衛将校の軍服を大事に保存する。そして、大きな悲しみに沈むとき、何時も軍隊が彼を勇気づけてくれる。一八九一年は、皇帝一家から何人かの死者が出た年で、皇位継承者は悲嘆に暮れる——「今年は我ら家族全体にとって運命的な年であった……残酷な年である」。彼は本当に情にもろかったので、死者が出る度に涙を流す。だが、同時に、彼は十一月二十三日付の日記にこう記す——「今日は近衛騎兵中隊のお祭りである。服喪のために出席できないのは誠に残念である」。数日後、服喪にもかかわらず、彼はタシケント攻略を祝うプレオブラジェンスキー連隊の晩餐会に出席し、「私は以前と同じように楽しかった……皆で古い歌をうたった」と記す。

父親同様に、彼は狩猟に熱中した。彼の日記は、国事に関するくだりでは簡潔極まりないのに、狩猟についての情景描写はふんだんにあり、天候の状況から自分が抜きん出ているこのスポーツを取り巻く諸条件まで詳細に記述している。「鳥を射ち落とすのは愉快である」とも書く。一八九二年十二月の日記は、ほぼ毎日のように狩猟の成果を書き綴っている。十二月七日付には、母親思いのこの息子はこう書いている

——「可哀想なママは、具合が悪いそうだ。喉が痛いとか。それに熱もある。だが非情な動物であるこの私は、朝五時に鹿狩りに出かけた」。

この自分のためだけの日記——ニコライはこの時代の気風に応じて育てられただけあって、綿密に日記をつけていた——を見ると、ロシアについて、政治について、また筆者の読書内容についての記述がはなはだ乏しいのに比べ、軍務上の公務と狩猟に関するものに加えて、気晴らしについての数多くの詳細な記述が目立つ。日記から浮かび上がって来る皇太子像は単純そのものである。生きることが楽しく、天候が許す限りほぼ毎日スケートに出かけ、かれがふざけて「カルトフェルン（ジャガイモさんたち）」と名付けていた見目麗しいヴォロンツェフ家の令嬢たちと会うことが日課の青年のそれだ。一般に、気晴らしの類いが、もともと気乗り薄の公務から彼を引き離していた。「午後一時、閣議に出かける。カフカス地方の石油パイプラインについての議論が四時まで続く。少しばかりスケートをし、ジャガイモさんたちとお茶を飲み、狩りをする」。次の日、一八九〇年二月二十一日には、「プジレフスキー（まだ軍事訓練を教えていた）と一時間足らず付き合う。それから午前十一時半に伯母の所へ行き、我々の演し物の舞台稽古をする。サゾノフ（外交官。のちニコライの治世下で外相をつとめる）が居合わせて、いろいろ助言をしてくれた」。「スケート場はにぎやかだった。日差しは春のようだった。私たちはランチをやっと八時に取り、サンドロに会いに行く。ルーレット遊びをし、私は九ルーブル負ける。この後、皆でにぎやかに夕食を取り、歌を歌った」。

他の日々と同じようなこの日の記述は特徴的である。確かに、皇太子は二つの真面目な時間を過ごしている。彼が手短に述べているように、先ず軍事教官と過ごした時間、次いで、サゾノフと出会った時間。ただし、後者の場合は偶然に過ぎない。サゾノフがどのような助言を与えたのか、どんな会話を交わしたのか、触れられていない。この時、サゾノフはとりわけ海峡問題で頭を痛めていたというのに、である。その代わり、皇太子はいつものように、遊びについては事細かに書いている。

一般的に、ニコライは仕事の上の会合に出席しなければならない時はたちまち疲れたと不平をこぼす。自分の疲労ぶり、絶えざる睡眠不足——もっともこれには、度重なる夜更かしが無縁ではないが——についての記述はふんだんにある。仕事に没頭する父王アレクサンドル三世と、絶えず退屈していると強調する息子との違いは歴然としている。皇帝が皇太子は未熟だと言い張った理由の一つはそこにあったのではないか？　それとも、逆に、余暇と気晴らしの中に浸っていた皇太子は、この安易な生活から自分を遠ざける仕事にうんざりするようになったのではないか？　単純に答えることはできない。ともあれ、父親が亡くなるまでは、皇太子は現実についても、将来我が身にのしかかってくる責務についても、何一つ知らず、ただ楽しみにだけ身を委ねていた青年に過ぎなかった。また、彼が文化的な事への好奇心を全く欠いていたことは容易にうかがえる。どこにも読書についての言及はない。「新聞を読む」の記述は極めて稀である。確かに、皇太子は時たま劇場やコンサートに行き、展覧会を見ているが、この点に関しての反応やコメントは日記には皆無である。皇太子は自分を待ち受けている任務についての備えができていなかったのみならず、帝国の黄金時代の青年たちとほとんど変わらない表面的な生活に留まっていた。勿論、未来の皇帝にとって決して良いことではない。

世界と「サルたち」の発見

この奇妙な教育方法が、というよりも教育の欠如ぶりと言った方がよいが、実地に移された唯一の機会は一八九〇年、皇帝が皇太子に四囲を取り巻く世界の現実に関心を抱かせようとしたかに見えた時である。皇帝はニコライを極東への長い旅に出すことを決心する。しかも、ニコライを喜ばせたのは、同行するのが、少年時代から大好きな遊び仲間だった弟ゲオルギーだったことだ。病身のゲオルギーが気候の変化によって快方に向かうことを期待されたからである。将来の皇帝の最初の大旅行の行く先に極東が選ばれたことに驚く向きもあるかも知れない。なぜなら、当時のロシアの政策と利害は先ず欧州にあったからである。確かに、シベリア横断鉄道計画はロシアを太平洋へと向かわせた。さらに、露英という二大帝国が力を競っていたのは極東においてであった。勝利者にはアジア全体への道を開く大いなる賭けが展開していたのはまさにこの地だった。

旅行は首尾よくスタートした。アテネでは、二人の兄弟、ギリシャのゲオルギス親王、数人のロシアの貴族からなる一行が軍艦パミャーティ・アゾヴァ号に乗船した。船はギリシャからエジプトに向かう。エジプト総督のヨットに乗った一行はますます賑やかになり、ナイル河を下る。踊り子たちを嘆賞し、皇太子は彼女たちの美しさに敬意を表する。しかし、沿岸の村落の景色については皇太子は単調さを嘆く。確かに世紀末の当時では、今日に比べて旅行や名所旧跡の訪問はさほど広まっていなかった。しかし、旅行者たちの旅行記には事欠かず、旅行に出かける人々が何を見るべきかを知り、見たものについて正確に描写する術を心得ていたことを示している。この点に関しては、ニコライ二世の日記は驚くほど素っ気ない。訪問した遺跡、寺院について言及しているが、コメントは一切ない。皇太子がどんな印象を受けたか知る由もない。旅行を通じて政治的側面についての唯一の言及はインドに関してだった――「デリーでまたもや英国人に取り囲まれ、至るところに赤い制服姿を見るのは我慢ならない！」父親同様、ニコライは英国人を少しも好きにならなかった。彼の気分の赴くところを懸念した母親は直ぐに反応する――「あなたを迎えるために労を厭わなかった全ての英国人の方々に礼を尽くすべきですよ」。皇后が気にしてわざわざ書き送ったのは、なによりも息子が訪問地に残す印象が完全なものでなければならないと考えたからだった。母親と二十二歳になる息子との間の手紙のやりとりもまた、皇帝がウィッテ伯に言った言葉同様に示唆に富んでいる――皇后にとっても、皇太子はまだほんの子供に過ぎなかった。

旅行の続きはさほど簡単ではなく、次第に劇的な展開を遂げる。ゲオルギーは回復するどころか、ボンベイで病状が悪化した。直ちに彼を下船させ、カフカス地方に送り返さねばならなかった。この旅行に気乗り薄だった皇太子にとって、失望は大きかった。けれども旅行を続けねばならない。コロンボ、シンガポール、バンコック、サイゴン、香港へと。確かに、各地で彼は歓迎された。バンコックでは、シャム王自身が彼を迎えた。サイゴンでは、フランス人居留民が挙げて彼を歓迎した。そして日本では全てが事なく運ぶかに見えたが、東京、長崎、そして京都の素晴らしい寺院を訪れた後、悲劇が襲った。大津で一人の日本人青年が皇太子に襲い掛かり、サーベルの一撃で頭がい骨に裂傷を与えた。* 傷は比較的に深く、傷痕と頭痛を残すことになるが、脳にまでは達していなかった。この襲撃事件の真相は決して分からず、矛盾する説明がなされた。神域での皇太子の態度が尊敬の念を欠いていたと判断して激高した日本人の犯行説？　若い日本婦人にしつこい視線を送ったことへの嫉妬心からの犯行説？　ともあれ、この思慮を欠いた行為の説明がどうであろうと大して問題ではない。その代わり、事件が及ぼした結果は検討に値する。

＊　一八九一年五月十一日、警備の巡査・津田三蔵が人力車で通り過ぎようとした皇太子にサーベルで斬りかかった大津事件。

一八八一年のテロ事件以来、ニコライは、爆弾で手足を吹き飛ばされて瀕死の状態だった祖父の思い出と、テロ襲撃への恐怖心にさいなまれていた。自ら体験したばかりの襲撃事件は、辺りに潜む危険と、それから身を守るために必要な権威とについての妄想をいっそう深めさせた。その上、ニコライはアジアにも日本にも好奇心を抱いたことは決してなかった。彼の極東旅行は、読書によっても、いかなる考察によっても準備されなかった。彼にとって、日本は奇妙で、未知で、敵意を含んだ世界だった。大津事件は、彼が理解しようと努力しなかった国に対する嫌悪感を強めさせ、日本人は野蛮人であると確信を深めさせることになる。以後、彼は軽蔑を込めて日本人を「猿」扱いすることになる。この軽蔑心は、日露戦争当時に優越感と無分別さとなって彼の行動に現れることになる。

ペテルブルクでは、襲撃事件の報は先ず驚愕と次いで憤激を呼んだ。皇太子の生命には別条ないことを知ったアレクサンドル三世は、それほどもてなしの悪い国を直ちに立ち去るよう命じたが、帰途にウラジオストクに立ち寄ってシベリア横断鉄道の終着駅建設の礎石を置く予定だけは変更しなかった。しかもロシア帝国の最東端部に当たるこの地域は、皇太子に好意的な感情を少しも呼び起こしはしなかった。ウラジオストクは確かに町と呼ぶのもおこがましい程で、雪解けになると泥んこになり、家並みも頼りない。未整備の国境の町だが、既に中国人と朝鮮人に侵食されていた。若きプリンスがアジア的なもの全てに敵意を抱き、「猿ども」が住んでいると考えているこの宇宙で中国人と日本人の判別も不可能だったことを考えるならば、彼が自分に課されている義務を果たすやいなや、文明の天国であるペテルブルクに向け出発を急いだことは想像に難くない。礎石を置き、いくつかのミサと開所式に出席すると、皇太子は逃げ出してしまう。

数か月にもわたった長旅を終えた後、彼の心に何が残っただろう？　動力手段なるものの全て、戦艦、ヨット、駱駝、象、豪華列車などに魅了された。彼は数多くの国、さまざまな人々、移り行く景観を見た。にも拘らず、これら全てについて彼が心に留めたのは、大旅行の単調さと一刻も早く終えたいとの願いだけだった。日記に書き残された記述は手短で冷淡であり、彼が見たものにほとんど関心を示さなかったことを立証している。確かに、この種の旅行では、権威あるロシア皇帝の座に就く皇太子として手厚いもてなしを受けたものの、人々から遠ざけられ、冒険も新発見の機会もほとんどなかった。彼を取り巻いていた愉快なグループは彼に似通った若者たちで、無頓着で不十分な教育しか受けておらず、自分たちがこれから見ようとするものに好奇心を抱かなかった。例外的に好奇心を示したのは、ニコライの日記でも再三言及されている「エジプトの舞妓」に対してである。一行の中でただ一人、オフトムスキー公爵だけは訪問先の国々についていくらかの予備知識を持っていた。しかし、だれ一人として、なかんずく皇太子は、この知識を共有しようと心がけなかった。結局のところ、この旅行は、未来の皇帝たるべき人物にとって社交とセンチメンタルな生活――この点については後述する――のしばしの中断に過ぎず、皇太子教育の欠陥を補うことに何ら貢献しなかった。ましてや、諸国家組織の基本となる原則や諸国民間の違いについて考察させることにも役立たなかった。ペテルブルクに帰着すると、ニコライはそれまでにも増して祖国の強大さとロシアの政治体制が乗っている土台の正当さを確信するようになる。同時代の外国の人々を垣間見たに過ぎないのに、ニコライはロシア農民に対する深い誠実な愛情をこれまで以上に強固にし、外国人と比較して彼らこそ人類で最良であると見なすようになる。

愛の発見から、全的な愛へ

ニコライの思春期時代に重くのしかかって来た父親の影は、彼の感情の発展過程にも存在している。兄弟、従兄弟、従姉妹、若く美しい女性友達に囲まれていたニコライは、彼が愛するこれらの同世代の若者たちと一緒にいるときほど幸福なことはなかった。しかも彼らの間で、ニコライは大変な人気者だった。ちょうど初恋の時期でもある。最初の愛が芽生えたのも、父親の傍らでだった。結婚前、そして彼の一生を支配することになる全的な愛の以前に存在した唯一のロマンスがそれである。

一八九〇年、ニコライは二十二歳を迎えていた。年の瀬に帝室バレエ学校の生徒たちが自分たちの将来を賭けて踊る大舞踏会に、ニコライは皇帝と共に出掛ける。舞踏会の後の夕食会の席で、皇太子は、今後しばらくは彼の心を占めてしまう女性と出会うことになる。卒業舞踏会で踊ったスター・バレリーナで、名前はマチルダ・クシェシンスカヤ。まだ十七歳で、飛び抜けた才能を持ち、活発で、しかも優雅だった。皇帝の挨拶を受けて、始めは皇帝の傍らに座ったバレリーナは、皇帝が席を立つと、いつの間にか皇太子の傍らに座っていた。アレクサンドル三世は皇太子の帝王教育の仕上げとして、わざわざこの出会いを仕組んだのだろうか？　いずれにせよ、この若いバレリーナが未来の皇帝と再会しようと大それた試みをしなかったとしたら、この出会いはそれっきりに終わっていたことだろう。厳格に養育されたニコライは、騎兵隊またはごく親しい仲間内で行動している時以外はたちまち内気になり、成り行き任せになってしまう。だが若いバレリーナはそうは受け取らなかった。彼女はツァレヴィッチとクラスノエ・セローで再会する。近衛連隊の劇場ではバレエが上演されており、若い士官たちはニコライが滞在している限り毎日そこで顔を合わしていた。そこでもまた、皇太子は臆病さゆえか、それとも生来の無頓着さゆえか、この芽生えつつあった愛を長引かせようと努力しなかった。彼の日記を見れば、バレリーナがいかに彼の心を捕らえていなかったが分かる。クラスノエ・セローを離れると、ニコライは一年間丸々彼女と会えなくなる。父の決めたアジア旅行に遠路はるばる出掛けることになるのだが、後ろ髪引かれる思いで旅立った気配は少しもない。

　実のところ、ニコライの深い心は既に別のほうに向かっている。叔父セルゲイ大公のところで、大公夫人の妹で彼より四歳年下のヘッセン大公の王女アリクスと出会う。若い二人はたちまちお互いに通い合うものを感じる。しかし、全てが二人を分け隔てていた。皇帝の目には、このヘッセン・ダルムシュタット公女は欠点だらけだった。まず名門の出ではない。アレクサンドル三世は息子の結婚がロシアにとって有益でかつ素晴らしい政治的姻戚関係をもたらすことを願っていたのだ。しかも、アリクスはドイツ人だった。ドイツ風なもの全てに激しい敵意を抱く皇帝と皇后の気に入るはずがない。さらに、ヘッセン公一家は健康上に重大問題を抱えていた。家系を流れる血友病の遺伝のことは当時はあまり外部には知られておらず、ただ歴代のヘッセン大公が医者に囲まれていたことが目についた。この家族の女性たちは、過度に病的な神秘主義に陥る傾向があって、不安感を与えた。アリクス公女はいささか不安定な要因の遺伝を受け継いでいることを、何もかもが示唆していた。確かに、彼女の姉、セルゲイ大公夫人エリザベトは素晴らしい女性であり、ロシア宮廷の誰もが文句なしにエリザベトを受け入れていた。これに反して、まだ若い妹のアリクスの方は、ロシア滞在中に大した好印象を与えなかった。確かに彼女は美しい。しかし、着こなしは悪く、極端に神経質で、そのために顔や首筋に赤い斑点が現れる。何事につけて姉と比較され、批判される。望ましくない結び付きの先行きを見越した皇帝と皇后は、ツァレヴィッチのバレリーナとのロマンスを好意的な目で見るようになる。次いで、長いオリエント旅行が皇太子をバレリーナとアリクスの双方から引き離し、その結果、皇太子が両親の願いに沿うような結婚を考えるようになることを期待した。しかし、全く徒労だった。

極東旅行から戻った皇太子は、両親からヘッセン公女に働きかけることに同意してもらえなかったので、クシェシンスカヤとの絆をもっと緊密にした。とはいえ、二人の関係は表面的に過ぎなかった。彼の心ははっきり決まっていた。長いこと両親は、彼ら自身の反対論に加えて宗教問題を持ち出して頑張った。すなわち、アリクスは熱心な新教徒だが、ロシア帝国の皇后はロシア正教徒でなければならないのだ、と。しかし、あらゆる障害が崩れ去る。ペテルブルクでは皇帝の健康が急速に悪化したために、皇位継承を考えざるを得なくなる一方、アリクス公女も改宗の道を検討する。病の重い皇帝は、皇太子の皇位継承の準備が何一つできていないにもかかわらず、不十分な帝王教育を補う時間がもはやないことを認識して、少なくとも結婚問題だけは解決しようと決心した。ほかのどの婚約者候補も皇太子の気に入らないことから、アレクサンドル三世は、病気でなかったら決して受諾しなかったであろう結婚に不本意ながらも同意を与えた。エリザベト大公妃の力がたぶん働いたのだろう。

一八九四年四月四日、ニコライはお供に伴われてコブルクに赴く。勿論、その中にはセルゲイ大公とその妻、そしてアリクスのロシア正教への改宗を準備するために皇帝家の司祭も含まれていた。コブルク城でニコライを待ち受けていたのは、ヘッセン大公の家族だけではなく、英国のヴィクトリア女王だった。女王は、早く母を亡くしたアリクスの母親代わりを事実上つとめており、孫の中でも一番アリクスを愛していた。四月八日、ニコライは日記に記す――「素晴らしい、我が人生でも忘れることのできない日。我が愛する、比類のないアリクスとの婚約の日である」。この日以来、それまではあれほど無味乾燥だった日記は、アリクスと会った時のこと、それらの印象、状況などを長々と綴ることになる。ニコライは極東への大旅行の時は、会った人々や訪れた場所について記述することがあれほど苦手だったのに、たちまち饒舌になり、彼の日記は、目についた花や、二人で散歩した場所の情景描写であふれている。まるで生まれ変わったように皇太子は自分の感情を表に出し、限りない幸福ぶりを証言するのである。

アレクサンドル三世の最期

ロシアに戻ると、皇太子はかなりの時間を割いて婚約者への手紙を書き、彼女が身近にいないことの苦しみを日記に綿々と書き綴る。二か月後の六月、父帝は息子に英国のヴィクトリア女王のもとに滞在しているアリクスに会いに出掛けることを許可した。日記はこの幸福な一か月間のことをを証言している。やがてヨット「北極星」号に乗って皇太子はロシアに戻るが、予断を許さぬアレクサンドル三世の病状はニコライはもとより皇帝一家を憂慮させていた。回想録の中でウィッテは、アレクサンドル三世が自分の健康状態をつとめて隠そうとしていると述べ、「皇帝一家を支配している奇妙な習慣は、病気であることを認めようとしないこと、あらゆる医療に敵意を示すことである」と書いている。しかし、病気の進行ぶりについて、ニコライの日記は段階を追ってこと細かに記述している。クリミアに移送された皇帝は、回りに医師たちが詰めることを認めざるを得なくなる。

力尽きていた皇帝は、息子の願いを聞き入れる。十月五日、ニコライは日記に記す――「パパとママは私に、愛するアリクスをダルムシュタットからここに呼び寄せることを許してくれた」。皇帝は、見るからに死に瀕していた。ロシアの誰もが、数か月前の復活祭の時に不吉な前兆があったことを思い浮かべていた。冬宮の全ての明かりが突然、何の理由もなしに消えたのだ。全てのロシア人同様に迷信深い皇帝一家の人々もこの事故のことを突然思い出す。迷信深く、信心深い以上、もはや時は、医者でなく、聖職者の出番だった。宮廷の司祭ヤヌイシェフ神父は皇帝の傍を一刻も離れない。瀕死の皇帝の枕元に、奇跡をもたらすことで高名なクロンシュタトのイオアン神父が呼ばれる。ロシアの歴史の中で悲劇的な時にはいつもそうであるように、信仰はここではロシア正教的とはいいがたい信心と混在している。しかし、奇跡は起こらないだろう。

ニコライは不安と絶望の時をアリクスと分ち持ったが、この時以来、彼女のある種の圧力を受けるようになる。皇帝の死の数日前の十月十五日付の日記に記されている婚約者のひと言は、二人の間の関係とアリクスの皇帝一家に対する態度をかいま見させる。

「愛する人、気を強く持って頂戴。そしてライデン医師ともう一人のGとかいう人に、貴方のところに毎日来て、彼の容体がどうか、正確には彼にどうさせたいのか、報告するようにお命じなさい。何でも貴方がいの一番に知るように仕向けるのですよ。他の人々が先に知って貴方をのけ者にするようなことが決してないように。貴方はお父さんに可愛がられている跡継ぎ息子なのですよ。だから、貴方に全てが語られ、相談されねばなりません。貴方自身の意志をはっきり示し、貴方が何者であるか、他人に忘れさせないことですよ」。

たぶん、公女はニコライの臆病さに、家族との未成熟な関係に驚いたのだろう。たぶん、彼女は、自分が嫌々ながら受け入れられたこと、皇帝が瀕死の状態に陥ってからやっとクリミアに呼ばれたことを思い出していたのだろう。それにしても、アリクスが今度はニコライに対して圧力をかけていること、母親めいた口調で婚約者に話しかけていることを見逃す訳にはいかない。

この決定的な時に、皇太子に圧力を行使しようとしているもう一人の人物がいる。ポベドノスツェフだ。「彼は私に会いに来た」とだけ、日記は記している。皇太子は彼と長いこと話し合っている。いよいよ幕開けしようとしている劇的瞬間の主役たちが出揃っている。あの臆病で何事につけても両親の同意を得ようとする皇太子が、巨大な帝国の絶対君主の座をまさに占めることになるのだ。

アレクサンドル三世は十月二十日に死んだ。皇太子は、彼にとってまさに決定的だったその日の夜、「それは聖者の死だった」と記す。皇帝の逝去は全国民に強い印象を与えた。この時期がこんなに早く来ようとは予期していなかったからだ。しかし、聖者の死とは受け止められなかった。むしろ多くのロシア人にとっては、より多くの自由に向かう転換点としての希望をもたらしたと言えよう。

ニコライが皇帝の座に就こうとする時、帝王教育が終わったというよりも、絶えず彼の頭上にのしかかり、彼の個性の発揮を妨げて来た権威が終焉したわけだが、ここで、もっと微妙な彼の肖像の輪郭をたどる必要がある。十月以降、全てを決めるのはニコライであり、その彼は絶えず婚約者の傍らにいた。君主としての日記は、彼を権力の座に就けた出来事も彼の性格そのものを変えてはおらず、あるいは良く言えば解放もしなかったことを示している。二つの心配事が記述の中で入り交じっている。先ず、複雑な問題なので理解できるが、葬儀に関する心配、次に、婚約者に関する心配である。

皇帝は死んだ！　新皇帝万歳！

アレクサンドル三世の埋葬の準備は困難に直面した。なぜなら、事前に何一つ予測されていなかったからであり、首都を遠く離れた地で亡くなったことがさらに情勢を複雑にした。ロシア正教の長く複雑な儀式はリヴァディアで一週間も続く。次いで霊柩の隊列がウクライナを横断し、モスクワを経由してペテルブルクに到着するまで、儀式が折り目節目に行われる。この間、ニコライは父の死を嘆き悲しみながら、先ず「愛するアリクス」のことを心にかけていた。彼は結婚を早め、直ぐにも、身内だけでも式を挙げることを望んだ。皇帝一家の最も影響力のある人々、つまり叔父たちは、皇帝の結婚式は絢爛豪華に執り行われるべきであり、服喪と婚礼式が入り交じるべきでないと反対したため、婚礼の儀式を先に延ばすことにニコライは同意した。「ママと少数の人々、それに私は、パパがまだこの家の屋根の下にいる間に、ここで結婚式を行うほうが良いと考えた。でも、叔父たちは全員、私が葬儀の後にペテルブルクで結婚式を挙げるべきだと言って、反対した。私には全く不都合だと思えたのだけど」（十月二十二日付日記）。一方、公女の方はロシア正教に改宗し、その瞬間からロシア名アレクサンドラ・フョードロヴナを名乗るようになる。アレクサンドル三世の遺体の処理がまだ行われているのと並行して進められた改宗の儀式は、折から北海では嵐が吹き荒れている時期に遭遇し、若きプリンセスに取りついて離れない暗い気持ちを象徴しているかのようだった。葬列が首都を横断するのに四時間もかかってペトロパヴロヴィッチ寺院にたどり着き、次いで遺体がロマノフ家の墓所に埋葬されるまでの光景は、ことさら胸の痛むものだった。葬列の後尾、家族たちの後から、一人で、黒いヴェールをかけて続く新しい大公妃の姿は、群衆にこの表現を思い起こさせる──「彼女は柩《ひつぎ》の後について我々の所にやって来たのだ」。

アレクサンドラは、一般社会が彼女についてどのようなイメージを抱いているか意識していただけに、無関心ではいられない。葬儀の一週間後に行われる結婚式の前夜に、彼女は苦々しくこぼす──「私のロシア入りはまさにそうだったの。私たちの結婚は、私にはまるで死者のためのミサの連続のように見えました。ただ違ったのは、突然私が黒い喪服から白い衣装に着替えたことです」。

悲しみに浸りながらも、早く結婚したがっている皇太子だったが、自分はもう皇帝だというのに今度もまた家族の権威に従ってしまう。家族の意見に従ってしまう習慣から抜け切っていない。確かに、結婚しようとしている相手の皇太子からは愛されている公女ではあったが、ニコライの家族の大半からは嫌々ながら受け入れられたいきさつがあり、孤独で、その上、もう体調がすぐれなかった。ニコライの日記は、リヴァディアでの日々でも、アリクスが脚の痛みや、立っていたり、歩くことに困難を覚えたことの記述で満ちている。故皇帝がヘッセン大公の家族の遺伝について抱いていた懸念がどうやら確認されたようである。新皇帝の回りの人々は、悪意を込めて、アレクサンドラの美しい容貌が突然崩れ、斑点で覆われ、肉体的弱点と困惑ぶりを示す様子を観察している。婚約者以外のだれの目にも、この結婚は決して幸先良いスタートを切ったとは映っていない。だが、この点に関しては、日記は一言も触れていない。

奇妙なことに、先にウィッテが述べていたように、それまで皇帝の家族の間では疲れやさまざまな病気を押し隠そうとすることに人々は慣れっこになっていたが、ニコライ二世の方は、しばしば苦痛を訴えるようになる。特に疲労についてで、それも勉学の後、あるいは重要な会談の後だ。浮かれ騒いだ後の頭痛もある。確かに、日本人巡査にサーベルで頭に切り付けられたことも無縁ではないだろう。だが、日記に現れる不平はサーベル事件以前のことである。皇太子は婚約者の不調についても驚くどころか、むしろ力説する嫌いがある。皇帝一家という厳格そのものの宇宙の中では、あれほど健康問題については触れたがらなかったのに、ニコライとアレクサンドラは例外だった。いつの日か彼らの上に、世継ぎの皇太子の血友病という形で襲い掛かって来る不幸の前兆であるかのようだった。

ただし、当面のところ、だれもこのような悪夢の到来を想像さえしなかった。父王の死という悲しみに直面しながらも、何年にも及ぶ帝王教育に重くのしかかっていた庇護監督から解放され、家族の意志に反して、この年になって初めて自分で早くから心に決めていた婚約者と結婚するとの願望を適えるために戦ったニコライは、ようやく自分の意志を貫くことができる。服喪のかなたに彼が直面しなければならない第一の問題は、既に自分の手中にしている権力をどうするか、そこにどのような方向付けを刻印しようとしているのか、であった。新皇帝が依然国事から遠ざけられていたので、社会は彼の魅力と優しさしか知ることはできなかった。それでも、少なくともリベラルな人々は何よりも変革を望んでいた。

第三章　ロシアのコルベール

一八九四年、新皇帝は二十六歳。現実を知らぬまま、ロシア帝国の命運を引き受けた。時の内相で、あまり評判の良くない人物ピョートル・ドゥルノヴォが彼について下した厳しい判断も、たぶんこの点を考慮したものだろう。新皇帝について彼に尋ねられたウィッテは、こう答える――「彼の受けた良い教育は実はその不十分さを秘めている。願わくば、我らが若き君主がこの仕事をしっかり学んでくださることだ」。それに対して、ドゥルノヴォは言い返す――「セルゲイ・ユーリエヴィッチ、あなたは我らが若き皇帝について間違っている。わしはあなたより皇帝のことは知ってるつもりだ。敢えて言わせてもらうが、彼の統治は我々に不幸をもたらしますぞ。わしの言葉を良く覚えておいて下され。ニコライ二世は新版のパーヴェル一世〔女帝エカテリーナ二世の息子。異常性格者だった〕でしかありません」。

奇妙なことに、エカテリーナ二世の不幸な息子の亡霊を見たのは、ドゥルノヴォだけではない。未来の英国王エドワード七世となるウェールズ公も、全く体つきが似ているという想像からだけだが、同じことを言っている。しかし、この比較は不安を引き起こす。なぜなら、パーヴェル一世の不幸な運命を持ち出すことは、新皇帝の即位がいかに各所から表明される不気味な予感に取り囲まれていたかを示している。たぶん、ニコライ治世の滑り出しには、服喪の重苦しい雰囲気が垂れ込めていたのだろう。しかし、いずれにせよ、新しい君主が王座に就くのは喪に続いてなのだ。「王様は死んだ、王様万歳！」という決まり文句は、前王の他界から希望へ、過去から未来への約束へと直ちに移行することを示している。けれども、新しい統治が悲しみに沈んでいるかのように見えることは、取り巻く状況がとりわけ悲劇的でないとしてもあり得る。

皇帝の結婚式はつつがなく終了し、それまでの不吉な予測を否定するかのようだった。だが戴冠式に続いて起こった大惨事は、帝政への悲劇的な見方を復活させ、皇后に対する漠然とした敵意に力を与えた。

この出来事はあまりにも良く知られているので、ここで詳述する必要はない。かい摘まんで述べると、公式の行事は荘重なもので、ビザンチン様式に着想を得た儀式だった（一四七二年、ソフィア・パレオログがイヴァン三世と結婚するときにロシアに持って来た象牙の王座の上に皇后は座った）。式典は、この機会にモスクワに集まった皇族たちの列席した宮廷での祝典が終わると、こんどは市民たちの野外祝典へと移った。市民による祝典はホドウインカ練兵場の空き地で行われることになっており、モスクワっ子たちを受け入れるのに十分な広さだと考えられていたが、物見高い連中が他所からも続々と詰めかけた。あらゆる予測を越えた大群衆が大盤振る舞いの飲み食いを当て込んで殺到したこと、地面を補強する予防措置を怠っていたことが重なって、会場の溝に人波が崩れ落ち、折り重なって倒れ、下敷きになった人々が踏みつぶされた。人々がパニックに陥ったのと、警備態勢が取られていなかったために、事態はいっそうひどくなった。警官隊とコサック兵が駆けつけたときには、もう手遅れだった。死傷者の数は数え切れないほどだった。戴冠式が最高潮に達するはずのこの日の夕方、病院は死傷者たちであふれ、手の付けようもなかった。モスクワ全体が、そして国全体がいきり立った。

この時、皇帝夫妻は本当に約束通りフランス大使モンテベロ伯主催の舞踏会に出掛けなければならなかっただろうか？ その後に起きた事態は、良くあることだが誤解によるもの、というよりも十分協議がなされなかったためである。皇帝夫妻は舞踏会に出席することになっており、そのために、モンテベロ伯は舞踏会の中止を申し出そびれた。一方、皇帝たちは、フランス側から中止のイニシアチブが取られる事を期待したが、中止の知らせが一向に来ないため、あえて出席を取り消すことをしなかった。というわけで、皇帝夫妻は青ざめ、不安にさいなまれながら出席し、カドリーユを踊って舞踏会の幕を開けた。二人にとっては苦しい試練でしかなかった舞踏会から出ると、夫妻は負傷者たちの枕元に駆けつけた。世間は心を推し量るのではなく、事実だけを見るものだ。この悲劇の夜がロシア人の良心に残したのは、舞踏会のことだけである。決して忘れられることはない。治世の当初、ニコライ二世の人気は高かった。帝位に就いたばかりのツァーリの人気が高いのは論理的にも当然だが、この悲劇を契機に、たちまち不評の重荷を皇后が全て負うことになる。この時からアリクスに付けられたあだ名「ドイツ女《おんな》」が広まることになる。彼女のことを知っている人々は、皇后が全てドイツ的なものを嫌っていたことを知らない訳ではなかった。だが民衆が知っているのは、アレクサンドラ皇后がロシア語をほとんど話せず、話すとしても、とても下手だったこと、そして皇帝と一緒のときは外国語で話している、ということだ。本当のところ、彼女が話したのは本来の母語である英語だったが、臣民の目にはそんなことはどうでもよいことだった。

戴冠式の日を襲った大惨事は例外的なことでもなく、ロシア特有の不吉な兆しでもなかった。欧州のいくつもの王室が治世下に似たような不幸に見舞われている。だが、ロシアでだれがそんなことを気にするだろうか。残ったのは、皇帝夫妻が、苦しんでいる民衆に同情を寄せなかった、との印象だけだった。まだツァーリは批判に晒されていなかったので、全ての責任はツァリッツァ（皇后）にかぶされた。彼女のロシア入りの際の思い出が悪かったので、彼女こそ不幸を体現していると人々が思い込むことは、いとも容易いことだ。「彼女には死が付きまとっている」――わずか数か月前にはおずおずと口に出されたこの言葉は、戴冠式後にはもっと声高に発せられるようになった。

皇帝が皇族内からの強い影響力を受けている問題がまたもや持ち上がる。式典を司った世話人は叔父のセルゲイ大公その人である。二人は姉妹と結婚したので義兄弟の仲でもある。大惨事の後、責任問題が浮上し、責任者は厳しく処罰されねばならなかった。しかし、皇族の一員に対しても厳罰を加えねばならないのか？　ニコライ二世にはそんな心得はできていなかった。さらに、四人の叔父たちには、皇帝夫妻がフランス大使主催の舞踏会を欠席することに反対したいきさつがある。叔父たちの言葉にいつも耳を傾けることに慣れていたニコライ二世は、嫌々ながら彼らの意見に従った。新皇帝は未経験であり、父の兄弟である叔父たちはまるで亡きアレクサンドル三世の威信を受け継いだかのように振る舞った。治世の当初、皇帝は彼らの影響下にあった。

制限なき専制政治

皇帝ニコライ二世には、政治計画を明確に打ち出す義務がある。彼の周辺で、国内で、動揺が起きている。大胆な改革の時期が来ているとだれもが予感していた。一八九一年の飢饉はロシア社会にショックを与え、その影響はアレクサンドル三世の没後、直ちに感じられるようになる。新しいツァーリの皇位継承を祝ってトヴェーリのゼムストヴォ（選出制地方政府評議会）は、皇帝に、「民の声と彼らの願いの表明を聴くように」とのアピールを伝える。皇帝の傍らに直ちに宗務院長官ポベドノスツェフが駆けつけ、君主制を直接脅かす運動を非難する皇帝の回答を準備していた。緊急を要する回答だったので、皇帝は貴族会議と都市住民代表に直接呼びかけねばならなかったが、彼らは全て、それまで続けられてきた政策が変更されるのを望んでいることを明らかにした。ニコライ二世は回答を自信に満ちて読み上げたが、その内容たるや、驚くべきものだった――「あらゆる階層の人々が彼らの忠誠の気持ちを表明するためにやって来てくれたことは嬉しい。全ロシアの心にしっかり根差した感情の誠実さを信じる。だが、あるゼムストヴォ会合では、ゼムストヴォ代表が国事の指導に参加するなどという途方もない夢を表明していることを知った。皆さんに知って欲しいが、余は全力を挙げて国民の利益のために尽くしつつ、忘れ難き我が父がそうしてきたように専制君主制の原則を保持するであろう」。

皇帝のこの回答に加えて、歯に衣きせぬポベドノスツェフがゼムストヴォの「怪しからぬ夢想」とこき下ろしたことは、一八九一年以来、政治体制の変革が緊急に求められていると感じていた全ての人々を絶望させてしまう。反面、皇帝の断固たる態度は、皇族を熱狂させたばかりか、国境の彼方でも従兄弟のプロイセン皇帝ウィルヘルム二世を感激させる。一八九五年十一月七日、彼は次のような熱烈なメッセージをニコライ二世に寄せて来た――「君主制の原則なるものは、至るところでその力を見せつけることが肝要である。だからこそ、きみが改革を要求する議員たちの前で行った素晴らしい演説を聞いて私は嬉しい。

まことに時機を得た発言であり、各地で強い印象を与えている」。

このように、ニコライ二世は一八九五年一月早々、自分がたどるべき道をはっきり指し示した。父王の後継者であるばかりでなく、ロマノフ家の長い系譜の後継者でもあるニコライ二世は、自らが一つの伝統の受託者であり、専制制度を保持し、それをそっくりそのまま後継者に引き継ぐことが君主の義務であると考えている。この原則は神聖であり、一時的なものではない法律によって正統化されていると彼は考えており、決してそれに背くようなことはしないだろう。他人の影響を受けやすく、気の弱いこの人物が、退位に追い込まれる瞬間まで、この原則を演説の中でも行動の上でも守り抜こうと全ての政治的エネルギーを注いだことは、驚くべきことである。ゼムストヴォや各種のリベラルなグループが突き付けている要求は、憲法を制定せよ、というのではなく、権力の一部を社会から選出された議員たちに与えよ、と求めているに過ぎなかった。だが、ニコライにとっては、ポベドノスツェフが吹き込んだ言葉通り、「途方もない夢」に過ぎず、そう口に出しても言った。結局、彼は自分の専制君主制への愛着が全国民の共感を受けており、彼が激しく拒絶している提案なるものは、間違った、あるいは気の狂った一部の者たちの考えを表明しているに過ぎない、と確信していたのだ。彼が最後の最後までもち続けていた確信の一つは、君主たる者は、真のロシア、つまり彼が本当に愛着を抱いている農民のロシアを代表しなければならないのであり、その見返りに農民たちから深く揺るぎない忠誠心を受けられると思い込んでいた。地方を襲う一揆や散発的な暴力、農民たちが苦しんでいる物質的困難について長い間、彼が全く無知であったことが、このように農民と君主の間には心の絆、直接の結び付きがいまだ存在していると思い込んだ彼の牧歌的なビジョンの根底にあったのだろう。ニコライが「民」と呼んでいた理想化された農民の上にこそ、彼は専制制度のゆるぎない防衛の基礎を置こうとしていた。

経済発展への国家的政策

しかし、新皇帝は専制制度の擁護だけを目標に掲げていた訳ではない。彼は統治し、父王の政策を継続しようとしていた。父親から受け継いだ政策の中で最も目覚ましい局面を迎えていたのは経済発展であり、世紀末に差しかかり、まさに弾みがつこうとしていた。ニコライ二世が信頼を寄せていたこの政策の構築者がウィッテである。このウィッテを父親のアレクサンドル三世に推薦したのが、貴族階級の利益の熱烈な擁護者であるメシチェルスキー公だったことを思い起こす必要がある。ウィッテがロシアの発展について抱いていた全般的な構想は、ドイツの経済学者リストから借りて来た近代経済思想と、祖国ロシアの特殊性にについてのほとんどスラブ一辺倒のビジョンとを混ぜ合わせたものだった。ウィッテは言っている――「諸国民から成る世界家族の中でロシアが占める特別の地位と世界の歴史の中でロシアが果たす特殊な役割は、その地勢と政治的文化的発展のまことにオリジナルな性格に由来するものである。そのオリジナルな性格は、ロシアを構成するさまざまな要素の組み合わせがロシアにおいてのみ創造力を働かせることに立脚している」。

ウィッテが強調するのは、ロシアが西欧であり、アジアでもあることだ。ロシアは西欧における自らの弱体さをアジア市場を征服することで埋め合わせるべきだというのが彼の論点である。

アレクサンドル三世はウィッテを身近に呼び寄せた。ニコライ二世が皇帝の座に就くとき、父王と同じ道をたどって父の選んだ大蔵大臣を手元においたことは理の当然だった。ウィッテは当初、新皇帝の信頼を保っており、皇帝を政治教育し、ロシアの急速な発展についての自分の見解の正しさを納得させた、と述べている。この発展は均衡の取れたものであるべきで、これこそロシアの特殊性である、と彼は主張する！　確かに未来は産業発展にかかっている、しかし、ロシアはあくまでも農民の地なのだ。一見、矛盾するこの考察から出発して、ウィッテは単純明快なドクトリンを引き出す——二本足で立って前進すべきで、国家的産業の創設を完了しつつも、その代償を農民に払わせてはならない。一八九一年の危機が彼に痛感させたことだが、農民階級は息も絶え絶えであり、これ以上絞り上げることはできないことをウィッテは知っていた。

農民への課税を制限するのであれば、いったいどこから開発計画に必要な資金を調達するのか？　ロシアではウォッカの形で大量に消費されているアルコールが、国家の目覚ましい財源となって行く。一八九四年、ウィッテはスピリッツ（蒸留酒）類への税金を廃止し、アルコールを国家専売とする法令を出す。たぶん、ウィッテは、第一の狙いが財政目的ではなく、農村での過度のアルコール消費を抑制することにある、と言い張ることだろう。この施策は新しいことではない。何年もの間、アレクサンドル三世は、歴代蔵相ブンゲ、ヴィシネグラツキーらと共にこの問題を検討していたが、最終的には計画を放棄したいきさつがある。故皇帝は死を目前にして、この計画を実行に移すことをウィッテの手に委ねた。ロシア全土にアルコール専売を行き渡らせるのに、十年近くもかかった。一九〇三年、ウィッテは大蔵省を去るとき、施策は成功したと自画自賛した。だが、のちに後任のココフツォフに対し、本来のウィッテの目標から逸脱してアルコール専売からの収益を日露戦争の戦費調達に充てたと非難する。本来の意図が何であったにせよ、アルコール専売からの多大の収益は国庫を膨らませ、アルコール消費は増加の一途をたどった。

重大な改革は、一八九七年にロシアにも金本位制を導入したことである。ここでもまた数多くの内部討議が行われた。フランスが金銀二重本位制を進言するなど、決定に外国からの影響力が行使されたいきさつがある。だが、ロシアにとっては、金本位制の採用は単なる財政上の問題ではなかった。問題は国民的感受性に触れるものだった。クリミア戦争での敗北が露呈したロシアの軍事的弱体さが常に指摘された。様々な利害が対立するこの論議の中で、ニコライ二世は明確に意志を表明し、ウィッテ説の支持に傾いた。ウィッテは後に、ここで皇帝が示したエネルギーを称賛している。

関税の問題も、外国との間に生じた困難の根源の一つだった。ウィッテが目標を達成したとき、関税は新たな歳入の源となった。アレクサンドル三世の治世の末期である一八九四年以来、ウィッテはドイツに対し、ロシアの利益を守る通商協定を押し付けることに成功した。それに続いて一連の同様な協定が締結されてロシアの外国貿易が整理され、その結果、国庫への歳入がたっぷり確保され、国内生産を保護することができた。

だが、ロシアを決定的に工業化への軌道に乗せ、先進国に追いつくために必要な大事業を実現するには、もっと外からの資本を見つけなければならなかった。ウィッテの政策は信頼を呼び、外国資本の助けを求めることを容易にした。ロシアの潜在的資源の豊富さ、金準備高、ルーブル通貨の安定性は知られていた。ウィッテの外国企業家、資本家への訴えは聞き届けられた。一九〇〇年には、三百社近くの外国企業がロシアに進出し、その大半がベルギー、フランス企業だった。投下資本の最大の保持者はフランスである。

鉄道は常にウィッテの念頭にあった。この点についても、皇帝はウィッテを支持した。アレクサンドル三世の治世下で開始された建設努力は継続され、世紀末に向かって拡大された。絶対的な優先順位がシベリア横断鉄道に与えられたが、外辺地域と中央を結ぶ長い鉄道網建設にも努力が注がれた。ウィッテは常に、彼の立てた計画が、西方への鉄道網建設を優先させる参謀本部の「戦略的連絡網」重視に邪魔されたと不平を述べている。いずれにせよ達成された努力の成果は目覚ましいものである。鉄道網は広がる一方で、都市と工業中心地域を発展させた。だがこれらの工業中心地域の地理的配置を見れば、大筋においてはウィッテと鉄道網敷設について争い続けた軍事大臣クロパトキン将軍の方に軍配が上がったと言えよう。

この時期はモスクワ地域の発展が際立っており、中でも主流は繊維産業である。一方、ペテルブルクは金属・機械産業のセンターとなる。西方国境では、ウッジ、ワルシャワ、キエルツェの周辺に、製鉄業、機械・繊維産業などが経済活動の主力部門として発展する。さらに南のウクライナは、豊かな石炭・鉄鉱石資源に加えて食品産業を発展させ、ロシア帝国の経済センターの一つとなる。カフカス地方では、ノーベルも注目した石油資源、それにマンガン鉱が投資と企業家を引き寄せた。またウラル地方は豊富な地下資源に恵まれ、にわか成り金を生み出す土地として評判になる。木綿の生産地である中央アジアのお陰で、ロシアはかつて主要輸入品だった木綿をもうほとんど輸入せずに済んだ。アジアには徐々に地場産業が設置され始める。

ロシアの繁栄ぶりは外界を魅了し、産業への直接投資だけでなく、預金者からの投資も呼ぶようになる。ロシア政府が市場に出した国債は、十九世紀末には西欧の預金者たちにとって金儲けの近道と見なされるようになる。その上、ウィッテは抜群の蔵相だった。彼の賢明な財政策は黒字予算を生み出す。世紀末にかけてロシアの政界に暗影を投げかけ始めた諸々の困難にも、ウィッテは立ち向かおうとする。ともかく、彼が回顧録に書いているように、ロシアは、その経済力、注ぎ込まれた努力の成果のお陰で現代世界の中で尊敬される地位を占めるようになる。

社会を進歩に適合させる

発展という挑戦に勝ち抜くためには、目に見える利益を社会に示してやることが必要である。なぜなら、社会が納得して大いなる努力を傾けることが望まれるからだ。社会の平静さを保つために必要である。ウィッテにとって第一の懸念は農民だった。どんなに知恵を働かせてみても、農民たちには依然として重税が課されていた。加速する発展は、ロシア政府にとって有利な貿易収支のバランスを要求する。外国からの負債の利払いとルーブル相場の保持のためである。だが、この貿易バランスは何よりも先ず穀物輸出に依存していた。こうした政策の最大の犠牲者は最も貧しい農民たちだった。土地を持たず、あるいはわずかの土地しか持てない彼らは、生き残るために低賃金で働き、地主に最大限の収穫をもたらさなければならない。収入はわずかで、ろくなものも食べられない。その上、生活の厳しさを忘れるためにアルコールに溺れてしまう。そして、国庫はそこから多大の収益を得る。国家権力も農民の生活を再組織し、最も弱体な農民層の負担を軽減する必要を感じてはいた。貧窮農民が都市に向かって産業労働者となる手助けをすることもその一つである。だが農民たちの都市への移動は全く無秩序に行われ、ただでさえ困難な都市生活に直面しなければならないにわか労働者の地方出身者を劣悪の条件に追いやった。一八九七年、ハリコフに労働事務所が設立され、求人事業の一本化が図られた。確かに興味深い試みではあったが、孤立化しており、農民があまりにも生活条件の厳しい地方を捨てることを援助するまでに至らなかった。折角の試みだったが後が続かなかった。なぜなら、企業家たちは、この国家の介入がどんな雇用条件でも思うままに労働者を雇うことを禁止したことに不満だったからである。

もう一つの緊急事態は、労働者が騒ぎ始めたこと。一八九七年、ペテルブルクで繊維産業労働者のストが続発する。事態に急き立てられ、政府は七月、昼間の労働時間を十一時間半、夜間の労働時間を十時間に制限する措置を取る。だが争議は拡大の一途を辿り、国家は取るべき解決策について明確な主義主張を持ち合わせていない。

一八九八年夏、クリミアに静養に出掛けようとしていた皇帝は、蔵相から、農民問題についての会議をできるだけ早く開催するようにと強い圧力を受ける。このときばかりは皇帝は、提出された意見に従おうとしなかった。君主制に対する農民の忠誠心を確信する皇帝は、小貴族地主の運命により関心を抱き、彼らの苦労の方を農村全体の問題より憂慮していたのだ。

皇位に就いて間もない一八九五年当時、ニコライはすでに自分の優先順位を示し、ウィッテが要求した「農民会議」〔一八九八年の会議に先行する最初の試み〕を、地主貴族階級の抱える問題、つまり彼らの困窮ぶり、彼らの要求する特権、国庫が彼らに与え得る救済資金などの検討に限ることを決定した。この第一回会議は言わば一八六一年〔アレクサンドル二世による農奴解放令を指す〕の敗者たちの報復であった。三年後、農民たちの歴然たる困窮ぶりにもかかわらず、皇帝はウィッテの要請にも、「個人的には自由であっても、農民階級は依然として専横ぶりと非合法性と無知の奴隷に止まっている」という報告書にも耳を傾けなかった。一九〇二年まで時を待たねばならない。一八九九年に極めて反動的なゴレムイキンに代わって内相に就任したシピャーギンの支持を得てから、ウィッテは、地主貴族の「生まれながらの権利」なるものに抵触しないように細心の注意を払いながら、ようやく一八九五年以来要求してきた農民会議の開催を押し通すことができた。この名称の一連の会議は一九〇二年から一九〇五年までの三年間続くことになる。しかし一九〇二年、シピャーギンが暗殺され、テロが再発すると全ての計画が弱められ、危険にさらされた。一九〇五年まで続くショックは問題の根本を覆してしまう。そして一九〇五年以降、農民問題が討議されるのはもはやこの種の会議の席ではなくなる。

ロシアが世界に占めるべき地位を取り戻す

治世の当初、ニコライ二世は、ウィッテから「政治的近視眼」と度々指摘された農民問題への対応ぶりゆえに国内で起きている事態を理解できずにいたが、その他についてはウィッテの政策綱領を支持し、発展を奨励し、父親の考えと業績に忠実だった。貴族制度に対する揺るぎない愛着を繰り返し言明し、全ての農民の命運を気遣うことをわざと拒否しながらも、彼は治世の初期については満足を持って振り返ることができる。近代化は疑いもなく進行している。その証拠は、資本の移動だけでなく、ニコライ二世が国外で受ける歓迎ぶりであり、ロシアの対外威信の高まりは歴然である。アレクサンドル三世の治世下での外交政策は、どちらかと言えば目立たなかった。彼はロシア帝国の国境をさらに拡大し、英国に対抗できる国力を示すことに忙殺されていたからである。しかし、アレクサンドル三世の国際的選択は明白だった。彼はゲルマン帝国の力を封じ込めるためにフランスと手を結んだ。一八九一年の仏艦隊のクロンシュタット訪問、一八九三年の露艦隊のツーロン訪問、そしてロシアで長らく禁止されていた仏国歌「ラ・マルセイエーズ」の吹奏に無帽で聞き入る皇帝の姿は、この瞬間から仏露同盟こそ欧州における均衡を保つ要めであることを立証していた。

一八九六年十月、ニコライ二世は皇后と共に欧州のほとんどの王室を訪問した。華々しいフランス訪問はすばらしい思い出として彼の記憶に止まることになる。仏露同盟を堅固にしたこの訪問は、ニコライ二世がギールス外相の後任に選んだ新外相の功績だった。外相に任命されたロバノフ＝ロストフスキー公は老練な外交官であると共に才能豊かなアマチュア歴史家でもあり、たちまち全方位外交を展開して、皇帝が次々とイニシアチブを打ち出すように巧みに仕向けた。例を挙げよう。仏露同盟、ドイツおよびオーストリアとの緊張緩和、オスマン・トルコ帝国に対する慎重な態度、などである。しかし、この若き君主からしばらく遠ざかっていたかに見えた不運がまたもや襲い掛かり、有能で理性的な外相を奪ってしまった。一八九八年のロバノフ＝ロストフスキー公の死の結果、ニコライはやむなくずっと控えめな人物を外相のポストに選んでしまったため国際政治の全権限を自ら引き受けるはめになった。新外相ムラヴィヨフ伯は、見かけだけは華々しいイニシアチブを取るよう皇帝を仕向けたが、かえって若きツァーリの未経験ぶりを露呈させる結果となった。同じ年、ニコライ二世は緊張緩和と全般的な平和維持に貢献するために、諸国政府に軍備削減を狙いとする国際会議の開催を提案する。この計画は確かに魅力的だが、具合の悪いことに、時期がロシアのポート・アーサー（大連）と大連湾（遼東湾）の接収と「満州と中国領トルキスタン（新疆）は今後ロシアの独占的勢力圏である」との宣言と重なった。

当時、諸大国は全く無神経に領土の略奪行動を続けており、ロシアも他の大国と同じことをしたに過ぎない。しかし、ロシアの行動は友邦国フランスと、中国の領土保全と、大英帝国の野望とを軽視したものだった。皇帝は、アジアに関しては外相の野望に嫌々ながら従っただけだ。だが皇帝は個人的に責任を負っており、しかも壮大な全面平和構想だと確信してそれを打ち出した時、こうした提案をするのにロシアは相応しくないことに気付いていなかった。そんな具合だから、一八九九年オランダのハーグで開かれた万国平和会議が軍縮について討論することを無視していたとしても驚くに当たらない。会談や祝典にかかわらず大した成果を生まなかった外国旅行だったが、皇帝は満足していたとしても、これを大きな出来事に仕立て上げて国際舞台に華々しく登場する機会を失った。

ぱっとしなかったムラヴィヨフ伯の後任となったのは経験豊かな外交官ラムズドルフ伯である。彼は威厳を欠いていたにせよ、皇帝の合意を得て欧州では仏露同盟と中欧帝国諸国を両天秤にかけた慎重な外交政策を取った。だがラムズドルフは、こと極東においては皇帝を慎重路線に留めることに失敗した。

ともかくも世紀末までは、ニコライ二世は理に適った船の舵取をする。確かに、ゼムストヴォ、農民、全てのリベラルなグループが不満だった。けれども、数年間というものは、この不満は鳴りを潜めており、まだ平穏なロシアの地で、皇帝は一八九四年の即位当時にあれほど無残にも欠けていた経験と威厳をようやく身につけようとしているかに思われた。

私生活での行き過ぎ

不満が巻き起こったのは先ず皇帝の、というよりむしろ皇帝夫妻の周辺からだった。ニコライとアレクサンドラは、ロシア宮廷では常ならぬ生活様式を直ちに取り入れた。彼らにとっては私生活、家庭生活こそがなりよりも重要である。たぶん、父アレクサンドル三世が息子に模範を示したのだろう。ただ、重要な二つの点で異なっている。アレクサンドルは疲れを知らぬ勤勉家であり、全ての時間を国事を司ることに費やした。また皇后は才気煥発で社交好き、大変な人気者で、宮廷生活の重荷を一身に引き受けた。ニコライ二世の方は、働くことは働くが、国事に当てるべき時間をできるだけくすねてそれを家族のために捧げた。確かに皇太子時代に気晴らしの遊びに夢中だった頃と比べると彼は変わった。国家と皇帝一家の重責を担う君主となってからは、ニコライは深みを増している。彼の日記がそれを示している。彼は読書をするが、皇后と一緒のことが多く、皇后に読後感を語って聞かせた。かつて楽しみだった遊びごとは狩猟とスポーツを除いては全て投げ捨てた。残された遊びも、むしろ家族の間で、いや最も厳密な意味での家族の枠内で、夫婦だけの間で楽しむのだった。皇后はきっぱりと社交生活から身を引き、この領域を皇大后と大公夫人たちに委ねた。アレクサンドラはあらゆる社交生活にほとんど嫌悪感に近いものを示した。皇后が公の場に姿を現すことを嫌い、かつての宮廷生活の栄華を取り戻すことを拒否しているのを見て、宮廷は彼女を深く恨むことになる。たちまち無理解、敵意さえもがほかの皇族と皇帝・皇后の間に入り込む。このような状況下で、双方の過ちについて判断することは難しい。若き皇后は病的なほど臆病であると共に、蒲柳の質であり、心理的に不安定である。宮廷生活は彼女を苛んだ。肉体的に耐えられなかったのだ。既に婚約時代にも垣間見られた肉体的トラブルに、しばしばアレクサンドラは襲われた。脚の痛み、赤斑の現れ、目が座ること、などである。そして彼女は自分が見捨てられている、と感じる。実のところ、彼女は愛されるように振る舞うことができなかった。皇族側は、アレクサンドラが皇帝に影響力を及ぼして家族から遠ざけようとしていると非難する。一方、アレクサンドラは、ニコライをあまりにも長いこと苛んで来た皇族の重圧から彼を引き離すことが自分の義務だと確信している。また、皇族が余りにも人数が多く、要求過多で、様々な余禄を受け、皇宮の財産を掠め取っている、と考えている。彼女は遅まきながら発見した皇帝の親戚たちに情け容赦ない態度で接し、拒否の態度で身をこわばらせる。

二つの要因がこの事態を悪化させる。ロシア正教に改宗して以来、アレクサンドラは多少なりとも神経症的な宗教心に傾いている。この異常な宗教心は全て宗教的でないもの、つまり宮廷生活全てを非難すべきもの、呪うべきものと決めつけるよう彼女を仕向け、たちまちスキャンダルの標的になる。その結果、アレクサンドラはたちまちペテン師、風変わりな連中、自称奇跡の具現者らに取り囲まれるようになり、彼女が驚くほど信じ込みやすいだけに、その数は増える一方となる。第二の要因は、男の子の世継ぎが大変遅れて生まれたことだ。男の子の前には四人の女の子が次々に生まれており、女児の誕生の度に皇帝夫妻にとっては喜びであると同時に、頭痛の種でもあった。パーヴェル一世が母である女帝エカテリーナ二世に対する敵意ゆえに、ロシアの皇位に女性は就けないと決めて以来、男性の皇位継承者の誕生が王朝を継続させるための義務となっていた。来る年も来る年も男の子の誕生を待ち望んでいた皇后は、皇帝一家が皇位継承者を産めないことを口実に皇帝の弟の一人をツァレヴィッチと宣言し、アレクサンドラを追い出すのではないかと恐れていた。ロシアの歴史では、多くの王妃が様々な口実の下に忌避され、修道院にほうり込まれて来たから、アレクサンドラもニコライの親族がそのような企みを抱いていると疑ってしまう。皇帝が彼女に対して抱く限りない愛情からすれば、そんな不安は何の根拠もないのだが、無視できない、いくつかの動機に基づいてもいる。彼女はニコライが柔弱で影響を受け易い性質であることを知っている。確かに、アレクサンドラに対する愛情についてはそうではない。だが、ニコライが彼女との結婚を許されたのは、瀕死の床についている父親が外に解決策がないと悟ったからだということを忘れてはいない。皇帝アレクサンドル三世が結婚を許したのであって、ニコライが父親を説き伏せたのではなかった。皇帝が自分の家族に深い愛着を抱いていること、家族内の調和が取れていた時代を懐かしんでいることも彼女は知っていた。確かに、ニコライは私生活を大事にする人間である。皇位についたとき、ニコライは皇帝としての義務を果たさなければならないことを悲しみ、天が彼をもっと低い身分の家に生まれさせてくれなかったことを嘆いた。しかし、彼は家族の中にいることを好んだし、夫婦が孤立化してひたすら緊密な関係にあることを彼自身が望んだ訳ではない。皇帝と皇后が表面的には全てに同じ見解を持ち、信仰心が同じだったとしても、そこにもまた違いが、ニュアンスの差異があった。皇帝は信心深い。アレクサンドラはたちまちヒステリックな信仰心に没入する。彼らの生活ぶりを見ると、そして皇帝の日記を注意深く読むと、皇帝は愛ゆえに全面的に妻を支持しているにしても、心では全く同意していた訳ではない。彼の弱さからか、あるいは過度の愛ゆえか、だれに分かろうか？　いずれにせよ、その結果はやがて重くのしかかって来る。

転換点

あるオブザーバーは一九〇一年に、ウィッテの皇帝に及ぼす影響力が他の閣僚のそれをはるかに越えているから改革はまだ可能だ、と記している。しかし、ニコライ二世が耳を傾けようとしなかった民衆の鈍い不満の声は前世期末以来、雷鳴に変わり始める。先ず大学で危機が高まる。将来起こる事態の萌芽が見え始める。アレクサンドル二世は政治改革の枠内で比較的自由な大学の身分を認める法令を公布したが、アレクサンドル三世がこれに逆行する措置をとったことが想起される。学生の自由、なかでも結社の自由に対して加えられた制限措置は激しい不満を呼び、それが歴然化するには何か口実さえあれば良かった。

当時、学生の世界は社会で無視できないグループを形成していた。三万五千人近くが十か所の大学及び高等教育機関に登録している。社会的には、学生たちの大多数は特権階級ではないが上昇気流にのる階層の出身だった。聖職者、会社員、中産階級の農民の子弟たちである。貴族階級の出身は十パーセントで、高等教育から遠ざけられていたユダヤ人と同程度に止まっていた。つましい階層の出身だけに、学生たちは、まだうまく表明できないが噴出寸前にある要求を掲げていた。一八九八年、法律家であり、尊敬される大学人ではあるが、進歩的思想にはほとんど開かれていないニコライ・ボゴレポフが文部大臣に就任する。彼は未来をよく予測できていなかった。予想された通り、最初の事件が起き、新大臣の無理解ぶりと衝突し、事態を悪化させる。事件が起きたのは一八九九年二月八日。当時すでに危機がくすぶり始めていたから、本当の理由というよりは口実に過ぎない。発端となったのは伝統的なペテルブルク大学創立記念式典だった。各学部内での式典の後、学生たちは街に繰り出してお祭り騒ぎを続けるのが恒例だった。この頃、当局側はあらゆる統制の取れない運動に懸念を抱いていたので、これを事前に阻止するために、街に繰り出すことを禁止するとの通達を出した。もちろん、学生たちはこの警告を無視し、非常線を突破しようとして憲兵隊と衝突し、乱闘となった。それ以来、暴力と弾圧の悪循環が続く。学生たちは総会を開き、授業放棄のストを決議、政府が学生の権利の尊重を守らせるよう要求する。民衆蜂起を企てるプロの革命家たちはこの自発的運動の中に、より過激な展開を生み出す絶好の機会を見いだした。革命行動を熟達している連中、サヴィンコフ、カリャーエフ（後者は六年後、セルゲイ大公暗殺に成功する）らが運動の指導権を握り、全ロシアの大学の連帯を呼びかける。危機はモスクワにも到達し、学生たちは、憲兵隊に殴られ除籍された仲間の側に立っていることを示すためにデモ行進をする。ちょっとしたことから始まったモスクワの運動には、当局により学校が閉鎖されていたペテルブルク大学の学生たちが駆けつけて激励する。

学校閉鎖の措置は、平静さを回復させるどころか、ペテルブルクの青年たちの反乱をモスクワ、ハリコフ、キエフ、オデッサへと拡大させ、お陰で同じタイプの反体制運動が広がることになる。これらの大都市では、大学は開かれたままだったが、学生たちの授業拒否のために大学は完全に麻痺していた。直ちに処罰措置が取られた。モスクワでは、争議首謀者は一年間学校から追われ、六百人が警察によって街から追放された。在籍学生の実に五分の一がこの措置の対象となる。だが、学生たちのこの第一波の異議申し立ては長続きする見通しはなかった。当局は謝肉祭の休暇が秩序を取り戻してくれるものと期待していたし、学長は、新学期が正常に行われるなら罰則を撤回すると約束した。実際には、一時期待されていた緊張の緩和は全く幻影に過ぎず、たちまち消え失せてしまう。大学に戻って来た学生たちは全員が揃っていなかった（連隊に編入されているか、モスクワ外に居住地指定を受けていた仲間たちの姿は見えなかったはずだ）。仲間との連帯のスローガンがかき立てた学生たちの要求は、当局の態度をさらに硬化させてしまう。学生たちはストを再開し、一方、学長は全員を退学処分にし、各人が個人的かつ条件付きで再登録するよう求めた。学生たちと当局との対決はより深い危機へと発展する。学長は、授業の再開を許可する代わりに、モスクワ大学をできるだけ早く数か月間閉鎖するために、年度末試験の実施を決定する。試験は憲兵隊将校が立ち会って警備された大学で実施され、校門をくぐれるのは正式に再登録した学生だけだった。その他の学生にとっては、期間こそ異なるものの全ての大学生活の終わりを意味した。

危機の深さを理解するために、ここで当時の警察の権限を考慮に入れることが肝要である。学生たちに加えられた罰則は二つの側から雨あられと降って来た。大学は学生たちを停学もしくは除籍する権限を持つ。しかし、逮捕に踏み切り、居住地指定もしくは軍隊送りにするかを決めるのは警察である。こうした二重方式ゆえに、一八九九年四月、大学に再登録を許可された学生たちが復学を阻止されたのだ。理由は、彼らがすでに軍隊に編入されていたからか、あるいはモスクワ滞在を禁止されていたからである。大学危機のスタートの号砲を鳴らしたのはペテルブルクでの学生デモ弾圧だったが、学生の最も激しい反発とその拡大を引き起こしたのは治安当局の自由裁量権であった。

とは言うものの、一八九九年の状況はまだ平和的に収拾が可能だった。学生の大多数は青年の連帯意識に従い、警察の制限措置に憤激してはいても、いかなる政治的計画も抱いてはいなかった。学生運動を革命的圧力に転換しようとした若干の指導者、つまり職業的革命家たちが逮捕されると、学生の間にはある種の平静さが戻っている。同時により良い情報を得る必要性を感じて、政府は、事件に光を当て、責任の所在を明らかにするための調査委員会を設置する。この委員会は元軍事相のヴァンノフスキー将軍――彼自身、自他ともに許す保守派だが――の権限下に置かれ、極めて前向きの役割を果たすことになる。この任命により学生たちは沈静し、次第に授業に戻って行く。平静への復帰に印象を受けたからか、ヴァンノフスキー委員会は、政府が譲歩し、アレクサンドル二世時代のリベラルな諸措置に戻る必要がある、との結論を下す。

大学に秩序が戻り、政府自ら設立した委員会が事態を緩和する提案をしたことを無視した政府の盲目ぶりをどう説明したらよいのか。勧告に従うどころか内閣は、中でもボゴレポフ文相が先頭に立って態度硬化に踏み切っていた。学生についての規定は現状維持された。規定に違反することを承知でデモや結社に参加した学生たちは、大学から除籍されたり、兵役に就かされた。一握りの学生たちに対してこのような措置が取られたことは火薬庫に火を放つ結果となり、一八九九年十一月キエフ大学でストが再燃した。報復措置として、多くの学生に対する徴兵猶予が取り消された。連帯行動のストのサイクルがまたもやペテルブルク、モスクワ、ハリコフ、ワルシャワの主要大学に波及する。一九〇一年二月、一人の学生がボゴレポフ大臣を暗殺したことで、危機は劇的展開を遂げる。この暗殺は一連の革命家たちによるテロ攻撃の口火を切ることになる。暴力事件の続発に恐れをなした皇帝はボゴレポフの後任に、ヴァンノフスキーを任命する。彼こそ二年前の危機を沈静化した功労者ではないか。数日後、今度は宗務院長官ポベドノスツェフが危ういところで暗殺を免れる。

ロシアの社会的風土はすっかり変わってしまい、大学構内で学生集会を開くことを許可するなど学生に譲歩がなされたが、今度という今度はヴァンノフスキーも学内に平静さを回復することができない。もともと大学は騒ぎを起こすのにおあつらえ向きの場所だった。しかし、今世紀初頭以降、騒ぎはもはや学生固有の要求を掲げたものではなくなった。大学の政治化は現実であり、学生たちも少なくとも政治体制の根本的変革といった革命的思考をするようになった。

一九〇二年、様々な大学の学生たちは非合法の「汎ロシア会議」を開き、「政治的自由のための闘争の前衛」を名乗る。このとき以来、半恒常的ストの状態が継続し、権力側はますます多くの学生を軍隊に送り込む。ところがこの処罰措置は学生側の反撃を招いただけではなかった。遠隔地の兵営に送り込まれた学生は招集兵たちに働きかけ、軍隊が鉄道の要衝を警備していたので特に鉄道労働者に激しい革命宣伝攻勢をかけた。

同じ時期に、騒乱は職能階層、中でもゼムストヴォに結び付いた人々にも広がって行く。一八九六年、ゼムストヴォは国政に参加できることを期待し、議長の一人、シポフは、責任者を集めた総会開催を提案した。当時の内相がこのような集会を禁止したので、ゼムストヴォの注目と期待は、自分たちが雇っている職能階層の人たち――あらゆるジャンルでのエキスパートたち――に向けられる。彼らも国政に参加したくてうずうずしていたのだ。世紀末以来、職能人たちは、大集会を次々と開いていた。農業技師大会、医師会などで、その中では政治的テーマが各職業特有の問題に取って代わった。こうした会合の背後で、ゼムストヴォ自身も騒ぎだし、非合法活動を組織し始めた。

後退の始まりと民族抑圧

このように目に見えて高まる不満に直面して、ニコライ二世は専制君主制の原則に執着し、譲歩を見せれば社会の要求と騒動を勢いづけるだけだと考えた。その上、彼の特徴として言われることだが、生来、こらえ性のない性格だった。皇帝は譲歩を与えるとき、即効を期待した。ところがその効果が現れるのには時間がかかる。そこで、皇帝は自分が損な取引をしたと考えてしまう。この時期に続発した暴力事件が彼のそうした態度を強めさせた。

一九〇二年四月、内相シピャーギンが暗殺されたので、ニコライ二世は警察長官のヴャチェスラフ・コンスタンチノヴィチ・プレーヴェに助力を求める。複雑な人物である。ドイツ系で、まず検事を振り出しに経験を積み、司法界への道を開く。ついで警察畑に転じ、そこで組織者、挑発者として目覚ましい資質を見せ、多くの学生組織や社会組織に工作員を「浸透させた」。プレーヴェは、演説では保守的で融通が利かないが、同時にある種の改革には開けているといった具合に、理解し難いところがある。事実、彼は、ロシアを全く不変不動のままに止めておくことは不可能だと認識していた。だが、変革は権力側によってもたらされるべきであり、なかんずくそれは監督機関であり同時に進歩をもたらす道具でもある警察の仕事だと彼は考えていた。この「コントロールされた」変革の名において、彼はゼムストヴォの(最も保守的な)部分を獲得して自分の政策の道具とし、それを通じて運動全体を骨抜きにしようとする。試みは失敗に終わり、その結果、ゼムストヴォ全体を敵に回し、リベラル階層をもしだいに動員することになり、一九〇四~五年には彼らが自分たちの見解を権力側に押し付けるまでになる。

労働者のストが続発し、社会騒乱はいまやロシアの日常茶飯事となってしまったので、プレーヴェは徹底した対抗策と挑発政策を実施する。一九〇二年、地方で発生した暴動は乱暴に鎮圧され、ロシア南部で広がり始めた労働者のストも弾圧された。プレーヴェはそこで、全般的な不平不満を、格好の標的であるユダヤ人と民族問題に向かわせようとする。一九〇三年の復活祭の日に起きたキシニョフの大虐殺は、それまで学生と労働者たちだけに向けられていた注意をいま一つの対象に集中させる。この事件がプレーヴェの指示で引き起こされたものかどうかは、だれも立証できなかった。とはいえ、プレーヴェはユダヤ人に対する敵対感情を公然と示し、たとえば反対分子の大多数が、そしてデモ首謀者のほぼ全員がユダヤ人だと断言しており、ユダヤ人に対する暴力的対応を引き起こす機会を逃さなかった。数か月後の八月、同様な悲劇がゴメリで起きている。いずれの場合でも、警察の態度は奇妙であり、プレーヴェに対する疑惑を正当化するものだった。治安警察が現場に到着するのに時間がかかり過ぎていた。彼らが着いたときには、既に死体が道に散乱しており、ユダヤ人が住んでいた住宅からの強奪もほぼ完了していた。犯人の捜査はゆっくりと行われ、いっこうに効果があがらなかった。

ユダヤ人たちが対抗措置として自衛軍を組織すると、政府は直ちにこれを反乱軍だと非難した。こうした情勢に不安を抱いたテオドル・ヘルツルは、一九〇三年七月にロシアに乗り込み、プレーヴェからユダヤ人保護の約束を取り付けようとした。この会談からは何も生まれず、翌月、悲劇的な回答としか言いようがないゴメリの虐殺事件が起きた。プレーヴェのもう一つの狙いは、最も教育水準が高い民族たち、すなわちフィンランド人、バルト人、カフカス人だった。これらの民族地域では、民族的反対運動あるいは社会主義思想に基づく運動が急速に発展していた。事実、ロシア帝国のこれらの地域では、すでにアレクサンドル三世治世の時代から自由を制限する措置が取られていた。だが、プレーヴェはそこでの抑圧をさらに強化した。ドイツ語で教育が行われていたドルパト大学〔エストニアの都市タルトゥにあった〕はすでに一八九三年にいったん閉鎖され、まもなくロシア語による教育が行われる大学として再開された。一九〇〇年には、学生数は四分の一に減っていた。多くの学生がこの臆面もないロシア語化政策を前に学校を去るか、退学させられた。

しかし、この政策が最も乱暴に実施されたのはフィンランドであり、この国での自治はないのに等しかった。アレクサンドル三世時代の末期、ブンゲはすでにフィンランド人の権限の領域を制限することに取りかかっており、危機はペテルブルクとフィンランド議会とを対立させる寸前にまで高まっていた。皇帝の死去が一時期この計画を忘れさせていただけである。しかし、一八九八年にボブリコフ将軍がフィンランド大公国の総督に就任すると、フィンランドをかつてないほど軍事的隷属の地位に置こうとした。当時のフィンランドは、三年間のうちに三か月間の兵役を義務づける徴兵制による小規模の軍隊を保持しており、その軍隊は国境外に派遣できなかった。ボブリコフ将軍は政令により、大公国の軍隊をロシア軍に編入し、ロシア軍の司令下に置き、徴兵期間を五年に延ばし、しかも、それから完全にロシア語を話せる新兵を除外した。これらの措置は猛反対を招き、五十万人（全人口の六分の一）の人々が皇帝に請願書を送り、フィンランドの自治権を尊重するよう嘆願した。ニコライ二世は請願書を却下し、代表団を受け入れることを拒否し、一八九九年の宣言の中で、ロシア法がいかなる場合でもフィンランド法に優越すると宣言した。フィンランド議会は地方議会のレベルに落とされ、プレーヴェはフィンランド担当の国務相に任命された。紛争はそのときすでに始まっていた。

フィンランドの人々にとっては、これは受け身の抵抗と、ロシア法の施行の拒否を意味した。ニコライ二世の回答は一歩も譲らず、ロシアの権威を延長することだった。すなわち、多数の地方官吏をロシア人に置き換えること、学校・裁判所のロシア語化、憲法の停止、独裁的権限の創設、である。従って、臣民の受け身の抵抗をぶち破るためには暴力の行使も辞さなかったボブリコフが一九〇四年四月、暗殺されたとしても驚くことはない。こうしてフィンランドは社会主義にとって祝福の地となったのである。ロシアに対抗するための反動によってであり、ロシア支配下のこれらの年月が農民の窮乏化と労働者階級の増大の刻印を押されているからだ。すでに一八九六年、タメルフォルスで、労働者代表の会議が開かれている。一八九九年には、同地で労働者党が創立され、一九〇三年に社会民主党に発展する。憲法擁護運動が発展を遂げ、ストルーヴェによって新聞『オスヴォボジェーニエ（解放）』の回りに集められたロシアのリベラル派及びロシアの社会革命党に近い小政党と結び付いた。一九〇四年の議会選挙では、たしかに立憲主義者が多数を占めた。しかし、社会民主党は四議席を獲得したのみである。

このロシア語化の他の犠牲者はアルメニア人である。彼らは十九世紀末までは、ロシアによってトルコから保護されていた。突然、ロシア当局は自分同様に革命勢力の台頭に脅かされているトルコに対して、より開かれた態度を取るようになる。たちまちロシア側はアルメニア人に敵意を示し始めた。一八九七年のアルメニア語学校の閉鎖、エチミアジン派のカトリコス（総主教）が管理するアルメニア全国基金の没収がそうだ。フィンランドにおけると同様に、ここでもロシア語化は抵抗を生んだ。だがアルメニアでの抵抗は、ダクナク党運動の指導下で活発かつ激烈だった。一九〇三年、対決は流血事件に発展する。ロシア人官吏の暗殺が続発した。ここでも反動的なロシア語化政策の主たる受益者は、社会民主主義者を筆頭にした革命を志向する人たちだった。

警察に操られるサンジカリズム

周縁地域での騒乱と共に、労働運動も発展する。二十世紀当初の数年間は、ストライキ続発と労働者階級の政治的動員が特徴となっている。社会運動の「管理された理解」とかいうあいまいな概念のラインに沿ってプレーヴェが出した回答は、ある種の「警察方式サンジカリズム」を実施することで、言い換えれば、これは労働組合勢力に警察の手先が潜入する事である。アイデアそのものは別に不合理ではないが、プレーヴェがその時うっかり図に乗ったために、後に事態の収拾がつかなくなるのである。

十九世紀末の数年間、ロシアの産業化は、極めて危なげな物質的条件の中での労働者階級の発展をもたらした。労働運動は、当初は相対的にはほとんど政治化していなかったが、次第に地歩を占めるようになる。労働者たちは彼らの厳しい生活条件と労働条件の緩和を獲得しようとしたのであり、そうした問題を政治体制と関連付けては表現しなかった。レーニンが『何を為すべきか？』の中で、労働者階級が労働組合的ビジョンや要求の限界を超えて進めないのは、生来の欠陥であると叱責しているのは、この点なのだ。

だが、組合そのものが存在しない以上、最も控えめな要求でさえも非合法活動なのであり、従って抑圧される。労働者階級とのあらゆる妥協を拒否する権力側の頑迷さこそが、政治的騒乱に道を開き、革命家たちに、明確な方向を模索しつつあった運動を巧みに横取りすることを許してしまったのである。

ここで登場して来るのがセルゲイ・ズバトフだ。プレーヴェが労働運動に潜入させた人物である。ズバトフはなにやら訳の分からない活動をしていたが、君主制擁護を振りかざして警察のために働くようになる。彼は自らの体験から、以下に述べるような二重の確信を抱くようになる。すなわち、労働者階級は未組織で明確な線を打ち出しかねているので、当面は懸念に及ばない。だが、革命的インテリたちに彼らを統率させ、利用する可能性を与えると、ロシアの政治体制を危地に陥れることになるだろう、と。そうした危機を回避するためには、権力側が自らの手で労働者階級を組織し、労働者を革命派の影響から守るために譲歩を重ねることをズバトフは提唱した。ズバトフは、彼の見解に、ペテルブルク警察のトップであるドミートリ・トレポフ将軍とモスクワ総督のセルゲイ大公を同意させることに成功した。彼らとプレーヴェの合意を取り付けたことは、つまり皇帝の合意を得たことを意味する。皇帝は専制制度を強化するいかなる試みにも賛成だからである。ズバトフは官製サンジカリズムを組織した。一九〇二年には、のちの秘密警察組織「オフラナ」の指導者となる。彼は労働者が大量に合流してくる彼の組織を強化するために、ロシア全土の警察を動員することとさえできた。

この官製組合の曖昧な性格は、だれの目にも歴然としている。全てはモスクワに始まる。ウィッテが回顧録の中で書いているように、モスクワこそペテルブルクをはるかに凌いで、初めから革命運動の真の中心だった。それほどモスクワ総督セルゲイ大公とトレポフ将軍の圧政は耐え難い空気を生み出していた。

モスクワ大学が学生運動の核心であり、権力が崩壊する各段階に差しかかると学生が立ち上がり、まさに起ころうとしている悲劇的な出来事を告げる役割を果たしていたことは事実である。同様に、モスクワこそ正真正銘の「ズバトフシチーナ」〔ズバトフの推進した労働運動切り崩し〕のセンターだった。モスクワでは、労働者の隊列の先頭に、なんと抑圧のシンボルであるセルゲイ大公が立つ姿が目撃されている。この曖昧さはロシア国民の目にも歴然だった。一九〇三年夏、オデッサで起きた労働放棄が全面ストライキに発展したとき、ズバトフ一派の労働組合が運動を抑えられなくなり、プレーヴェは警察に労働運動の弾圧を命じた。それ以来、「警察サンジカリズム」は、労働者階級の目には抑圧者側に立つものであると映った。二年後、ズバトフ運動の一変種がペテルブルクで同じ問題に直面したとき、血の日曜日の中心的存在となる首謀者の僧ガポン〔ゲオルギー・ガポン。神父で、改革運動と労組の指導者〕は、信用の失墜を恐れて蜂起側に与せざるをえなくなる。

いずれにせよ、権力側が弾圧と操作の間の道を模索しているこの時期は間もなく終わる。プレーヴェは主君に対する比類ない影響力を確保するために、一九〇三年にはニコライを突き上げてウイッテを追い出し、結局はテロを生み出すに過ぎない弾圧政策をそのまま継続できるかに見えた。ニコライは、よりバランスの取れたご意見番を失った。もっとも、皇帝はウイッテにうんざりしており、もう我慢できなくなっていた。皇帝は自分の政策が正しいと信じ込んでいたが、その政策こそ農民、労働者階級、少数民族、リベラル派エリートをこぞって敵に回したのだ。皇帝を支持しているのは、情勢が悪化していることに見極めがつかない取り巻き連だけだった。皇帝はプレーヴェに、入念に準備し時期と場所を選んだ「小さな戦争」に打って出れば国民的な合意を強固にすると説得されてしまう。そこで自分の政策をそのまま続け、日本との紛争突入に備える。一九〇四年七月十五日、プレーヴェが爆弾テロによって身体を吹き飛ばされて殺されたことによって、彼の計画の第一段階の終わりを告げたが、救済策になると思っていた対日戦争問題はそのまま残り、すでに悪化の一途をたどっていた。

全ての証言者が気付いていることだが、ニコライ二世はプレーヴェの死去に深い痛みを感じていた。これこそ、皇帝が大臣の保守的で抑圧的な見解に同意していたことを立証するものだ。皇帝は、彼こそ真に効果的な専制君主制の擁護者と見ていたのであり、その彼がこの世を去ったことで途方に暮れた。国外では、すでに対日戦線で破局が目に見えていた。亡き大臣の後継者にだれを選ぶのか。皇帝の気質、信念からすれば、プレーヴェ型の人物を選びたがったことだろう。だが、周囲の状況は全く逆の人選を迫ることになる。

先ず挙げるべきことは、当時続いた一連の暗殺事件である。著名人だけでもボゴレポフ、シピャーギン、ボブリコフ、プレーヴェらが犠牲になっている。騒乱状態が顕在化し、対外戦争での敗北は、力に訴えることが決して成功への道でないことを皇帝に示した。たぶん、一つの私的な出来事だけが事態を沈静化に向かわせたのだろう。結婚後十年が経過して、四人の王女が生まれた後、皇帝は一九〇四年ついに世継ぎを持ったのである。彼の慶びは、皇太子が遺伝病を持っていることが発見されても、まだ曇ってはおらず、皇太子にいつの日か権限を無傷でそっくり譲りたいとの意志から、新たな道を模索することになる。そこで皇帝は、内相にスヴィヤトポルク＝ミルスキー公を任命することになるが、これこそ前任者の計画に逆行する人選である。新世紀当初の緊張とドラマを断ち切って、新しい時代が幕を開けようとしているのか？

皇帝は抱え込んでいる問題の解決を戦争に頼ろうとした。だが以後の出来事は、まさにロシア帝国の東部辺境で展開している紛争にかかっていた。これは「おあつらえ向きの戦争」どころではなく、ニコライ二世が迷い込んだのは、当初の予想に反して最悪の戦争だった。

＊

ともあれ、ウィッテの経験の初期の成果をたどり、彼がロシアと皇帝にもたらしたものを定義するべき時が来た。

ウィッテは一九〇三年八月十五日、他の全ての役職を解かれて閣僚会議の議長に任命された時から一貫して、ニコライ二世の治世の中で最も親密で最も影響力のある協力者であった。だが八年間のうちに、彼はプレーヴェの画策で大幅に影響力と皇帝の信頼を失ってしまう。それでもウィッテの下した選択の強みと弱点は、明白に見分けることができる。彼の取った行動の第一段階での成功ぶりは議論の余地がない。ロシア全土の鉄道網の展開。ルーブルの安定と兌換性の確保。貿易収支の黒字。ロシアに対する国際的信用度が外国投資家に与える信頼感。産業と貿易の発展。最後にアジアに対するロシアの関心。さらに評価すべきなのは、ロシアの企業家たちを鼓舞する努力を惜しまなかったこと。その結果、ロシア内で「資本家的メンタリティー」を急速に発展させたこと。これら全てはもちろんウィッテ、君主、そして国家が力を合わせたことの賜物である。かつてコルベール〔仏政治家で、ルイ十四世を支え、重商主義を実施した〕がそうだったように、ウィッテは、国家が望み、組織し、管理するという、この型の進歩を信じていたのである。

だがコルベールとの違いは、ウィッテが生きていた時代は、近代化のために払わなければならない犠牲に直面した社会的反響が、全ての計画を危険にさらしかねない世紀だったことだ。ロシアではこの反響が無視できないほど大きかった。国家とその経済の進歩が、人間そのものの進歩といまだ同意語ではないことに社会は気付いていた。農民たちは、増税と関税保護を経由しなければならないこの進歩のために、とてつもない租税を払わされる。確かに、地方に関して言うならば、ウィッテは中期的には妥当な二つの計算をしている。先ず彼は、農業の機械化は生産を前進させ、その結果、農民を豊かにすると考える。だが、十九世紀末、農業機械はまだ外国からの輸入に頼っており、関税の上昇は機械を手の届かない物にしてしまう。第二に、低価格での消費財の生産が伸びることで日常生活が改善される、と彼は予測する。確かにそうだろう。しかし、大変貧しい農民階級たちは、こうした消費財さえも手に入れることができない。ともあれ、第一段階、つまりウィッテの時期には、工業は先ず軍事生産と設備財の生産に向けられた。消費財の生産はもっと後のことになる。半飢餓状態にある農民たちは、産業が発展しても自分たちはその代価を払うのみで、その恩恵が目に入らないから、拍手喝采する理由などあるはずがない。

急速な工業化の自然の成り行きとして、増加する一方の労働者たちも不満を抱く。計画を成功させるために、ウィッテはロシアには労働人口がふんだんにあること、労賃の安いことを宣伝した。事実、低賃金に押えられ、社会的保護がほとんど存在せず、大多数の労働者にとっては絶えざる失業の脅威が日常の運命だった。頻発するストライキ、暴力の激発は、彼らの絶望の現れである。

最後に、この当時の急速な工業発展ぶりが事情を説明することになるが、ウィッテが望んだ近代工業部門と、まだ大いに遅れているロシア経済の大部分とを隔てる距離に注目せざるをえない。一九〇三年、ロシアは、産業が既存のシステムに統合されるような首尾一貫した経済の総体をなしていなかった。一方では地方経済が依然存在して、ニジニノブゴロド見本市のように権威ある商品取引所があり、他方、近代産業の世界と外国からの投資がある。

ウィッテは多くの点でコルベールをしのばせるが、芸術と芸術家を全然支援しなかった点では異なっている。しかし、経済発展の中で国家の果たすべき役割、絶対権力への信頼、国を外国および外国資本へ開放すること。これこそ最も純粋にコルベール主義の路線に基づいた行動ではないか？　歴史とは恩知らずなものだ。ニコライ二世が大臣を罷免したときと同様に、歴史は「ウィッテ主義」について語ることをよしとせず、彼の名前を主義に結び付けなかった。しかし、ウィッテはそれに値した人物である。彼のニコライ二世の治世への貢献ぶりは、罷免されたにも拘らず、決して経済の分野に限られてはいないのである。

第四章　破れた夢

一八九八年の到来を告げる十二時の時の鐘が鳴ったばかりである。ドイツ皇帝ウィルヘルム二世は、従兄弟である「愛するニッキ」に誠に時宜にかなった新年の挨拶を贈る。ニコライ二世の理想に訴えかける奇妙な挨拶だ――「文明の進歩の大義を守ること」。つまり、極東におけるキリスト教のことである。「ウィリー」は言葉を続ける――「私がきみのために描いた図、ロシアとドイツが二人して黄海の岸辺を警備する象徴的な絵図をどうか受け取ってくれたまえ」。

このとき以来、ウィルヘルム二世が従兄弟に与えた「アジアでの使命」は彼の文通の基調テーマとなる。もっとも、ドイツ自身に関しては、彼は別の方角を見ており、そこからニッキの目を逸らせようとしていた。大して苦労はなかった。ニコライ二世は三年間をロバノフ＝ロストフスキー公の息苦しい後見の下で過ごした後、解放されていた。自分の手に外交を取り戻すつもりでいる。彼以前の全てのロシアの君主も、同様にロシアの力を示すことのできる外部世界に関心を示していた。

ロシアにとって特権的な行動の場

一八九八年、ニコライはロシアの伝統的野心をまさに放棄しなければならなかった。ボスフォラス海峡を奪取する野心である。彼が国際社会に呼びかけた話し合いによる軍縮は皮肉な反応しか呼ばず、ほとんど効果がなかった。それに引き換え、極東はロシアの野心に大きく開かれているかに見える。皇帝はまだ皇太子時代に極東を駆け巡ったことがあり、その時の同行者の一人がこの分野になんらかの考えを持っていたウフトムスキー公だった。皇帝の近くに留まっていた彼は一八九八年、かつての極東旅行によって自分には極東問題を担当する用意が十分できていることを納得させる。極東訪問中、日本でサーベルで頭に切り付けられた大津事件のことをいささかも忘れてはいない。この事件はニコライに「日本のサルども」に敵意を植え付け、以後ニコライは日本人を軽蔑するようになった。それに、世紀の変わり目にあって「黄禍論」が横行していた。そのような考えは、アジアが列強の企てに脆弱な地域であるとの確信と結び付いていた。

より当面の利害がロシアの目をアジアに向けさせることになる。過去三世紀以来、探検家、毛皮商人、ありとあらゆる逃亡者たちがロシア帝国にシベリアの門戸を開いてきた。彼らの後には政府の役人たちが続く。東方への進出はロシア史の基調となっている。ウィッテもシベリア横断鉄道という冒険でもってそれに貢献している。一八九一年から一九〇三年にかけて建設されたシベリア鉄道は、シベリアの資源を活用するためには不可欠であった。鉄道以遠の満州、中国、朝鮮にもロシアは惹かれていた。

ニコライ二世の統治の初期段階では、現地での紛争がロシアの企図をたすけた。自国の近代化に追われていた日本は中国との戦争〔一八九四～九五年の日清戦争のこと〕に乗り出し、勝利を収め、中国に対して一八九五年の下関条約により苛烈な和平の条件を押し付けた。たちまち列強諸国は日本に対抗する同盟を結び、日本に遼東半島を手放させた。一方、ロシアは中国を保護するとの名目の下に中国内に駒を進めた。ロシアは中国に対して、日本から要求されている賠償金の支払いのための資金を貸与し（大半がこの目的のためにフランスにより融通されたもの）、露中銀行を設立し（資本金のほとんどがフランスからの出資）、総裁にウフトムスキー公が就任することになる。ロシアは一八九六年五月、戴冠式に列席するために訪露した李鴻章との間に露中同盟条約を調印する。この政策は、シベリア横断鉄道問題に取りつかれていたウィッテが画策したものだ。条約によりロシアはいかなる攻撃からも中国を守ることを約束する。だがそうするためには、中国に迅速な交通網を確保しなければならない。というわけでロシアは満州を縦断して海に至る鉄道を建設する権利を獲得する。「東支鉄道」の名で呼ばれるこの鉄道は、八十年後には中国の手にわたることになるか、三十六年後に中国に買い取られることになっていた。いずれにせよロシアは満州に足がかりを持つことになり、ハルビンはたちまちロシアの植民地として発展する。ロシアの警備隊が鉄道の両側を守り、安全を確保する。

朝鮮でも、ロシアは日本が苦しい立場に立たされていることに付け込んだ。一八九六年の「ロバノフ・山縣合意」と呼ばれる合意によって、朝鮮には日露共同統治が実施された。ロシアは軍隊の訓練と税関の取り締まりを引き受ける。こうして大した出費もせずにロシアは影響力を手中にする。ロシアの行動は見かけは平和的で懸念を与えなかったので、だれも邪魔だてしようとはしなかった。

この政策の第三段階は、ロシアのこの地域への進出に神経をとがらせていたドイツが一八九七年、二人のドイツ人宣教師が殺されたことを口実に山東省の膠州湾を奪取したことである。ロシアの反応は迅速だった。皇帝はこれを絶好の口実と見なして、ポート・アーサー（旅順港）を獲得、シベリア横断鉄道と結び付けて、旅順、大連を含めた遼東半島全体を手にいれることにした。たちまち、シベリア横断鉄道は単にウラジオストクを終点にする路線ではなく、ロシアにはるかに広大な行動領域を開くことになる。一八九六年協定の条項に違反するロシアの拡張に中国が敵意を示すことを見越して、ウィッテは、平和な浸透を組織立った征服政策に転換することに心を砕いた。日本はと言えば、ロシアが朝鮮を狙っていることに騒ぎだし、ペテルブルクに勢力圏の分割を申し出た。すなわち朝鮮を日本に、満州はロシアにまかせる、と。反応は素っ気なかった。一八九八年に暫定協定が仮調印されたが、ロシアは朝鮮への野望を抑制する気はさらさらなかった。

それ以来、東京は時機をじっと待っていた。

控えめな野心から冒険主義へ

世紀末と「拳匪の乱」〔一八九九〜一九〇〇年、義和団の乱を指す〕が過ぎると共に、ロシアはこの地域で新たな飛躍を図るべき時が来たと考えた。中国支援の口実の下に、ニコライ二世は満州に兵を派遣することを決めた。ロシア軍はそのままそこに居座ることになる。同時に、ロシアの大物の冒険家たち数人が鴨緑江沿岸地方に侵入し、林業を発展させようとした。ロシア官憲も彼らの保護の名の下に彼らに続いて同地方に入り込もうとした。こうした試みは日本ばかりでなく英国をも激高させた。英国にとって、ロシアが極東を自分の猟場と心得違いすることを許せないからだ。ロシアの野望に対する日英両国の敵意は一九〇二年一月、日英同盟条約を成立させ、日本はロシアとの紛争を仮定して英国の援助の保証を取り付けた。だが日本は平行してペテルブルクとの交渉も試み、しばらくは双方の利害のある地帯の確定を図る提案を次々に打ち出し、ロシアを朝鮮から引き離そうとした。ここに両者の決裂点があり、やがて戦争に発展するのである。

一九〇二〜一九〇三年、ペテルブルクでは極東で取るべき政策について二つの傾向が対立していた。ウィッテは外相ラムズドルフとポベドノスツェフの支持を受け、満州でのロシアの存在を基本とする慎重な政策を唱えた。つまり、そうすることにより、いずれはロシアの権威が中国にまで広がると見たからだ。このもっともな目標のために支払うべき代価は、朝鮮への野望をきれいさっぱりと放棄することである。この路線は軍事大臣クロパトキン将軍の支持も受けた。将軍は極東におけるあらゆる軍事介入に敵意を示した。なぜなら、極東での軍事行動はロシアの国力の真の重心が存在する欧州方面、バルカン諸国、諸海峡でのロシアの活発な政策を麻痺させてしまうからである。だがこのグループと対抗する一人の冒険家、ベゾブラゾフがいた。騎兵隊将校である彼はアレクサンドル・ミハイロヴィッチ大公の支持を受け、鴨緑江流域の資源探査を目的とした遠征隊派遣について皇帝をすでに説き伏せ、支持を得ていた。二人は海軍准将アバザ、海軍大将アレクセーエフ、それにプレーヴェにけしかけられていた。プレーヴェは、ニコライ二世に「チャンスを与える」ことになる対外紛争の機会を提供する計画なら何にでも賛成だからだ。ニコライ二世は特にこのプレーヴェの説に魅惑され、それに乗った。皇帝は慎重すぎる大臣たちに向かって、朝鮮は少々の危険を冒してもやるだけの価値がある、と断固として宣言した。

一九〇三年夏、極東における緊張の高まりが際立っていた。しかも帝国内での危機と符節と合わしている。日本側はまだペテルブルクとの接触を持とうと努めるが、皇帝は日本の呼びかけに耳を貸さず、自らの選択の道を示すシグナルを多発する。こうして七月、皇帝はタカ派路線擁護者の提督アレクセーエフを極東総督に任命、総督本部を旅順港に置くよう命じる。

翌月、ウィッテは罷免され、その結果、平和主義者の陣営はかなり弱体化する。数週間後、「極東問題委員会」が創設され、国務大臣に任命されたベゾブラゾフがトップの座に就く。プレーヴェが唱えた「あつらえ向きの小さな戦争」への道をためらいなく突き進んでゆく。一九〇四年一月、仏外相デルカッセが調停を試みたが、何の結果も生み出さなかった。ロシア皇帝は日本側の働きかけにも、慎重派の側近の懇願にも、同盟国からの警告にも、日本が歴然と進めている戦争準備にも冷淡だった。真相は彼が日本人を軽蔑し、勝利を確信していたことである。

またもやニコライ二世は、その性格の最もあい矛盾する特徴を見せつけることになる。気弱で、むしろ慎重であり、少しも愚かでない人間だが、ろくに分析せず、あるいは間違った分析をする選択肢の間で自縄自縛に陥ってしまう。普段は少しもそうではないのに、突然頑固さを見せつけるのだ。ニコライ二世は、「大西洋提督である愛するウィリー」には不信感を抱いているにもかかわらず、ウィルヘルム二世が送った一九〇四年二月三日付の手紙の中の言葉「偏見のない人ならだれでも朝鮮はロシアの物であるべきであり、そうなるであろうと認めざるを得ない」を好感をもって受け入れる。皇帝の選択を決定づけたのはウィルヘルム二世の影響でないことは確かだが、ニコライ二世はそこに揺るがぬ励ましを見て取る。従兄弟のウィリーにとっては、この自分は「太平洋提督」ではないか？

今世紀初頭の「真珠湾攻撃」事件

日本は、ロシアに対して最後の、そして無益な提案をした後、十分に戦争の準備をした上で自分流儀の方法で戦争に突入したが、この方式は半世紀後パールハーバー(真珠湾)でも米国に対して採用された。予告も宣戦布告もなしに一九〇四年二月九日深更、日本は旅順港に停泊中のロシア艦隊を攻撃し、決定的打撃を与える。軍艦三隻が撃沈された。ツァーリはオペラから帰った時、提督アレクセーエフからの電報でこの敗北を知る。すぐに状況についてこうコメントする――「宣戦布告なしだと！ 神よ、我らを助けたまえ！」明らかに彼の声は神に聞き届けられなかった。なぜなら、日本は連戦連勝で、戦争はたちまち大破綻となる。当初、ニコライ二世はまだ幻想を抱いていた。先ず、民衆の反応は強烈な反日感情の高まりだった。学生達は街頭デモに繰り出し、愛国心を示す横断幕を掲げた。軍隊への拠金が殺到する。国民的一致が得られたように見える。戦争初期の敗北にもかかわらず、多数の軍隊への志願が示すように、全体的な熱狂ぶりはいずれ戦況が逆転し、ロシアが結果的には領土拡張を果たすだろうと思い込ませた。

だが敗戦の悲報は相次ぐ。日本艦隊はロシア艦隊を旅順港からウラジオストクに追いやり、何の苦もなく制海権を樹立する。五月、今度は鴨緑江のロシア地上軍が打ち負かされ、潰滅を免れた部隊は奉天まで撤退を余儀なくされる。満州に送り込まれた増援部隊はクロパトキン将軍の指揮下に置かれ、一九〇四年夏から秋にかけて旅順港の包囲攻撃を解こうとした。一九〇五年一月、旅順が陥落する。日本軍は奉天を攻撃する。一週間にわたる熾烈な戦いの後、ロシア軍は退却しなければならなくなる。

ニコライ二世には希望が一つ残されていた。ロジェストヴェンスキー提督の指揮下に置かれたバルチック艦隊が制海権を取り戻すことだ。たぶん、黒海艦隊の方が戦闘海域に早く到達できたことだろう。だが、海峡協約が艦隊の海峡通過を禁じていた。全ての欧州列強、なかでも日本と一九〇二年の日英同盟条約で結ばれている英国は、この協約が字句通り遵守されるよう事細かに見張っていた。バルチック艦隊の極東への移動は、十九世紀末以来、ロシア海軍の責任者たちを悩ませていた問題である。一八九八年、バルチック海と日本海を結ぶ海路を開くために砕氷船一隻が建造された。だが辿るべき海路については、専門家たちの意見は分かれていた。マカロフ提督は極北海岸をたどってサハリン（樺太）に到達すべきだ、と考えた。大化学者メンデレーエフはこの論争に興奮し、いとも簡単に船は北極を経由すべきだと主張した。結局のところ、この論議は放棄され、一九〇五年にこの回航は出たとこ勝負で実施され、そのために期間が長引き、悲劇的な結末を迎える羽目になった。

五月十五日、バルチック艦隊は黄海にやっと差しかかったころ、対馬沖で殲滅される。このような敗戦の後で、ロシアは戦争を継続することができるのか？　幸運なことに、当時、日本もまた戦争を速やかに終結する必要に迫られていた。日本にすれば、ロシアはもはや朝鮮に復帰するあらゆる機会を失っており、将来満州に留まれるかどうかさえ不確かになっていることは明白である。戦争継続の努力は日本にとっても大変な重荷になっていた。こうした経済的重荷ゆえに、日本は交渉を望んだ。ロシアが敗戦を重ねたにもかかわらず、それでも日本がロシアを完全に打ち負かすことは不可能であることを東京はよく分かっていた。戦争は双方の軍事力を消耗させるだけで、相手を立ち直れないまで破壊することができずに長期化する危険があった。ロシア周辺でも、欧州列強は類いまれな大災厄に終止符を打つ必要性を感じていた。ロシアを襲っている革命的事態は王政を揺るがせ、英国、フランス、ドイツさえも震え上がらせていた。

欧州の均衡が脅かされる。各方面から平和の呼びかけが続々と出され、日本側の密かな働きかけを受けて、米大統領セオドア・ルーズベルトは一九〇五年八月、ニューハンプシャー州ポーツマスで和平会談を開催する。

予期しなかった平和

皇帝は途方に暮れ、不利な交渉はすまい、そして自分の国内での立場をさらに弱める恐れのある屈辱的条約は避けようと腐心する一方、二年前に更迭したウィッテの才能を思い出した。そこで皇帝はウィッテをポーツマスに派遣し、受諾可能な平和の交渉を委ねることになる。つまり、やむを得なければ領土上の譲歩もする――「あそこは元々ロシアの土地ではなかったのだ」――ただし賠償金なしである。この点については、皇帝は、絶対に譲れないとはっきり釘をさす。

ポーツマス交渉はロシア代表ウイッテにとっては成功だった。日本側は賠償金支払いを先決問題としたが、結局、交渉の瓦解を防ぐために取り下げたのである。一九〇五年九月五日、平和条約は調印される。ウィッテは巧妙に立ち回る。いくつかの点では譲歩するが、その他の点では頑として譲らず、確かにロシアは敗戦の憂き目にあったが、だからといって降参した訳ではないと飽くことなく繰り返した。言うならば、彼はかの有名な方式「我々は一つの戦闘には敗れたが、しかし、戦争に敗れたわけではない」を予期していたのだ。

彼が余儀なくされた譲歩の中には、日本側が要求していたサハリン（樺太）が含まれている。厳しいやり取りの揚げ句、ウィッテは同島を東西に横切る国境線で二分割することにこぎつけた。遼東半島と旅順、大連両港は日本に帰属し、満州東部から長春以南の鉄道の権利も日本に委譲されたが、ハルビン以北に位置する部分はロシアの管轄下に残された。日本は朝鮮においては自分に都合のよいと思われる行動を取る権利を取得し、朝鮮を日本の保護領扱いすることを認められたが、満州の中国側鉄道を取り囲む地域は一八九六年の交渉で取り決められた通り、ロシアの管轄下に置かれた。

確かに、ロシアはアジアで後退したが、賠償金を払わなかったという事実は勝利と受け止められた。それに、ロシアは無視できない重要な戦略拠点を保持できたのである。皇帝はウィッテに大きな恩義を感じるはずであった。だが実のところ、皇帝はさほど納得せず、平和条約について次のように論評したのだ――「ウィッテが賠償金問題でこんなに得点を上げることができると分かっていたら、私は彼にサハリンについても譲るべきでないと命令したことだろう。我々は騙されたのだ」。にもかかわらず、皇帝はウィッテを特別の計らいで迎え、彼に伯爵の称号を与えた。

戦争が終わったところで、ロシアの政治的、軍事的弱体ぶりと、皇帝のとった行動について提起される疑問に答えねばならない。

大敗北の原因

先ず、なぜロシアは日本に対してあれほど弱体だったのか？　ロシアの軍事手段は戦争の当初かなりのものであり、相手側よりずっと強力であったはずだ。一九〇四年ロシア軍の兵力は三百万を数えた。日本側兵力は六十万。だがロシア軍は本国から遠く離れており、日本軍が戦闘地帯に素早く向かうことができたのに対して、同規模の兵員を素早く配置することができなかった。ロシア軍はまた、弾薬、増援軍、糧食を補給しなければならなかったが、輸送手段としてはシベリア鉄道しかなかった。ただこのシベリア鉄道もバイカル湖周辺など、ある区間は未完成で、そのために応急の解決策に頼らざるを得なかった。海軍力ではたしかに拮抗していたが、日本は先手必勝の攻撃を仕掛け、ロシアの軍艦を何隻も撃沈し、残りを敗走させるなど、迅速に状況の主導権を握った。日本側はさらに至るところ機雷を敷設したので、ロシア艦船は港から出ようとした途端、機雷に触れて撃沈された。

最後に、結局バルチック艦隊に救援を求め、果てしない大航海を余儀なくさせたことは、ロシアが本拠地から遠くはなれて戦うのがいかに困難かを立証することになる。ウィッテは久しい以前から、皇帝にアジアでの冒険がいかに危険であるか警告し、鉄道網の路線構想に誤りがあると指摘していた。つまりロシアの軍事戦略目標に従って鉄道網の西方への延長が優先された結果、東方に軍隊を迅速かつ大規模に輸送する事態が考慮されていなかった。以上の理由で、東方で一大戦略計画を立てることは不可能である、とウィッテは強調していた。日露戦争は彼の分析の正しさを確認することになる。

一方、極東におけるロシア軍の指揮系統の瓦解は軍隊をますます弱体化した。皇帝はアレクセーエフ提督を極東地域の陸海両軍のトップに任命していた。同時に、陸軍のトップにクロパトキン将軍を据え、クロパトキンはアレクセーエフ提督の指揮下に入ると宣言した。実際、二人の指揮官は取るべき作戦と自ら指揮すべき戦略について独自のビジョンを持っていただけに、二重の指揮系統が働くという具合の悪いことになる。海戦での日本側の成功と地上戦での敵軍の前進に直面したアレクセーエフ提督は、現地に留まって戦い、敵軍を海にたたき落とすと主張した。クロパトキンは反対に、とりあえず撤退し、ロシア軍を再編成し、ハルビンの近くで増援軍の到着を待つことを唱えた。対立する二つの説の間で、現地部隊は矛盾した命令に晒され、首尾一貫しない混乱した動きをしたために、日本軍は常に漁夫の利を占めた。

同じような混乱がバルチック艦隊のアジアへの回航にも起きた。艦隊司令官ロジェストヴェンスキー提督は、北海に日本の軍艦が出没しているとの噂に突然警戒心を深めたのだ！　彼は噂を確認しようともせずにこの脅威にけりをつけようとし、国際法の規定を忘れて、一九〇四年十月二十一日、敵艦とおぼしきものに対して砲火を開いた。致命的な間違いだった。砲火が標的としたのは味方であるロシアの巡用艦二隻と、具合の悪いことに英国籍漁船複数隻で、漁船はデンマーク沖の漁場ドッガーバンクで沈没した。多数の死傷者を出し、漂流船、損傷船の犠牲をもたらした。露英関係がロシアの度重なる国際海洋法条約侵犯によって引き起こしたトラブルによって悪化していた時だけに、この打撃は大きかった。ロンドンは、ロシアが黒海に滞留させている戦闘艦を商船に偽装し、それらをバルチック艦隊と共に極東に向かわせたと非難した。英国の抗議は賠償の請求と犯人の捜査要求を伴っており、ロシア国内でかなり国民感情を刺激してしまった。英国は今やロシア国民の敵であると非難された。対決を防ぐためには——ロシアは既に戦争下にあり、これ以上さらに別の戦争に対応することができるのか——国際委員会の裁定に委ねねばならず、委員会はロシアに英国に対して補償金を支払うよう命じた。一九〇五年春、アジアでの軍事的災難が続いている最中にこの裁定が出たことは、ロシアにとってさらに屈辱感を深めさせることになった。

だが軍事的失敗は国内にも原因を抱えていた。ロシアに蔓延していた革命的気運である。確かに、一九〇四年の戦争勃発当初には、ロシア社会は愛国心の高揚の中で皇帝と一体となったが、この短期間に過ぎなかった一致は深い危機状況を包み隠していた。一九〇〇～一九〇三年の時期は周知の通り大学騒動と多くの学生の徴兵猶予の取り消しが目立っていた。軍隊に送り込まれた学生たちは、往々にして直ぐにアジテーターの役割を演じた。国家にとって危難のときに、彼らのプロパガンダは入隊した部隊の士気を低下させるのに貢献した。もっと悪いことには、鉄道網の戦略的要衝に送られることがしょっちゅうだったので、彼らは鉄道員への心理工作により軍隊の東方移送にブレーキをかけることにも貢献している。国家に特別の努力を要求する戦争と、この努力を麻痺させてしまう革命的出来事が組み合わさったことは、結局は革命の行く手を阻むどころか、かえって革命を鼓舞してしまった。この事態は、一九〇四年以前、「ちょっとした戦争」で国民の注意をそらすというカードを切るよう皇帝に進言した連中全ての意図に反するものである。

ニコライ二世はどんな戦争指導者だったか？

主要な問題が残る。つまり、皇帝の問題であり、彼自ら望んだ戦争、その期間中いく度も自分こそ国家統治の手綱を握っているのだと示した戦争に対する彼の見解と反応ぶりはどうだったのか。彼の日記及びウィッテの日記が皇帝の懸念を物語っている。

ニコライ二世の日記に関しては、戦争、敗北、ロシア軍の損害についての記述が簡潔で、むしろ無関心さを示している、としばしば論評される。確かに、ほぼ毎日書き記されている日記では、極東における出来事に割かれたスペースはわずかである。時として数週間も、皇帝を悩ませているはずの戦争について沈黙を守っている。また日記の口調も面食らわせることは確かだ。彼は超然としており、日記では全てが冷淡かつ簡潔に記述されている。戦争に関してはわずかしか記述されていないのに比べ、平時と同じように狩猟、私的な出来事、人との出会い、中でも家族の集まりについてかなりのスペースを割いて書いている。

かくも悲劇的な出来事に対する明々白々の無関心ぶりは、にもかかわらず皇帝の気質と当時の私的な日記のスタイルに照らして考慮されるべきである。ニコライ二世はいつも日記をつけた。彼の受けた教育と当時の習慣が彼をそうさせた。だが彼の場合、起こっている出来事への考察とか魂の告白というよりも、一種の覚書だった。他の君主たちの日記と比べても――例えばかの有名なルイ十六世のフランス大革命当日の一七八九年七月十四日付の記述「何もなし」――あるいは十八世紀から第一次世界大戦の起きた一九一四年に至るまでの歴史的な人物たちの日記を見ても、覚書風と異なるものはまれである。確かに、ウィッテの日記ははるかに個人的であるが、彼の日記は歴史に役立つよう編纂されており、ウィッテはすでにそこに自己弁護を用意していた。従って、ニコライ二世の日記の記述が素っ気ないものであったことから、彼が日露戦争について時たましか関心を示さなかったとか、ロシアの敗戦も甘んじて受け入れていたと結論を下すことは不当であろう。

その上、これらの記述から浮かび上がってくるのは奇妙な混在である。不幸であると予感していた運命の前での諦めと、出来事をつかさどる神の意志に背くことは不可能だとの確信とが入り交じっている。一九〇四年十月二十日付にはこの日が父親の十周忌にあたると記述しながらこうコメントしている――「何と全てが難しくなったことか！　でも神はお慈悲深い。神が下さったさまざまな試練の後には静かな日々が来ることだろう」。

事実、戦争の最も暗い時期の日記には、国内政治上の事件が加速するのと、ニコライ二世の深い信心が神のお慈悲の兆しと思い込んでいるものと混じり合って記されている。一九〇四年七月三十日、あれほど待ち望まれた皇太子誕生は旅順攻防戦の最中だったのだ！　あらゆる所に天の思し召しの表れを探し求めようとするこの心が、ツァレヴィッチの誕生を神が彼の呼びかけに答えてくれたのだ、と考えたとしても当然ではないか？

　悲劇的な年一九〇四年の間中、ロシアの王家が、聖者になった隠遁修道僧「サロフのセラフィム」に多大な希望を託したことは意味深い。ニコライ二世は一九〇三年、文字通り強引にセラフィムを聖人の列に加えたが、その結果、皇帝一家は、皇帝がかねがね言及して止まないロシアの理想的な民衆像である真正のロシア人であり農民である聖なる人物の加護を受けていると確信するようになる。ニコライ二世が戦線に向かう兵士たちに贈るのは聖セラフィムの聖画像《イコン》だった。一九一四年、皇后が絶えず引き合いに出したのも聖セラフィムの名前だった。もっともロシアの大地は聖人を輩出しており、これらの聖人は重要な歴史的役割を果たしている。なかでも最も崇敬されている「ラドネジの聖セルゲイ」は十三〜十四世紀に侵略者によって荒廃させられたロシアで国民意識を保つことに貢献した人物である。彼らのロシアに及ぼす庇護はロシア史と一体化しているが、ロシア最後の皇帝一家が守護聖人にしようとしたのは彼らではなかった。しがない隠遁者を是が非でも聖人の列に加えようとし、セラフィムを自らの治世の守護聖人に仕立てようとしたことは、ニコライ二世と宗教との関係に特別の光を当てることになる。森の奥深くに籠もって暮らした隠遁者はアッシジのつましい聖者〔聖フランチェスコを指す〕の霊的な親族であるが、たぶんニコライ二世は、この人物の中に自分の同じイメージ、つまり自らの運命を目立たずに沈黙のうちに受容する姿を見たのだろう。ある歴史書は聖セラフィムのことを嘲弄しているが、間違っている。ニコライ二世とアレクサンドラ皇后は何がなんでもセラフィムを列聖しようとしたが、それが問題なのではない。彼は真に聖人だった。考察に値するのは、皇帝一家がセラフィムを特に選んだことである。そのことは議論の余地なく彼らの人格を解明してくれる。神の意志に服従する完全なイメージである聖セラフィムは、ニコライ二世が思い描くロシアの精髄を疑いもなく具現している。農民的であり、不変不動で、諦め切っており、謙遜だが高い霊性によって練り上げられたロシアの精髄なのだ。

ニコライ二世の日記には少しも反映されていないが、彼が戦争に熱狂的な関心を抱いていたことは明白である。彼が全てを決定し、しかもウイッテやポベドノスツェフといった全ての点で異なる人々が声を揃えて進言した勧告をしりぞけて決行した。事の発端、つまり東京がペテルブルクと対話を開き、朝鮮を除けばほぼロシアに満足を与える勢力圏確定を交渉しようと絶望的に試みていた決定的な数週間に、ニコライ二世は平然として耳を貸そうとせず、彼の頑迷さが不可避的に戦争に導くことを無視していた。ウイッテは解任される前、皇帝に警告を発していた。彼はロシアの発展がまだ脆弱であり、発展の道を進むためにはロシアは遠隔の地で危険を冒すことはできないと考えていた。

外交に熱中したニコライ二世は情勢を弄ぶことを好んだ。彼の在位中ずっとそれを見せつけてきた。特に極東ではそうで、ロシアは文字通りウィルヘルム二世につき動かされた形で行動に出たが、ウィルヘルム二世はロシアを欧州から遠ざけるだけでなく、英国と紛争を起こすよう仕向けたのである。知的明敏さについては議論の余地のないニコライ二世は、従兄弟にあたる相手の腹の内を読んでいた。相手が自分に「太平洋提督」になるようけしかけるのは、単に地域的概念からではなくドイツの国益についての全体的概念に基づくものだということを知っていた。だが、ニコライ二世は、一般に思われているのとは反対に、決してナイーブな人間ではなく、このゲームをロシアの国益に照らして考えていた。ウィルヘルム二世同様に、彼は英国に不信感を抱いていたが、その一方で「親愛なるウィリー」にもウィリーの助言にも不信感を抱いていた。ゲームの進め方について彼は正確な考えを持っており、時として当の外務大臣ラムズドルフにさえも隠して独断専行した。もはやロバノフ＝ロストフスキー公の意見に従った時期とはちがう。ニコライ二世は自分がただ一人外交を支配しており、大臣と意見が合わない場合は隠し立てしてでも、いさかいを避けることを学んだ。日本の攻撃開始のわずか数日後だというのに（一九〇四年一月十四日付日記）、チベットで反英蜂起をけしかけようと画策している。ロシアの極東進出が英国により妨害されることを避けようとしていたのだ。それどころかしばしば壊滅的な出来事に先立つあふれんばかりの楽観主義の時期に、彼は東方におけるロシアの未来について壮大なビジョンを抱いていた。クロパトキン将軍は日記の中で、皇帝が公けにしないで隠し持っている大構想について懸念を表明し、自分が取ったいくつかの対応策について説明している——「私はウィッテに、われらが皇帝は頭の中に壮大な計画を描いていると伝えた。すなわち満州を獲得して朝鮮をロシアに併合することだ。彼はまた、チベットをロシアの支配下に置くことを夢み、ペルシャの奪取も望んでいる」。

そしてクロパトキンは、この途方もない野望の中で、ベゾブラゾフの回りに集まっている冒険家たちの責任がいかに大きいかを記述している。こうした連中は、ニコライ二世をけしかけて経済開発と戦争もしくはそのためのでっち上げ事件を交互に引き起こすことでアジアへの進出を図ろうとしていた。

しかしニコライ二世は大臣にも任命した冒険家たちの影響下にあっただけではない。ロシアの全歴史は、東方こそロシア帝国の拡大が向かうべき方向であることを示していると確信していた。シベリアもかつて冒険家とロシア国家が力を合わせて進出したことで獲得したではないか。戦争に先立つ期間に浮かび上がってくるのは、ニコライ二世だけが陰で糸を引く一つの複雑な政策である。つまり長期的なものは、皇帝は、大臣にも包み隠している。極めて短期的政策は戦争を引き起こすことになる。たぶん皇帝は決して自分が戦争を欲していないし、みすみす戦争を勃発させたりはしないと進んで宣言することだろう。「黄色いサルたち」への侮蔑に満ちている皇帝は、最終決定権は自分にあると考えている。彼はできるだけ速く満州と朝鮮を併合することを望み、日本側には戦争をする勇気はないと確信して日本の交渉解決への努力を無視する。反対に新年のレセプションの席で彼は警告を発する――何びとたりともロシアの忍耐心と平和を愛する心にいつまでも期待をかけてはならない、ロシアは大国であり、行き過ぎた挑発は許されない、と。これらの発言は実際の行動への意志と、プレーヴェが進言していた便宜的戦争の枠を大きく越える極東政策の概念をうかがわせるものである。ニコライ二世が戦争をするのは、国内問題を忘れさせるためではなく、ロシアの責任ある指導者として故国のために真の大構想を抱いているからなのだ。

日露戦争はその見かけの彼方に、統治の最初の十年間ロシアの運命をつかさどってきたニコライ二世とは別人のニコライ二世をかいま見させる。国内的には、父帝アレクサンドル三世から受け継いだ政治制度とその基本となる諸原則への愛着を除いて、ウィッテの近代化計画に特に頼っていたが、対外的には自分の見解にはっきり確信を持っていた。「太平洋提督」は、ウィルヘルム二世が全てに好都合と考えて造り出した単なる神話ではない。それは皇帝自身の国際的ビジョンにぴったり適合する。

ニコライ二世は極東での戦争の指揮を執ることを望む。一九〇五年、まず困難が、次いで災難が累積するにつれて、彼は自ら現地に赴き、軍隊のトップの座を占めることを考える。だがこれまでいく度もそうだったように、家族たちの影響にぶつかり、身動きが取れなくなる。中でもまだ権威を失っていない伯父たちの反対に会い、結局この計画を放棄することになるのだが、その件については後悔の念が後を引き、母親に次のように書き送る――「我が軍隊と運命を共にすべき時に、後衛に留まっていなければならぬとは、私の良心がとがめます」。そこにあるのは単に形式的な後悔の念の表明ではない。第一次大戦勃発の一九一四年に彼の示した行動は、その姿勢が変わっていないことを示す。彼の意見では、皇帝は戦時には戦線にいなければならないのだ。

戦線の部隊に合流したいとの熱意にブレーキをかけられても、だからといって、彼はだれにも軍事上の決定を下すことを任せようとはしない。相次ぐ悲報を前にして、皇帝はついに指揮系統を一本化して全指揮をクロパトキン将軍に委ねるが、それでもアレクセーエフ提督を極東総督の役職に留める（十月十日付日記）。とりわけバルチック艦隊の回航作戦を厳命したのは、皇帝の絶対的な意志だった。だがその結末は、対馬沖海戦での大敗北となる。この決定の生き証人であるウィッテは、ニコライ二世が強い反対に直面したことを書き残している。反対者は、艦隊が満足すべき条件で期間内に作戦海域に到達できる可能性に疑念を抱いたロジェストヴェンスキー提督および外務大臣、それに皇帝の伯父アレクセイ大公である。いつものように慎重なウィッテはそのような計画を放棄するよう唱える。彼は付け加えて書いている――「ツァーリはロジェストヴェンスキーが全ての戦争のカードを変えてしまうことを望んだ。そしてサロフの聖セラフィムが、和平は東京で締結されるだろうと皇帝に予言した」。いかに皇帝がこの聖人に格別に帰依していたとしても、この最後の点についてのウィッテの記述の信憑性については疑問の余地があるが、ともあれ皇帝は、はるばるバルチック海から艦隊を回航させるという目茶苦茶な作戦を本当に信じ込んでいたのであり、作戦を強行させた。

対馬沖海戦の敗北発表の後、ウィッテにポーツマスに出かけて和平交渉にあたることを任せる決定を下したのも皇帝だった。交渉に下心があることを隠そうともしない。蒙った敗北の痛手にもかかわらず、ニコライ二世は情勢を比較的正確に把握していた。彼は、自分の国が国内的にも軍事的にも力を保持しており、日本側に交渉を押し付けうることを知っていた。ここで彼の推測が過ちを犯すのだが、彼の引き出した結論は、ロシアが手に負えないことを相手側に見せつけ、日本側に受諾不可能な要求を次々とぶつけ、こうして時間稼ぎをすることだった。皇帝は講和条約調印の報に接して不意を突かれることになる。彼は前夜、ラムズドルフ伯に宣言したばかりなのだ——「ウィッテに話し合い中止命令を送れ！　日本の譲歩をじっと待つぐらいなら、私は戦争継続の方を選ぶ」。

だが日本側は交渉を決意していた。ウィッテも同様であり、彼はついに「いかなる老練外交官も獲得できないような」条件をロシアのためにもぎ取ったのである。また後にラムズドルフの後任として外相の座に就いたイズヴォリスキーも交渉継続を強調した。結局ニコライ二世はウィッテの行動を妥当と見て、とりあえず彼を信用する。

失策だったビョルケ会談

日露戦争は極東以外にも影響を及ぼす結果となり、しかも、ニコライ二世はそこに深く関わってしまう。すなわち、まことに時宜を得ないビョルケ会談に臨んだことである。ロシアに屈辱感を与える敗北が相次ぐ中で、ウィルヘルム二世が登場し、従兄弟のニコライ二世に交渉をすすめる。ドイツ皇帝は、平和の回復のためにルーズベルト米大統領が重要な役割を演じることができると主張する。「日本は他のどの国にもまして米国を尊重する。なぜなら、発展の一途をたどるこのすさまじい大国こそ日本に最も接近しており、米国海軍は恐るべき存在である。もしだれかが日本に働きかけ、彼らの要求を道理にかなったものにするよう説得できるとしたら、それはルーズベルト大統領をおいて外にない」と、ウィルヘルム二世は「友人であり、同輩である」ニッキ宛の一九〇五年六月三日付手紙の中に書いている。彼はさらに「ナポレオン一世もフリードリヒ大王も敗戦を経験している」と思い起こさせ、偉大なる人物にとっての共通の運命は逆境に直面することであると述べ、ニッキに将来に備えるよう示唆する。

この示唆はしばらく後に形となって現れる。両皇帝は一九〇五年七月二十四日、クロンシュタット対岸のフィンランド沖ビョルケで会談し、独露防衛同盟条約に署名する。この密約については、だれ一人、事前に知らされていなかった。外相であるラムズドルフさえ知らされていなかったし、ロシアが他国と防衛同盟条約交渉に入る前に、当然相談するべき同盟国フランスも何も知らされていなかった。ビョルケ密約はニコライ二世にとっては、極東における冒険の悲劇的な展開に動転していた時に、ウィルヘルム二世の思いつきに身を任せた結果に過ぎなかった。ドイツ皇帝にとっては、さほど手の混んでいない策略の一つに過ぎない。その目的は、ロシア皇帝が自らの外交政策全体を問い直しているまさにその時に、いかにニコライ二世がこれまでの誓約を軽視しているかを見せつけて露仏同盟をぶち壊すことにあった。

この作戦の発端は、というか口実にされたのは、「ドッガーバンク」でのバルチック艦隊による英国漁船誤認砲撃に対する報復として英国がロシアに加えた孤立化政策だった。一年前、チベットで英国に厄介なことを引き起こそうとしたのも忘れて、ニコライ二世は、ロンドンがこの事故を大騒ぎしたことに腹を立てる。ウィルヘルム二世は、ロシア皇帝の反英感情をうまくあおり立て、ロシアが大英帝国に抱き得るありとあらゆる苦情を並べて見せる。そこからニコライ二世の心に一つの考えが浮かぶ。三国同盟である。

彼は従兄弟であるドイツ皇帝に書き送る――「英国の企みに終止符を打つべき時がきた。そのためのただ一つの方策は、ロシア、ドイツ、フランスが力を合わせて日英同盟の傲慢さを打ち破ることである」。

不注意にも、ニコライ二世はドイツ皇帝に、そのための条約案を準備してくれるよう頼み、さらに付け加える――「我々両国が条約を締結すれば、我が国の同盟国であるフランスも合流してくれることだろう」。

ウィルヘルム二世は、自分の構想に役立つはずのこの提案に力を得て、ひそかに露独条約案を準備し、七月、ニコライ二世にビョルケで二人が「単なる観光客として」、つまり決して国事に関わるものではないとの形で会うことを申し入れる。だが、二隻の王室ヨットがビョルケ港に錨をおろした時、ウィルヘルム二世は、予備折衝では愛想よく応対した後、急に思いついたかのように、すっかり練り上げられた条約案を従兄弟に提示する。ニコライ二世は条項の一つに懸念を抱き、書類に署名することを思い止まるべきだった。その条項はフランスに関するもので、フランスには同盟条約が締結された後に通告する、とされており、しかるのちにフランスにも参加するよう提案することになっている。ニコライ二世はこの会合の温かい雰囲気の中で不信感も抱かないまま署名してしまう。彼は全ての心配事からしばし遠ざかり、極東問題はもはや過去となったと感じ、いまやロシアは欧州空間での新しい行動について考えるべきではないか、と思っていた。

有頂天の時期は短かった。帰国するや否や、ニコライ二世は冷厳な現実に引き戻される。従兄弟のイニシアチブは外交的大失敗であり、ドイツ宰相フォン・ビューロウさえも激怒する。ビューロウの目には、この条約なるものはドイツにとってなんの利益もなく、しかも筋違いであり愚劣である。彼は、もし条文が破棄されなければ辞任する、と皇帝を脅かした。ペテルブルクでも、このスキャンダルは大問題となり、外相ラムズドルフは皇帝に、かような条約はフランスに対する裏切り行為であり、フランスは決して参加しないだろう、と言明した。ロシアは全面的に孤立することになろう。なぜなら、いかなる国もドイツとだけの単独対話に外交政策の基本を置こうと望まないからである。望まないことにおいてはニコライ二世とて同じである。彼はフランスとの同盟をその外交政策の要石としてきたからだ。自分が犯した過ちを認識したニコライ二世は、情勢を挽回するためにはウィルヘルム二世との関係が悪化することも辞さなかった。彼はドイツ皇帝に何通もの電報を送ったが、その全てがただ一つの質問に絞られていた――フランスはこの同盟を受け入れ、それに参加する用意があるのか？　その最初の電報の中で、ニコライは同盟国に対するロシアの義務について明確に述べている――「私のビョルケ滞在中、あいにく私はフランスとの同盟関係の原則を明確に定義した父王の署名した文書を持ち合わせていなかった……私の思うところでは、ビョルケ条約はフランスがどう思っているか分からない限り日の目を見ることはできない」。

返信の中で、ウィルヘルム二世は、不安を募らせているニコライ二世に露独条約と露仏同盟の間には矛盾がないと説得しようと努める。だが安心させようとする言葉の裏に、ウィルヘルム二世は口には出さない彼の計画の真意を見え隠れさせる――「フランスに対するロシアの義務は、フランスがそれに値する限りにおいてしか重要性を持たない。きみの同盟国（フランス）は、ロシアが日本と戦争している間もきみに何の手助けもしなかった……」（一九〇五年九月二十九日付）。

ニコライ二世は、ビョルケ密約が結局はウィルヘルム二世によって押し付けられた形態でなければ存在できないことに気がつき、ベルリンから繰り返される圧力行使にも断固として自分の姿勢を貫く。ウィルヘルム二世は、自分の見解に従兄弟を同調させようと信仰心にまで訴えたとの説まである――「我々は手を取り合い、神の前でこの合意の文書の下部に署名をし、神は我々の誓約をお聞きになった……我々が調印した協定は、仏露同盟を考慮することなく真っすぐ進むための方策である。調印されたものは調印されたもの。神が我らの証人である」。

この論法に心動かされることなく、ニコライ二世は、相手の術中にはまってしまったことをいまや自覚して、きっぱり話し合いを断ち、このとき以来、「親愛なるウィリー」に距離を置いた。

このエピソードは、ニコライ二世が過ちや失敗にもかかわらず、いかに外交では明確な路線を貫き、長期的にはロシアの国益に沿ったビジョンに従い、他人の影響を蒙らなかったかを示している。

*

ニコライ二世が望まなかったにもかかわらず締結された日露講和条約は、まさに間に合った。なぜなら、すでに革命はロシア全土に広がっていたからである。しかしながら、ウィッテが近代国家の礎を築こうと努力していた期間なら、まだ全て回避できたように見えた。ウィッテは二回にわたり、一度は大蔵大臣として、二回目は講和条約の全権代表として、プレーヴェが間違っていたことを示した。戦争を望み、「ロシアを築いたのは外交官ではなく、銃剣なのだ」と言ったあのプレーヴェの間違っていたことを。

一九〇五年にロシア帝国を揺るがした出来事は、軍人の才能でも外交官の才能でもなく、まさに政治家の才能をこそ必要としていたのであり、結局のところウィッテほど巧妙な政治家は外にいないことをニコライ二世に知らしめたのである。

第五章 「政治の春」から革命まで

プレーヴェの暗殺、惨憺たる戦争——同時期に発生したこれらの出来事は、変化の時代を開くことになる。内務大臣の死去を心底から悲しみながらも、ニコライ二世はこれまでとは違った政策をとらざるを得ないことを感じていた。プレーヴェ死去十日後、皇帝は、プレーヴェとは正反対の人物ピョートル・ドミートリエビッチ・スヴィヤトポルク＝ミルスキー公を後任に選んだ。参謀本部大将であるこの人物は、内務省でシピャーギンの次官を務めたことがあり、評判の良さが先行して権力の座に到達する。ウィッテは彼について「信頼のおける人物」と言いながらも、「ただし弱気だ」とつけ加える。

スヴィヤトポルク＝ミルスキーは、穏健でややリベラルな態度をとることで知られていた。彼が次官のポストから辞任したのは、シピャーギンの権威主義の行き過ぎに反対だったからである。プレーヴェの政策にも公然と敵意を示した。清廉潔白な高級官僚で、議論にも開かれた態度であり、権力と被統治者との間の相互信頼関係を熱心に唱えた。だが、ウィッテが彼のことを毅然たるところに欠けると言ったのは、ロシアが混乱した時期にさしかかっていた時だけに、あながち間違いではない。さんざん逡巡したのちに、このポストを引き受けた新内相は、ニコライ二世に自分の見解を明確に表明し、自分が二人の前任者とは対極にあり、皇帝が彼のこうした態度を認めてくれない限り仕事はできないと明言した。ロシア社会に向かっては、彼は直ちに安心感を与える約束をした——自分は大改革の精神に立脚しており、全ての特別措置を停止し、ゼムストヴォを自分の政策に参加させ、宗教と民族問題に寛容な態度をとる、と。こうした彼の言明と、ニコライ二世が直接もしくはスヴィヤトポルク＝ミルスキーの影響力の下で取った最初の諸措置は、「政治の春」への希望を抱かせる。ニコライ二世は、皇太子の洗礼を祝うために、体罰刑を最終的に廃止する（一八六三年に祖父が下した原則的決定だが、実際には決して全面的に適用されなかった）。また解放農奴たちの購入土地代金の未払い年賦を棒引きにする。これらは社会が無関心ではいられない措置である。新内相は政治的風土を変えることを狙った行動や声明を次々と打ち出す。検閲の緩和、追放されていたゼムストヴォのメンバーたち（ゼムツイ）の元のポストへの復帰。辺境地域では少数民族に対して開かれた態度を取るようにとの呼びかけと、世紀始めの強引なロシア語化政策の却下。これらの措置は大きな希望を抱かせる。その動きは、少数民族問題についての民族主義組織（特にタタール人たち）の内部もしくは周辺で繰り広げられている論議の中に顕著に見られている。

「政治の春」が告げられたことは、穏健派の間に共感と期待を呼び覚ましたが、果たして、内外に山積する困難と挫折に憤激する社会の気分を変えることができるのだろうか？　新大臣が訴えかけようとしている国民階層の反応を検討する前に、まだ陰の部分でうごめいているが間もなくロシアの政治論議の舞台で目立つ存在になるであろう、より過激な分子に光を当てて見るべきだろう。

思想論議から行動のための論議へ

知られているように、十九世紀、ロシアのインテリゲンツィアは、いかにしてロシアを西欧社会のモデルに合致した近代国家にするか、あるいはロシア独自の運命を全うしつつ他に比類ない大国に導くかの道について、論議を重ねていた。アレクサンドル二世暗殺から一九〇五年までの四半世紀に、この議論は出尽くした感じがある。テロリズムに走ることが、深く考えることに取って代わった。特に、アレクサンドル三世が取り組み、次いで彼の指南役だったウィッテが熱心に継続した経済近代化の事業が支持を得て、ロシア変革の議論がかすんでしまったように見える。実のところ、転換点は一八八一年に位置する。テロリズムは専制政治を破壊するどころか強化し、生きながらえる手段を求める方向に追いやってしまった。前マルクス主義革命運動の歴史は、一八八一年のテロ成功と共に完結する。インテリゲンツィアが、生来英知をもっていると称えた農民階級も、テロも事態の流れを変えるには至らなかった。この失敗こそインテリたちをマルクス主義に走らせ、期待はずれの農民階級に代わって理想化された歴史的立役者である労働者、またはより広い意味でのプロレタリアートへと向かわせたのである。一八八一年以後ロシアの将来について考察する役割を担うことになる者たちは孤立した行動の空しさを実感し、集団行動の道へと向かって行く。爆弾テロは相変わらず怨嗟の的である大臣たちを吹き飛ばし続けることは確かだが、テロはそれ以降、政治運動の埒外に生き残り、政治運動は地下に潜行して発展し、一九〇五年を期して公然と姿を現すようになる。

今やマルクス主義の時代であり、亡命者を経由してロシアにも浸透し始める。亡命者たちはスイスでプレハーノフ、ヴェーラ・ザスーリッチ、アクセルロードらを指導者に掲げて「労働解放グループ」を創設し（一八八三年）、マルクスの思想を広め、ポピュリズム（大衆迎合主義）を一掃することを使命とする。これら亡命者たちの利点は、社会の変革も共通の法律に従うものであり、ロシアの特殊性をあまり主張することはかえってロシアの発展を麻痺させてしまう、とインテリゲンツィアの一部を説得できることである。プレハーノフは純粋にインテリであり、ロシア労働者階級のことを何も知らない。彼は他の思想、他のインテリに反対して闘う。彼の批判の的にされたのはトカチェフらのインテリであり、彼らがロシアの後進性を価値あるものと評価していること、時間と社会の参加を必要とする歴史的プロセスの進展を暴力によって無理強いしようとしていることを非難する。

けれども、二十世紀始めになって、もはや論議は、現実から切り離されたインテリの間だけで次から次と思想運動の波を作り出すような閉鎖的領域では行われなくなる。一八九〇〜一九〇五年当時の議論の特徴は、急速に多様化する一方、社会的グループを代表しようと努める運動に根差していたことだ。しかもこうした議論はロシアだけの、しかも首都のサロンでのみ闘わされるのではなく、民族グループにも波及し、過激思想により大きな広がりを与えることになる。

今世紀当初、権力側が不安な目で発見することになるこれらの運動とはどんなものだったのか？ 実際には在野勢力を構成する政党のことであり、純粋思想の枠の外に出て組織という枠に入ったものを言う。

第一のグループはロシア社会民主労働党であり、先に挙げたスイスに拠点を置く労働解放グループから生まれた。発足当初、この特殊性は弱さの原因となった。なぜなら、亡命インテリたちはロシアの現実の政治的・社会的条件をよく知らなかったからである。さらに、彼らの考察は自由そのものだった。ヴェーラ・ザスーリッチはマルクスとの交換書簡の中で、革命のプロセスを加速化する最も確実な道に格別の注意を払っている。マルクスはと言えば、長いことロシア嫌いだったが、変革の可能性の高いロシアににわかに熱中し始める。とはいえ、これらの理論家たちはロシアの具体的な現実からは遠く離れ、大分裂の時には孤絶したままだった。創立者たちが理論問題を論じている間に、事態はロシアで急激に変化していた。最も孤立化し、脅威を受けていると感じている人々の間では、組織化しようとする動きが急速に地歩を得つつあった。

亡命者たちは非合法出版物によって変革についてのマルクス主義的概念を広め、彼らの具体的な組織作りという考えと呼応して、一八九三年、ポーランド社会党が誕生する。この党はなによりもポーランド労働者の利益擁護を掲げる。こうしたマルクル主義の言わば「民族主義的」もしくは少数民族派的解釈は他のポーランド人たちを激高させる。なぜなら彼らは、社会主義の中に、革命によって民族対立を克服するチャンスを見て取ったからである。だからこそローザ・ルクセンブルクとレオ・ヨギヘスは別個にポーランド社会民主党を創設する。社会主義は特定のグループにのみ関わるのか、もしくは、まずそれに有効なのか？　あるいは解放は、抑圧されている全ての労働者の民族的特性を考慮せずに彼らを統一することを経て達成されるのか？

ロシアは多民族帝国であり、社会的不満と民族的不満とはしばしば合体し、しばしば対立するが、しかし常に相互作用で国内の政治的風土を悪化させる。そこに社会主義運動が発展する絶好の土壌があることは驚くに値しない。

ポーランド人社会では、社会主義は先ず民族的仕切りの役割を果たし、次いで憤懣の国際化へと拡大して行く。ほぼ同じ時期に、ロシアのユダヤ人社会は逆の道をたどることになる。この事実は影響力を及ぼさずには済まない。産業化のお陰でユダヤ人プロレタリアートが急速に発展を遂げ、その一方で、さまざまな困難が常に帝国のユダヤ人社会の上に襲いかかる。ユダヤ人労働者組織――まさにこの道のパイオニアだが――は各地に出現し、やがて一八九七年、通称「ブント」の呼び名で知られるリトアニア・ポーランド・ロシア・ユダヤ人労働者総連合に統一される。発足当初、これらの社会主義者たちは同化こそ救いの道であると信じ、ユダヤ人労働者階級のロシア人プロレタリアートへの統合を容易にしてくれるようユダヤ人労働運動に望みをかけた。だがたちまち――この時期が国家によって操作された反ユダヤ主義とポグロム（ユダヤ人迫害・虐殺）が高まった時代であったことを想起していただきたい――ユダヤ人社会主義者たちはロシア帝国の民族問題を社会民主運動では解決できないことを認識する。彼らは先ずユダヤ人社会の保護を優先的に考えねばならず、この目的のためにユダヤ人労働者階級の利害を代表しなければならなかった。数年たたずしてブントの創設時の国際主義はユダヤ的立場に場所を譲る。このことはロシア社会民主運動内部に問題を作り出さずには済まない。民族問題についての大論争が起きたのはブントのお陰であり、ロシア帝国内の少数民族出身の社会主義者たちがロシア社民主義に、次いで第二インターナショナル全体にこの問題を突き付けたのである。論争はロシア特有ではなく、同時期にもう一つの欧州の多民族帝国、オーストリア・ハンガリー帝国の労働運動をも揺さぶっていた（ロシア社会主義者とオーストリア社会主義者とでは回答ぶりがかけ離れていたが、この点については後に述べることにする）。

ブントは高い知的水準の労働者階級を代表していたが、結集力に欠けていた。なぜなら本質的に手工業的で、従って統率が行き届かない。ブントの例、その思想、その影響力は、ロシア社会主義が民族組織に分散しその主要勢力を消耗してしまうことを懸念したレーニンにとって痛い教訓となる。短期間、亡命から帰国したレーニンだったが、まだ秘密警察にはほとんど知られていなかった。というのも秘密警察はアレクサンドル三世の治世下で絞首刑に処されたレーニンの兄の記憶しかなかったからだ。ともかくレーニンは、創設グループの亡命者たちが予見もしなければ、容認することもできない方向を社会民主主義に刻印することになる。レーニンにとって大切なことは、すでに一九〇一年以来彼が明確に提起しているように、職業的革命家の結集に基盤を置く政党を組織することである。トカチェフはついに弟子を見いだしたのだ！　当時、レーニンが出版した『何を為すべきか？』は彼の考えをよく要約している。彼がそこで表明しているのは、固有の性格と使命を自覚していない労働者階級の同業組合的傾向に直面しての懸念である。組織化の必要性、階級意識の担い手である党、そして明確な目標すなわち権力の獲得、を彼は唱える。トカチェフ以来、レーニンほど、獲得すべき権力こそ思想を行動に転換するただ一つの方法であると明確に説明できた者はいない。

当初、レーニンのテーゼは、ロシア社会民主主義の創始者である洗練されたインテリたちには行き過ぎだと映ったが、さほど彼らと衝突しなかった。彼らには、若さゆえの過ちであり、言葉が走り過ぎ、経験を欠いているせいだと思われた。しかし、実際は変化についての首尾一貫した完全な一つのドクトリンだったのであり、全ての要素を含んでいた。すなわち、追求すべき目標、必要な手段、最も妥当な戦略、などである。分散しようとしている社会民主主義の全構成員を集合させる必要はなかったにしても、したたかな日和見主義者だったレーニンはより和解的な態度を示した。だが一九〇〇〜一九〇三年、ロシア社会民主主義者たちの間では重大な争点を巡って激論が戦わされていた。党とは、レーニンにとっては特権をもつ道具であり、全ての社会民主主義者の計画に不可欠であるが、単一体でなければならず、この統一を具現する指導部の回りに結集しなければならない。ところがレーニンが夢見る、この解消できないブロックは、ブントの連合的思考やプレハーノフが党の性格について抱くむしろ柔軟なビジョンによって脅かされていた。帝国の周縁地域、中でもカフカス地方にライバルを持つブントは、オットー・バウアーの唱えるオーストリア型マルクス主義思想を選んだ。労働運動／民族運動論争に対するバウアーの回答は、オーストリア・ハンガリー帝国の将来についての彼固有の概念によって裏打ちされていた。双頭帝国は人間と民族国家を解放する改革によって変革できる、と彼は考える。従って目標は労働運動の一種の連合化であり、そうすることによって労働運動は帝国の全面的改革の中に然るべき位置を占めることができる。

この当時から、レーニンの労働運動の目的についての分析は全く異なっていた。すなわち、社会民主主義は、帝国主義体制を破壊するまでそれと闘うことによってのみ自らのテーゼを優位に立たせ、労働者階級の勝利を確実にできるのである。このような戦いの中では、民族的違いの場所などなく、民族的違いそのものは専制君主制の終焉と共に消滅するのだ。こうした成功の前提が統一労働運動なのである。スタート時点から、レーニンは運動の連合化を目指すいかなる要求も受け付けず、ブントをぶち壊そうとした。プレハーノフとその一派に対抗して、レーニンは、闘争の前衛を構成するはずの、強権的で中央統制下に置かれた弱点のない党を要求する。人間にも思想にも全ての譲歩を閉ざした党である。プレハーノフは、ロシアの置かれた条件からして、また警察体制の強力なことと政党が非合法化されていることからして、レーニンのテーゼが効率性の点から社会民主党の存在を確保するためには決して不適当ではないと感じていた。それよりむしろレーニンの強権主義、主意主義こそが、文化度の高い論争に慣れているこの数の論理に従う知識人を不快にしたのだ。行動と術策を弄して、レーニンは反対派を打ち負かし、党に自分の見解を押し付けることに成功する。表面に出ている争点は組織を巡る諸問題だったが、その背後には、歴史のリズムと社会的意志を揺り動かそうと決意しているレーニンの主意主義的概念と、経済と社会的勢力の現状に応じて歴史こそ人間に課されていると確信しているプレハーノフもしくはマルトフのよりマルクス主義的概念との真の対決が存在していた。

だが、一九〇二〜一九〇三年、まさに誕生しつつある社会民主主義は具体的に何をしようとしているのか決心しかねていた。ただ、最良の組織形態を選ばねばならなかった。欠席者が多いときに行われた投票で、わずか一票の差でレーニンは勝利をおさめ、結果として彼の率いる分派——ボリシェヴィキ——が時の勢いで多数を制し、党の多数派となる。彼のライバルたちの考えのほうが実際は多数派だったのだが、当面、彼らは「少数派」と定義されることを受け入れる。この数の論理に従う態度こそ来るべきボリシェヴィキとメンシェヴィキの関係を示唆している。つまり、ボリシェヴィキが力関係を定義し、自分たちの意のままに従わせる。メンシェヴィキの方は実際の力関係とそれを示すシンボルについて鋭い認識を欠き、こうした定義に屈服してしまう。メンシェヴィキにとっては、レーニンのやっていることはたしかに具合の悪いことだが、理解はできる。例外的に困難な状況下で発展を遂げるべく運命づけられているロシア社会主義の、一種の「小児病」の現れに過ぎない、と彼らは考えていた。

社会革命党は、同時期にロシアに存在理由と方法を見い出した社会主義のもう一派である。同党はポピュリストたちの後継者であり、ポピュリストの最初の組織「ゼムリャー・イ・ヴォーリャ（土地と自由）」と「ナロードナヤ・ヴォーリャ（人民の意志）」が力尽きたとき、誕生する。社会革命党はポピュリストたちからいくつもの確信を受け継ぐ――農民層と彼らの歴史上の特権的役割への信頼、将来の行動を農民層に根拠を置く必要性、同時に専制君主制に決着をつけるためにテロと個人行動に訴える必要性、である。

あらゆる傾向の社会主義者たちが組織化されつつあるとき、リベラル派インテリゲンツィアはいまだに独自の道を模索していた。やがて一九〇五年の出来事が、彼らにも自らの見通しを組織化された枠内に記すことを迫ることになる。だが、この義務が彼らにとって明白になるまでの間、場所を最も過激な勢力に対してゆだねてしまう。一九〇五年革命は、ロシアにおける政治生活の遅れを示す兆しとなる。

希望の時

ゼムストヴォは「政治の春」の見通しに速やかに反応し、一九〇四年に首都で全国会議を開催することを決定した。彼らの目には、この会議の開催が新内相の発言の誠実さを試すテストと映る。非合法会議は既に一九〇二年に開かれている。しかし、それ以来、ゼムストヴォは沈黙を強いられていた。新たな条件の下で、彼らは公式会議開催の計画が力の対決にならないことを望んだ。確かに、内相は当初、この出来事の規模を縮小しようとして「非公式な」集会の開催を提唱した。だが結局は百四十人の代議員を集める会議開催の考えを受け入れた。皇帝も、しばらく以前だったらきっぱり拒否したであろう計画に同意を与えた。会議議長のポストはドミートリ・ニコライエヴィッチ・チポフに任されることになっていた。彼はリベラル派でモスクワのゼムストヴォ行政府議長だが、彼の権限については、前年、プレーヴェが異議を唱えていた。皇帝は、チポフがゼムストヴォの役割についてはかなり急進的な立場の代弁者であることを無視できなかった。慎重だが明瞭な言葉で、ニコライ二世は、ロシア立法府の再組織とそれに国民全体から選出される代議制議会を連結させる必要性を唱えた。議会主義と憲政上の要求の幽霊がこうして再出現する。こうしたゼムストヴォ会議の「序章」は、ニコライ二世が開催に同意を与えたことをいっそう際立たせることになる。開催前、権力側と組織側は一種の仮面舞踏といかがわしいポーカー・ゲームを演じて見せた。チポフは先ず会議がゼムストヴォの問題のみ取り上げると匂わせておき、次いで議事日程の変更を発表した。スヴィヤトポルク＝ミルスキーは、この変更から突然政治計画が飛び出して来ることを恐れ、一九〇四年晩秋までロシアを支配していた信頼の雰囲気を保持すべく会議を延期に持ち込もうと画策した。その一方で、内務省内部で対抗計画案を準備していた。その内容はゼムツイ（ゼムストヴォのメンバーたち）たちの主要な要求を含みながら和らげた表現に換えられており、皇帝に提出された時に受諾されるチャンスがあるよう案配してあった。結局のところ、内相は明白な事実に屈するしかなかった。会議の開催計画は進められていて、延期に踏み切ることは不可能だった。

従って会議は予定通り一九〇四年十一月六日に開催され、そこでの討議から十一項目にのぼる改革案が出て来た。ゼムツイの様々な傾向の間での闘争と妥協の産物である。個人の権利の尊重、集団的自由——報道と集会の自由——そして市民平等などについては全員が合意したとしても、会議は立法制度については意見が分かれた。ある人々にとっては、ロシアの政治的意識と伝統に無縁な議会性民主主義に堕することに警戒すべきだ、とする。彼らと真っ向から対決するのは、予算上の権限と行政府への監督権を付与されている立法議会を要求する人々である。投票に付されたテキストからは、この議会が単に諮問的性格なのか、それとも法律を制定する権限を持つものか、判然としない。議会主義の考え方を拒否する親スラブ思想に忠実に、チポフは、諮問的役割に限定された議会という原則を擁護した。決議案の不正確さにもかかわらず、この問題はともかくも提起された。会議参加者たちは慎重にも「憲法」という言葉、そして「議会」という表現さえも避けたが、ゼムツイたちが地元に帰り、委任者たちに全く合法的に配ることのできるテキストの基礎にこうした考えが潜んでいること自体、ロシア史の一ページがめくられたことを示している。この会議が「政治の春」の季節の開放政策の道具の一つに過ぎなかっただけに、反響は大きかった。さらに付け加えるべきは、十九世紀フランスの偉大な革命的思い出にたぶんヒントを得た「晩餐会キャンペーン」が行われ、特にリベラル派インテリゲンツィアの最初の統一の表明がそこにあったことだ。

ゼムストヴォ会議に先立って、一見華々しくはないが、数か月後にその結果の重大性が明らかになる出来事があった。前にも述べたように、穏健派野党は組織化が遅れた。スヴィヤトポルク＝ミルスキーの権力の座への到達、彼の開放的な言辞、そして組織化された左翼にだけ政治の場をゆだねてはならないとの意識があいまって、リベラル派をして共通の立場を定義するための会合をロシア国外で開催させた。この会合は一九〇四年九月十七日、パリで開かれた。あらゆる傾向の、多様な民族的背景を持ち「自由のための連合」内部に結集された立憲主義者たちは、ロシア社会民主労働党のメンバーではない社会主義者たちと秘密に会合した。激しい討論の末、三点について合意が生まれた。すなわち、専制君主制の廃止、議会制型の民主主義の創設、帝国内の被支配民族の解放である。最後の点は、決して急進的なプログラムではなく、ロシア語化拒否と諸民族に文化的自主性を保有する権利を認めることを意味する。初めてリベラル各派が共通の見解を打ち出し、一つのプログラムがロシアの全ての階層の間をかけ巡り、人々は選択すべき道について論議した。見過ごしてはならないのは、立憲主義者たちが孤立を脱して、社会主義者たちの見解とさほど離れていない見解を採択したことである。ゼムストヴォの会議が開かれる時、会議は、憲法草案について公然と支持を表明している人々がいること、彼らが組織化を始め、すでにかなりの潜在的政治力を代表していることについて言及することができるのだ。

ゼムストヴォ会議のテーゼと立憲主義者たちのテーゼは、晩餐会キャンペーンのお陰でかなりの反響を呼ぶことになる。数週間の内に、このキャンペーンは全土で様々な政治的テーマの周辺に人々を結集する。テーマこそ様々だが、常に核心に戻る。ロシアの民主的変革、である。インテリ、弁護士、ゼムストヴォのメンバー、そしてより一般的には、遠くから、あるいは近くから祖国の将来を考えている人々だ。始まりはペテルブルクでの大晩餐会で、口実はちょうど四十周年を迎えたアレクサンドル二世の手になる司法改革の記念行事としてだった。キャンペーンの中では、同時に、アレクサンドル三世の治世下でこの司法改革を骨抜きにする措置が取られたことが非難され、その結果、リベラル派エリートだけでなく、始めは気乗り薄だったが後にはこの機会を逃すまいとする社会主義者たちも含めた人々を動員するようになった。どの晩餐会も、終わりにあたり同じテーマ、同じ動議が提示された——ロシアには根本的な変革、一つの憲法、一つの議会が必要である。ゼムストヴォ会議がそのプログラムの中で慎重に避けた言葉が、このキャンペーンの真っ只中では、反対に声を限りと叫ばれた。

こうした熱気を帯びた数週間もの間、ロシアは変化がもはや考えられないことではないと予感しはじめる。社会のムードは過激化する。要求がたちまちいっそう強くなるが、初期の憲法問題の枠内に辛うじて止まっている。一方、権力側は運動を見守りながらも、それにブレーキをかけたり、集会の解散を阻止したりはしない。晩餐会キャンペーンはロシア国内だけに止まらなかった。国境周縁地区でも多くのキャンペーンが繰り広げられ、自治のテーマが憲法のそれにとって代わる。この予期しなかった政治の春で支配的だったのは、全ての参加者が抱く希望である。それまではほとんど広まっていなかったが、いまや変化の見通しが開かれているといった実感がそこにはあった。ロシアは専制君主制の道を捨てて近代化された政治社会になるのか？　その成否は二つの要素をうまく組み合わせることができるかどうかにかかっている。一つは、社会的高揚をぶち壊さずに、それを皇帝に受け入れられる改革の方向へと導き、民主主義に向かっての真の前進である改革を実現しようとするスヴィヤトポルク＝ミルスキーの意志。もう一つは、決定的とも言えるこの時期にニコライ二世が彼に寄せる信頼感である。あれほど専制君主制に愛着を抱いていた皇帝が突然、最も身近かな側近の慎重な意見に心を開いた。

スヴィヤトポルク＝ミルスキーは、起ころうとしている事態に備え、立憲主義者とゼムストヴォの共同運動と、皇帝の意向との間に橋をかけるための妥協案のテキストを準備していた。内相は、ニコライ二世の周辺が政治の春をもはや無政府状態だと見なして懸念していることを察知して先を越そうとし、その一方で、晩餐会キャンペーンの平和的な騒ぎに呼応して大学内や街頭でより心配な騒動が起きていることを認識していた。そこで彼は、かねて皇帝の命を受けて準備していた覚書を皇帝に提出した。その中で、彼は、専制君主制の外観を保持しつつ個人の自由、宗教上の自由、少数民族の権利を拡大するいくつかの改革を提唱した。草案執筆者たちの巧妙さは、改革がロシアの政治的伝統に準拠している、と主張している点にあった。計画案の最も大胆な部分は、ゼムストヴォの選出代表を本来皇帝が任命する国家評議会のメンバーに追加している点であり、しかもこれを公選制度の始まりではなく、ロシアがこれまでしばしば実施して来た規則への復帰であるかのようにみせかけていた。

それにもかかわらず、紛争が起きたのはこの点に関してだった。ポベドノスツェフは、選出代表の数人だけでも専制君主制度を揺るがすのに十分であると、ツァーリを説得するために奮闘した。ニコライ二世はむしろスヴィヤトポルク＝ミルスキーの意見に従おうとする気になっており、最初の時期は、かつてロリス＝メリコフによって提唱されて来た考えを反映している彼の提案を受け入れていた。そこで皇帝は、計画を条文化するようミルスキーに委任し、然るべき後に自分が署名して公布するつもりだった。だが、三日後になって、このテキストに皇帝がイニシアルだけの署名をして、ミルスキーのもとに戻って来た時、とんでもないことが起きたと思わざるを得ない事実を発見することになる。イニシアルだけのサインがあるテキストは、最も異論があり、しかし国全体の平和のためには最も重要な箇所である公選代表のくだりが（ニコライ二世によって）修正されていたことだ。

ニコライ二世は思い切って決断を下せず、自己を正当化しようとする――「いかなる形であろうと専制君主制の伝統に反する代議制の権限を受け入れることはできない」。いったい、何が起きたのか？　いったん内相の論法に従う決心をしながら、なぜニコライ二世は急変してミルスキー公を辞任にまで追いやったのか？　取り巻きの圧力に屈したとも言えるだろう。あの疫病神のセルゲイ大公が急遽ペテルブルクに駆けつけたこと、そして彼の計画案への大反対ぶりが挙げられる。だが、答えはたぶん、ニコライ二世自身にあり、権力のあり方についての彼の変わらぬ確信が作用したのだろう。確かに、彼は、一瞬、説得されて社会代表の一部を国家機構に加えることを受け入れたのだろう。だが、彼はいったん受け入れながら、その結果の影響を感じていたのだろう。そして熟考の揚げ句、専制君主制への体質的愛着が彼をして土壇場で自分の望む方向の助言に耳を傾けさせた。ここではウイッテの証言が重要である。この計画案について意見を述べるようニコライ二世から呼び出されたウイッテは、皇帝の傍らに、計画案に猛烈に敵対するセルゲイ大公の姿を見た。ウィッテはロシア情勢の分析を次のように締めくくっている――「もし陛下が歴史的潮流に抗することが不可能だとの結論に誠心誠意、そして決定的に到達しておられるなら、この点（公選代表）を勅令に留めておかれるべきである。しかし、もし陛下が、この問題の重要性をおし測り、これが代議制体制に向かう第一歩であると認識され、ご自分としてはそのような体制は許し難く、個人的にも決して認められないと言うのであれば、この点を勅令に加えないのがより賢明であることは明白である」。そしてウィッテはこう書き加えている――「これこそ皇帝が期待されていたことだった」。

ロシアと自らの使命――専制君主制をそのまま残すこと――についての自らの深い思いに忠実であったために、皇帝は自らの治世に新たな展望を開くチャンスを失ったのである。歴史はその時、まだ変化か破滅かの間で躊躇していた。ニコライ二世は、弱さからではなく、この決定的な選択への理解を欠いたゆえに、変化に反対する道を選んだ。破滅への道はこれ以降、彼の前に大きく開かれたのである。

確かに、この混乱の時期に一つのテキストが世に出た。十二月十二日、政府の改善を図る勅令が公布された。勅令は、農民、各宗派、ゼムストヴォ、労働者、裁きを受ける人々それぞれに満足を与え、あるいは満足を約束した。なぜなら、勅令は実際に行われるべきはずであった改革について語っていたからである。多くの点で、この勅令は、アレクサンドル二世が行った改革を無残にも変容させてしまった、その後の様々な制限や拘束を廃止している。もし、数年前にこの勅令が出されていたら、社会の期待に応え、その要求を軽減したことだろう。だが、一九〇四年末の段階では、ロシアは大きく発展を遂げていた。秋の政治討論、多くのカテゴリーの専門家、職能団体の間の絶え間ない集会などがあった。そして惨憺たる結果を招いた日本との戦争は、ロシア国民の目に権力の軽率さと無能さを立証し、従って専制君主制の欠陥を見せつけた。これら全てが国民全体の反省の背景を構成している。目前の体制にあれほど批判的で、それを変えようと望む社会にとって、十二月十二日の勅令は何の意味も持たない。そこには本質的なものが欠けている。すなわち、公選制度を設置することによる社会参加である。晩餐会キャンペーンとゼムストヴォ集会を支配した楽観的雰囲気に突然とって替わったのは失望と怒りだった。ロシアの将来は、君主との取引ができない以上、街頭で決せられることになる。

血の日曜日

十二月末の日々、日増しに革命の気配が感じられるが、革命は予測できたのだろうか？　少なくともニコライ二世にとっては、懸念する何の理由もなかった。十二月十二日の勅令は、彼の目には、社会の熱望に応えたものと映る。政府は、十四日付の呼びかけで、公共秩序を乱すデモと集会の続行に対する警告を社会に向けて発する。警告の内容は明白である――君主は討議の続行を望まない。リベラル派の内相は辞意を表明し、後任者ブルィギンが一九〇五年一月中に着任するまで、当座の問題を大急ぎで処理しつつあった。ミルスキー公の沈静化への影響力はもはや過去のものとなった。この時期のニコライ二世の日記は、内情を明らかにしている。伯父のセルゲイ大公は危機の日々、彼を離れようとしなかった。大公は十二月十日、モスクワに戻る。それから年末を迎え、恒例のお祝い行事の記述が続くが、旅順港の陥落についての短いコメントでしばしば中断される。皇帝はコメントをいつもの紋切り型で締めくくる――「神のご意志だ」。これらの記述を読めば、翌年始め起きようとしている事態に、彼が何の備えもなかったことは明瞭である。

社会の空気は、しかし、たとえ続発する突発事件が孤立した出来事と映ったにしても、平穏無事と言うにはほど遠い。学生騒動は、晩餐会キャンペーン支援の形で散発的に再発していた。だが全く別の広がりを持つ危機を告げるのは、十二月二十日にペテルブルクの労働者街にあるプティロフ工場で発生したストである。ストの動機は、三日前、工場経営者が四人の労働者を解雇したことだ。たちまち舞台の前面に、奇妙な人物だが疑いなくカリスマ性と偉大な組織者の資質を持つ男、ゲオルギー・ガポンが登場する。彼は神父であり、労働組合指導者でもある

この段階で、以前にズバトフの周辺に形成された警察の御用組合のことがまた話題にのぼる。一九〇五年、ズバトフは面目失墜し、役職を失って、プレーヴェから放逐されていた。だが、「警察の御用組合」は存続し続け、ガポンは言わばズバトフの後を引き受けた形である。事は見かけほど簡単ではない。なぜなら、ガポンは全ての点で彼の前任者とは異なっているからだ。一種の労働司祭であり、深い信仰心と、君主制と君主への歴然とした愛着とが、社会的使命を果たし、労働者階級を啓蒙し導かねばならないとの確信と混在している人物である。ガポンは扇動分子でもなければ警察の単なる手先でもない。そこからこそ、彼にまつわる謎と力が出てくる。彼は自分のしていることを信じており、ツァーリと人民を和解させようとし、従って、公然と行動し、一九〇四年以降、首都ペテルブルクの労働運動の指導者となる。

ガポンの労働組合に加盟している一万八千〜二万人の目には、社会民主党組織による労働者動員の努力は弱いものと映る。彼の果たしている役割と労働者たちへの影響力は、彼自身の資質によるものであり、ズバトフのように警察の庇護を受けたりはしていない。ガポンのカリスマ性は本物である。いささか夢想家のこの人物は自称トルストイ派であり、彼の確信は抜群の弁舌によって支えられている。勇敢であり、

一種の狂信につき動かされている。これら全てがあいまって彼を指導者に仕立て上げる。だから彼がプティロフ工場の争議に介入して、解雇された労働者の復帰を勝ち取ろうとしたことにだれも驚かない。失敗すると、こんどは連帯ストを推進し、地域全体の工場に波及させる。やがてゼネストへと彼の考えは発展する。

一九〇五年一月の出来事は、ロシアの置かれていた状態をおのずと明らかにしている。そこで起きた出来事はこの国で、この時でなければ、発生しなかった。ロシア社会の第一の特徴は、ガポン自身である。ロシアでなければ、宗教と政治の間を揺れ動く彼のような桁外れの人物が、あれほどの役割を演じることはできなかっただろう。ロシアの歴史はこのような夢想家であふれている。彼らは人民への、あるいは君主への呼びかけ、あるいはその双方への呼びかけの中で、神、人間の運命、救済という観念を混ぜ合わせ、そして無政府主義へと走る。またロシア情勢の特徴は、皇帝がいかに期待を裏切り、批判を受けていようと、皇帝は最高の規範として止まり、人民が訴状の中で訴えかける相手となり、情勢の鍵を握る人物になりうることである。彼はまだ後光を失っておらず、激高した労働者階級は彼の庇護と革命の双方を求める。結局、ゼネストが革命的性格を帯びることになろうとはまだだれ一人知らない。運動が始まった時、ゼネストは訴状のよりどころとして役立っただけだった。

訴状のテキストは、ガポンが望んだ内容であり、ツァーリに手渡す数日前に数人のリベラル派の手助けを借りて作製した。訴状は一月九日の日曜日に皇帝に渡される予定だったが、いかにもロシア的だ。日曜日は象徴的な日である。つまり、安息日であるが、同時に、ロシア語では「イエス・キリストの復活」をも意味する。従って、神から権限を授かっている君主に訴状を手渡し、「抑圧され、悲惨さに追いやられ、これ以上耐え難い苦しみにさらされるより死んだ方がましだと限界に達している人民」の要求に譲歩するよう求めるのに最もふさわしい日ではないか？「ツァーリよ、専制と、悲惨さと、無知ゆえの墓場から、あなたの民を救い出す手助けを拒否しないでおくれ」。訴状が君主に懇願しているのは、まさに人民の「復活」を決断することである。訴状は要求する――「あなたの民が、あなたと共に国を治めることができるようにして欲しい」。訴状のテキストはガポンのイメージそのものである。皇帝を人民から切り離すことに貢献した輩《やから》に対する呪咀と、神の発するお慈悲の命令に従うようにとの勧告と、諸要求とをないまぜにしている。ゼムストヴォ会議や晩餐会キャンペーンでの演説で示された社会的覚醒という路線に止まりながらも、訴状は全く別の意味合いを帯びている。社会は燃え上がり、訴えは分別も慎重さも失い、人民は君主の前にすっくと立ち、仲裁も駆け引きも受け入れない。訴状に力を与えるために、街頭や工場で署名が集められ、人々はこぞって参加した。

だがガポンは政府側の人間でもあり、政府にゼネスト計画を事前に通報している。だから事態は全く別の展開をたどったかもしれなかったのだ。誤解が誤解を生み、事態に悲劇的で統制の利かない広がりを与えてしまう。ガポンは、当局に訴状作戦の展開と、皇帝に訴状を手渡すための人民の隊列行進について事前に知らせておいたので、当局側が沈黙を守っているのは同意を意味するものであり、従って対話の道が開け、全てが平和裡に展開するものと考えていた。一方、ニコライ二世は、首都で感知できたはずの騒動にも、まさに起きようとしていることにもなんの関心も示さない。彼は一月八日付の日記に記す――「昨日来、ペテルブルクの全ての工場や製造所はストに突入している。近郊の部隊を招集して兵営を強化している。いままでのところ、労働者は平静である。スト中の労働者の数は十二万人と推定される。労働組合の先頭には、ガポンという名の言わば社会主義者の法王ともいうべき人物が立っている。ミルスキーは夕方やってきて、とった措置について私に報告した」。これらの文章は二日前から皇帝が静かにひき籠もっているツァールスコエ・セロー〔ペテルブルクの近郊で、宮殿がある〕で書かれている。彼はそこから動こうとしない。事態を政府にまかせきりである。首都がゼネストで麻痺しており、労働者たちが組織化されているなど詳細について知っていたくせに、ほとんど心配しない。一瞬たりとも現場に止まって、懸命に皇帝に訴えかける人民と対面しようとは思わない。そこには驚くべき矛盾が潜んでいる。皇帝は、国民に対する愛情を、絶えず誠心誠意表明していた。臣民の一人一人に対して父親の心を持ち、天から授かった国民への使命として、自分には責任があるのだとも公言した。にもかかわらず、ニコライ二世は国民が彼に直接訴えかけている時、そして数十万の人々が訴状の下部に署名しているというのに、国民に会おうとしない。反対に、これらの国民が一九〇四年、一九一四年に兵士として出征する時、彼にはたった一つの考えしかなかった。彼らに合流して運命を共にすることだ。戦争はニコライ二世を別の人間にし、臣下と別なタイプの関係を結ぶことを思いつかせる。だが、その彼が人民の呼びかけに応えることを執拗に拒否したことは、この場合悲劇的であり、説明がつかない。訴状が述べているように、皇帝は人民と自分の間に壁を、つまり、政府と治安部隊という壁を築く。人民が待ち望んでいたのは軍隊ではなかったので、人民も軍隊も統制が取れなくなってしまう。不安に駆られたミルスキー公は、起こり得るべき激発を抑えるための予防措置を取ったが、それらは不十分であり、拙劣でもあった。

権力と人民の一大対決

一月九日、ガポンの指導の下に、群衆が平和的に、武器を持たずに行進を開始する。群衆は「神よ、ツァーリを救いたまえ！」と叫び、聖歌を歌いながら行進する。隊列が通るとき、人々は十字を切る。全てが流血と恐怖のうちに終わった時、ガポンは叫ぶ――「もはや神もツァーリもいないのだ！」

この言葉は、数時間後に多くの人々の心の内で展開することを極めて正しく要約している。発端は治安部隊がパニックに陥ったことである。デモ隊が威嚇射撃に目もくれずに前進するのを見て、兵士たちは本気で発砲し始めた。興奮している群衆は、まさか自分たちに軍隊が発砲するなどとは思いもしなかったのだが、行進に銃が向けられた。群衆がパニックに駆られたために被害はいっそう大きくなった。逃げようとした人々は銃撃を避けようとして地面で踏みつぶされたり、鉄柵に押し付けられて圧死した。人命の損失を計算することは難しい。このような状況ではいつもそうだが、とんでもない噂が乱れ飛び、大殺戮が起きたとまことしやかに伝えられた。実際の犠牲者数は死傷者数百人に上っている。

だが、真の損失は、この血塗られた日のもたらした政治的結果にある。先ず国民の父であるツァーリのイメージがぶち壊された。彼は臣下が虐殺されるにまかせたのだ、という集団意識が残る。良い君主だが、良い助言者を持っていない、と見ていた民衆の信頼感は二度と回復されない。それ以上に、専制君主制は命脈が尽きた、とほとんど全ての国民は心の中で感じていた。例外は専制君主制を動かしている少数の人々であり、頑固な専制君主制擁護者のみである。だがこの虐殺は、民衆の記憶の中で無益な戦争の犠牲となった多くの人命に付け加わる。殺すことしか、あるいは殺されるにまかせることしかできない体制とはいったい何なのか？　この質問はそのとき以来、各人の心に刻み込まれる。最後に言うならば、皇帝は良心に照らし合わせ、後悔するどころか、強硬姿勢に転じる道を選んでしまう。ミルスキー公はようやく辞任にこぎつけ、後任には精彩のない、想像力を欠いた官僚出身のアレクサンドル・ブルィギンが就任する。

全く新しいことと言えば、首都の総督の座に、セルゲイ大公に近いトレポフ将軍が任命されたことだ。強権的で非情であると前評判の高い人物で、皇帝は、彼が秩序を回復してくれるものと考える。なぜなら、ニコライ二世にとっては、ロシアを血まみれにした悲劇は、本質的には警戒心の欠如と公共秩序の緩みに起因するものであり、専制君主制という考えの賢明さを確認するものと映るからだ。ドミートリ・フョドロヴィッチ・トレポフを総督に任命することで、皇帝は深い意味のある選択をしたことになる。首都の新司令官は、一八七八年一月にヴェーラ・ザスーリッチが発砲したトレポフ将軍の息子ではないか。彼女はこの事件で裁判にかけられ、無罪になっている。皇帝はたぶん、アレクサンドル二世統治末期のテロリストたちの騒動と血の日曜日との間に、ある種の継続性があると見て、既に自らの血肉にテロの苦痛を味わったことのある人物以上に混乱を終息させる適任者はいないと考えたのだ。

乱暴な弾圧は、社会騒動を抑止するどころかかって加速化させる。ストは地方に、伝統的な反権力派の拠点（モスクワ、サラトフ、リガ、ウッジ、ワルシャワ、ヴィルノ）にと波及する。しばらくして二月始めには今度は農民たちが立ち上がる。クルスクに端を発した騒動はオリョール、チェルニゴフへと広がって行く。二月四日、ついにセルゲイ大公が社会主義者革命家のイヴァン・カリャーエフの凶弾に倒れる。

大学のある全ての都市で、学生たちは抗議行動に合流した。もうだれも授業に出ない。禁止令にもかかわらず学生大会が相次いで開かれ、革命的演説が延々と続けられる集会に転換する。ある場合では、中等学校の生徒までが自分たちの役割がもはや勉学ではなく、先輩たちを支援することだと決議する。ロシアは無政府主義にすべり落ちて行く。

当局がもはや社会に睨みが利かなくなっている情勢を前にして、ニコライ二世は狼狽し、事態を理解できないまま逡巡する。心の命じるままに彼が取った最初の行動は、悪しき指導者に騙されている臣民との和解の道を探ることだった。彼が提唱したのは、謝罪と犠牲者の遺族たちへの物質的援助である。労働者たちには仕事場に戻るよう求め、あの血の日曜日に彼らが要求した皇帝との対面を受け入れる用意があると伝えた。残念ながら、確かに寛大ではあるが時宜に適さないこの行為は、その時に皇帝自身がどのような条件の下に置かれているかを無視したものだった。厳選された三十四人の労働者からなる小代表団が労働者代表としてツァールスコエ・セローに招かれ、皇帝の言い分を聞くことになった。代表団は事前に十分過ぎるほど謁見への予行演習を受けていたが、皇帝が謝罪を口にしながらも、一月九日の悲劇について、それが明らかに挑発によって引き起こされた事件の結果である、と言うのを聞いて唖然となった！

この会見の結果があまりにも惨憺たるものだったので、ニコライ二世を取り巻く大臣たちも、広がる一方の社会運動を食い止めるために真の改革の約束を皇帝から取り付けようと騒ぎ立てた。農相アレクセイ・エルモロフは慎重で事情に良く通じている高級官僚だが、具体的提案を皇帝に提出した。皇帝に強い印象を与えた覚書の中で、エルモロフは、いまや帝国は混乱のさなかにあり、力だけでは事態を収拾できないと述べた。混乱を食い止めるためには、国家権力がまだ社会に対してこれだけ提供できると説得するのに十分な本当の政治的ショックが必要である、と力説した。彼が提唱した措置は、反政府勢力が以前から描いていた夢物語そのものだった。例えば、首尾一貫した政策を検討する真の閣僚会議の設置。当時は、皇帝が閣僚個人個人と直接の絆を持っていたので、てんでばらばらに行動し、政策に一貫性を欠いていた。そして、ロシアの全ての社会階層と民族から、いかなる差別もなしに選出された議員からなる諮問議会の招集。皇帝の目には、このような諮問議会は立法府の始まりに見えることをエルモロフは知っていたので、彼は覚書の中で、そのような危険が存在することを認めている。だが彼の説は、革命の力学にブレーキをかけるには外に方法がないという認識に立っている。だから、そのような危険をあえて冒したほうが良いのであり、社会との対話が再開された後で、皇帝が選んだ段階で体制の変革にストップをかけるべきである、とする。いずれにせよ、改革は日の目を見るのであり、それがどこまで広がるかは、改革のイニシアチブを取った人しだいなのである、と彼は唱える。

ニコライ二世は逡巡する。大臣の言葉は確かに説得力がある。しかし、彼の性格からして、また祖国が落ち込んでいる困難の程度を正しく理解できていないために、皇帝はまず時間稼ぎをして古典的な解決策に頼ることができると考える。すなわち、事件の調査と一か月前に約束した改革の準備をするための委員会の創設である。

一月九日の事件を引き起こした原因について調査し、救済手段を提案するべき調査委員会は、ともかくもロシアではかつて前例のない手続きを始めることになる。ペテルブルクの工場労働者たちは、代表を選出して、その代表が皇帝に労働者の苦衷を申し述べるよう求められる。結構なアイデアであり、ほんの一時だけ労働者階級を魅惑する。だが、時すでに遅し、である。権力側の要望と労働者の要求とを巧みに操ることのできたガポンが逃亡したために、労働者たちはそれ以降、社会主義者たちにつき従う。権力側は、途方にくれた労働者階級が急進的なアジテーターに従い始めていることを読み取れなかった。急進的なアジテーターたちは、労働者側が権力側の提唱する改革計画に協力したいという誘惑に屈してしまうことを察知して、この計画をこき下ろし、このような提案に譲歩することは労働者階級全体の利益に背くものだと非難する。彼らは特に、選出される代表たちが人身保護の保証と権限を付与されるべきだと主張するが、これらの要求はニコライ二世にはとても受け入れられない。こうした対話が袋小路に入ってしまったと確信した皇帝は、計画自体を停止させる。他の全ての委員会も、もはや形式的に存在しているのみで、何らかの結果がそこから生まれるとはだれも信じない。双方はお互いの立場に固執して和解は不可能となった。

＊

ニコライ二世は、彼の謝罪の試みが失敗してからは、対話を続けても何の役にもたたないと確信する。加えて、同じ時期に、彼は個人的な試練に立たされ、その性格と以後の選択にも影響を受けることになる。あれほど誕生が待ち望まれ、一家にとってよろこびの源泉であり、やっかいな後継者問題にも回答を与えてくれた皇太子は、並の子供とは違い、病弱である。ヴィクトリア女王の血筋に時として現れる遺伝病である血友病については、ロシア王室では何年もの間、忘れ去られていた。後継者たるべき男の子が生まれないことに専ら注意を向けていたからである。ツァレヴィッチの誕生以来、それでも両親はこの病気に薄々気付いていた。洗礼式の直後、幼児は最初の体内出血で苦しむ。三日間というもの、出血が続き、心を痛める両親は、彼らの心配が根拠のないものではなかったことを残酷にも知らされる。皇帝夫妻は、自分たちの子供の病気については秘密にすることを決心する。だがそれ以来、苦難の生活が始まる。子供がちょっとしたショックでも、大災難になりかねないからだ。二人は絶えず注意を怠らなかった。洗礼式の日、ロシア正教では三回水に浸すのだが、ツァーリは子供がどこかに体をぶつけるのではないかと心配で身を震わせていた。この秘密は、一九〇五年初頭の数週間、ロシアが経験する苦難の時期に皇帝に重くのしかかっていた。そして、自分は情け容赦ない神の意志の犠牲になっているのだと自分に思い込ませるようになる。彼にとっては、個人の蒙る試練も、国家が経験する政治的試練も同じ性格のものであり、二つながら自分にふりかかる試練への解決策は、個人の決断よりも神が下してくれることを待つ生来の傾向をさらに強める。たぶん、こうした試練に際して、もっと運命論者でない人なら運命の打撃を回避しようと試みたことだろう。だがツァーリの性格はそうではなかった。一九〇五年、皇帝はすでに円熟期に達しており、それまでの彼の言動を見れば、かつて彼が「私は常に試練の中に生きており、この地上では平和を知ることはあるまい」と書いたことに示されるように、運命を享受する傾向のあることを立証している。

政治的には決定的とも言えるこの時期に、一人の君主の不幸は、国家の不幸を深めることに貢献しつつあった。

第六章　革命――二度目のチャンス？

皇帝はためらいの中に閉じこもり、セルゲイ大公暗殺のショックから立ち直れないでいる。少年時代の一八八一年に見た祖父アレクサンドル二世のバラバラになった遺体の光景が思い出される。この事件は政治的反発へと道を開いた。四分の一世紀後、同じような暗殺テロはニコライ二世に今後、どのような道をたどるべきか自問させた。父帝がしたように全ての改革に背を向け、問題の解決を、弾圧と物資供給面での向上の混ぜ合わせに頼るのか？　それとも、ついにリベラル派の忠告を容れて和解のカードを切るのか？　人にも言われて、皇帝は一九〇五年が一八八一年ではないことを知っている。確かにテロリズムについては平行線をたどっているかに見える。しかし、一八八一年、ロシアは比較的に平静だった。ところが一九〇五年には、大学は閉鎖され、学生たちは街頭で「弾圧の犠牲者のための募金活動」をしており、教師たちも彼らを容認していた。ペテルブルクからモスクワに至るまで、ワルシャワからリガに至るまで、民衆は警告にも逮捕にもかかわらず権力に反対して立ち上がる。火事を早く消さなければ、間もなく農民一揆を呼び覚まし、一八六三年にポーランドで起きたような諸民族の一斉蜂起に直面しなければならなくなるだろう。

二月宣言――無駄な努力だった

皇帝はようやく理解した。革命の進行を食い止めるためにイニシアチブを取ることを決心する。一九〇五年二月十八日、アレクサンドル二世のたいまつを受け継いで、彼自身も「自由解放のツァーリ」と見なされるよう迫られて、ニコライ二世は気持ちの上では新時代の憲章となるべき三つの文書に署名する。だがこれら三つの文書は重大な欠陥を露呈している。意図が一貫しているかのように見せかけながら、互いに矛盾しているのだ。最初のものは宣言で、ツァーリが秩序の回復を発表し、全ての善意の市民にそれに貢献するよう呼びかけている。ポベドノスツェフがアイデアを提供し、執筆にも協力したとされるこの宣言は、ツァーリの考え方に合致している。その基本は、専制君主制を保持しようとする彼の意志である。第二の文書は皇帝の勅命であり、全く別の性格を持っている。スヴィヤトポルク＝ミルスキー公の後任になったばかりのブルイギン宛で、改革を推奨している。勅命は、大臣に対して、ツァーリが、国民によって選ばれた市民を立法に参画させる、と通告している。確かに、この勅令は意図的に曖昧な表現で書かれている。これらの選良たちが法の準備とその内容を練り上げるための場となる制度の形態と権威はどうなのか？　だれもそのことについては言及していない。だが、それゆえに、この文書は希望に扉を開いている。その真の意味が浮かび上がってくるのは、第三の文書に照らし合わせてである。上院に向けて出された勅令の中で、皇帝は政権の改革の必要性を力説し、全ての善意の人々に閣僚委員会宛に改革案を提出するよう呼びかけている。

これら三つの文書は、ある種の混同ぶりを立証している。宣言は、専制君主制の原則には何の変化もないことを確認しているが、同時に、重要な門戸を社会に開き、提案と参加を社会に求めている。もし勅命と勅令が、数か月前に出されていたら、当面下すべき決定と詳細な説明を伴ってさえいれば、たぶん国民の心を静め、政治改革をしかるべく開始することができたはずである。一九〇五年二月十八日以後、ロシアの悲劇は、皇帝の意図の混乱と、官僚の無気力と、君主体制に一刻の猶予も与えまいとする民衆の意志とに起因する。確かにブルイギンは、改革を軌道に乗せるようまかされていたが、この目的のために設置された委員会はなにも行動を起こさなかった。事件が相次ぐ。何も行動を起こさない権力側に対して、社会はあらゆるレベルでイニシアチブを取り、勅命が皇帝の弱さの兆しであり、従って皇帝が嫌々ながら踏み出した改革への道を行けるところまで押し進めることが肝要だと確信していた。皇帝は上院への勅令の中で、改革案を提案するよう求めているが、彼は期待以上に多くの提案を受けることになるのだ！

各方面から陳情が殺到し、その一方、組織分子は集会を重ねて行く。新たな晩餐会キャンペーンが開始されるが、その形態はより要求を打ち出す方式で、構成もしっかりしている。ゼムストヴォは四月にモスクワで二回目の会議を開き、平等で秘密投票による直接普通選挙を直ちに承認すること、議会を召集することを要求する。この議会は、もはや諮問的システムに満足せず、必要不可欠な改革を準備し、予算を管理するためのものである。これらの要求はゼムストヴォ会議の代表を分裂させる。ある人々は、ロシアの政治的伝統に合致していると考える諮問議会としてのゼムストヴォの役割に愛着を覚える。こうした最小限綱領主義者（ミニマリスト）の敗北は、ゼムストヴォ内部での人々の心の急速な急進化を立証している。

さらに数週間後には、ゼムストヴォと市町村の代表の特別集会がモスクワで開催され、民衆の要求の前で沈黙を守る権力側について、そして対外戦争での敗北についての結論を引き出そうとする。折りも折り、対馬沖の日本海海戦での惨憺たる敗北の直後だった。特別会議は二つの文書を作り上げる。一つは全般的なもので、現政権を断罪する決議の形を取り、なによりも先ず議会を直ちに召集して皇帝との合意の下に権力行使の新しい形態を決定するべきだと要求している。もう一つは、ツァーリに直接宛てられたもので、悲愴な調子で、約束された改革を実行に移すことで祖国と皇位を救うようにと促している。

これらの文書は目新しいものではないが、繰り返し出されることによって、その調子はより劇的で激しくなり、強い印象を与えずにはおかなかった。五月の会合でゼムストヴォは、ロシアについてのいまだ不明確ながら新しい考えを主張する——皇帝の権利に対抗する国民の権利、である。革命的プロセスが加速化する中で、このように君主と人民を識別することはただごとではなかった。やがて識別することの重要さが明らかになってくる。

同じ時期に、様々な職能団体が同じ道をたどり始める。集会を開き、動議に投票し、皇帝宛に請願書を送る。当局側がこうした運動の圏外に置こうと苦心していた地方も動き出す。

当初、未組織だった農民は回って来た陳情書に書き込み、自分たち自身の請願書にも署名するだけに留まっていた。だが、この署名運動は重大な効果をもたらす。農民に自分たちも全国的な討論に参加しているのだという意識を持たせ、将来の動員に備えさせたからだ。ロシア深層部の道徳的風土を悪化させ、有産階級に激しく襲い掛かるという農民の古き伝統に立ち返って、地域的な農民一揆と略奪事件が多発する。ゼムストヴォの職員たちも一九〇五年春、連合組織に結集し、農民階級を組織化の道に引き込むことを決定する。彼らは「農民組合」を創設し、五月にはモスクワでの農民大会開催にこぎつけ、地方からも最も過激な政治的・社会的要求への活発な支持を受ける。それまで未組織で、自然発生的行動に傾きがちだった農民階級は、動員の誘いに乗って一九〇五年の間じゅうに自己変革を遂げる。

全般的な不穏の中で、新たな要因が力の対決を加速化する。社会民主主義者の登場だ。ここで問題にされるのはメンシェヴィキである。なぜなら、レーニン支持派は彼らの首領の考えとは合致しない出来事の意味を理解するのに時間をかけていたからである。労働者運動も農民たちも、動員の努力にもかかわらず、自発的に行動する。レーニンの革命理論は全て失敗する。けれども五月に、イワノヴォ・ヴォズネセンスク繊維工場労働者がストに突入し、「ソビエト」〔評議会。ここでは労働者の組織〕を選出し、それが二か月間も続いたことで、新しい政治のモデルが出現する。たぶん、このソビエトは地域的なストをロシア全土に広げることはできないだろう。ましてや争議中の労働者の要求を貫徹させることはできず、やがては息切れして消滅する運命にある。だが前例となり、後が続く。まずウッジでは衝突事件に発展し、他の地方都市でも労働争議が起きた。一九〇五年初夏、ストはゼネストからは程遠かったが、散発的に続き、社会的不安を沈静させることは到底できそうにない。また、ソビエトの成立は社会民主主義者を考え込ませる。ソビエトを支持して、闘争の武器として取り込むべきか？　それとも、反対に、他の道を求めるべきか？

六月、戦艦ポチョムキンの反乱が起き、オデッサ市全体を燃え上がらせた。反乱は短期間で収束したにせよ、鎖を解かれた社会的勢力を導くことのできる革命運動組織が不可欠であることを、全ての政治勢力に知らしめたのである。社会革命党（エス・エル）が地方で取りかかっていたのはまさにそのことだった。また、解放同盟の下でリベラル派が求めていたものであり、彼らは組合を組織し、五月には連合結成のための会議を開催している。全ての組合のための共同綱領、専制君主制の廃止、憲法制定と国会。一九〇五年夏、混乱が拡大する中で、様々な政治的傾向の諸勢力が大衆を組織しようと努力し、二月十八日の皇帝の提案よりも、はるかに急進的な要求とスローガンを広めた。

二番目の宣言――ドゥーマ（国会）、受け入れらる

ツァーリにはもはや言い逃れは許されない。皇帝は六月六日ゼムストヴォの臨時大会の結果を伝えるための代表団を引見する。代表団は、全国代表を緊急に召集することを要求する。だが、こうした努力はたいして効果がなかった。なぜなら、二月以来、皇帝はブルィギンに計画案を準備するよう命じていた。数か月間の沈黙の後、ブルィギン委員会の計画はようやく形を成し、八月六日宣言として社会に知らされた。この文書は皇帝の限られた側近の間で激しく論議されたもので、多くの点で社会の要求に合致していた。だが、またもや時すでに遅し、であり、時流に追い越されていた。宣言はドゥーマ（国会）を開設する。だがその選出方法は、全ての請願書が要求している普通選挙によってではなく、職能別投票によるとされた。その上、立法権を持つ議会ではなく、固有の権限を持たない諮問的機関に過ぎない。このドゥーマは法律案について討論することになるが、それらの法律案を採択するか、却下するかを決める権限は国家評議会（政府）にある。さらに、議会とは名ばかりで、君主はいつでも議会を解散することができるし、開催日程と議題についても決定権を持つだけに、ドゥーマは皇帝に対しては弱体だった。最後に、代議員たちは議員免責権を持たず、専制君主制の原則――ロシア帝国の政治組織の基礎をなす原則として留まる――を受け入れねばならず、それに従うことを誓約しなければならなかった。

予定されているドゥーマは、その役割からも、専制君主制への従属の点からも、不満足なものであり、特に、その選出方法の規定に至っては全ての要求から後退したものだった。選挙法は、平等かつ秘密投票による直接普通選挙制定要求に対して何一つ譲歩していない。職能別投票と納税額による制限選挙を組み合わせたもので、皇帝がいつも最も忠誠な支持母体と見なしている農民層を優遇するためのものである。投票権はいくつかの周縁地域には与えられなかったが、そのために、それら地域で不満が拡大することに貢献することになった。皇帝にしてみれば、ムジーク（民百姓たち）が彼に対して忠誠であるなら、都市住民、インテリ、外来民族の間にこそ革命演説に共感して耳を傾ける疑わしい連中がいるのだ。事件のその後を見れば、このような単純化された政治社会学論理がいかに間違っていたか分かる。

ニコライ二世はそれでもこれら諸措置の中で、一つだけ大きな譲歩を行っている——限定付きであるにもかかわらず、皇帝が決して認めようとしなかった考えである選出議会がとうとうそこに存在することだ。ところで、選出議員たちが、彼らに押し付けられた限定的な役割に甘んじ、名目的にすぎない議会をその名にふさわしい国会に転換させることに一生懸命になったりはしないだろう、などと信じることができただろうか？　国中がこの譲歩に対して冷ややかに反応したが、すぐさま次の闘いに備え始める。第一段階は選挙戦である。

どのようにこの選挙戦は展開するのか？　平静に行われることを、皇帝は希望する。自分の信念を部分的にも犠牲にしたことで社会を沈静化させた、と確信したからである。彼には喜ぶべき動機があった。その後数週間のうちに、ウイッテがポーツマス会談から良い知らせをもたらした。日露戦争は終結したばかりでなく、ロシアは敗者と見なされることを回避できたので、平和が皇帝の威信を取り戻させた。極東での戦争の重荷から解放されることで、帝政は国内戦線での情勢を回復できると期待した。英雄として帰国したウィッテは、皇帝に彼の功績を再確認させたが、決して楽観していなかった。彼は、不十分な譲歩では将来の不安の火種を覆い隠すだけだ、と力説する。

皇帝も、爆発寸前にある反乱を未然に防ぐためには、別の論法を見つけねばならないことを承知していた。なぜなら、前世紀末以来、大学での騒動がより広範な要求の先触れだったので、大学年度が平静であるためには先ず学生に譲歩しなければならない。八月二十六日、新しい規約は一八八〇年代の制限措置を撤回する。大学の自治権は回復され、学生と教師たちが学内選挙の主人公となる。学部理事会が秩序維持を任される。一九〇五年秋の熱い雰囲気の中で、来るべき選挙の見通しの影響を受けて、学生たちが望んでいたこれらの措置は極めて異常な効果を生むことになる。その前夜まで、学生たちは授業ボイコットと授業再開の間でためらっていた。大学構内を政治目的のために使用する権利を手に入れ、革命理論家のある者たちにそそのかされて、学生たちは授業再開、運動の継続、だれでも参加できる集会の開催に踏み切る。大学はこのようにして騒乱のセンターとなり、学生と労働者が肩を並べて高まるばかりの革命の熱気の中で心を通わせ合う場所と化した。いずれにせよ必要な改革だったのだが、そこからの逸脱は直接的な効果をもたらした――労働者たちは大学に押し寄せる。なぜなら、警察は大学に介入できないからであり、横断幕と演説の中で誇らしげに宣言されている「学生とプロレタリアートの同盟」をいかにして終結させるか、という問題がたちまち提起されることになる。この学生たちの熱気が全国的な運動へと発展するには程遠い、と言うのは正しい。だが、一七八九年のフランス革命の下で花開いた「革命クラブ」のイメージをだれもが思い浮かべる革命クラブに変貌した大学は、学問にも穏健派学生の存在にも好都合ではなかった。権威ある高等教育の場所は、こうして群衆に委ねられ、その中でいったいだれが正当な権利ある学生なのか、学内自治権の恩恵に浴している学外者なのかを見分けることは不可能だった。沈静化の道を求めた皇帝が、譲歩の必要性と適切さに疑念を抱いたとしても不思議ではない。大学から目を離して視線をモスクワとペテルブルクに向ける時、彼の疑念はいっそう深まるばかりであった。

燃え広がる火　ソビエトの時代へ

比較的平静だった夏が過ぎると、再び全てが燃え上がり始める。モスクワとペテルブルクは、ロシアの歴史に前例のないゼネストのために九月末以来、麻痺してしまう。権力側が弾圧策に踏み切りたくても——トレポフ将軍はその可能性をほのめかした——それは実現不可能である。なぜなら、住民のかなりの数を巻き込んだ群衆に発砲しなければならないからである。最も重大なのは、十月十三日にペテルブルクにソビエトが樹立されたことである。このソビエトは本当に陰の政府であることを望み、ゼネストをけしかけ、提携させた後、革命を準備しようとした。一か月半後の十一月、モスクワのソビエトが誕生する。政治的構成は異なるが、同じ計画を抱いている。取って代わりうる権力を提供できる人民の能力を実証することである。これら二大ソビエト及びその例にならって、地方各地に続々と創設されたソビエトによって君主制に投げかけられた挑戦を、権力側は無視することができない。十二年後に起きる終局的危機の前兆を告げるものである。

ペテルブルクのソビエトは、このような状況の中で最初に生まれたもので（イワノヴォ・ヴォズネセンスクの経験の後を受けてだが）、現実の政治集団を構成しており、選出された五百六十二人の労働者階級出身者を擁している。その半数以上が金属産業を代表していた。その他の代表は主として繊維産業と印刷工場から来ている。三十一人からなる執行委員会（イスポルコム）は、全く新しいこととして十九人の左翼政党代表を含んでいる。彼らは諮問的な発言権しか持たなかったが、それでもソビエトの仕事ぶりを子細に見守っていた。彼らの政治的経験と組織についてのセンスは執行委員会内部で際立った影響力を持ち、それを越えてソビエト全体にも影響力を及ぼした。レーニンを思想的指導者とするボリシェヴィキは、当初は労働者階級から自然発生的に生まれた組織を軽蔑の念で見ていたが、一九〇五年秋を契機にその重要性を見いだし、そこに参加することを決めた。一方、メンシェヴィキはソビエトの出現（イワノヴォ・ヴォズネセンスクでの）以来、この現象の最も明晰な観察者であり、その組織内で大きな影響力を行使していた。初代議長のノサールは急進的な弁護士で、メンシェヴィキ党に近かった。彼の逮捕後、もう一人のメンシェヴィキ、ブロンシュタイン、つまり後のトロツキーが現れ、彼の知性と弁舌の才能によって執行委員会を支配する。

鉄道ストのために他の地域から孤立化した宮殿に留まっている皇帝は、提案した全ての解決策が失敗に帰し、祖国と王座を救うためには犠牲を払うことに同意せざるを得なくなる。あれほど高価なものについた二月の約束、次いで八月六日の約束も、あらゆる妥協の努力にも耳を傾けまいと決心している国民にはなんの効果も生まなかった、と皇帝は考える。反乱の激発と十月の暴力沙汰を前にして、専制君主の気質に合った解決策があり得るのだろうか？

皇帝に回答をもたらしたのは、ポーツマス会議で勝ち得た威信で強化されたウイッテである。ウイッテは皇帝にじきじき会うことを求め、十月六日、皇帝に覚書を手渡す。彼は導入部の形で、皇帝に、いま社会の一斉蜂起に直面しており、それには二つの回答しかない、と告げる。すなわち、一つは情け容赦ない軍事独裁であるが、危険な解決策である。なぜなら、そのための手段が必要なだけでなく、独裁を体現して弾圧を徹底的に遂行できる人物が必要である。もう一つは、ロシア既存の秩序を改変するような真の譲歩政策である、と。覚書はこの二番目の解決策を擁護するものであり、直ちに採るべき措置を列挙している。もし現体制を救おうとするなら、政府こそが解放運動の先頭に立つべきであり、革命家たちの先を越し、彼らを社会の大部分から切り離してしまうべきだ、とウィッテは書いている。慎重な彼は、ニコライ二世が憲法や議会といった考えを嫌悪していることを意識して、皇帝の気分を損ねるような表現を避けて巧みに言葉をもてあそんだ。ウィッテは立憲制の原則、社会に受け入れられるような条件の下で選出されたドゥーマ（国会）、このドゥーマの信頼を得る政府、そして騒乱を沈静化させることを狙った諸社会的措置、を提案する。

用いられている用語の慎重さにもかかわらず、皇帝は、専制君主制の原則の放棄を意味するこの覚書の及ぶところを理解している。

今度もまた、皇帝はこの方策でうまく逃げ切ることができるのか？　その形だけは留めながら、それを弱体化することを狙った措置を取ることでバランスを保つ、といったこれまで出された二つの宣言の場合と同じ手が通用するのか？　過去しばしばそうだったように、皇帝は自分の気質と厳しい現実との間で揺れ動き、二股をかける形で、あらゆる譲歩に敵意を示す側近と、革命の奔流の上昇で自分がせっかく提唱した措置が時代遅れにならぬために覚書の計画を受け入れるよう迫るウィッテとを交互に呼びつける。

力による解決策がニコライ二世の気をそそる。彼の側近は権威を行使することがまだ可能だとの幻想を抱かせている。だが、皇帝は自分が嫌悪する選択を取らざるをえないことも感じている。ウィッテに首相の座を与えることを考える。それだけでも大きな譲歩なのだ。ところが拒否される！　ウィッテは言う――覚書の中で提案した改革計画を伴わないなら、閣議の創設も無駄な措置に過ぎない。閣議たるものは、選出された議会の前に責任を取るものでなければ、単なる閣僚間の調整機関に過ぎなくなる。自分の考える君主制の方向に進むよう励ましてくれる声を求めつつも、ニコライ二世は逡巡のあげく十月十五日、主だった支持層が消滅したためについに譲歩する。トレポフ将軍は、力をもってしても首都に秩序を回復できないために、敗北を告白し、ウィッテに従うようツァーリに進言する。事実、刻一刻と国内情勢は悪化し、最も冷静な人々さえも震え上がってしまっている。改革を発表する宣言案を準備するよう頼まれたウィッテは、後に自分の後継者となるゴレムイキンも同時に呼ばれていることに、皇帝の不安定さを読み取る。ゴレムイキンはウィッテ提案のあるものを権威主義的方向に改定するよう提唱する。皇帝の態度の動揺は、伯父のニコライ・ニコラエヴィチ大公がもはやロシアには力の政策を適用する道は存在しないと述べて圧力を行使したのでようやくおさまった。大公は、もし皇帝が夢見る独裁者をこの自分に見いだそうとしているなら、自分の頭をピストルで打ち抜いて自殺する、と脅したのだ。土壇場でウィッテのテーゼに支持が寄せられたことでウィッテの考えの勝利が決まり、この悲劇的な時期での第三の宣言、すなわち一九〇五年十月十七日宣言が出される。

ニコライ二世はこのことについて書き記している――「私は五時に宣言に署名した。一日が終わった後、私の頭は重くなり、考えは乱れていた。主よ、我らを救いたまえ、ロシアを鎮めたまえ！」これらの文章は、健全で必要な選択をなし遂げたと確信し、ほっとした人物の精神状態を示しているとは言い難い。反対に、狼狽しているさまを物語っている。

立憲制時代

ともあれ、決断は下された。今度こそ、下心があったにもかかわらず、真の改革がロシアを変革しようとしている。宣言は、それまで絶えず回避され、問い直されてきた三つの原則を掲げている。個人の自由及び公的自由の全面付与、普通選挙の前進、そして「いかなる法律もドゥーマの承認なしには発効しないこと、そして人民により選出された人々は〈我々〉により任命された当局者の行動の適法性を管轄することに実際上関与する可能性を持つこと」。ドゥーマによる予算の管轄権を除けば、ゼムストヴォ会議の要求は全てこの宣言に記述されている。宣言は、ウイッテの覚書を付けて直ちに公表されなければならない。確かに、両方の文書ともある種の要求を真剣に考慮しておらず、「憲法」という言葉は宣言のどこにも見当たらなかった。まさに憲法に係わること——ニコライ二世は母親にそう書いている——としながらも、彼はそのような譲歩を公表する決心がつかなかった。宣言のテキストに専制君主制の文言がないことも事実である。この欠落は意味深長である。なぜなら、皇帝はそれまでは常にロシア君主制の要石であるこの言葉を強調して来たからである。同様に欠落しているのは、代議員の身分とドゥーマの本当の権限と議会に対する閣僚の責任についての指示である。最後に、フィンランド、ポーランド、カフカス地方では劇的に高まっている問題である少数民族の権利は、権利と自由の章に言及されてさえいない。けれども、やがてその結果が表面化することになるこうした欠落にもかかわらず、宣言は、ロシアにとって憲法に匹敵するものと見なされた。宣言は、ロシアを歴史的な新時代、つまり立憲制の時代に参入させた。たとえニコライ二世がいやいやながら署名したこの文書によって心の底では半ばしか拘束されないと感じているとしても、変化はいまや後戻り不可能となった。

長い間の手探りと痛ましい試練の後に、ロシアはこうして一九〇五年十月十七日、立憲制国家の時代に参入した。政治面では全てが可能となる。宣言がロシア国内及び国外で引き起こした反響がそれを立証している。「専制君主制は終焉を迎えた」というのが、外国の首都の大方の判断であり、諸外国、中でも欧州の君主制諸国はロシアがこのように目覚ましい進歩を遂げるとともに、革命の淵に沈むのを回避したことを大喜びした。革命の波及効果を恐れていたからである。国内でも熱狂的に迎えられた。昨日まで抗議デモをしていた群衆が、街頭を練り歩き、旗を掲げ、弾圧の犠牲者たち全員への恩赦を要求する。ストや集会に続いたこうした民衆の歓喜の噴出は完全に平静というわけではなかった。勝利感と、打ち負かされ力を失った専制君主制をもっと叩きのめそうという考えがあった。いずれにせよ、社会は進行しつつある決定的な変化を承認し、理解している。

危機の最中で存在感を深めた諸政党は、急いで社会平和の道を選んだり、攻撃の手を休めたりする気配はあまりない。自分たちの勝利の余韻と未来について見極めようとしている。リベラル派は宣言について半ばしか満足していない。彼らは完全な主権を行使して国家の政治形態を決定する憲法制定議会を望んでいたのだ。しかし、現実に適応しなければならない。人民は他の指導者の後に付き従っており、自分たちが人民になんの影響力も持っていないことに気付いていたからである。そこでリベラル派は政治的孤立化から逃れる戦略を論議していた。だが同時に、始まりつつある変化、つまりロシアの政治革命に参加するための手段を身につけようとしていた。選挙に参加するためには組織を持つことを前提とする。十月中旬に開いた大会でリベラル派は立憲民主党を結成し、ロシアを近代民主主義への道へ推し進めるために憲法成立に賭けようとした。

彼らの正面に立ち塞がるのは、各派の社会主義者たちであり、危機の中で人民との間に築き上げた密接な関係を緩める気はさらさらない。彼らの合言葉はこうだ――「改革を追い越し、革命に突進すること」。この立場に最も固執しているのはもちろんボリシェヴィキたちである。レーニンは宣言に反対し、情勢を簡潔に要約して言うのだ――宣言は権力側の戦術的後退に過ぎず、相手側は何時でも譲歩を反故にし、人民勢力に襲いかかる準備をしているのだから、人民は専制君主制を今度こそ打破するために団結と動員力を保持しなければならない、と。

宣言によって可能となったロシアの政治的進歩を最優先するリベラル派と、レーニンの革命計画の間には、合作の余地がまだある。すなわち長期的には人民を動員すること、短期的には宣言によって提供された可能性を活用すること、この二つを結び付けた戦略だ。ゲームのルールを守り、かつ革命を指向する――これこそ社会革命党員（エス・エル）とメンシェヴィキたちの信条だった。総選挙が近づいたことで、こうした戦略が整理されることになる。

ウィッテ内閣

ウィッテ内閣の組閣は、この新しい政治の一章の第一段階である。ウィッテは、民主主義国家の首相であるかのように振る舞う。彼は自分自身で閣僚を選び、一人で組閣しようとする。内閣を重要視しているからこそ、彼はやがて選ばれるドゥーマと政府の間の難しい関係に備えなければならない。ウィッテはさらに、皇帝の彼に対する、そして新制度に対する知的理解力に限界のあることを認識している。宣言の精神にはほとんど合致しないような、しかし不可避的な皇帝の策謀に対応しなければなるまいと予期していた。当初、ウィッテは、皇帝にも社会にも受け入れられるような有能で思慮ある人材を集めた内閣を組織することを望む。たちまち困難が持ち上がる。国内の不安定な状況から発する困難だった。騒乱を惹き起こそうとする連中を震え上がらせるような「鉄拳の主」を内相に据えなくても済むだろうか？　ウィッテはその逆を確信して、内相のポストにピョートル・ドゥルノヴォを任命する。この人物はこのポストが要求する経験とエネルギーを持ち合わせていたが、芳しくない評判の主だった。内閣に参加するよう求められたリベラル派たち、中でもシーポフ、グチコフは、ドゥルノヴォとモラルの面で相いれないとの理由で入閣を拒否した。事実がどうであれ、これも先行きの見通しが立たない政府に参加しないための口実だったのだろう。社会を代表する真に政治的な内閣を夢見ていたウィッテは、官僚たちに取り巻かれることを余儀なくされる。それでも、その中の何人かは勇気ある政治家であることを示して解決策を提案した。もし、それらの提案が受け入れられていたら、事態の沈静化と進歩に貢献したことだろう。

ウィッテがやるべきことは多い。十月二十一日に宣言された政治的恩赦にもかかわらず、ロシアは――デモ行動するロシアのことだが――十分に満足してはいなかった。取られた諸措置は全ての罪に拡大適用されるべきであると考え、従って要求し、行動し続けた。この恩赦は政治情勢を簡略化もしなかった。なぜなら、そのお陰で多くの亡命者が帰国し、生まれたばかりの組織に革命に関する彼らの苛立ちを伝えることになるからだ。恩赦は、ある人々の目には不十分と映ったが、他の人々にとってはスキャンダルだった。後者、つまり、まだ政治の舞台には登場していない極右組織やウルトラ国家主義者たちは、ほぼ半世紀後にフランスの政治家ドゴールが六八年五月革命を評して言った言葉「シアンリ（無秩序状態）」そのものに対して、抗議するために政治の世界に乱入して来るのである。

国家主義者たちの登場ぶりは劇的であった。なぜなら、すでに存在する混乱の状況に加えて、ますます増大するユダヤ人に対する暴力行為、地方では地主に対する暴力行為という新しい次元の問題が出現したからである。両者の結び付きについては一見したところでは立証できないが、事実をよく見れば理解できるようになる。専制君主制度の後退に憤るあまり、彼らは、全てが力によって解決できると確信し、またツァーリに押し付けられた譲歩は「ユダヤの陰謀」あるいは「ユダヤ・フリーメーソン合作の陰謀」と思い込み、ロシア国民同盟のような政党を名乗ったり、不気味な「黒百人騎士団」を構成したりして、彼らの要求を宣言し、事態の流れを変えようと決める。彼らは街頭で、赤旗に対抗するために三色旗をかざして行進し、皇帝一家の肖像を掲げて行進し、「ツァーリ万歳！」と叫んだ。うわべはもっともらしく見えるが、これらの組織は代表団を繰り返し宮廷に送り込み、皇帝が愛する真のロシア人民は専制君主制度と一体化しているのであり、自分たちこそその代表なのだと、皇帝を説得しようとした。

皇帝は自ら放棄しなければならなかった身近な過去に忠誠を示すデモに心を揺り動かされ、その結果、彼は宣言の中の約束を裏切ることに傾く。またデモは、皇帝が「ユダヤ人の代弁者」と見なすウィッテに対する彼の不信と敵意をつのらせる。最も重大なのは、こうした集団が仕掛けたポグロム（ユダヤ人虐殺）であり、ユダヤ人が居住する至るところでかつて前例のない恐怖の風土を造り出したことである。

政府当局はお手上げとなる。その無策ぶりは農民たちに何をやっても許されると思わせるほどになり、ユダヤ人財産の略奪、土地の収奪を引き起こさせる。地方に広がった騒乱は、全国化した一揆の様相を呈し、一九〇五〜一九〇六年の冬の間じゅう収まらなかった。暴徒たちは家屋、畑、作業小屋を破壊し尽くす。農民たちは十月宣言がありとあらゆる仕返しの時を告げたと理解し、なかでも土地の収奪の時が来たと思う。事態を沈静するために、ウィッテは、未払いの土地買い取り補償金を取り消し、農相クートレルに農地改革案を検討するよう命じる。クートレル案はたぶん、多くの要求を満足させるものだったに違いない。例えば、千ヘクタール以上の全ての領地の国有化、耕作農民への土地の配分、接収土地への補償金などである。ウィッテはこの計画案を支持した。だが、皇帝はクートレルをばっさり解任してしまう。それ以来、ウィッテの権限は大幅に縮小された。ドゥルノヴォの強圧政策にもかかわらず、平静さは一向に戻らなかった。十一月、ペテルブルクのソビエトが解散させられ、労働者たちが何のためにストをしているのか分からなくなって、うんざりしたための自然の成り行きとして事態が沈静化したとき、今度はモスクワが燃え上がる。ウィッテが皇帝から十月二十二日を期してフィンランドに自治権を回復させることへの同意を取り付けたにもかかわらず、周縁地域に騒乱が波及する。だが、ポーランドをどうするか？　どんな譲歩をポーランドに与えるか？　疑念が高まる中で、ポーランドに下されたのは戒厳令である。

結局のところ、沈静化措置と弾圧行動の混ぜ合わせで対応したにもかかわらず、ウィッテは、二つの主要な困難に直面する。すなわち、政策の効果を推し量るのに必要な時間が不足だったこと、問題が重なり合ったこと、である。その頃、まだ興奮が冷めていない国で、鉄道員たちは全ての交通をマヒさせることができる自分たちの力を意識しており、散発的なストのお陰で極東からの帰還兵の輸送を妨げることができた。こうした困難が既に存在する困難に付け加わり、さらに増幅して、政治的失敗を予測させるのである。

だが、ウィッテは、みごとな手腕を発揮する。政治的混沌のさなかにあり、とてつもない経済的困難に陥っている祖国ロシアは一九〇五年、工業生産は崩壊し、穀物生産は最低に落ち込んでいた。だが、この国が労働する代わりに革命のさなかにあることを考えれば、驚くに当たらない。そこで彼は、フランスとの間に借款を交渉し、二十二億五千万フラン、すなわち八億四千四百万ルーブルもの借款をかち取ったのである。フランスが同盟国ロシアをかくも信頼していたとは、驚くべきことである。フランス側の公文書によれば、ペテルブルク在勤の仏大使、騒ぎのただ中にある周辺地域の仏領事たちは、ロシアの実情については幻想を抱いておらず、このような借款の将来について政府に警告を発していた。当時のツァーリの政治警察「オフラナ」の資料は、このエピソードの別の局面を明らかにしている。つまり、仏政界と新聞の一部の汚職である。ロシアの秘密工作員が小切手帳をちらつかせて彼らを買収し、ロシアを黄金境であるかのように賛美させ、貯金者たちの手持ち資金を引き寄せようとしたのだ。

一九〇六年四月、ニコライ二世はついに借款を手にする！　事態は切迫していた。なぜなら、ドゥーマが第一回会合を開くことになっており、皇帝は、このような駆け引きに議会を介在させまいとした。彼が素早く行動しようとしたのは、このドゥーマから予算をもぎ取るためである。この点では、彼は勝利した。一方、皇帝は、ウィッテが自立した首相のように行動し、しかも秩序を回復できないことを叱責した。つまり、彼はウィッテを一刻も早く片付け、自分の意のままになる政府を手にしたかったのだ。

わずか一九〇五年十月から一九〇六年四月までの在任だった。ウィッテの辞任は彼の政府を、果たすべき全ての責務にはあまりにも短すぎるものとした。後任者ゴレムイキンは精彩がなく、皇帝の前では自らの意志を示さない、言わば皇帝の希望通りの人物である。一方、皇帝がしばしば「ウィッテの背後で」話をつけたドゥルノヴォはストルイピンにとって代わられる。ストルイピンは、サラトフ地方の総督時代に一揆を断固として取り締まったことで皇帝の注目をひいた。

弱体な首相と強力な内相。ニコライ二世は、秩序を回復し、政府に対する皇帝の権威を取り戻すにはこれこそ良いコンビだと考える。ともかく皇帝は今後、選出されたばかりのドゥーマとうまく折り合って行かねばならない。

ロシア史上初の議会

一九〇六年春の選挙で選出された第一国会（ドゥーマ）は最初の会合を四月二十七日に開く。選挙は平穏のうちに行われた。たとえ、一九〇五年十二月に採択された選挙法が、同年八月の選挙法に比べて決定的に進歩したとは言えないにしてもである。今度も選挙戦では選挙の性格について議論が闘わされた。リベラル派は、皇帝が普通選挙を認めることによってロシア社会を満足させ、将来のドゥーマが政治的均衡を大幅に変更することなしに穏健な役割を果たすことを唱えた。だが、この問題については、ニコライ二世は独自の立場を掲げ、それを熱烈に擁護した。一方では、普通選挙という考え方は彼にとって許し難かった。そのような選挙方法は急速に共和制へと傾斜して行く、と彼は確信していた。他方では、農民層が皇帝と専制君主制に忠誠であるとの固定観念に彼はとりつかれていた。投票は従って農民層に特権を与えるべきなのだ。議会を農民階級と貴族階級の優位性の上に据える――これが皇帝の二重の狙いだった。十二月の選挙法は従って、納税者選挙権に基づいていた。ただし、選挙資格納税額はかなり引き下げられていた。この改正によって、労働者階級も利益を受けた。それまでゼムストヴォから除外されていたユダヤ人は、もはや被差別市民ではなくなった。選挙はいまだ普通選挙ではないが、その方向を目指していた。けれども、従来通り土地所有者、都市生活者、農民、労働者と類別する方式で組織されている間接選挙に止まっていた。この選挙法は、皇帝が望んでいた通りに農民に有利に働いていた。

実施されたこの方式の利点は、政党に自由に選挙活動を許したことであり、社会平和と選挙民の公民権教育に貢献したことである。その結果、四百八十六議席のドゥーマが選出され、極めて質の高い代議員を送り出した。多数を制したのは、選挙法を十分に生かした立憲民主党（カデット党）であり、百七十九議席を獲得した。カデット党メンバーの一人であるムロンツェフ教授がドゥーマ議長に選ばれ、議会に偉大な知的開花をもたらした。一方、農民階級は、伝統的に農民党だった社会革命党（エス・エル）が投票ボイコットに出たためにそれに従わず、議会に九十四人の代議士を送り、労働者グループ「トルードヴィキ」の党名の下に結集した。社会民主党もボイコットを唱えた。だが、レーニンが率いるボリシェヴィキは「議会制クレチン病（馬鹿げた騒ぎ）」と嘲笑したが、選挙が自らの支持者を分解させてしまうことはいずれにしても望まなかった。メンシェヴィキの方はボイコットと参加の間で揺れ動いていた。十八人の代議士が選挙されたことは、こうした流れに任せた態度の結末だった。少数民族派は八十議席を獲得し、その一部はさまざまなグループに分散したが、半数以上は自分たち独自の利害を守り抜こうとした。最後に、諸組織の集合体である右翼は、代議士の十分の一を獲得したに過ぎなかった。

一九〇六年四月二十七日は、ロシアの歴史の中で記憶に止めるべき日付である。選出されたばかりのドゥーマが開設された日だからだ。だが、それを取り巻く状況は、いささか混乱していた。まず、ウィッテの罷免があった。ウィッテは確かに欠点もあったが、それでもすぐれた精神の持ち主であり、偉大な成功を成し遂げた人物だった。ポーツマス講和条約の締結、対仏借款の取り付けなどだ。彼の後任者ゴレムイキンは、当時六十七歳のぱっとしない人物であり、「かの有名な無関心男」のニックネームを持ち、彼の政治的ドクトリンはどんなときでも皇帝の意向に付き従うことに要約される。そこには何一つ有望なものがない。もう一つの不安材料は、ドゥーマ開設の直前に行われた国家基本法の発布である。皇帝の真意に疑惑を抱かせるものだった。基本法は、王権の特権に関する条項を含んでいる。皇帝に提出された条文原案は、皇帝が「最高専制君主権限」を保持する、と規定しているが、従来はこの定義に付随していた形容詞「無制限の」がなくなっていた。ニコライ二世はそのことに不安を抱き、自分が受託者でしかない遺産の放棄につながるのではないかと心配する。つまり、自分が受け継いだ遺産は、そのままそっくり後継者に引き継ぐべきだと考える。この遺産とは、専制君主制である。ところが、それが「無制限」でないとすれば、何を意味するのか？　この条文を採択すべく奮闘したウィッテは、もし無制限の専制君主制という考えを再導入するのなら、国家基本法を改正する意味がまったくなくなる、と反論する。パーレン伯はといえば、十月十七日宣言は権限の性格が変化したことをまさに示している、と説明する。こうした議論に屈服しながらも、ニコライ二世は、自分の考える専制君主制がいかなるものか、ドゥーマでの演説で明確にしたいと決心していた。

最後に、上院の改組も、ドゥーマの新選出議員たちを満足させる性格のものではなかった。上院改組が決定されたのは、ドゥーマが選出される前であり、従って、ドゥーマは上院に関する諸制度について意見を表明できなかった。そもそも上院は、国家評議会の様変わりから生まれた。一九〇六年まで国家評議会は、高級官吏と、皇帝によって功労への報いとして任命された貴族たちの集まりだった。いささか半睡状態だったこの集団は法律の作成をまかされていた。しかし、ドゥーマが新設されて以来、両院の権限の分担を定義する必要があった。皇帝は、選挙で選ばれたドゥーマを、よりコントロールしやすい上院によって無力化することを考える。それまで国家評議会のメンバーは九十八人だったが、倍増された。皇帝によって任命されるメンバーは、それまでは終身制だったが、これからは毎年更新されることになり、それに僧侶、貴族、ゼムストヴォ、商工会議所から選出されたメンバーが加わる。投票権のあるのは納税有権者であり、従ってコントロールしやすい集団である。国家評議会は、ドゥーマに匹敵する立法権限を与えられる。

こうして、あれほど熱望されて選出された議会は招集されるまさにその時に、その特権を極めて狭く制限した政治システムに直面することになる。つまり、ドゥーマの権限は、二院制によって極めて不明確な均衡の上に立ち、縮小される。この政治システムは、ドゥーマに制憲議会の役割を演じさせるどころか、与えられた憲法の枠内にそれを閉じ込めてしまう。基本法は、社会の要求からはるかに後退した内容だった。それにしても、ともかくもこの憲法がある。下心はあったにせよ、皇帝も事態を読み違えてはおらず、タブーだった憲法という言葉を以後使うことになる。存在価値のある紛れもない憲法だ。コントロールの利かない権力という前憲法段階からロシアを引き離すことだ。選挙された議会は、まさに未来への飛躍を体現している。

皇帝と議会の最初の対決が失敗に終わったことはなんと残念なことだろう！　ニコライ二世に、議会開設の式典会場として、やがてドゥーマの会館となるはずのタヴリーダ宮殿をあてることを取りやめさせ、式典を皇帝自身の宮殿で挙行することを進言するという致命的な過ちを犯したのは誰なのか？　確かに皇帝の宮殿はより豪華絢爛としているが、代議士たちに強烈な印象を与えようとした魂胆が見え透いていた。ところが、代議士先生たちは全員が決して貴族や知的エリート出身ではない。労働者、農民、職人たちである。めかし込んでいるにしても普段の服装をしており、仰々しい式典にはそぐわない人々なのだ。宮殿のホールを圧倒するかのように、奥の方には皇帝一家がずらりと並んでいた。皇帝は玉座に座り、皇后は家族たちに取り囲まれている。両議院は、一つは右側に、もう一つは左側に位置しなければならない。貴族エリートから選ばれた列席者の数は多く、ホールの中でひしめいている。一方、政府閣僚たちには自分たちの場所はなく、群衆と一緒に交じっていた。大礼服姿のニコライ二世は、「テ・デウム」(神への賛歌)の後に代議士たちに演説する。彼は当日の出来事を日記に記している——「帝国評議会と帝国ドゥーマを宮廷に招き、とくにドゥーマの正式スタートを告げる記憶すべき一日であった……テ・デウムの後に、正式に歓迎の辞を述べた……私はこのために長いこと苦労してきた。式典の成功で心が静まった」。

確かに、ニコライ二世が、心が静まったと述べたのはまったく間違いではない。演説の中で、彼は、これまで決して口にしたことのなかった憲法という言葉を発した。これにより、彼は国民が表明した全ての願望をかなえてやった、と思う。だが、この日式典で彼の演説を聞いていた人々は、あまりにも長いこと待ち望まれていた憲法という言葉が使われたことよりも、式典が形式的でよそよそしいことに敏感だった。特に、彼らの目からすれば、死活的に重要なものが脱落していた。ツァーリは、だれもが期待していた恩赦という言葉をついに発しなかった。ロシア史上決定的とも言える瞬間に、この君主は、善意と自分の感情ははっきり示したものの、政治的直感力をまたもやまったく欠いていた。

あまりにも豪華な式典は、議員たちの期待とは無縁なものだった。彼らを前にして、皇帝はいまだに近寄り難い君主然と振る舞った。ニコライは時として神経が細かで単刀直入な人間らしく振る舞うこともあるのに、である。国民の代表たちの心に触れようと努力する代わりに、ニコライは相手に強い印象を与えようとした。つまり、彼は、抑圧の時代が去ろうとしている時に、多くの人々の心に浮かんでいた要求を過小評価していたのだ。その要求とは、恩赦である。聖ゲオルギー広間を立ち去ったのは、演説への反応があまりにも冷たかったので途方に暮れた不運な君主の姿だった。だが、ともかくも彼は、情勢はもっと悪かったかもしれないと信じようとしていた。老皇太后は息子より頭脳明晰だった。彼女は、列席者の表情に憎悪の感情が現れているのに気付いた。その一方で宮内大臣フレデリックス伯は、議員たちについて言う――「いつでも大臣たちに襲いかかって絞め殺そうとする犯罪者の集団である。決して私は、ああした手合いと一緒になりたくない……」。皇后アレクサンドラは顔面を硬直させ、冷ややかそのもので、自分の感情を包み隠そうとはしなかった。後に彼女は述懐している――真の国民は、自分たちのことしか考えないこうした輩の間にいるのではなく、ムジーク（民百姓）の間にいるのだ、と。

自分たちの本拠であるタヴリーダ宮殿に戻った議員たちは、たちまち君主に宛ててメッセージを送る。激烈な討論の後に、議員総会は「冬宮」における皇帝の演説に対する回答を検討する。全会一致で採択されたこの回答は、君主に、投獄されている全ての人々の恩赦を要求する。さらに、ドゥーマに対する議院内閣制、国家評議会の廃止、土地の接収を要求する。つまり、ドゥーマ創設以前に取られた措置により解決されたと皇帝が信じていたことは全て無効とみなされる。ドゥーマが求めているのは、自分自身で権力の形態を決定し、従って、人民主権の唯一の保持者である制憲議会へと自らが転換することを求めている。

またもや、皇帝は、何が問題になっているか自覚せずに、対話を再開する絶好のチャンスを失ってしまう。彼は、ドゥーマが宮廷に送って来る代表団に扉を閉ざし、代わりにゴレムイキンに代表団を受け入れて応答するよう命じる。ところで、ツァーリとしては、国民の選良に対して、演説の中で言及した憲法なるものの内容について明確にする時期が来ていたのではないか？　議会開設の際にはしくじった対話を再開するべきではなかったか？　とりわけ、ゴレムイキンに議会との討議を任せる必要があったのだろうか？　このゴレムイキンこそ、議会に対するたった一つの法案として、ドルパト大学に、オレンジ園と洗濯場を創設することを提示しただけ、という侮蔑ぶりを見せつけた人物なのだ。ドゥーマにとっては、ゴレムイキンは決して受け入れるべき対話の相手ではなかった。

五月二十六日、ゴレムイキンが議会に赴いてツァーリへの奉答に対する政府答弁をしたとき、彼の言ったことは全て拒否だった。議場でのゴレムイキン非難の激烈な演説の中でも、ヘイデン伯のそれは右翼議員の発言だけに最も意味深長だった。同議員は結論として言った――首相の発言は、議会と政府の間の協力のあらゆるチャンスに終止符を打ってしまった、と。討論は、政府への不信任投票と即時内閣更迭要求で終わる。

議会とゴレムイキン内閣との間の橋が断ち切られた今、皇帝は受け身のままでいられるだろうか？　議会解散か、内閣を変えるか、選択を下さねばならない。いずれにしても、議会開設以来一か月もたたないのに、あまりにも歴然とした失敗は、思い切った解決策を必要とする。ニコライ二世は、新たな総選挙という見通しの前で、しりごみする。結果は予測できるからだ。世間はドゥーマを支持しており、選挙が行われればタヴリーダ宮に再び強硬派を送り込むだろう。そして、ある議員がゴレムイキンに投げかけた言葉、「行政府が、国民によって選ばれた我々に道を譲るべき時がきた」を実地に移すことだろう――。トレポフは、皇帝に、穏健リベラル派議員に呼びかけて新内閣を組閣するよう助言する。彼は、ドゥーマ議長ムロンツェフ、オクチャブリスト（十月十七日同盟）〔ニコライ二世の十月詔書を支持する立憲君主制派〕指導者シーポフの名前を挙げる。一方、ストルイピンは、穏健派議員と同じ傾向の官僚を集めた混成政府方式を提唱する。ドゥーマの立憲民主党指導者、ミリューコフは、権力の分割を拒否し、現実に責任を与えられた政府に対する保証を要求する。そうなると、リベラル派内閣という仮説は皇帝には受け入れがたいので、彼は議会解散の道を選ぶ。

皇帝が逡巡している間、だれからも相談を受けないドゥーマは、立法府としての仕事もないので、激烈な論議を続けた。ロシアにとって永遠の問題である農業問題が、激しい論争を巻き起こす。立憲民主党は補償による農地の分配を主張し、他方、社会主義者は単純明快に土地の接収論を擁護する。アカデミックな論争と言えばそれまでだが、こうした提案は直ちに公表され、社会のかなりの部分を魅惑したので、ニコライ二世と彼の政府は、気が気でなかった。ドゥーマの上には解散の脅威が漂っているとはいえ、そこで起きていることは無視できないからだ。

たちまち政府は反応し、ドゥーマ事務局に農地改革の対抗案を提出する。国家が所有する土地の分配、シベリア移住希望者への援助金配分、融資措置の軽減、などである。だが政府は、私有地を保護する方針だ。提案を突き付けることにより政府は、ドゥーマに気に入らない措置の討議を押し付けようとした。もし議会が討議を拒否するなら、国民の目に役立たずの議会と映る危険がある。実のところ、政府とニコライ二世は、議会との解決不能の紛争に決着を付けたがっていた。従って、解散の口実を求めた。ツァーリは、必要不可欠な農地改革は法律の対象であるべきだ、と公に言明した。だが、ドゥーマが真剣に討議することを拒否している以上、議会を解散するしか道は残されていないではないか？　七月九日、議員たちがタヴリーダ宮に到着したとき、軍隊が彼らに入ることを禁止し、前日付けの政令が皇帝の議会解散決定を発表していた。ゴレムイキンは罷免され、ストルイピンに首相の座を明け渡した。

ドゥーマの解散は尾を引いた。カデット党議員と社会主義者は、解散に反対することを決め、安全なフィンランドに行き、ヴィボルグ*から「国家主権」の名の下にロシア国民に市民としての抵抗を訴えた。税金を払わないこと、銀行と信用金庫に預けていた預金を引き出し国家財政を破産させること、最後に徴兵を拒否すること。ロシア国内で、このアピールに従った者はだれもいない。しかし、ニコライ二世は、こうしたキャンペーンの重大性を十分理解していた。アピールの署名者は禁固刑を宣告され、議会だけでなくゼムストヴォにも立候補資格がないと宣言された。第二ドゥーマもその被害をこうむる。というのも、経験を積み始め、従って、熟慮の末の行動だったのに、才能ある多くの人々がそういった次第で排除されてしまったからだ。だが、権力側は、憲法に対してこれほど完全な侮蔑を示した議員たちに寛大でありるだろうか？　こんどこそ、ニコライ二世は、事態にふさわしい唯一の方法で応えていた。新たに総選挙を組織し、その結果、既存の規定の枠内で行政府と協力する覚悟がある、より柔軟な議会が出現することを願っていた。

＊ **ヴィボルグ**　旧フィンランド領ヴィイプリ。当時、反政府活動の拠点になっていた。一九四七年、ソ連に割譲された。

＊

ドゥーマの解散とゴレムイキンの更迭とともに、一つの時代が終わる。革命とその直後、という時代だ。一九〇六年夏のロシアは、第一ドゥーマの失敗にもかかわらず、もはや逆転できない一つの体制に依って立っていた。確かに、新設の諸機関は危なっかしく見えるが、それは存在している。ドゥーマを解散したからには、次のドゥーマを選ばねばならない。議会が、これできれいさっぱり消滅した、と考える者はだれもいない。たとえ皇帝が時として、憲法問題にいまだ疑念を告白することがあるにしても、憲政の枠組みは確定されている。皇帝が往々にして十月宣言を忘れることがあっても、彼はそれに略式署名しているのであり、その事実を否定できない。しばらく前からすでにペテルブルク、キエフ、モスクワに宣言されている戒厳令は、皇帝に、コントロールできない混乱がいつ再発するかもしれないこと思い知らせた。社会を沈静化するには、数か月前に憲法という考えを受け入れておくべきだった、ということも。暫定的にしろ、時間を元に戻すことは、さらに甚大な犠牲を生むことになるのではないか？　一九〇五年夏以来、ニコライ二世が力の行使を夢見て、愛すべき農民層の変わることない忠誠心にいつでも頼ることができると信じているにしても、彼は皇位が揺らぎ、ロシア国外ではだれもがツァーリの命脈は尽きたと思っていることを知っている。テロ攻撃が再発し、港やいくつかの連隊で反乱が起きているのを目の当たりにする。皇帝の取り巻きの中で、こうした暴力の陰には、真のロシア、王政に忠誠なロシアが存在しているのであり、いつでも立ち上がろうと備えている、と繰り返し力説する連中がいた。かれらの声に耳を傾けたい気持ちもあるが、ニコライ二世は、心の底では全て見通していた。

出来事の流れを理解するためには、この君主が、これから直面しなければならない試練に、いかに備えていなかったかを示す日々のメモ、通信、言明などを注意深く検討するのがよい。一九〇六年、ニコライ二世はまだポベドノスツェフの弟子だったが、ウィッテを政権の座に据えたことでやっとポベドノスツェフの教えから解放された。確かに彼は、基本法と、口先だけだったが憲法の原則を受け入れたことで、専制君主制を放棄した。だが、心の奥底では、自分にはそのように行動する権利はないと確信していた。帝王教育の中では一貫して、絶対君主制の原則は君主個人を越えるものであると教え込まれてきた。君主制は彼に委託されたものであり、それを受け取ったままの形で後継者に伝えなければならない。教会の後盾をもらっているこの神聖なる原則と人間の法律の間で、ニコライ二世は引き裂かれてしまう。信仰心の厚い彼は、自分の行動がもたらす意味とその及ぶ範囲についても見当がつかなかった。イヴァン雷帝以来ロシアを統治してきたロシア社会に内在する法を侵犯するものではないか？　この内面の葛藤がいかに大きかったかについては異議を唱えようもないが、ニコライ二世はある種の譲歩を受け入れたにせよ、心の中では留保付きだった。彼には決疑論者らしいところは全くないが、それでも事態の流れによって自分に押し付けられたことはたぶん不当なものだと考えている。そこから生じるのが、自分の下した決定を徹底的に推し進めず、自ら受け入れた政策の成功のために必要である行動を完結しない優柔不断ぶりである。

こうした「心の中での留保」は、ロシアの立憲制度への発展が失敗する方向に重くのしかかった。けれども、一九〇六年に、対外戦争での敗北、内部混乱、革命奔流の高まりといったことに刻印された恐るべき二年間の総決算をするならば、皇帝は、祖国を癒し難い災難へと導くかに見えた時期からうまく切り抜けた、と考えても当然だろう。混乱の中から、ある種の政治的秩序が出現した。ニコライ二世の気には入らなかったにせよ、立憲制にもとづく秩序こそロシアが所属していると自慢する西欧文明諸国の運命を司る秩序なのだ、ということを彼は認めざるをえない。この秩序はロシアの伝統にも民族的特質にも属するものではないと反論することもできる。スラブ主義者や保守派たちの論法がそうだ。しかし、彼らが言うロシアはもはや存在しない。ロシアは産業大国となり、そこでは労働者階級が無視できない地位を占めており、農民階級も過去を愛惜する連中が絶えず神話のように引き合いに出す伝統的共同体組織を放棄している。第一回ドゥーマの経験は失敗に終わったにせよ、議会制度はロシアの政治生活の一環をなし始めていた。一九〇五年革命は、君主制を呑み込んでしまうかに見えたが、君主制が事態に適合することを条件に存続を許容したのである。全ての革命がそれほど寛大であったとは言えない。革命の嵐が通り過ぎる時、往々にして政権も人間も根こそぎ押し流してしまうものだ。

ニコライ二世が歴史書の熱心な読者ではなかったことは、彼の日記が証明している。彼のこの欠点こそ一九〇五年に事態の重大さを正確に推し量ることをさまたげたのである。時には動転し、時には安心して、彼は本質的なことを自問自答しなかった。すなわち、民衆の蜂起は政体そのものをも押し流してしまうのではないか? とはいえ、子細に検討すると、なぜ革命が最終的には不成功に終わったのか説明できるいくつかの理由がある。経済的不満が本当の理由だったストは長続きするはずはなかった。いくつか事故はあったにせよ、正規軍は決して反乱を支援せず、反乱側に痛切に不足していた武器や弾薬などの必要な手段を持っていたからである。その結果、大都市での混乱は一貫して統制下にあった。最後に、この革命は、連携し、指導された政治的作戦というより、一連の革命的瞬間の連続でしかなかったのである。

ニコライ二世に残されたチャンスは、革命の展開に内在する弱点にあり、それにもまして、こんどもまたウィッテが出番を待っていたことにある。一九〇五年のウィッテはもはや一八九四年のウィッテではない。彼が自分の果たすべき任務と心に決め、最重要事項として実行したのは別の性質のものだった。一八九四年には、ウィッテは、ロシアを経済的に近代化した国家にしようと努力した。現代風に言えば、彼はロシアを資本主義に、市場経済に開いたのである。当時の彼は、政治体制をどうするか気にしていなかった。言うならば、ウィッテが選択した道は、二十世紀末の中国の賭けに近いもの、つまり経済至上主義であった。一九〇五年のウィッテは、自分の責務を果たすのに一年間の余裕しかなかったが、ロシアの政治生活の近代化推進者になろうとした。彼の行動は三つの主要問題に答えねばならなかった。つまり、財政危機、農業問題、ロシアへの立憲制度の導入である。わずか一年のうちに、彼はそれらの諸問題を完全に解決はできなかったにせよ、決定的に進展させた。彼が獲得した国際借款は、戦争のために悪化した財政を立て直させ、工業化の努力の再スタートのために重要な資金を振り向けさせた。農民社会が直面する危機については一挙に解決することはできなかったが、彼が実行に移した措置——借金の繰り延べ、農民銀行の活動強化、農村の改革計画を打ち出すためのクートレル委員会の創設など——は農民層を沈静化し、ストルイピンが引き継ぐことになる大変革政策を準備した。

だがウィッテの大成功は、ロシアに立憲制度を導入したことだ。一九〇六年、基本法の不備、ツァーリのためらい、官僚のブレーキにもかかわらず、ロシアの政治革命——上からの革命だが、下からの革命の突き上げによる——は行われた。事実上の専制君主制の放棄と議会主義の導入が際立ったこの革命の特色は、その不可逆性である。君主とその官僚機構はいまだに、選出された議会の権限を削り取ることができると夢想し、柔順な議会が選ばれるように選挙法を自分たちの好みに合わせて変えたりすることもできた。だが、片時でも議会制度をきれいさっぱり廃止できるとは思わなかった。かつてゼムストヴォさえも、官僚の手に余ったために、いく度となく試みられたが廃止されなかったのと同様に、議会は一九〇六年、ロシア政治制度に決定的に組み込まれた。ウィッテは一九〇五〜一九〇六年の短い在任期間中に、ロシアを専制君主制時代からもぎ取り、立憲制度時代に参入させることに成功した。彼はロシアを現代的経済へと移行させるというそれまでの業績に加えて、ロシアを民主主義の始まりへと移行させることで任務を完了したのである。たしかに、彼の後継者たちが対処しなければならなかった多くの経済的、社会的、国際的問題が残っていた。だが彼らは、結局は皇帝自身がためらったあげく望んだ新しい政治制度の下でそれらに対処すればよかった。なぜなら、皇帝の意志がなければ、ウィッテといえども無理押しすることはできなかったからである。

ウィッテとの経験、そして一貫性に欠けるゴレムイキンとの経験をした後、ニコライ二世は、もはや政府を率いてドゥーマと対決しなければならない人物を選ぶのに間違いを犯すことは許されなかった。そこで皇帝は真の政治家に助けを求めた。ストルイピンを選んだことに誤りはなかった。そして、ロシアの国際的立場を強化するために外交政策に決定的重要性を与えたことも間違いではなかった。新しく外相に選ばれたイズヴォリスキーは、皇帝同様に、ロシアが最小限の犠牲で災難の時期を乗り切ったと考えていた。いまや国力を再建すべき時がきたのだ、と。一九〇六年夏、ニコライ二世の賭けは、憲法の制約があるにせよ、君主制が応急の手段を講じてロシアをしかるべき地位に保持できると示すことにある。不運の君主は、楽観的でありうる段階を通過しつつあった。

第七章　リベラルな帝国へ？

一九〇六年、ストルイピンが首相に選ばれたことは、画期的な出来事である。彼は皇帝のお気に入りだった。強烈な個性の持ち主で、ウィッテとは全ての点で異なっている。先ず他を威圧する体格。大柄で、典型的ロシア人の風貌であり、あごひげを生やし、肩幅が広い。ニコライ二世が愛着を抱く地主の小貴族に似通っている。まだ若い。一八六三年生まれだから、皇帝とほぼ同年齢で、白髪で活力のない大臣たちとは好対照だ。地方生活が長かったから、気取りがない。そして、ロシアの中でも最も騒乱が起き、難しい地方の一つであるサラトフの民衆蜂起を鎮圧したことが、皇帝の目に並々ならぬ功績と映る。ストルイピンの就任と共に、歴代の皇帝たちが忠誠な臣下がいると信じる変わらぬ奥深いロシアの息吹が宮廷に入ってくる。彼はもともと、役職や皇帝の寵愛を求めて狂奔する首都の野心家や偽善者の一派には所属しておらず、単刀直入で乱暴でさえある言葉を使ったが、それに皇帝は共感を覚えて反応するのだった。新政府の首班は、自分の思ったことを言うのであって、皇帝が期待していることを言うのではない。逡巡しがちでいつでも他人の意見を求めるニコライ二世にとっては、こうした追従抜きの人物が必要であり、少なくとも当初は魅力的に映った。つまり、皇帝は真の対話相手を持ったのだ。この役柄は一時期ウィッテが担っていたが、皇帝の不興を買ったために続けることを放棄し、お陰で「カメレオン！」扱いされるはめになった。ストルイピンはそうした批判のつけいる隙を与えなかった。彼は無骨者だったが、皇帝は彼を受け入れた。なぜなら、彼の中に真のロシアを垣間見たからである。同時に、彼の君主制に対する確信は深いものであり、たとえ彼が立憲制度による秩序を容認したとしても、純粋に実利主義からであり、この点については皇帝と同意見である。皇帝同様、彼も革命派を憎んだ。サラトフでそのことをはっきり示した。だがストルイピンは、ロシアが時代に即応して生きなければならず、新制度がロシアにとって必要であると確信していた。問題は、ロシア社会を時代に適合させることであり、中でも農村社会を適合させることだ。これこそストルイピンが懸命に取り組もうとしている問題だった。

まさに「現場の人」

ストルイピンこそ、彼の個人的経歴からしても家系からしてもその任務を果たすべく準備されたうってつけの人物だった。彼は、皇帝に仕えていつも功績を挙げてきた貴族の家系の出である。職業軍人だった父はクリミア戦争を戦い、その敗戦後に生まれた若きストルイピンは戦場の出来事についての話を繰り返し聞かされて育ち、祖国の弱点については特に注意深くなっていた。行き届いた、多岐にわたる教育を受け、数学者として訓練された彼は、農村問題について論文を提出しているほどである。従って、彼は同時代の人々に比べて教養が高く、知的生活にも好奇心を抱いていた。社会とその問題点については、彼は自分の役職と家庭生活を通じて経験を深める。貴族出身のストルイピンは、ロシア帝国の一部となっていたリトアニアに住んでおり、そこに妻が大きな領地を持っていたので、公務に携わるかたわら、領地の開発にもあたっていた。ところが、彼がここで見た地方制度はロシアの大部分の地域のそれとは異なっていた。そこには実際上共同体《コミューン》は存在せず、農民たちはどんな小さな土地であろうと自分の土地の主人であり、開発された土地の質と生産効率は中央ロシアよりもはるかに高かった。彼の周囲で働く農民たちに見られる土地所有意識は土地の活用に大きな注意を払う結果を生み、絶えず進歩する技術と手段を獲得することによりいっそうの努力を怠らなかった。当時のロシア人がそうであったように、ストルイピンも農民の教育水準の低いことにぞっとしていた。地方を進歩させるには先ずそこに暮らす人々の知的進歩を図らなければならないことを彼は知っていた。リトアニア滞在中、彼はロシア帝国の発展のために必要な解決策についてじっくり考え、ロシアが近代国家になるためには、農村でこそ最大の変化を達成しなければならないと確信するに至る。

ストルイピンはその後、グロドノの総督に任命される。そして、当時、内相だったプレーヴェは、この人物がしっかりした有能な行政官の一人だと見抜いて、ロシアで最も不穏な地方の一つであるサラトフに派遣する。革命が鳴動する数年間、ストルイピンはそこで類いまれな資質と彼独特の方法を立証することになる。地方に派遣される高級官僚が往々にして自分は島流しにあったのだと思って行動するのに反して、彼は送られた場所や彼が統治する人々との間に親密な関係を築く。農民が激高して略奪し、放火しても、彼は怖がらなかった。官邸に閉じこもって、現場に憲兵隊を急行させる代わりに、ストルイピンは自分で現場に出掛け、冷静に理を尽くして暴徒を静めようとし、反乱を起こしても彼らの困難は解決されないこと、自分は彼らと共に改革を実現するために努力しようとしていると説得する。

「ストルイピン方式」は、しかし絶対に安全確実ではなかった。テロリストたちが各地で地方当局者に襲いかかる。なかでも農民と共通の言葉で語り合うことで、テロリストたちを農民から孤立化させてしまうこの異色の人物を排除したいと望む。ストルイピンは幸運の星の下に生きていたかに見える。なぜなら、あらゆるテロ襲撃にもかかわらず暗殺を免れたからである。このとき以来、彼は、他のどの総督も獲得できなかった名声を博することになる。彼は自由主義者で通った。もちろんサラトフ地方に秩序を回復しようとつとめた。だが、抑圧の暴力よりも決起した住民たちとの対話を、直接の接触をはかることをいっそう信じ、農民たちも彼に耳を傾けた。それもそのはずである。彼が秩序を呼びかけるとき、彼は農民たちと一緒に彼らの抱える問題を語り合ったからだ。彼は農民たちの土地を渇望する気持ちを知っていた。コミューンが農民生活の全体を構成する方式であるこの農村を、かつてのリトアニアでの経験に照らして、コミューンが存続する限り農民は変化せず、恨みと反抗心を持って生き続けるだろうと彼は確信する。

ストルイピンがサラトフに比較的平穏さを取り戻したことに皇帝は注目する。いまやプレーヴェは亡く、ストルイピンをもはや支えてはくれる人はいない。〔だが〕彼の評判が高まることで十分だろう。ゴレムイキンと交替する前夜、ニコライ二世と話し合ったとき、ピョートル・アルカジエヴィッチ（ストルイピン）は相手の説得にかかる。ドゥーマが解散され、国全体が警戒気分にあって扇動者たちに耳を傾けがちであり、テロ攻撃や無秩序や無政府状態の脅威がまたもや襲いかかろうとしている時期だっただけに、自分は秩序回復の任にある「鉄拳の人」としてのみ首相の座に就くのではない、と。一九〇五年の再来なのか、と彼から即時解決を期待するニコライ二世は懸念を示す。ストルイピン自身も、深い変革をもたらすためには先ず秩序を回復しなければならないことを無視しているわけではない。だが、皇帝の説得を成功させたのは、彼の使命が本質的には別のところ、地方に根差した社会改革の明確なプログラムにある、ということだった。

ニコライ二世は全てに同意した。なぜなら、彼にとって一番大切なのは、速やかな秩序の回復だからだ。それだけではない。この穏やかな顔付きの当代風の人物は、皇帝が慣れっこになっている取り巻きの連中の行き過ぎた追従ぶりを少しも示さないことで、かえって皇帝に大きな信頼感を呼び起こした。

暴力が暴力を呼ぶ

ストルイピンほどの思慮ある人物なら、秩序回復をはかるのに他の方法を取りたかっただろうが、しかし、この問題はペテルブルクではサラトフでのようには行かない。激化するテロリズムはその反動として恐怖体制を呼ぶ。ストルイピン政治は、彼の意図に反して、まさにそこから始まった。

一九〇六年夏の段階で、すでに取られていた措置に加えるべき合法的手段はほとんどなかった。なぜなら、ロシア帝国の八十七県のうち、八十二県が非常事態宣言下に置かれていたからである。ストルイピン政権の登場は、かえってテロリストたちに大きな事件を起こさせるきっかけを与えた。一九〇六年八月十二日、ストルイピンが住んでいた邸宅が流血のテロ攻撃の標的となる。三十人以上が犠牲となり、中には重傷を負った彼の子供二人が含まれる。だが社会革命党（エスエル）のテロは主要な標的を逸した。ストルイピンは無事だったが、直ちに厳罰をもって臨むことが必要だと確信する。国会解散時には政府が政令によって行動する可能性を与えている憲法第八十七条に従って、巡回軍事法廷を創設し、革命もしくはテロ行動の即決にとりかかる。軍事法廷は軍人により裁かれ、判決により刑が執行された。被告には弁護士が許されず、控訴の権利を認められなかった。この即決裁判は数週間もの間、休みなく続けられ、数千人が死刑判決もしくは重労働判決を受ける。軍事法廷が下した決定を補強するために、ニコライ二世は恩赦を与える権利を拒否する。この非常事態体制は一九〇七年春まで続けられる。ストルイピンは自由派のインテリたちの間で死刑執行人の別名で呼ばれる。死刑囚を絞首刑にするときに使われるロープは、嘲笑を込めて「ストルイピンのネクタイ」と呼ばれるようになる。

だが、その方法はストルイピンの好むところではなかった。彼はテロリストの暴力を嫌い、国家権力の行使による殺人行為というテロをいささかも評価しなかった。当時のロシア政界では絶え間なく議論が続いていた。全ての暴力は同じように非難されるべきものなのか？　社会革命党は暴力こそ義務であり、人民の声を届かせるための最良の手段であると見なし、リベラル派グループの中には、国家の暴力に対抗する社会の暴力は正当なものであると主張するものがいる。ストルイピンはそのような議論に巻き込まれることを拒否するが、やむなく実施している国家の恐怖手段は、やはり彼の考え方に沿うものではない。公共秩序を保つためにこのような方法が永続的に取られる限り、ロシアは変わらないと彼は確信していた。だからこそ一九〇七年四月、表面的にせよ平静さが戻ると、彼は急いで非常事態体制をといた。

皇帝は秩序を回復したことで彼に感謝するが、リベラル派エリートたちはストルイピンを力にしか頼らない連中の陣営に組み込み、彼に対する全ての支持を拒否する体制を固める。

第二国会

権力の座に就いたストルイピンは、将来の国会と前よりも容易に対決し、改革について交渉できるような連立政府を構成することを望んだ。シーポフを含む彼の対話の相手は要求をつりあげ、十五ポストの大臣のうち鍵を握る内務、司法、農業、教育を含む七つを要求した。自分が内務相を兼務するつもりのストルイピンは、このような過度の政治的要求を受け入れることはできなかった。彼はより穏健派の人たち——リヴォフ公、グチコフ、サマリン——に限度をわきまえた働きかけをした。だが全員が拒否した。やむなくいつも通り、高級官僚に頼るしかなくなり、国会との対決に備える。

テロ対策に腐心する一方で、ストルイピンにとっては、国会選挙が最も緊急な目標となる。彼が心に深く刻み込んでいる改革の実現には合法性への復帰が必要である。ここで認めざるをえないが、政府首脳としてのストルイピンは決して議会主義の熱烈な擁護者ではない。それどころか、彼は議会制度をほとんど役立たずと見なしていた。だが彼の天性のプラグマチズムから、一九〇六年以来、ドゥーマはロシアの政治生活の一部をなしており、もはや後戻りはきかないことを感じ取っていた。さらに彼は、法治国家の利点を誠実に信じていた。もっとも、それがロシアではいかなる形態をとるものか正確には理解していなかった。ところが、法治国家なるものは、社会の代表が政権に参画することを意味する。政治組織がどのようなものになるかについて、ストルイピンは皇帝と同意見で、反対だった。ニコライ二世同様、彼も議会での討論の効用については懐疑的である。しかし、皇帝が十月宣言の路線を続ける必要性について疑問を抱き、何度もドゥーマを再招集すまいと考えたのに対して、ストルイピンは現実主義者らしく、国会はもはやロシアの政治制度の一部をなしていると考える。そこからドゥーマを排除することなど問題外である。

第二国会をスタートさせるためには総選挙を組織しなければならない。そこで首相就任の日に選挙実施を目標に掲げる。だがこの総選挙で、ストルイピンは勝つことを考える。投票の結果生まれるのは手に負えない従来のドゥーマではなく、もっと彼の見解に開かれた議会であることを望む。そのために、つい最近採択されたばかりの選挙法を改正できるだろうか？　この選挙法はまだ一回しか履行されておらず、しかも一九〇五年八月の選挙法を改正したばかりのものだった。わずか数週間前にストルイピンはこの問題をゴレムイキンと話し合ったばかりだが、ニコライ二世は選挙法改正には乗り気でなく、むしろ拙劣だと考える。

結局、選挙法は改正されず、納税額にもとづく選挙有資格者の条件を重くする若干の手直しがなされるのに止まった。首相は都合のよい結果を得るために選挙戦の流れと調子を変えるべく圧力を行使することにする。ロシアのほぼ全土が非常事態下に置かれていたことがこうした画策を容易にした。政府はその正式な支援と公的承認を自分たちに近い政党――主としてオクチャブリスト（十月十七日同盟）――に与える。その結果、彼らだけが選挙戦を戦うための物的かつ合法的な手段を与えられることになる。その他の政党は公然と姿を現すことができないまま選挙戦に臨まざるをえなくなる。左翼諸政党はそれでも発展をとげる。第一回国会選挙ではボイコット作戦に出たが、今回は参加の意図を表明し、法的障害があったにもかかわらず選挙戦を繰り広げる。カデット党（立憲民主党）は、そのメンバーが制約措置の犠牲となる。彼らのうちの最も目覚ましい代表たちは、あのフィンランドのヴィボルグから発せられた不服従の呼びかけに参加したことがたたって、被選挙資格を失ってしまう。左翼が活発に選挙戦に参加していることは、カデット党の人々に選挙で大勝利を収めるチャンスが彼らにはなくなったことを示唆した。

ストルイピンを狼狽させたのは、一九〇七年初めに選出された第二国会が第一国会よりもさらに手に負えないことだった。選挙を操作しようとした彼の試みはあまりにも見え透いており、全ての陣営から非難された上、望んだ効果を生まなかったことで失敗だった。選挙で大勝利をおさめたのは社会主義者であり、その内訳は、メンシェヴィキが多数を占める社会民主主義者六十六人、社会革命党三十七人で、これにトルードヴィキの名で呼ばれる労働派九十八人が加わる。このように左翼は代議員二百人を越える一大ブロックを構成したが、これに対して右翼はわずか五十二人（オクチャブリスト十九人、極右政党代表三十三人）に止まっている。最大の敗者はカデット党で、前の国会での百七十九人から九十八人へと落ち込んだ。しかもその顔触れは議会での討論で頭角を現すような人物を欠いている。「民族派」票は、ドゥーマにポーランド人代議士四十六人、イスラム教徒三十人を送り込んだが、彼らはいかなる政党にも結び付く気はなかった。

つまり、このドゥーマははっきりと左に傾いた。一九〇七年二月二十日、スタートした途端にコントロール不能がはっきりした。このことこそ、新国会が前国会にくらべて一か月も長く生き延びた理由である。まず、議会はそのメンバーをほぼ一新したため（再選されたのはわずか三十一人）、新議員は経験を欠いている。それでも彼らは、ストルイピンと折り合いのつかない新議会は短命に終わる運命にあることを認識していた。そこで議員たちは慎重さが必要であるとの結論を引き出し、解散を速めるような紛争を避けようとする。

政府側もまた、とりあえず数週間の間は慎重に行動する。投票の結果から実態を知ったストルイピンは即時解散を宣言する誘惑に駆られた。だが、それが不可能であることを知っていた。新たに選挙に訴えるためには、新たな選挙法が必要となり、それには時間がかかる。一九〇六年の抑圧政策に対して国際世論が厳しくなっていることを考慮にいれなくてもである。第一国会の解散は、外国では改革政策の失敗だと受け取られている。株式市場でのロシア外債の値段は急落した。もし、ロシアが西欧の預金者たちの信頼を保持しようとするなら、政治面での慎重さがおのずから要求される。

何の儀式もなしにスタートした第二国会は、前国会に比べてはるかに冴えないことが明らかになった。怒声や侮辱の言葉や騒ぎが議場で目立ったにしてもである。社会民主主義者たちは、本会議に出席するにしても、立法上の作業が無益であること、最終的には君主制に終止符を打つための制憲議会を招集する必要があることを示すためである、とはっきり述べた。母親宛の手紙の中で、ニコライ二世は書いている――「各地からドゥーマを解散せよ、との電報を受け取っています。でも今は、まだ時期尚早です。連中がなにかばかなことをしでかして、自滅するのを待つことにしましょう」。

忍耐力はストルイピンの第一の美徳ではない。それなのに彼の忍耐力は、議事妨害のためにドゥーマが麻痺してしまい、彼の提出した農地改革案についていかなる真剣な討議もできないという厳しい試練にさらされる。本会議でストルイピンが直面した対決は、彼の弾圧路線と、これに反対する議員たちが軍事的反乱を支援するという奇妙な論争の場に移った。第一の点については、ドゥーマはストルイピンが苛酷な弾圧を続けていると告発することを止めず、五月十七日には「国家テロ」を非難する決議案を投票にかける。だが、このことはストルイピンに議会解散の口実を与える。つまり、「国家の安全に対する陰謀」であると彼は断定する。

危機の口火を切ったのは、ドゥーマでの代議士ズラボフの演説だった。彼は軍部に反対する激烈な演説の中で、「軍部は極東の戦争で敗北し、いまや軍隊を国土の防衛のためにでなく抑圧の任務に駆り立てている」と非難した。ズラボフは軍隊に対して、この役割を拒否して蜂起し、社会に広がる革命闘争に合流するよう呼びかける。反乱の呼びかけだ、と直ちにストルイピンは非難する。ストルイピンは警察に命じて社会主義者の事務所を捜索させ、軍隊に蜂起を呼びかけるビラを発見・押収する。このビラ事件はたぶん挑発行為だろう。だが、これによって首相は国家の安全に対する陰謀が存在すると非難する口実を得て、社会民主主義者の代議士たちの議員免責特権を剥奪して直ちに裁判にかけようとする。ドゥーマは抵抗し、尊敬されているキゼヴェッテル教授を委員長とする調査委員会を設置する。事件が長引くことを恐れたストルイピンは、皇帝からドゥーマ解散への同意を取り付け、解散令は一九〇七年六月三日、発効する。

議会解散を発表した皇帝の宣言は、同時に、次期ドゥーマの招集日時を十一月一日と定める。だがこんどこそ、皇帝と首相は、投票結果の不測の事態に備えようとする。遅滞なく取り掛かった選挙法改正は、ストルイピンに自分の希望にかなった議会を手にすることを可能にする。その一方、数人の代議士がかかわっているとされる「陰謀」のとばっちりとして、社会民主主義者三十人がシベリアに流刑となる。警察はまた、左翼の前代議士たちを監視下に置いたので、彼らが選挙戦に参加することに支障をきたす。

第三国会

ストルイピンにとって、第三国会（ドゥーマ）を選出する選挙は、彼の描く大計画には不可欠の手段ではあるが、目的ではない。祖国を近代化するためには、大規模な農地改革を実現せねばならない。それにはドゥーマ（国会）の合意が必要である。この点に関しては、彼は近代的な政治のビジョンを持っていた。ロシアが経験しつつある民主的進歩の中にしかるべき位置を占めるためには、農地改革は国民から選ばれた代表たちと交渉して行われなければならない。一九〇五年以来、上からだけ決められた改革の時代は過ぎ去った、と彼は考える。この意味で、彼は議会主義をロシア国家の政治的実践の中に根付かせることに貢献したいと思う。だが、その目的を達成するには、ドゥーマがそれに応じなければならない。ところが、選ばれそうな政治家たちの心境も、選挙法もこの計画に有利に働きそうにない。民主主義的精神を前進させるためには、ストルイピンは民主的でない手段を弄することになる。つまり、選挙法を「細工して」彼の意見に耳を傾け、彼と協力してくれる議会を生み出させるのだ。

一九〇七年の選挙法は、普通選挙の原則に関しては重大な後退を示している。またもや選挙された議会との相談なしに準備され、一篇の宣言で強権的に発表されたこの選挙法は、前の選挙法と比べて多くの点で後退している。ところがニコライ二世にとっては、それが譲歩なのだ。第二ドゥーマの顛末で頭に来た皇帝は、権力への参加という、真にロシア的な考え方には異質な議会制度を廃止しようとする誘惑に駆られる。だが、ドゥーマを廃止することは、まさに国際的スキャンダルを巻き起こす。ニコライ二世は、こうなれば形だけの操縦しやすいドゥーマを持つほうがましだと考える。一九〇七年六月三日付の宣言の中の一節がこの選挙法の示唆するもの、その特徴となるものを浮き出たせている――「ドゥーマはその精神においてロシア的でなければならない」。言い換えれば、ドゥーマは西欧の代議制度を模倣してはならない、ということである。

新選挙法は、ストルイピンの補佐役で、この分野では皇帝の顧問役であるクリヤノフスキーが準備したもので、極めて単純な考え方に立脚している。すなわち、選挙資格の納税額を厳しくし、農民層と労働者と民族派から選出される代議士の数を減らすことである。明らかに、これらの措置は、大土地所有者を示す「大選挙人」の数を三分の一も増やすことに通じる。政治的影響力の度合いは、財産の額に対応することになる。農民はと言えば、代議士の数を半分に減らされることになる。直接選挙制の恩恵を受ける大都市の数は二十一から七に減らされる。なかでも少数民族派は冷遇され、場所によっては議会から完全に締め出されてしまう。中央アジアがその例であり、カフカス地方とポーランドの代表は半分に減らされた。

議会との何の相談もなしに採択されたこの選挙法は合法的だ、と皇帝は、異議を申し立てる反対派に言うのだ。なぜなら、全ての改革、中でも議会の創設は皇帝の意志に基づくものだからだ。皇帝は一九〇五年に選挙法を許容する権利を持っていたのであるから、一九〇七年にそれを改変する権利をも持っているというわけである。六月三日の宣言に明白に盛り込まれたこの考え方は、皇帝の虫の居所が悪かったからではなく、改革や憲法についての彼の変わらぬ考え方を示している。宣言の中でよく使われる「授ける」という表現こそ、改革が上から与えられたものであり、決して権力と社会の間の妥協の産物でも契約でもないことを示している。二年間のうちにかなりリベラルな投票方式に基づいて行われた二回の選挙を通じて、ロシア市民たちは経験を積み、進歩した。ところが皇帝の方は、あいも変わらず旧来の考え方に止まっていた。皇帝と臣民とを隔てる溝は深まるばかりである。

だが選挙の結果はそこに厳然と存在しており、運命に逆らったことは正しかったと彼に確信させる。十一月一日に開会する第三ドゥーマは、先立つ二つの国会よりもはるかに右寄りに傾いている。四百二十二人の議員中、百五十四人がオクチャブリスト議員であり、七十人が各種右翼政党と結び付いている。つまり、中道右派が大多数を占めている。カデット党議員は五十四人に止まっている（国会選挙の回を重ねるごとに、この党の凋落ぶりが目立つ）。社会主義者は三十二人で、社民主義者と労働派に分かれている。社会革命党は選挙をボイコットしたために、議場から姿を消している。ロシア色の強い国会を狙った選挙法の結果、少数民族派議員の数はぎりぎりの三十六人に止まっている。

完全に骨抜きにしたとは言えないまでも、このような構成の国会は、ストルイピンにとっては対話しやすい相手である。ドゥーマの第一党となったオクチャブリストたちは、権力の寵愛を受け、国会の最も主要な委員会（財政と国防）を握っていた。国会議長ニコライ・ホミャーコフも彼らの間から選ばれた。彼らの国会戦略は微妙だった。左右の対立を内在していたために、彼らは両天秤をかける作戦に出た。時としてカデット党に傾くと思えば、時として極右とともに議会主義の欠点を非難するといった具合だ。この内部分裂は時宜にかなったもので、オクチャブリスト党の寄せ集め体質を示していた。党首アレクサンドル・グチコフは、国会議長に彼よりも右寄りで討議を冷静に組織できない人物であるホミャーコフを据えた。だが、グチコフはロシアの政治体制が立憲君主制によって立つべきだと主張し続けたために、宮廷も議会の過激派も不満だった。

この国会はロシア史上で最長命を記録した。それというのも、一九〇七年に選挙され、解散を避け、法的任期を全うしたからである。第三国会は、代議制的性格が不十分であり、権力側の圧力に屈しているなどの欠陥を抱えていたが、これだけ長命だったこと自体、かなりの政治的進歩である。議会はもはや皇帝の意のままに一時しのぎに作られたものでない。独自の生命を持ち、条文にも規定されてる。その自主性は相対的に止まっていたにせよ、ロシア体制の中に永遠に組み込まれた制度であるとの考え方に、にわかに信頼性を抱かせた。政治の進歩と良心の高まりのためには、制度的安定性にしくものはない。

このような国会を与えられ、ストルイピンは彼の計画を実行に移すことができたはずだ。第三ドゥーマの立法の業績は無視できないものがある。たとえ、それが政府提出の計画案を承認しただけにしても。

ストルイピンの掲げる課題の主要部分をなすのは、地方の土地所有制度の改革である。首相の企図の根底をなしているのは、共同土地所有制度がもはや農業と農民世界の進歩に害を及ぼすものだということだ。たぶん、ロシアの歴史上最良の真の政治家であるストルイピンが農業について描く概念は、彼の抱くビジョンに壮大さを与える根源となっており、全体的計画から切り離しては考えられないものである。ストルイピンは確信していた——一九〇五年以後、ロシアはこれまで通過してきた時代とは根本的に異なる時代に突入したのであり、従って、この新しいロシアの全ての要素を前面に押し出すべきである、と。また一九〇五年が残酷なまでに示したように、祖国が二つの道の岐路に立たされており、よき選択をするには時はむしろ不利に働いている、と彼は予感する。革命か、改革か？　見かけは簡単な選択だった。なぜなら、一九〇五年以降、この選択はむしろ二つの仮定の間の時間の競争であることが歴然としていたからだ。教養人であるストルイピンは、自国および他国の歴史事情に明るかったから、他の多くのエリートたちとは異なり、ゆるやかな進化もしくはロシア的無為主義の時代は過ぎ去ったことを認識していた。歴史が加速化することで、新しい流れに緊急性が加わる。ストルイピンは、ロシアの広大さ、そこからやむなく生まれる無気力さと闘わねばならぬことを知っている。彼はまた、そのために必要な時間のないことを知っている。ニコライ二世統治下で激動の時期に新時代に適合するという問題に直面した人々の中でも、ストルイピンは、練り上げた計画にとって時間という考えが重大であることを理解し、緊急性の観点に立って考えた、ただ一人の人物である。

バリケードの反対側、革命派の側で、もう一人の人物が時間という観点に立って思考している。彼こそレーニンであり、たぶん気付いてはいなかったろうが、ストルイピンは、そのレーニンにとって最も危険な相手だったのである。変革にとっての時間というものについて、レーニンの推論は必ずしもストルイピンと同じではなかった。まず、ほぼ一九一〇年までは、彼は時間という次元については苛立ちと主意主義を通じて関心を抱く。マルクスやその後継者たちとは異なり、レーニンは、人間は時間を速めることができ、またそうすべきであると考える。事態の流れを加速化するか、社会の力が行動するに任せるか。これこそ、当時のロシアのマルクス主義がかかえる論議の一大テーマである。ストルイピンには関係のないことだ。それに、一九一〇年以降、レーニンはストルイピンの行動を研究した上で、改革者と革命家の間でスピード競争が始まっていると結論を下す。その上に立って、レーニンは、ロシアで革命を勝利させ、改革への道を阻むためにはわずかの時間的余裕しかないと考えるようになる。ロシアの命運にそれぞれ大きな影響を与えた二人の人物の正面対決は、実際には起きなかった。それでも第三国会の続いた年月は両者の対立でもあったのである。

農地改革

ストルイピンは、進行中の近代化になかなか適合できないロシア国民の、知的水準の低い階層からとりかかるのが常だった。社会そのものが一九〇五年以降与えられた諸制度に「追いつく」のでなければ近代化の成功はおぼつかないことを、彼は確信していた。ところが、国民の最重要部分、つまり地方に住み、そこで働いている人々こそ、あらゆる面で最も遅れているのだ。従って、緊急に改革にとりかからねばならないのはこうした人たちからである。そうでなければ、憲法を夢見てもしかたないではないか？　ロシアは常にそうだったように、野蛮な社会と表面的には近代的な制度とが併存しているままであり、極めて脆弱な土台に乗っかっているピラミッドのようなものだ。クリミア戦争、日露戦争、一九〇五年の無政府主義状態は、それがいかに危なっかしいかを見せつけた。

農民階級が二つの悪に苦しんでいる、とストルイピンは思う。まず彼らは、コミューンという劣悪な体制の中で生きている。当然のこととして、彼らは所有の観念を持たない。確かに、農民たちはやかましく土地を求める。だが、同時に、彼らはコミューンという責任を負わなくて済む保護制度の下に安住している。この制度の中で新しい土地を取得したいのだ。一八六一年以来、身分がコミューン組織に結び付いているというのに、それ以外のことを彼らがどうして想像できるだろうか？　コミューンを廃止し、別の原則に従って土地を再配分し、農民たちに土地を与えることで地方に土地所有階級を発展させる——これこそストルイピンが描いた農地改革だった。そこかしこで巻き起こる反対にもかかわらず現行の制度を変革して、大土地を接収しなければならないが、そのためには補償金と定住費用をまかなう方策を見いださねばならない。問題は、見れば分かるように、大変複雑である。一九〇六〜一九〇七年の改革はその難問に答えようとした。

農民の生活条件を革命的に変革しようとした一連の法令の第一号が一九〇六年三月四日に公布された。土地組織委員会創設に関するものである。十月五日、新しい法律が農民に完全に同等の市民権を与える。今後、農民たちは自由に移動でき、コミューンを去ることも自由であり、地方の首長は彼らの抑圧的権限を失ってしまう。四十五年前に農奴制度は廃止されており、もはや何も残っていなかったが、それでもなんらかの制約が農民のモラル面での発展を阻害していた。一九〇六年十一月九日の法令は、土地所有の様式を定義することで農地改革の偉業をついに完成する。条文はまず、地方コミューンの二つのタイプを区別することから始まる。土地が定期的に農民に配分されるコミューンについては、改革は、全ての農民が自分の権利のある土地の所有権を完全に与えられることを要求できると規定する。農民は分散された土地ではなく、交換分合された土地をもらえるよう要求できる。土地の定期的再配分を行わないコミューンについては、農民たちは自分が耕す土地の所有者になる正当な権利を持つ。こうして農民は、かつてのようにコミューンの了解がなくても自分の未来を決定することができる。彼らは土地の所有者になることができるし、あるいはコミューンに残ることもできる。あるいは自分たちの土地を売り払って新天地――シベリアについては、国家によって、すばらしい幻想が作り出されていた――を求めることも、大都市に行くこともできる。最後に、コミューンを去る農民もコミューンの共同財産――牧場、放牧地、森の使用権を保持できる。一九一一年以後、彼らは共同財産について自分の分け前を要求することができた。

この仕組みは財政上の措置を伴っていた。農民はまだ未払いの買い取り年賦金を免除された。農民不動産銀行は、農民に所有地を広げることを奨励する有利な利率の融資をした。

たちまち一つの問題が起こる。農民の要求を満たすに足るだけの利用可能な土地が十分にあるだろうか？　ストルイピンは社会主義者が要求していた土地の全面収用要求には屈しなかったが、土地の私有地化を拡大するためには二つの方法しか持ち合わせなかった。その双方とも実行された。国有地およびコミューン所有地の買い上げと、シベリアの植民化の奨励である。一九〇七年には六十五万人の人々が土地所有が制限されていない広大な天地に向かって出発した。逆に、数万人が、物的条件の厳しさとシベリア開発にとてつもない努力が必要なことに失望して、毎年シベリアを後にしている。

この改革の目指すところと広がりは相当なもので、二重の賭けに出ていた。まずは社会面である。ロシアの巨大な農村社会の中に土地所有者である近代的農民層を創造し、彼らがモデルとなって残された地方の人々の生活水準を次第に高めること。同時にモラル面である。ストルイピンは働き者で酔っ払わない農民をあてにしていた。当時のロシアの地方ではたぶん少数者に過ぎなかったろうが、彼らが物質的生活面で成功すれば、外国人旅行者たちが好き勝手に描き、非難した、無頓着でアルコール中毒のロシアの農民たちという悪しき伝統から抜け出せるだろうと望みをかけていた。一八三四年、ジャン＝バチスト・ネイは露骨に描写している――「ロシア農民は酔っ払いか？」父親のほうのアレクサンドル・デューマに対して、ある農奴の息子は自分が、いかに他人と違うか述べ立てている――「私は酔っ払いでも、怠け者でもなければ、賭け事もしませんよ」。旅行者たちがあまりにも表面的にしかとらえていないにせよ、ストルイピンはロシアの農村のアル中の風習を打破する必要を痛感していた。ウィッテが導入したアルコール消費税は、アル中を減らすどころかかえって増やす結果となっている。

一九〇七年三月四日創設された土地組織委員会はしばしば農民たちに、コミューンから離れるのが彼らにとっても利益となることを納得させねばならなかった。農地改革の持つパラドックスでもあった。コミューンからの離脱は、農民を残された最後の拘束事から解放することを意味したのに、農民たちはおおむねコミューンにしがみついて、伝統的慣習を断ち切ることをためらうのだった。

第一次世界大戦の前夜、土地所有農民を造り出そうとするこの努力の成果はまだ控えめではあったが、それでも注目に値した。二百五十万農民世帯がコミューンを去って個人土地所有者になっている。大まかに言って、この数字はロシア農村世帯の四分の一に達すると考えてよい。もし、それにコミューン制度が存在しない地方に住んでいる世帯を加えるならば、小土地所有者の数は無視できないものになる。大戦前夜の時点で、ストルイピンがあれほど熱心に望んだ土地所有農民層は、ロシアではまだ少数だった。このことが後に国民各層が過大な要求をぶつけ合う時が来たとき、農民たちの弱みとなるのである。

他の要因が地方におけるストルイピンの挙げた成果を控えめに止め、彼の立場を危うくした事情を明らかにしている。ロシア農業の生産効率が悪かった理由である地方コミューン制度は、農民たちに細切れの土地を配分していた。コミューンを離脱したい希望者たちの切羽詰まった要求にもかかわらず、多くの場合、耕作するのにより簡単で合理的な地続きの土地（フートル）を一人の所有者が持つことを許されず、細分化された農地（オートルプ）を受け取った。オートルプの方がフートルよりも圧倒的に多かったことは、結果的に、全ての個人土地所有農民がストルイピンの希望したようには成功できない理由となった。従って、農民のメンタリティーを変えるにふさわしい土地所有制度の異論の余地のないモデルを提示することにはならなかった。それでも、シベリアへの植民が伸びたこと（約三百万世帯の入植）は可処分農地への圧力を和らげることに貢献している。

戦争勃発に先立つ年度の穀物収穫が良かったことは生産効率の向上を示している。たとえ、ロシアにおける農業生産効率が西欧の大農業国のそれに比べれば極端に低いにしてもである。こうした結果はいずれにせよ個人土地所有農民の意欲を高めた。こうした農地政策にバランスの取れた判断を下すことは、経済効果の角度からだけ見たのでは容易でない。一九一四年当時のロシアでは、当初の計画に反して、農地所有者の数がまだ少なく、しかも手間暇がかかる効率の悪い、散らばった土地をあてがわれた。近代化された農業についてより良い知識を取り入れ、必要な農機具を取得して技術的進歩を図ることは徐々にしか実現しない。ともかくストルイピンは、農民大衆を精神面で揺り動かすことにどうやら失敗したようだ。農民たちは、まるで自分の殻に閉じこもる蚕のようにコミューンに閉じこもり、去って行く仲間を悪感情をもって送り出し、彼らの要求ゆえにコミューンが窮乏化したと考えるのだった。一九二〇年代にボリシェヴィキ政権は、いわゆる「富農ども（クラーク）」に対抗する「貧農」運動なるものを操ったが、その源流はここにある。地方における階級闘争は、改革の奥深いところで準備されつつあった。農民たちを私有農地の冒険に押しやろうとしたストルイピンが遭遇した困難は、彼のはるか後世の後任者であるボリス・エリツィンが、非集団農場化の冒険に取り掛った時に直面した困難を解明し、説明できることだろう。すなわち、四分の三世紀もの間、集団農場（コルホーズ）や国営農場（ソフホーズ）での集団生活を経験した後に、二十世紀末のロシア農民は、今世紀始めのロシア農民と同様に、共同体を去って提供される農地を取得することに懸念を示した。彼らが持ち出した議論は、ストルイピン改革にブレーキを掛けた連中の議論とそっくりである。コミューン（あるいはソフホーズ）こそ我々を守ってくれる。もし収穫が悪かったら、一人きりになった自分をいったいだれが守ってくれるのか？　もし、自分が借金を返せなくなったらどうなる？同様に、個人農地取得候補者に対して、ソフホーズやコルホーズはかつてのコンミューンと全く同じ反応を示すだろう。この冒険者に、散らばった質の悪い農地を与えることにしよう。もし、それでも個人地主が成功しようものなら、彼の収穫物や農園や納屋に火が放たれるのだ。ソ連崩壊当時の模様を描いた映画『アルハンゲリスクのムジーク（民百姓）』は、土地私有を申し出た農民の叙事詩だが、ストルイピンの改革と、それに対する障害と、失望ぶりを説明するのに役立つことだろう。

ストルイピンの改革が不十分なものに終わったのは、困難にぶつかったからだが、それにしても彼自身が予感していたように、許された時間があまりにも少なかったことに気付かざるをえない。ストルイピンが国会で改革について陳述してから彼の死まで、四年間しか経過していない。彼亡き後、全てが様変わりしてしまう。そして、国会における討議と、全てを凍結してしまう大戦の勃発までわずか七年しか経過していない。ロシアほど人口が多く、分散して、しかも重苦しい社会が、かくも短い時間のうちに奥深く変化できるだろうか？　一九一一年から一九一四年までの間に、コミューン型土地所有の大海に土地私有という小島がやっと出現したのだ。この冒険に身を投じた人々——往々にして貧農たち——が未知に向かって突進した結果について計算をし、なにがしかの利益を得るにはもう数年間は必要だったことだろう。

改革が決定され、実地に移されるには、政府の政策と体制の憲法上の枠組み、つまり議会とが折り合いをつけねばならない。ストルイピンは実際には第二国会の解散と、第三国会のスタートの間隙を縫って行動した。彼の思惑通りに「都合良く」選ばれた新国会が改革案を承認してくれるものと予測していたからだ。国会外で採択された法令が多かったことは決して立憲制度に従ったとは言い難い。だが、事態の緊急さと、ニコライ二世とストルイピンの心積もりに合致していた。ツァーリにすれば、議会の意見を問わずに行動しても驚くにあたらない。むしろ当たり前とさえ言える。なぜなら、選出議会に対しては皇帝はいつも同じような心理的制約を感じるのであり、これまでの第一、第二国会とも彼をして議会制の原則と折り合いをつけることに貢献させはしなかった。皇帝はストルイピンとは全く別の動きをした。ストルイピンは議会主義の信奉者ではなかったが、それをまじめに利用しようと決心していた。だが時間に追いかけられ、彼の行動はいずれも、制度上の形を尊重したいとする意志と時間がないという気持ちの間の矛盾を表していた。

一九〇七年五月十日、ストルイピンは選出されたばかりの国会に姿を表す。そこで彼は自分の改革案とその基礎となる諸条件を擁護した。第三国会は「希有な議会」であり、ロシアに「革命でなく、改革をもたらそうとする」人物を支持しないことがあり得るだろうか？　名士たちによって構成され、言わば権力側によって与えられた議会であるこの国会は、単に野党の役割を演じるのではなく、政府の努力に貢献しようとし、きわめて活発で有能だった。特別に設置された委員会が首相提案の全ての計画案に取り組んだ。真剣な討論が行われ、議会活動は軌道に乗った。政府提出の二千五百件の法案が討議にかけられ、ドゥーマ自身も二百件以上の法案を提出し、ためらうことなく政府に質問を浴びせ、興味ある説明を引き出した。

農業の項目だけがストルイピンの注意をひいたわけではない。それに付随して、ロシアの社会生活を変革することを目指す真剣な政策が示された。教育が優先され、ドゥーマもしばしば教育について論議した。だが、ドゥーマが主導権を取った貧しい家庭の子弟に中等教育の門戸を開くための計画案はうまく行かなかった。ゼムストヴォと地方議会が最大の努力を傾けたのは初等教育だったが、無償で与えられる教育の内容についてはまだ改善の余地があった。農地改革の世代に対する識字教育の成果は目覚ましいものがある。今世紀始め、徴兵審査委員会の調査では、読み書きができたのは召集兵の半数に満たなかった。この比率は、一九一四年には七十五パーセントに急上昇している。

同じ時期に、大学政策は規則上の変更を受けず、学生たちが平静であるか騒ぎ立てるかによって、リベラルな意志が現れるか強硬措置が取られるかの間で揺らぐ。全体的には、新しい教育機関の開設により社会の知的水準を高めようとする意欲が見られる。一九〇八年から一九〇九年にかけて、大学が二校、一つは私立校、もう一つは国立校がモスクワとサラトフに開設された。だが新しい文相に就任したシュヴァルツは、一九〇五年以来適用されていなかったユダヤ人学生に対する制限措置を復活させたので、ドゥーマ内で激論が巻き起こる。全ての政治的傾向を越えて発言者たちは、リベラルな措置の継続を求める。確かに、大学ではとりあえず平静さが保たれ、だれ一人騒動に火を点けようと望むものはいなかった。

二重の断絶——国会と、ツァーリと

ドゥーマは名士たちの集まり的な性格を持っていたにもかかわらず、ストルイピンの政策の核心からかけ離れているかに見える二つのテーマ、すなわち国防とゼムストヴォについて、彼と激しく衝突することになる。こうして政治危機が生まれ、彼の治世の最後を告げる。

これまでの第一、第二国会では、未来についての革命的ビジョンに基づいて、国防問題は存在しなかった。軍隊は単なる専制君主制を支える道具だと見なされていた。反対に、第三国会は、軍隊の近代化も国家の近代化の全般的な計画の一部をなすものと見なし、グチコフが主宰する国防委員会の内部で、あるいはバルカン半島での危機がまたもやロシア軍の脆弱性を露呈するにつれてひんぴんと行われる本会議での討論の中で、絶えず論議されるようになる。クリミア戦争の思い出と日露戦争での大敗北の記憶が議会での討議を覆っていた。一九〇九～一九一〇年ごろから国際情勢も不気味な展開を遂げていたからなおさらである。

ストルイピンはそこで、陸軍と海軍の予算を投票にかけることを決める。このテーマについては、彼はドゥーマでグチコフの支持を受けるが、一九〇九年に国防相に任命されたスホムリーノフ将軍とたちまち衝突する。スホムリーノフは、軍隊に関する問題は皇帝が決めるべき領域であり、ドゥーマで討議すべきではないと考えていた。彼の立場は議会内部でも極右から支持されており、その最も著名な代表であるプリシケヴィチは「ロシア軍の長である君主の専権事項」の領域について議論することに反対する。間もなく始まり、ストルイピンと皇帝の断絶を招くことになるこの危機の核心は、確かに不確定な権限の配分問題に起因するが、ロシア政治の主役たちの思惑も働いていた。ドゥーマでは、ロシアの国力にとって決定的な問題であるから、議員たちは国防問題に関わるべきであると主張する。一九〇八年には海軍の予算、あるいは他の特定の軍事計画向けの予算を拒否するようなことも起きる。議員たちはしばしば議会に求められている領域を越えてしまう。一九〇九年には、艦隊の再編成の予算と計画について投票するが、皇帝の専権領域に介入したと非難する国家評議会（上院）と衝突する。ドゥーマと国家評議会が対立するこの危機の間、両者から不誠実だとの非難を受けるという居心地の悪い第三者の役割を演じるストルイピンは、皇帝が議会の権限の領域を狭めるために混乱を助長させ、しかもその計画をストルイピンには何も知らせずに、彼をうまく利用した、と疑っている。首相にすれば、彼の分析通り危機の持つ二面性は我慢のならないものだった。彼は皇帝の後ろ暗い策謀に憤る。議会と首相とを結び付けていた信頼の絆を台なしにするための策謀だと判断し、ストルイピンは断固反対する。

ゼムストヴォの危機はまた別の性格のもので、政府と議会が直接に対決する。一九〇九～一九一〇年、ストルイピンは帝国の西部諸州にゼムストヴォを導入する法案を準備する。西部諸州とはポーランドであり、一八七四年の改革の際に政治的理由からこの制度が実施されなかったいきさつがある。ストルイピンは政権の座につくと直ぐこの法律を考え、一九一〇年五月、ドゥーマ事務局に法案を提出する。彼は議会の支持を得られるはずだった。なぜなら、この法案はそもそもオクチャブリストが提唱したものだったからだ。

法案は社会の全てのカテゴリーが一緒に投票すると規定していた。ただし、民族によってクリヤ（種別）に再区分される。一つがロシア人、もう一つがポーランド人だ。この制度はロシア人を優位に置き、ゼムストヴォの議長には必ずロシア人が就任することになる。

オクチャブリストたちはこの法案の条文に多くの修正を提出し、ポーランド人側に均衡を取り戻すことを狙った。ストルイピンは自分の提出した法案を守り抜くために闘い、周縁地域諸州におけるロシアの歴史的権利を守る時がきたと論じる。この時、彼は右翼および極右の支持を得た。結局、法案はわずかの差でドゥーマで採択され、国家評議会に提出された。

国家評議会での討論で圧倒的承認を受けるものとストルイピンは思い込んでいたが、結果は驚きであり、深い失望を味わった。討論は激しいものだった。この地方における民族の身分およびロシア人とポーランド人との関係というデリケートな問題に触れたからだ。一方からは、ポーランド人の犠牲においてロシア人を優遇しようとするものと非難され、他方からは、民族別の二重のクリヤを設置することで民族ナショナリズムを助長するものだと非難され、ストルイピンは自分の法案が拒否されるのを目撃する。評議会員のうち九十二人が反対、六十八人が支持の票を投じた。

ニコライ二世の支配する国家評議会での否決だっただけに、首相には、全てが宮廷からの差し金で動き、皇帝の彼に対する不信ぶりを示すものと受け取られた。国家評議会内で法案反対をリードした最も激烈な反対論者がアレクサンドル・トレポフとドゥルノヴォであり、二人とも皇帝のお気に入りだったから、ますますストルイピンは苛立った。ツァーリの態度からして、歴然としていると彼が考えたのも当然である。

首相と評議会議長が、皇帝は法案の採択を希望しているると明言しているというのに、ニコライ二世は投票の数日前に多くの評議員たちにまったく自由に投票してよろしいと伝えていた……

残念に思い、怒り心頭に発したストルイピンはニコライ二世に辞表を提出する。皇帝は時期尚早であると辞表を拒否するが、心の底では、あまりにも自信たっぷりの首相を厄介払いしたいと望んでいた。皇帝と首相は、制度の精神には合わないが、危機の解決を図るための妥協策を見つけた。ドゥーマと国家評議会は三日間中断される。第八十七条が発動され、法は公布される。ドゥーマの反応は速かった。グチコフは議長を辞任し、議会が再開した三月十五日にはきわめて保守的な議員ロジャンコが後を継ぐ。ストルイピンにとっては、もはや国会にはこれまでのように耳を傾けてくれる対話の相手がいなくなった。オクチャブリストたちはこの彼の裏切りを決して許さないだろう。

終幕と死

投票後、ストルイピンは、残っていたはずのリベラルな後光とニコライ二世の共感を共に失ってしまった。皇帝は、首相の決定に従ったためにリベラル派も保守派もみんなを不満にしたことで怒っている。ゼムストヴォをめぐる危機のさなかにストルイピンは辞表を提出した。辞表を拒否することによって、皇帝は首相の辞任を数週間遅らせただけだった。辞意を再度表明する必要はなかった。暗殺者たちが先回りしていた。一九一一年九月一日、ストルイピンは、キエフ歌劇団の上演のさなかに、皇帝一家の目の前で、ドミートリ・ボゴロフの凶弾に倒れる。ボゴロフは社会革命党に出入りする怪しげな人物で、無政府主義者だが、警察の手先でもあった。あまりにも容易だったこの暗殺事件は、犠牲者自身が事件のしばらく前にもらした見方を補強するかにみえる。ストルイピンは、皇帝が望ましからざる首相を警察の手で片付けるだろう、ともらしていた。歴史の中でしばしばそうであり、とくにロシアの歴史ではそうなのだが、こうした暗殺事件は調査委員会の努力にもかかわらず完全には究明できていない。諸説が生まれているが、最も信憑性に欠けるのが当局自身が仕組んだ政治的殺人事件説だろう。

ストルイピンの末裔たちは、皇帝が事件の四年前に三顧の礼をもって迎えた首相の死去に際して冷淡だったと主張している。皇帝のことをよく知っていた皇太后は彼の身辺に近づく人々に対するむら気ぶりを嘆いていたが、三月危機〔ストルイピンの辞表提出後の混乱〕の際にこう記している――「時間が経つと共に、ツァーリはストルイピンに敵意を深めて行く。いまのところ首相のほうが勝っているが、このまま長くは続くまい。首相は間もなく更迭されるだろうが、それはツァーリにとってもロシアにとっても大変な不幸になるだろう」。彼女はこう結論している――「我が哀れな息子は対人関係では運がない」。

この暗殺はストルイピンの生涯を閉じるとともに、ロシア史の一つの時期をも閉じたのである。すなわち、リベラルな帝国を造り出そうとした試みである。確かに、ここで言う「リベラリズム」とはロシアに固有の条件の痕跡を残している。テロリズムと闘い、予防措置をとる必要性があったこと、そして秩序の乱れに直面するために、ストルイピンは、初めのうちは手荒い弾圧手段を容赦なく用い、それをいつでも発動できるように手近に置いておくことを強いられた。混乱の歳月のロシアで、手荒でなかったものがあるだろうか？　国家の暴力は確かに恐るべきものだった。だがテロリストの暴力が、また無気力から醒めたごく普通の農民が虐殺に走り身の回りを破壊し尽くす暴力が、この国を独特の事例にしており、正常に継続した古典的な政府の統治方法をロシアに適用することを困難にしている。

強権主義とリベラリズムとを混ぜ合わせた近代化という究極の実験を試みた首相は、抑えのきかない社会と政治の世界全体と衝突した。まずは皇帝との衝突である。二人の人物の関係は、この点について注意深く考察されるべきである。当初は深い信頼とたぶん友情で結ばれていた二人だったが、一九〇八〜一九〇九年以来、関係は急速に相互不信に陥り、一九一一年にはとうとう二重の力の対決に至る。一九〇八〜一九〇九年以後、ニコライ二世は、全ての局面でとても自分としては容認しがたい政策を、首相が平然として取り続けるのを見るのが苦痛だった。彼の目からすれば、ストルイピンはあまりにも強権的であり、計画を立案するのも自分だけでやり、自分が皇帝の意向の執行者であることを忘れていると見える。一方、ストルイピンの側からすれば、自分の見解が理にかなっていることは確かであり、反対にぶつかる度に、彼は皇帝が反対側の影響に屈服し、あるいは頑迷さの犠牲になっているとの疑念を抱く。ストルイピンとニコライ二世の間での協調の時期は過ぎ去って、両者の意志が衝突するまでになる。一般には、最後の皇帝ニコライ二世の性格の弱さが強調される。性格の弱さと言えば確かにそうだが、それでも彼には意志も強固さもあった。そこにこそ、皇帝の性格に潜む大きなパラドックスがある。決して彼は頑固なだけではなかった。本質的な問題、例えば自分の持つ権限の性質、ロシアについての概念、自分の運命などについては、辛抱強い意志を示し、だれも揺るがすことはできなかった。それが分かっていなかったために、ストルイピンは一九一一年に自説を譲らず、自分の見解を皇帝に押し付けることができると思ってしまった。首相が相手の決意のほどを試すために辞意を表明した時、二人の間で交わされたやりとりは明確そのものである。皇帝は首相に言う――「これ以上、言い張らないでもらいたい。もし、私があなたの辞任を受け入れるならば、先例を作ることになるということを理解してほしい。もし、大臣が絶えず入れ替わり、ドゥーマや国家評議会との紛争にいちいち反応していたら、私の前で責任をとるべき政府はどうなるのか?」少し前なら、皇帝はこう説明しただろう——「問題は信頼にあるのではない。我々がロシアにいるのであって、外国にいるのではないという事実にあるのだ。だからこそ、私は辞任を受け入れることができないのだ」。

ニコライ二世の権力についての考え方が全てこの発言に込められている。政府首班の権威の源はただ一つ、ツァーリの意志なのだ。ドゥーマが、国家評議会がどう考えようと、そんなことは大したことではない。事態がこうなのは、歴史がいまロシアで展開しているからだ。こう言ったからとて、皇帝が暗示しているのはロシアの遅れについてではない。彼にとって本質的なこと、つまり、民族の政治的伝統なのである。

こう理解すると、皇帝のストルイピンに対する不興は、ストルイピン反対派の影響力のせいとは言えない。もしあったとしてもそれは二義的なことである。むしろストルイピン自身のせい、ニコライ二世の政治的概念と全面的には合致しない彼の企画のせいだったのだ。

ストルイピンの孤独な闘い

首相の行動(考え方ではない)がロシアにとって有益だと思われる間は、皇帝は彼に対する信頼と支持を持ち続ける。だが、一九〇八年以降、ストルイピンは託された任務を完了しているではないか? 首相は治安を回復し、地方の改革を実施した。これ以上、彼は進むべきか? 近代化の名において社会を大変動させ、しかもメンタリティーの転換を第一目標にしてよいのか? この点において、ストルイピンの野望は皇帝にも、君主制派エリートにも、野党にも、社会全般の無気力にもぶつかる。言うならば、彼の支持層は大きくなかったのだ！

皇帝は、ロシアの政治的社会的発展については「民族的」考え方に執着している、と言われていた。彼は、ストルイピンがそれに代わって西欧的な考え方を取り込もうとしていると疑う。皇帝の周辺で、皇帝の家族、皇后（彼女の対ロシア政策に及ぼす影響については後述する）、「伯父たち」が重要問題を討議するときは必ず同席しており、きわめて単純化した考えを共有していた。彼らは、民百姓と皇帝の間に直接の歴史的な絆が存在すると信じ込んでいた。そうならば、民百姓の生活と労働の枠組みと習慣を変えることで、彼らのメンタリティーを転換させようとすることが果たして理にかなっているのか、受け入れられるのか？皇帝と彼の身近な人々の目には、ストルイピンの第一の義務は、現行の社会秩序の範囲内において平静さを取り戻し、政府首班としての職務を遂行することにあると映る。「改革」という考えは、正確にはニコライ二世と首相の間では決して同じ意味合いを持ったことはなかった。確かに、ツァーリはある種の経済的社会的変化という考えには開かれていた。だが、それとても社会——第一に農民社会——と皇帝の間に存在する関係の性格そのもの、そこから敷延して体制の性格まで変化させるべきではなかった。まさに、ほとんど神秘的とさえ言える皇帝と彼の臣下一人一人との間に存在する個人的忠誠心の持つ絆に関して、皇帝とストルイピンの間の意見不一致が深まったのだ。いや、ストルイピンは決して皇帝を批判したりはしなかった。だが、彼の改革についてのビジョンは、最終的にはロシア国民各人を一人の市民にすることであり、従って、皇帝の考え方を台なしにしてしまう市民社会を創設することである。こうしたこと全てが歴然としていたわけではなかった。しかし、繊細なニコライ二世は、ストルイピンの改革計画が長期的に及ぼす結果について気付かずにはいられなかったし、それに順応することもできなかった。

ロシアの貴族たちの大多数は、こうした改革計画には無関心だった。彼らの主要な懸念は二つである。秩序の維持と、他人が自分たちの土地に手をつけないことだ。だからと言って、貴族階級を一つのブロックにまとまった社会集団と見なし、急速に転換する宇宙に無神経で、目をふさいでいると決めつけることは、あまりに表面的なとらえ方である。農奴制廃止は、法的には解放された農民階級と彼らとの関係について考え直すことを余儀なくしたが、貴族制度の内に止まっていた。多くのロシア貴族の個人的資料によると、彼らの農民階級との関係は、家によってきわめて異なることが明らかになっている。

興味深い一例は、伯爵夫人ソフィア・パーニナの領地に関してである。彼女は一九一七年、ケレンスキー政府の教育相をつとめる。カデット党に近く、社会問題と道徳問題に熱中した、このずば抜けて賢かった女性は、今世紀当初から自己の領地の改革に手をつけることを決心していた。領主として、彼女は自分の土地を農民たちに配分した。一八九一年以来、彼女は自分の領地の一つに給食施設を創設し、ペテルブルク周辺の貧しい小学生たちに無料で食事を配給した。一九〇三年、パーニナは「人民の家」を創立し、給食を必要とする毎日千人以上もの小学生、労働者とその家族たちに食事を与えた。また彼らのために識字教育と新聞、書籍を与え、見世物小屋まで提供した。貧困を和らげるだけでなく、教育をも施す——これがこの企ての狙いだった。ヴォロネジ地方では、彼女の領地は当時進行中だった農村地方の変革の、より明確な例を提示している。一八六一年には三万九千ヘクタールの土地を所有していたが、一九〇五年には二万六千ヘクタールに減っている。解放された農民は自分のためと領主のパーニナのために働き、彼女が創立した民間の衛生・社会サービスを受けることができた。

確かに、ソフィア・パーニナは普通の人間ではない。一八七二年生まれで、若くして結婚したが、皇帝の命令により間もなく離婚。彼女は早くから自分の家の領地の管理に携わるが、同時に社会活動にも従事し、必要とされる改革について明確なビジョンを持っていることを実証した。ボリシェヴィキが権力を掌握するとき、彼女は自分の管轄下の省の金庫の鍵を渡すことを拒否し、権力の非合法な保持者に鍵を渡すことはできないと言ってのけるのだ。だが彼女ほど華やかではない他の多くの人々が、やはり目覚ましい社会的イニシアチブを取っている。一八四〇年、同じパーニナ家に生まれ、ソフィアの伯母にあたる伯爵夫人レオニダ・コマロフスカヤは、四十六歳で寡婦となった。十九世紀末、自分の領地に、かつての農奴や使用人たちのために年金や社会保障制度を開設し、その基金は領地の収益金が保証した。一九一六年には、この基金から四千ルーブルが年老いた使用人たちに支払われたが、その額は現在働いている庭師の給料に近いものだった。確かに、たいした金額ではないが、大地主たちの中には、かつての使用人に対する責任感を抱いていた人たちがいたことを示している。

だからといって、土地所有貴族がどこでも、いつでも農民に対して寛大に振る舞ったと結論するのは性急すぎるだろう。だが、こうした例はたくさんあるのであり、貴族たちがだれもかれも「農奴主義者」ではなかったことを実証している。貴族階級全体が乱暴で、社会の現状について無知だったというイメージで描き出すことを再検討する必要がある。貴族階級出身でも、バクーニン、ペトルンケヴィチ、あるいはソフィア・パーニナらは、早くからロシアを根本的に改革する必要のあることを感じ、しばしば最も過激な政治的社会的勢力に身を投じていた。ストルイピンの掲げた近代化政策の経済的意味合いを意識していた大地主のあるものたちは、自分たちの領地を利潤を目指した企業に転換し、資産価値をかなり増やしていた。農民階級のほんの一部だけが土地取得の利益に浴したとしても、富裕農民社会――十五パーセントぐらい——が資産価値を増した土地の上で発展し、ストルイピンが当初の目標とした余裕ある農民階層を代表するまでになった。他の農民たちにとっては、貧困と増大する不完全雇用とが相変わらず共通の運命だった。

安定した政治を実現しようと政治のゲームに手を染めたストルイピンは、自分の改革支持母体として政党に依存できるものと期待していた。この面でも、彼は失望させられた。確かに、貴族たちの特権と結び付いていた極右政党が彼に敵意を示し、貴族階級の土地所有権を全面的に擁護することは予測できた。しかし、首相が議会で多数派を制させたオクチャブリストは彼に好意的であるはずだった。この時期に数を増やした企業家たちはオクチャブリスト党を支持していた。企業家たちは、自分たちの領地と特権にしがみついている大土地所有者がロシアの経済発展にブレーキをかけていると判断したからだ。だが、オクチャブリストたちは農地改革が必要であるとの原則には同調したが、ストルイピンをはっきり支持するかしないかでは優柔不断な態度を取った。本当のところ、彼らは、ロシアの状況についての明確なビジョンと土地所有権の不可侵の原則に対する心底からの愛着との間で揺れ動いていた。彼らは、その原則そのものが問い直され、改革の影響下で崩れてしまうことを恐れていた。こうした政治状況の中で、カデット党だけが改革政策を支持した。しかし、彼らも所有権を尊重して、自分たちの土地を農民に引き渡さなければならない土地所有者に補償金が支払われるべきだ、と要求した。

もう一方の対極では、農民の真の擁護者である社会革命党と社会民主党が全ての土地所有者から土地を接収する必要があることで合意していた。だが、そこから両者の意見不一致が始まった。

社会革命党にとっては、ロシア全土の土地を例外なしに補償金なしで国有化すべきであり、その土地を耕している農民たちにそれらの土地を提供するべきだった。これらの土地の規定については一九〇六年にヴィクトル・チェルノフが練り上げた綱領の中で明文化されている――「土地はだれにも所属せず、労働のみがそれを使用する権利を与える」。これが「労働所有制」と呼ばれるものだ。もちろん土地は譲ることも、売ることも、譲渡することもできない。社会革命党によれば、こうして社会主義は地方で、ついでロシア全土で勝利をおさめるのであり、革命はその目的を達するのである。ロシアの資本主義的発展を信じず、急激な変化の必要性を意識するインテリゲンツィアと土地所有を要求する気のない農民階級とを持っているロシアは、これら二つの社会構成分子に頼って急速な革命を達成できる、と彼らは考えていた。

社会民主党はこうした見解には同意せず、農民にはいかなる信頼も抱かなかった。一九〇三年に、レーニンの影響の下で、社会民主党は、ロシアに変化をもたらすには時間が必要であると考えて、小規模の改革を目指すきわめて穏健な農業政策を採択していたが、一九〇五年革命は社民主義者たちをより過激なビジョンに導いた。ピョートル・マスロフは、メンシェヴィキのために改革案を用意し、土地公有化という考えを擁護した。これは、まず所有者から土地を全て没収して、これを選挙で選出された地方自治体の責任者に引き渡し、彼らに土地の配分と管理を任せる、というものだ。このマスロフ計画案は一九〇六年、社会民主党に承認されるが、レーニンは、農民階級の未来について独自の解釈に基づいた案でこれに対抗した。彼自身も一九〇五年の苦い経験とストルイピンの案を考慮していた。レーニンが「プロイセン型モデル」と名付けたこのストルイピン計画案は一つの原則に基づいている。最もやる気のある農民たちを優遇して彼らに力をつけ、遅れて発展する残りの農民たちのモデルとする。このモデルに対して、レーニンは、農民階級全体に平等に機会を与えるという原則に立った「アメリカ型モデル」を対置する。プラグマチックな人間だったレーニンは、いずれにせよ、結果はストルイピン主義に基づいたものと同じになることを知っていた。すなわち、農民の中にエリート集団が現れるが、機会均等の名の下にたちまち進歩に取り残された敗者たちから非難される。敗者は自分たちが搾取され、裏切られ、権利を奪われていると考えて、地方における階級闘争の主力を構成するだろう。ストルイピンがモデルと刺激材料を創り出そうとした土壌で、レーニンは社会分化と闘争の誘因を探し求めた。次いで、レーニンは、農民プロレタリアートの軍団が都市プロレタリアートの革命闘争を強化してくれることを当てにした。農民たちを誘惑するために、土地の即時配分をスローガンの前面に押し出した。言葉を変えれば、レーニンは古典的マルクス主義に忠実に従って、農民階級は小ブルジョワジー的社会意識を持つ社会の遅れた部分であると見なす。だが、マルクスと同様に、農民の参加なしでは革命闘争を指揮することは困難であると見る。指揮者マルクスにとって、それは「不完全な合唱団」なのだから。帝国主義権力に対する闘いの段階では、土地の全面再配分を唱えることで農民階級全体を獲得しなければならないのだ。そこから、全く別の話が始まる……

政党間で、農地改革とそれのロシアの未来に占める位置についての見解は大きく異なっていた。右翼を除けば全ての政党が土地の没収が必要であると宣言していた。カデット党は補償金付きで、社会革命党と社会民主党は補償金なしだった。だが、社会革命党とカデット党だけが農民の未来について関心を示していた。社会革命党にとっては、農民に耕すべき土地を与えることは社会主義に導くことである。カデット党にとっては、ブルジョワ革命が強化されることになる。彼らはそれ以上は進む気はない。社会民主党では、ボリシェヴィキもメンシェヴィキも、現状の農民階級を革命の道具とは見なさず、従って、ほとんど関心を示さなかった。彼らが目指す地平線は社会主義革命であり、その中で、農民はゆくゆくは工業化されたロシアの労働者階級に溶け込むだろう。

その結果、どの政党もストルイピンの改革を全面的に支持する気はなかった。彼らの目には、ストルイピンはロシアの政治生活のある瞬間を代表しているに過ぎなかった。だが、カデット党を例外とすれば、どの政党も土地所有農民の強化が彼らの綱領の中に位置を占めることができるとは考えもしなかった。

議会制度の強化

自分の掲げた農地改革計画で孤立したストルイピンは、議会との関係においても支持を得られなかった。けれども、こうした状況は、疑いもなく彼の行動がもたらした功績と認めざるをえない。確かに、選挙法を操作することで一九〇七年に選挙人団、なかでも民族派を縮小したことは褒められたことではない。だが、ストルイピンの決定的な功績は、議会政治を根付かせたことにある。この問題については、彼はロシアのほぼ全体と闘わねばならなかった。この制度とついに全面的には折り合えず、議会が皇帝の意志の一部として考えられていないことを許せなかった皇帝は、見てきたように、議会に好意的であったことは決してなかったのだ。宮廷で彼を取り巻く人々は、一貫してドゥーマに対して敵意を示した。だれ一人その必要性を理解できなかったし、わけても議会制度がもはや後戻りできないことを理解できなかった。革命までずっと、いつでもドゥーマを厄介払いできるのだ、という幻想が支配していた。一方、政党側はと言えば、決してその権威を高めることに貢献したとは言いがたい。社会革命党や社会民主党のある者たちは、当初のボイコット指令、次いで敵対しながらの議会政治への参加といった方針のために議会主義についての彼らの考え方を狂わせてしまった。参加するべきか、ボイコットするべきかの是非論議が、議会の性格を一時的で不確かなものにしてしまった。ドゥーマを嘲笑の的にすることを狙いとした参加は、議場での審議を筆舌に尽くしがたい騒ぎにしてしまい、社会の目からすれば議会の威信を高めるものでも、関心を抱かせるものでもなかった。それに、一九〇九〜一九一〇年の危機の最中に露呈したドゥーマと国家評議会（上院）の権限をめぐる混乱が、いっそう議会の地位の不確かさを増幅した。

各方面から現れるこうした障害にもかかわらず、ストルイピンは、ドゥーマをロシアの政治生活の中にしっかり定着させることができた。気質の上からは、議会主義にさほど熱意を見せなかった。しかし、改革についての彼の考え方からして、すでに存在するドゥーマを廃止することは拙劣であると早くから理解していた。だから彼はドゥーマが実際に役割を演じることを可能にする条件を執拗に探し求めた。選挙法をいじることも、こうした条件作りの一環だったことは確かに嘆かわしい。だが、一九〇七年のロシアは、ようやく議会主義の道を歩み始めたばかりなのだ。選挙法をめぐる駆け引きにもかかわらず、結果は称賛に値する。第三国会はその任期を満了したが、そのこと自体が疑いもなく成功だった。なぜなら、この長さはそれ以前の第一、第二国会の短命ぶりと対照的であり、一九〇七〜一九一二年のロシア国会は不十分な代議制だったが、前例とは異なって国会としての仕事を真剣に果たしたからである。単に騒がしい集会や破廉恥な宣言を行う場ではなく、仕事と討論と法案を推敲する場所であった。任期を満了した第三国会は二つの結果を達成した。ロシアの政治的風景と実践の中に、未来が予測できない暫定的な現象としてではなく、永続的な制度としてはっきり刻み込まれたこと。また、ロシアの抱える全ての問題を網羅して討議する場所として記録に残ったことである。

一九一二年の段階で、だれ一人議会制度の永続性を疑う者はいなかった。第一次大戦の前夜、ドゥーマが存在していること、社会がロシアの政治生活に参加していることは、人々のメンタリティーに刻み込まれていた。一九一二年に選出され、正常に任期を全うした第四国会は、超保守的な性格にもかかわらず、議会制度が根付いたことを立証している。

＊

なるほど、ストルイピンは強化されたリベラルな帝国を残しはしないだろう。彼の業績は逆の傾向を伴っている。当初の弾圧措置はその陰の部分であり、ロシア社会のリベラル分子はそのことで決して彼を許さないだろう。だが、議論の余地のない祖国の経済的進歩は、秩序の回復をもたらした要因の一つである。決してあの忌まわしい「ストルイピンのネクタイ」の記憶のせいではない。ストルイピンが後継者たちに残したルーブルは一九一一年の時点では最も強固な通貨の一つだった。予算は黒字であり、その状態は一九一三年まで続いた。農業の生産性も増加する。鉄鋼と石炭の生産も目覚ましい伸びを示した。特に教育制度が広がり、一九一四年に兵役年齢に達する世代の間に素晴らしい目立った効果をもたらした。教育面での改善は、ある目撃者が「社会の中での議会主義意識の進展」と呼んだものとあいまって、公民意識を発展させることに貢献している。

ストルイピンの失敗が歴然としていて、道徳的にも損失となっている項目がある。ロシア帝国のユダヤ人の身分に関する部分だ。国政に携わるようになると直ぐにストルイピンは、この領域での改革の重要性を認識して、皇帝に、ユダヤ人に課されている居住と行動の面での制約を撤廃するよう提案した。ニコライ二世は、閣議で大多数がストルイピン提案の議論に共感を示したのに、提案を拒否する。皇帝の拒否はロシアにとって悲劇的な結果をもたらすことになる。多くのユダヤ人が失望して移民の道をたどり、ロシアはそのために秀れたエリートたちを失うことになる。他のユダヤ人は大挙して革命闘争に身を投じる。モラルの面では、近代化の道を歩むロシア、というイメージを世界に示そうとしているまさにその時に、ロシアの面目を失わせることになるだろう。一九一一年、アメリカはユダヤ人の身分問題への憤りを示すために、一八三二年締結の露米条約を破棄する。

ストルイピンは、ロシアを自分が想像していたリベラルな帝国にできるだけ近づけさせた。もし、彼が完全に成功しなかったとしたら、なによりも先ず時間が足りなかったからだろう。だが、特に皇帝の彼に対する支持が控えめであり、しかも、のちに撤回されてしまったからである。ストルイピンは暗殺されたとき、政治的にはすでに死んだも同然だった。ニコライ二世に見捨てられ、とても自分の政策を遂行することはできない状態だった。彼は改革策によって祖国の安定化を揺るぎないものにしようとした。こうした改革策こそ、まじかに迫っている革命からロシアを免れさせたのだ。ニコライ二世自身も改革によって安定化を図ろうとした。だが、そこには君主制度の改革は含まれていなかった。そのような改革は自分の任務遂行とは相いれないからである。

ロシアの安定とそのために支払うべき代価についての二つの概念の対立から生まれたのが、首相に対する皇帝の無理解であり敵意である。ニコライ二世なしでは、ストルイピンは自分の計画を完遂できなかった。早い段階から、彼は皇帝が気乗り薄なことを察知しており、自分が成功できないだろうと知っていた。けれども、一九一一年のロシアは、一九〇七年にストルイピンが引き受けたときのロシアとはもはやなんの類似点もなかった。社会の内部と市民のメンタリティーに起きた変化は、いかに脆弱なものであっても、そこに存在していた。リベラルな帝国への夢は、一九〇五年当時の専制主義的な帝国とそれ以後の開放との間の移行を確かにしたのである。ウィッテ以後、ストルイピンは別の道を辿って同じ目標を追求した。限度のない専制君主制を、より制限された、議会主義に基づく開かれた専制君主制に転換することである。そして、機構とメンタリティーを変えることによって、この変革した制度の後戻りを禁じることである。

第八章　運命の歳月

一九〇九年、ロシアがようやく日露戦争と、一九〇五年と、そして恐るべき年月の時代を忘れ始めたとき、ニコライ二世は突然ストルイピンに宣言する――「私は、自分がやろうとしたことを何一つ成功できないのだ、ピョートル・アルカジエヴィッチ。私には運がないのだ……それにしても、人間の意志とはいかに無力なことか……」

ストルイピンが抗議すると、皇帝は反論する――「貴殿は私の生まれた日をご存じかな？　五月六日、聖者ヨブの祝日ですぞ。間違いない、ピョートル・アルカジエヴィッチ、私は予感以上のものを、心の中で確信を抱いている。私は恐るべき試練にさらされる運命にある。だが、私はこの世で報いられることはないであろう……いく度、私は我が身にヨブの言葉を当てはめたことだろう、『恐れが具体化しそうだと分かったとき、私の恐れていたあらゆる不幸が私に襲い掛かるのだ……』」

このやりとりを報告している当時のロシア宮廷付フランス大使モーリス・パレオログは、日記の中でニコライ二世の性格上の特徴を二点とくに強調しているが、ストルイピンに対する発言はまさにそれを反映している。すなわち、深いペシミズム、それも避けがたい運命につきまとわれている、という感じ方と結びついている。そして諦め。つまり神のご意志の現れと彼が受け止めていることに従おうとする欲求である。日露戦争後の、ストルイピンのエネルギーがしばしば成功を約束しているかに見えた比較的幸福な時代には、これらの特徴はさほど目立たなかった。しかし、ストルイピンが皇帝の不興をこうむり、暗殺された後には、これらは皇帝の行動に大きな影響を与えることになる。

ウィッテ、ストルイピンといった、しっかりした考え方と手法を持ち合わせた精力的な指導者がロシアを近代化することに没頭していた希望の時代に続いて、運命の時代がくる。ありとあらゆる困難が、国内的にも（公的生活の面でも、私生活の面でも）、対外的にも降りかかり、ロシアの未来を暗くした。そして、困惑の度を深める皇帝を救うために大政治家が現れることはないだろう。

一家の悲劇

あれほど待ち望まれていた皇位継承者が、一九〇四年、生まれた。私生活ではほかには何一つ陰りのなかった皇帝夫妻の祈りと、巡礼とが聞き届けられ、長いこと裏切られていた希望がかなったのだ。美しく、元気にあふれ、健康そのものの四人の王女の姿からは、皇太子アレクセイの誕生とともに始まる悲劇は想像できなかった。確かに、ヘッセン家に血友病の遺伝があることは知られていた。だが、この病気はヘッセン家だけではない。ヴィクトリア女王は欧州各地の宮廷に九人の子供と三十四人の孫を送り込んだので、そこここでこの遺伝的欠陥が現れる危険はかなり大きかった。その上、王家の家族でさえも、当時は幼児の死亡率はまだ高かった。あまたの病気が幼児たちを襲うので、そのうちの一人が血友病に冒されているのではないかとの懸念は、ジフテリアや、天然痘や、あるいは他の災害の危険にまぎれてしまっていた。というわけで、宮廷ではこの遺伝的病気についてほとんど考えず、ニコライ二世の婚礼の時もだれ一人そうした危険に思い及ばなかった。

しかも当時、この病気についての医学的知識は混乱しており、立て続けに健康そのものの四人の王女が生まれたので、ロシア皇帝夫妻は自分たちの頭上にこのような脅威が迫りうることを忘れていた。十年間、彼らの第一の心配事は全く別だった。これほど幸せな結婚を完結するには、王朝存続のために男子の後継者を持たねばならない。真実が明らかになったのは、皇太子誕生後数週間経ってからであり、皇帝と皇后は劇的な選択の前に立たされる――ロシアに真実を告げるべきか、それとも隠すべきか。

血友病は特殊なタイプの病気である。遺伝であることから、この病気を伝達する人物に、罪の意識と運命という複雑な感情がのしかかる。遺伝による伝達は決して確定したものではない。ヴィクトリア女王は四人の息子がいたが、そのうちの一人、レオポルド王子だけが血友病だった。他の三人は無事だったから、アレクサンドラ皇后のたった一人の息子がよもや病気に冒されるなどとは想像もできなかったのではないか？　実際、ヴィクトリア女王の二人の王女、アリスとベアトリスはそれぞれ自分たちの娘に血友病の遺伝子を伝達し、彼女たちが後にロシアとスペインの王家に嫁いだので、二人とも血友病の皇太子を持つことになる。病気についてはすでに以前から知られていたが、一世紀半も王家を次々に襲ってきた悲劇について、医学はただ単に、偶然だけが血友病の遺伝子の流れを決めるらしい、としか解明できなかった。ロシア皇帝と皇后を襲ったこの偶然は、王朝の継続がかかっているたった一人の男子の後継者の運命を決めただけに、彼らにとって耐え難いことだった。偶然によって決まる病気ではあるが、血友病はまた、治療法のないこと、全く予期しない形で発病することでも、特殊な病気である。血友病患者は、自分の病気がいつ、どのような症状で——内出血か、外部の出血か——現れるか分からず、予測もできないまま、病気と暮らす。発病するまでは目に見えないので、病気に罹っている人の存在も目に見えない。

ロシア皇帝と皇后にとって、この病気の予測が不可能なことと、病状の進展ぶりが彼らの生活のあり方を一新することになる。できるだけツァレヴィッチを保護し、考えられる限りの危険を除去するために、全てが犠牲にされた。それ以来、夫婦の、そして家族の生活の全てが子供の安全のために集中した。とはいえ、皇帝と皇后は自分たちの職務を果たすことを考えなければならないし、ツァレヴィッチは皇位継承者に止まっていた。当然のこととして、一切沈黙を守ることが指令された。ロシア全体が皇帝一家を襲った悲劇についてはなにも知らず、この沈黙も、王朝内部に問題が起こることを避けるためには必要だったかもしれないが、皇帝と皇后のイメージにとってはあらゆる面で嘆かわしいことが明らかになる。

たまたま彼らが久しい以前から、私生活を大事にしていたことが幸いした。ますます家庭に閉じこもり、その生活のスタイルも変えなかった。人目につくほど歴然と変化したのは、夫妻の振る舞いと性格だった。

人も知るように、皇后は内気な性格で、家族と一緒のとき以外は内向的であり、神秘主義に傾く傾向があった。こうした特徴は、息子が冒されていた病気が発見されたことでいっそう強まった。皇后がこの病気を遺伝させたのであり、子供の救済を望んでいたから、神を絶えざる対話の相手にした。奇跡が起こり、子供が治癒することを信じようとした。神のご意志と思われる厳しい打撃を受けた皇后は、祈ることによって、この神のご意志が寛大な決定をくだすよう求めることができると思った。病的なまでの宗教心が目立ち、さまざまな結果を招いた。全てを神の求める尺度で判断し、自分の周辺の人々のモラル面でのけしからぬ振る舞いや、風紀の乱れと信仰の緩みに対して不寛容さを示した。彼女の厳格主義は、世間の、中でも特権階級のより緩やかなモラルに反対し、宮廷と絶えず敵対関係に身をおくことで、すでに存在していた紛争をさらに悪化させた。

だが、最も嘆かわしいことがこれから起きる。奇跡を希求するあまり、神の沈黙に直面して、アレクサンドラは怪しげな仲介者に助けを求め、奇跡の行者を見いだそうとしたのだ。

「神が遣わした人間」か、不幸をもたらす人間か？

アレクサンドラが熱をあげた治癒者、インチキ医者、知的障害者たちのことをここで長々と述べたてることは少しも役にたたない。キリストの狂信者ミチア・コリアバ、透視能力が自慢のダリア・オシポヴァ、ロシアからたちまち追放された医師フィリップ・ド・リヨン、そして占星術師パプス。彼らが皇后の人生をよぎり、苦悩のうちに男児の出生を待ち望んでいたあの年月に途方もない希望を抱かせたのだ。

アレクサンドラの神秘主義は、いつも見当違いだったわけではない。サロフの聖セラフィムに寄せる彼女の崇拝、クロンシュタットのイヴァン神父に感じた魅力、それらの表明がときとしては過度であっても、教会が認めている信仰の枠内に止まっていた。だが、ラスプーチンの登場とともに、皇后の過度の宗教心は危険なまでの信じやすさを伴うこととなった。

ここは、この奇跡をもたらしたとされる人物について、くだくだしく述べる場所ではない。彼についてはすでに、多くの伝記が書かれているからである。だが、彼の特徴について、ここで想起しておくべきだろう。何よりも先ず、彼を一九〇五年のペテルブルクに出現させたのはおそらく偶然だ、ということだ。この年はあの血の日曜日が起きた悲劇の年であっただけでなく、ラスプーチンの前任者である自称医師のジェラール・アンコース（通称パプス）が後述するような条件の中でロシア宮廷に出現した年でもある。

当時の首都は混乱の極みにあり、パプスは皇帝夫妻によりツァールスコエ・セローの宮殿に呼び付けられた。皇帝はどのような決定を下したらよいのか困惑して、事態の流れをそこから不安げに見守っていた。フランスの外交官モーリス・パレオログは、この魔術師が皇帝夫妻と二人の証人の前で、「あの敬虔な皇帝アレクサンドル三世の亡霊を呼び出すことに成功した」途方もない光景について記述している――「苦悩で心をさいなませながらも、ニコライ二世は父王にはっきりとたずねた――ロシア全体を脅かしつつあるリベラリズムの潮流に対して行動すべきか、すべきでないか、と。亡霊は答える――おまえは始まったばかりの革命を万難を排して圧殺しなければならない。だが、革命はまたいつの日か生き返り、もっと激烈なものとなるだろうから、今日の抑圧はもっと厳しくなければならない。かまいはしない。元気を出せ、息子よ。闘いを止めてはならぬ」。皇帝夫妻がこの気にかかる予言について呆然として考えこんでいたとき、パプスは断言する――「自分の魔力があればこそ予言された破局を回避できたのであるが、自分がいなくなれば、回避能力もたちまち失われることだろう」。

このような光景は実際に起きたのだろうか？　パプスが一九〇五年から一九〇六年にかけてロシアにいたこと、皇帝夫妻に謁見したことは疑いの余地がない。パレオログはこの話の真実性については確信しており、一九一六年に彼が聞いた話として報告しているのである。疑問はともかくとして、そこに示されているのは、皇帝夫妻が魔術師たちをたやすく信じ込んでしまうという宮廷の全体的な雰囲気である。また、魔術師たちは政治的助言を乱発し、自らの個人的運命をロシア国家の運命と結び付けてしまっていたことだ。パプスは、後のラスプーチンのように、一九〇六年、言うことになるだろう――自分がこの世を去った後は、災難が訪れるだろう、と。一九一六年十月二十六日、道理をわきまえているパレオログはパプスの死去について記述したあと、結論づける――「従って、革命が近づいている」。

ラスプーチンは、皇帝夫妻の生活の中で、パプスとは全く別の場を占めることになる。ツァレヴィッチが血友病の危険状態に直面したときに治癒能力を示したことになっているが、疑いもなく歴史上の謎に止まっている。本物の聖者なのか？　神の遣わした人間なのか？　それとも単に堕落した人間なのか？　どう判断したらよいのだろう？　ロシアの歴史学者アンドレイ・アマルリクはアンシアン・レジーム（旧体制）時代の専門家ではないが、ラスプーチンについては、政治的エスプリの才のある「賢人」説を取っている。確かなことは、発端は、ラスプーチンがロシア教会の最高位の人々の保護の下に首都に到着したことである。彼をペテルブルクに呼んで皇帝たちに推薦したのは、皇后の聴罪司祭であった大修道院長テオファンだった。皇帝たちはラスプーチンに一九〇七年夏、初めて会っている。

乱雑な身だしなみで、会った人々だれもが彼のひげと爪が汚いことを強調している、中肉中背のこの自称修道士が、皇帝夫妻に好印象を与えたことが、まず第一に奇妙である。このスターレッツ（遍歴の聖者）の二つの特徴が、皇后にとっては、彼の与える怪しげな印象を帳消しにするものだった。純朴な農民の服装に長髪姿はムジーク（民百姓）そのものであり、アレクサンドラにとっては、本物のロシアを体現しており、宮廷やそこでの策略が決して堕落させることのできないロシア国民の奥深さを示すものと映った。それに、有名なラスプーチンの眼差しを付け加えるべきだろう。証言する人によると、灰色あるいは鋼鉄のような青い目が、厚い眉毛の下の落ち窪んだ眼窩の奥にある。時としてナイーヴさを装い、時として集中心を見せる。〔ラスプーチンの暗殺者となる〕フェリックス・ユスポフ公爵は、この修道士の死を待ち望んでいた果てしなく長かった夜に、その視線を見つめる時間的な余裕があり、ラスプーチンに接した人たちがそうであるように、彼の目からは磁力のようなものが発せられていると主張した。しかし、万人がラスプーチンに魅惑されてしまったというわけではなかった。皇后の頼みでラスプーチンの訪問を受けたストルイピンは、彼の「大きな催眠能力」に気付くと同時に、「嫌悪感」を覚えた。彼の後継者ココフツォフもまた、ラスプーチンと話し合うよう求められた時、同じような矛盾する印象を受けている。

だが、皇帝夫妻にとって、ラスプーチンの威信にはただ一つの理由があるだけなのだ。皇太子が内出血により組織と筋肉の収縮のために苦しんでいるとき、少年を静め、苦痛を止めることができたからである。彼が苦痛を和らげる能力を持っていることは疑いないようだ。彼は出血も止めて信用を得るのだが、その説明はいっそう簡単だ。少年が苦しむので、医師たちは鎮痛剤として、一八九九年に発見されて当時流行となっていたアスピリンを投与したが、この薬は出血を止めるどころか、かえって悪化させた。自然人であるラスプーチンはあらゆる薬を敵視していたので、子供にアスピリンを与えないよう皇帝夫妻に厳命し、枕元のテーブルに用意されていた錠剤を何度も投げ捨てた。薬を取り去るというこの効果的な措置が、長引く出血によい結果をもたらしたことは否めない！　子供の苦痛を目の当たりにして苦しむ両親にとって、苦痛を和らげることのできた人物を祝福しないなどということがあるだろうか？　特に信じこみやすい皇后は、奇跡を起こしてくれる人を見いだそうと必死だっただけに、ラスプーチンを救いの神と思った。こうなると、彼が身だしなみが悪く、「身辺に動物のような匂いを発散させていた」としても、たいしたことではない。

ラスプーチンが皇帝夫妻と親密だったことには、皇太子の病気をめぐる秘匿ぶりにも原因がある。病気については何も言わないと決定されたが、皇太子アレクセイはしばしばちょっとしたショックや傷で出血し、しばしば原因もわからないままに内出血して、そのたびに耐え難い苦痛に襲われ、死の寸前まで行くこともあったので、こうした事件については人々の知るところとならざるをえない。健康状態が発表され、教会では皇太子の治癒を願ってロウソクが明々と灯された。だが病気の原因については決して言及されなかった。その結果、専門家やこの病気治療に携わったことのある人々が正しい治療薬を提案する労を取らなかった。危機的状況の中で、皇帝夫妻は完全に孤立していた。それゆえに、彼らは、謎めいた病気の発表を聞き付けて集まってくるありとあらゆる魔術師やイカサマ師たちに耳を傾けてしまう。皇太子の生命の上にのしかかる名前のない脅威は社会全体に漠然とした不安感を生む。不幸は、ロシア国民を不運な皇帝一家と近づけることができたはずである。だが、秘密保持が彼らを皇帝から遠ざけてしまう。

社会が抱く不安感はもちろんラスプーチンという人物の人格をも巻き込む。ラスプーチンと皇后や大公妃たちとの関係がどのようなものであるのかについて、ありもしない猥雑な噂が流れたが、真相が知られないためにいっそう広まった。汚らしい、常軌を逸した百姓が、どうして、あれほどえこ贔屓され、自由行動を与えられているのか？　彼がいつ何時でも皇帝の宮殿の部屋に出入りしていたというのは、真実ではないが、血友病の症状が現れたときには時間にかかわらず要請に応じて、あるいは自分の考えで出入りしていたことは確かである。スキャンダルはたちまち政治的色合いを帯びて来る。不幸な皇后は、この当時、神と国家、ラスプーチンと権力とを混同するまでになり、政治にもなかなかの見識を備えているこの百姓の政治への好奇心を受け入れ、かえってかきたてさえした。生まれながらに百姓の英知を、神が遣わした人間の英知を備えている人物と確信した皇后は、ラスプーチンの要請を入れて、彼をストルイピンに、次いでココフツォフに押し付けた。こうした政界のトップとの接触は、スキャンダルに満ちた噂に輪をかけ、いまや権力は皇帝の手から滑り落ちてこの不可解な顧問の手に移っている、という考えに信憑性を与えてしまう。新聞も次第にこの事件を取り上げるようになる。それでも当時は検閲が存在していた。新聞はラスプーチンの保護者の名前は出さずに、彼の権限の乱用と行き過ぎを慎重に非難した。

危機を察知したこの狡猾な修道士は皇帝一家から離れる。まず、エルサレムへの巡礼、次いで変わらぬ友人であり、悪だくみにも与した修道士エリオドル〔のちにラスプーチンと敵対するようになる〕のもとへ、単なる訪問客として出掛けた。この逃走は、これまでよりももっと悪いスキャンダルに発展した。なぜなら、こんどは教会とその最高権威である宗務院が巻き込まれたからである。ラスプーチンは自分の宗教的権威を増すために司祭職を手に入れようとし、さらに、無教養でアルコール浸りの放蕩仲間にトボリスクの主教を引き込んだ。彼の勝手な要求は、それまで教会内部で彼を支持してきた人々の間にも憤激を巻き起こした。ラスプーチンは自分が陰謀の犠牲者だとして出頭し、皇后の支持を得て宗務院に提訴した。抗議した人々はその結果、職務を奪われ、追放された。

これではあまりに酷すぎる！　国会ではグチコフが、ラスプーチンの宮廷から受けていた庇護を問題にした。モスクワでは、サマリンやシェレメチェフ伯のように清廉潔白の人々が宗務院の腐敗ぶりを非難し、教会を改革するために公会議の招集を要求した。

個人的な悲劇の殻の中に閉じこもった皇帝は、皇后と連帯してラスプーチンに完全な信頼を寄せ、息子の生き延びることと、ラスプーチンが宮廷に存在することとは連携していると信じこんでいたので、これに反発しなかった。一九一一年も終わろうとしていた。六年後に、公会議が招集されることになる。だが、宗務院が生き延びたこれらの歳月の間に、宗教のヒエラルキーはもはやいかなる尊敬も受けなくなった。教会が王座を支えても、もはや何の役にもたたない。皇帝夫妻はこのような地滑り現象に気がついていなかった。それは、政体にとって極めて重大なことだった。

とりあえずニコライ二世は、ラスプーチンについていかなる議論も出版物も禁止したことで権威を示したと考え、事件には決着がついたものと確信していた。しかし、この運命の歳月に、ロシアの政治全体が、増大する一方であるトラブルへとひそかに巻き込まれて行く。

忘れられた改革

ストルイピン亡き後、彼の後任者を考えねばならない。同時に、第三国会の任期も終了する。皇帝は選択の前に立たされる――改革の道を継続するか、それとも、絶えずかられている誘惑にまかせて、権威についての伝統的な考え方に戻るか？　とりあえず、それに付随する質問が提起される。そのような後戻りがまだ可能なのか？　故アレクサンドル三世が権力の座に就いたときのように、世論に沈黙を強いることができるのか？　世論は何年も前から、取り締まりにもかかわらず、デモの形で、ドゥーマでの代議士の発言を通じて、新聞紙上で意見を表明することを学んでいるではないか？　一九〇七年以降の政権の比較的自由化、五年間に及ぶ国会の継続した活動、ラスプーチンがらみの皇帝夫妻の生活にのしかかる暗い陰に対する不信感、公的機関のスキャンダルなどを世論は見てきた。それだけに、世論はたとえ控えめであっても、政治生活の中にしかるべき位置を占めたいと思うようになる。一九一一年末の時点で、予測不可能な反発を呼ぶかもしれないが、恐るべき弾圧なしでは、ウィッテとストルイピン時代の痕跡を消し去ることはできないことは明らかだった。

暗殺された首相の後任に選ばれたのは、ウラジーミル・ニコラエヴィッチ・ココフツォフ伯である。模範的な名士であり、控えめで、高潔であるが、弱い性格の持ち主であることで知られている。ドゥーマを前にして、一九〇八年のある日、彼は不幸にも次のように叫んだ――「幸いなことに、我々は国会を持っていない！」彼が首相に任命された直後、リヴァディア宮で彼を謁見した時、皇后は次のように言ったのだ――「あなたはあまりに前任者の名誉を讃え過ぎ、彼に重要性を与え過ぎます……あるがままの自分でよいのです。政党の支持を求めてはなりません。ロシアでは政党は重きをなさないのです。ツァーリのご支持をお求めなさい。そうすれば、神様が助けにきてくださるでしょう」。

キエフでストルイピンが暗殺された夜に、時の勢いで権力の座に就くことになったココフツォフ蔵相は、デリケートだが火急の問題について、大した威信を示すことになる。ストルイピンの暗殺犯人ボグロフはユダヤ人だったので、過激派集団が暗殺への報復としてユダヤ人大殺戮を組織することが懸念されて当然だった。ところが、蔵相は自分の判断でキエフにコサック連隊を招集し、秩序維持に当たらせ、成功する。この決定で皇帝の支持を受けていた彼は、直ちに皇帝に呼ばれ、ストルイピンの後任となることを求められる。だが、ニコライ二世は、ラスプーチン事件のほとぼりを冷まさせてくれることを彼に頼みたかったのだ。このことについて、ココフツォフは回顧録に書いている――「ラスプーチン問題は最も火急の問題となり、私が政府首班であった期間をずっと通してそうであり続けた」。

皇帝夫妻は、この問題について全面的に沈黙を守らせることが新首相の任務だと考えていた。だが、新聞にスキャンダルが大きく取り上げられるのを見て、ニコライ二世は自らこの件について一切言及を禁止する。こうして彼は、新聞の事前検閲を一切禁止している現行の法律に背を向けてしまった。その上、ニコライ二世は内相に穏健派のアレクサンドル・マカロフが任命されるのを心ならずも受け入れていた。自分としては、もっと保守派で強圧的な候補者を胸に抱いていたのに、ココフツォフが望まなかったから折れたのだが、譲歩をたちまち悔いることになる。早くも一九一二年末にマカロフを更迭し、強硬派として知られたニコライ・マクラコフを任命する。

権力の座についた時、ココフツォフは、オクチャブリストやカデット党の支持を得ていると信じていた。もっとも、皇后は全ての政党を無視するよう助言していた。第四国会の選挙は一九一二年十一月に行われ、ココフツォフが頼りにしていた支持政党は弱体化した。オクチャブリストは百二十一議席に落ち込み、党首のグチコフは落選した。カデット党と同党が提携するいくつかの中道左派政党は百議席の大台に達し、一方、タカ派右翼は百四十五議席（過激派五十二、民族主義者九十三）、社民十三、労働党十議席だった。この国会は憲政擁護派にも、革命派にもわずかの議席しか与えなかった。第四国会はココフツォフの期待に応えず、ますます増大する一方の暴力的雰囲気にも合致していなかった。

たしかに、提出された社会政策は第三国会の任期切れ前に採択されていた。一九一二年六月、ドゥーマは疾病保険を義務付ける法律を採択した。しかし、政府が労働組合を合法化して以来、ストへの誘惑は絶えずあった。一九一〇〜一九一四年ごろ、ロシアの労働者階級はかなりの発展を遂げ、二百四十五万人に達していた。その相当な部分がより良い生活条件を求めて地方から都会に出てきた人たちだった。一九一二年四月、レナの金鉱で発生した流血事件が起爆薬の働きをした。レナではストとデモが抑圧され、百五十二人の死者が出た。ドゥーマは、新聞がいち早く「第二の血の日曜日」と名付けたこの悲劇的事件を解明するために調査委員会を任命した。委員会の委員長は、政治犯の弁護を専門にしていた若く明敏な弁護士アレクサンドル・ケレンスキーだった。彼は調査委員会の委員長のポストを去ると、すぐ第四ドゥーマ選挙に立候補した。当選すると、ケレンスキーは革命を準備するために活動を活発に展開し、集会、執筆、クラブと政治グループの組織に明け暮れた。

その一方で同盟罷業が続き、拡大した。一九一三年、スト参加者は百五十万人にのぼっている。このことから判断して、ロシアは革命に向かっていると結論してよいのか？　もちろん、そうではない。だが、社会は政治体制の脆弱さを感じとり、人々はこれを好機とばかりに、危機の際にいつも騒乱の場となる街頭と大学で、自分たちの要求を表明した。

権力側について言えば、官僚機構の鈍重さと内部対立のみしか見えない。ココフツォフは、偉大な前任者たちのような権威も強力な個性も持ち合わせなかった。彼は、時として独断で決定を下す国防大臣と衝突し、時として財政面でも権限を行使しようとする農相クリヴォシェインと衝突した。ココフツォフは蔵相と首相の職務を兼ねていたからである。権限の配分をめぐる論争と、無益なライバル意識が彼らを対立させていた。まさに国内の困難が目に見えて増大し、国際環境が急速に悪化しつつあった時に、である。全てがロシアの政治制度が解体しつつあることを示していた。国益を認識できる資質を持つ人材に助けを求めることが不能になっていた。堕落した宮廷の雰囲気が回りを腐敗させた。この有害な雰囲気を助長したのが、政党への資金配分をめぐる金銭上のスキャンダルだった。この時、すでにこうした腐敗が始まっていたのだ。ストルイピン政権時代に蔵相をつとめたココフツォフは、政党、とくに極右政党に公的助成金を与えるという考えに反対していた。一九一二年の選挙戦の時に、彼はそうせざるを得なかったのだ。そして一九一三年には、金銭と政党資金と反ユダヤ主義とが混じり合った忌まわしい事件が起きる。ココフツォフは極右から、「ユダヤ人の金持ちに取り入るために」極右政党への助成金を拒否したのだ、と非難された。こうした非難はドゥーマの会議の席で出されたのだが、当時、どんな雰囲気だったかを示している。こうした中傷はメシチェルスキー公が所有する超保守派の新聞『グラジダニン』に掲載された。

日に日に政治的影響力を増大させている皇后の意見では、ココフツォフは完全に失敗した。彼女の憤懣は色々ある。首相の怠慢のために皇帝一家の評判が取り返しのつかぬほど傷つけられたこと、ストと無秩序に対処できなかったこと、首相が不当な中傷攻撃の対象となったこと。だが、首相はそうした中傷攻撃を沈黙させることはできなかった。なぜなら、ドゥーマは首相のいかなる厳命にも従う気はなかったからだ。皇后は、首相批判を列挙して、この大嫌いな首相を更迭するよう迫る。皇帝は逡巡したあげく、ついに一九一四年二月十二日、本人に書簡を送ることを決心する——「我が国の政治生活の加速するリズムと、祖国経済の波乱に満ちた展開は、明確にして重大な措置をとることを要求している。その責務を果たし得るのは新しい人間でしかない……私は貴殿の最終報告を金曜日午前十一時に待っている」。

こうして更迭されたココフツォフは、それでも自分が皇帝に最後のすばらしい貢献をしたことに思いを馳せながら自分を慰めるのだ。一九一三年十一月、彼は、帝国の西部国境を保護する戦略的利害がかかわっている鉄道路線建設のために年間百億フラン、期間五年間の借款をフランスから獲得した。このころになってようやく皇帝は、ウイッテが今世紀初頭に懸念をもって指摘していたことに気付くのだ。西部方面への交通手段の弱体と、そのために紛争時にこうむる危険である。ウィッテ同様にココフツォフもフランスとの間に緊急借款交渉を進めていた。ウィッテ同様、任務を果たしたところでココフツォフも更迭された。

皇帝は、解任を通告するメッセージの中でそれでも哀惜の念を示し、困難が山積する中でやむをえず新しい精力的な人物を求めざるを得なかったのだ、と述べた。突然の解任で傷付けられたココフツォフは、「新しい人物」なるものがだれを指すのかを知り、なおさら傷付く。なんと古顔のゴレムイキンではないか。冴えない人物で、すでに一九〇六年にウィッテの後任になったことがある！　この途方もない任命は、ココフツォフ解任と同様に、皇后が「われらが友」としか言及しない人物の助言による。もっとも一番驚いたのはゴレムイキン本人だ。任命に狼狽して、独り言でいうのだ――「わしは古い毛皮のマントのようなものさ。何か月もの間、ナフタリンとともに仕舞いこまれ、機会が訪れるとまた取り出される。またもや仕舞いこまれ、必要とあれば取り出されるのだ」。

任務を解かれ、マリア皇大后を訪問したとき、ココフツォフは彼女から、皇帝がこうむっている影響について――つまり義理の娘の影響力のことだが――皇帝に注意するよう懇願された。皇大后は、国を破滅に導きつつあると思われる行動を目の当たりにして、彼女の心配を皇帝に伝えたかったのである。

しかし、一九一四年、時すでに遅しだった。どんな警告ももはやツァーリの耳には届かなかった。一九一二年のスパラ滞在のとき以来、若きツァレヴィッチは死の危険にさらされていた。皇后はただ一つだけ確信していた。子供が生き延びるためには、つまりロマノフ王朝とロシアの救済のためには、ラスプーチンが必要なのだ、と。彼女の病的なまでの神秘主義に、迫害を受けているという鋭敏な感情が付け加わった。アレクサンドラは、ラスプーチンに対する攻撃は自分個人に対する攻撃だと感じてしまう。皇帝一族全てから、かつてなく孤立してしまった皇后は、家族とごく親しい女友達とだけで宮殿に閉じこもり、もはやラスプーチンの言うことしか聞かず、彼女の抱く恐怖心と、ヒステリックな挙動と、幻覚からくる強迫観念がニコライ二世にのしかかる。

この逆行の期間、ドゥーマは討議の場というよりも論争の場だった。政府はあらゆる行動の手段を失っていた。それほど、皇后と修道士ラスプーチンの不興をかうことを恐れていた。国は動揺していたが、それでも幸福と幻想の時期を経験していた。ロマノフ王朝の三百周年記念祝典である。目もくらむような祝典は一九一三年三月から六月まで三か月も続いた。祝典はまず首都で始まり、次いで奥深いロシアである地方に移り、皇帝一家とお付きの一行は、初代ロマノフ王朝皇帝ミハイルが自分が国王に選ばれたことを知った生まれ故郷のコストラマに赴き、祝典はモスクワで終了する。今度はいかなる不幸も祝典を襲わなかった。それどころか、ロマノフ家の初代皇帝の足跡をたどる巡礼の中で、皇帝夫妻は農民たち群衆が駆け寄って来るのを見た。彼らがあれほど信じていた本当のロシアの姿だった。皇后は強調する——「大臣たちが、いかに臆病者であるかおわかりでしょう。彼らは革命についてくどくど話すことに時間を費やして皇帝をおびえさせているけれど、私たちが姿を見せた途端、全ての人々の心が開かれるのです」。

それから六十年後の一九七一年、ロシアの隣国であるイランで同様に豪奢で印象的な喜びの祝典がペルシャ帝国創設二千五百周年記念に繰り広げられ、同様に帝国の終焉を告げることになるのである〔パーレヴィ帝政を倒したイラン革命を指す〕。当時、だれ一人この二つの出来事が平行線をたどっていることに注意を払わなかった。だが、全ての意味で両者は似通っていた。何よりも、改革と革命との間に絶望的な競争が展開されていたのだ。

皇帝に向かって、皇后が繰り返し言う――「忘れ難い日々の間、私たちは本当のロシアを、私たちに忠実なロシアを見たのよ」。ロシア民衆の熱狂ぶりは疑問の余地はないが、だからといって憂慮すべき現実を包み隠すことはできない。モスクワでは、若きツァレヴィッチがまるで死に瀕している病人のように青ざめ、コサック兵に支えられて、あるいは馬車に乗って移動させられた。公表されないままのミステリーじみた病気の様子はだれの目にも歴然であり、全般的には憐憫の情を抱かせながらも、不安をかき立てる。このように虚弱な皇太子をもってしては、どんな王朝であろうと存続できようか？　将来が約束されており、王朝が長期間続くだろうと皇帝夫妻が思ったとしても、多くの証言者は自問自答する――このような壮大な式典は、始まりと同じくらいに終焉も祝っているのではなかろうか、と。

だれもが気付くもう一つのこと、それは、皇帝の妻に対する精神的依存度である。肉体的にも心理的にも不調に悩んでいる皇后にとっては、心身を消耗させる祝典の儀式は耐え難いものだった。何度も彼女は失心もしくはヒステリー発作の寸前まで行った。皇帝は片時も皇后から目を離さなかった。いつ何時でも彼は会話を中断し、相手を置き去りにして妻のもとに駆けつけるのだった。皇帝自身の弱さの現れ、と証人たちは見る。

それに、またもやラスプーチンがスキャンダルを起こす。カザンの聖母寺院で、儀式の口火を切る荘厳な聖歌「神よ、汝を讃える」が歌われるその時に、ラスプーチンはドゥーマのメンバーの予約席を占領したのだ。ドゥーマ議長ロジャンコは途方もない力の持ち主だが、ついに腕力でラスプーチンを追い払わねばならなかった。彼のこの日の傍若無人ぶりは、皇后の失点としても記憶に留められる。

皇帝に対する忠誠心については疑問の余地のないココフツォフだが、祝典の総決算をして次のように締めくくっている――「皇帝は、ロマノフ家がロシアのツァーリとなり、全領土の領主となった時以来、条件はすっかり変わっていることを理解しなければならない」。彼の希望は、しかし、ニコライ二世のゆるがぬ確信と衝突してしまう。それに皇后も、奥深いロシアの姿に接した大旅行の後で、今まで以上に皇帝と民との間の精神的な深い絆について幻想を抱いたから厄介である。

この三百周年記念祝典はまた、ロシアの総決算をする機会でもあった。この総決算の結果は、政治、経済、社会、文化についての全てのデータを集大成した重さ何キログラムにもなる『帝国の現況』に残されている。有力者である予約購読者向けに限定部数が印刷されたこの文書は、記載されている情報が無数であり、しかも正しかったことからも貴重である。そこから分かるのは、なし遂げられた近代化の業績だ。ロシアはついに企業家階級を持つようになり、その数はまだ弱小だったが、成功ぶりは目覚ましいものがあった。こうした企業家たちは短時間のうちにとてつもない富を築いた。ある者たちはすばらしい絵画の収集に走り、おかげで今日のロシアの美術館の宝庫、なかでも十九世紀と二十世紀の絵画については彼らに負うところが大きい。あるいは彼らは革命家たちに財政援助を与え、もしくはこれら二つの活動を兼ね合わせる。いずれにせよ、数十年前までは貴族階級にのみ支配されていた社会に、新しいカテゴリーが付け加わった。すなわち政治的にも開かれ、なにごとにも関心を示すひとたち、つまり実業家、裕福な農民、権力の圏内にたどりついたインテリゲンツィアのメンバーたちである。ブルジョワジーがロシアにも存在し始める。ブルジョワジーは、貴族階級から、そしてまた革命精神を盾にとる人々からもそしられることになろう。

社会の平和が得られたというには程遠い。しかし、全ての統計数字が立証しているように、絶えざる経済成長は、ロシアが肩を並べたいと望む先進諸国に急速に追いつきつつあることを示唆している。労使紛争と政治対立を沈静化させるためにロシアに欠けているのは、政治制度の持続した進歩である。制限付きであるが代議制度を受け入れざるを得なかった一九〇五年からその後の一九一三年までの間、皇帝は政治制度についての考えでは少しも進歩しなかった。彼は相変わらず議会制度にほとんど敬意を示さず、政治制度の二義的要素に過ぎないと考えていた。そこから派生するのは、君主と国会（ドゥーマ）の間の接触の欠如であり、行政府と立法府の間の隔壁は立法府が社会から真の権力の構成要因の一つであると認められることを長いこと妨げることになる。一九一二年の国会選挙は、社会にとって、ドゥーマが何よりもまず選挙のプロセスを経て社会の苛立ちを表明する手段であって、国家の問題を討論し交渉する場ではないのだ、という印象を裏付けることになる。このような条件下では、これらの年月が表向きの平静さにもかかわらず、街頭が権力側と住民の最も不満な部分との間の関係を示す格好の中心であり続ける。

とはいえ、革命家たちの威信は決して大きいとは言えない。第四国会には社会民主主義者が十三人しかおらず、そのうち六人がボリシェヴィキだった。選挙のボイコットこそ「改革の幻想」に対する唯一の回答であると主張する社会革命党とは反対に、レーニンは第一次大戦の前夜に、自党に差し出された合法的可能性に賭ける。裕福な商人から提供された補助金のお陰で、彼は首都で、全く合法的に、革命的な内容を掲載する新聞『プラウダ』を創刊する。社会民主党（ボリシェヴィキ）の努力が標的とする労働者階級は、内紛に明け暮れる連中を前にどうしてよいのか途方に暮れていた。労働者たちは、メンシェヴィキであろうがボリシェヴィキであろうが区別せずに、両者は共に相手のあら捜しばかりする連中で、労働条件の具体的な問題よりも個人的抗争に血道を上げる手合いだと見た。

社会革命党もまた、農民階級の政治的教育のために活動していると断言しながらも、どちらかと言えば身を引いていた。ボリシェヴィキやメンシェヴィキと同様に、社会革命党員も戦略の問題と個人的なライバル関係をめぐって口論していた。ボリシェヴィキ同様に、彼らもまたメンバーのある者たちが警察と怪しげな関係をもつことの被害を受けている。一九〇八年、同党の闘争組織の責任者エヴノ・アゼフが告訴されたこと、その彼が一九〇九年に同党の名誉審査委員会によりオフラナ（秘密警察）の手先だったとして判決を下されたことは、皆の心にトラブルの種を撒いた。ズバトフ以来、帝国警察はそうした挑発に出るのが癖になっていたし、自らの目的のために左翼政党の責任者たちを利用する術を心得ていた。だが労働者も農民もこうした結び付きについては何も理解できず、それを受け入れる組織に対して不審の目を向ける。

当時、社会とその名において発言していると主張する政党とを隔てる距離は、街頭に革命が出現していることをすでに告げるものであり、そこでは政党は不在であろう。だがこの不安定な歳月には、革命の展望が間近に迫っていることを示すものは何一つなかった。

全国的な危機

一九〇五年、革命の騒乱はロシア帝国の周縁地域に到達したが、とくに顕著だったのは労働者プロレタリアートが存在している地域――例えば油田のあるバク――であり、それも現住民よりもロシア人が中心だった。ロシア系住民と非ロシア系住民の間の行動の差に気付いた帝国当局は、周辺地域の安全はカフカス地方とポーランドを除けば確保されており、原住民の忠誠心は疑問の余地がない、と結論付ける。このことは他民族に対する傲慢さを説明している。その傲慢さは三通りに現れている。すなわち大戦に至るまで高まる一方のロシア民族主義の主張、他民族に対していつも不利に働く選挙規定、一九〇五年以後取られた融和措置の漸進的放棄、である。一見したところ目立たないが、動揺の続く周辺地域に不満を抱かせるにちがいないこうした態度はたぶん、日露戦争で被った敗戦の屈辱を考慮にいれるなら説明がつくだろう。ロシア国家権力とその現地代表、なかでもトルキスタン総督だったクロパトキン将軍は、この敗北に続く期間に、日露戦争でのロシアの敗戦が、現地住民によって、全ての被抑圧民族にとって一種の復讐だと受け止められていたことに気付いていた。一種の被植民地住民の間の連帯がこの瞬間から生まれていた。その兆しは至るところにあり、ロシア帝国の弱体化を目の当たりにした非ロシア人住民の満足感を示している。

一九〇六〜一九一四年に周縁地域で密かにくすぶっていた危機は、二重の緊張が高まった結果である。ロシア側の強圧措置と、それに対する目に見え始めた他民族側の反応である。いずれにせよ非ロシア民族は精神的に帝国から離反しつつあった。ロシア政党及び民族主義文化運動内部での政治討論は、しばしば公然と将来の多民族国家形成問題を提示するようになる。一方、一九〇七年の選挙法は国会内部での少数民族に割り当てられた議席数を削減し、中央アジアについては完全に除外してしまっている。この選挙法の規定によって行われた第三、第四国会の「ロシア化」は、ドゥーマの周辺地域に対する権威を大幅に奪ったのである。

同じ頃、イスラム教徒の進展ぶりはロシア政府を動揺させたが、同時に、安心させる要素をも内包しているように見えた。この動揺はロシアのイスラム教徒が宗派や地方の違いを越えて政治的に結集しようとする初めての試みと結び付いている。すでに一九〇五年、イスラム穏健派代表はウィッテに、汎イスラム教徒会議の開催を許可するよう求めた。ウィッテの拒否にもかかわらずこの会議は一九〇五年八月、ニジニノヴゴロドで開催され、百五十人近くが参加した。会議は全露イスラム教徒連合の創設を決める。同連合の使命は、イスラム教徒間の連帯を強化する定期大会の開催のほかに、以下に掲げる四項目の綱領を守ることにある。

――全露イスラム教徒団体の統一、

――普通選挙で選ばれた人々が立法府と行政府に参加できるような民主的政権の樹立、

――ロシア人とイスラム教徒の間の公民権ならびに宗教的権利の完全な平等、

――イスラム教徒共同体にふさわしい文化政策（学校、出版物）の展開。

この綱領は権力側に不安を与えるものだった。なぜなら、綱領は穏やかな語調にもかかわらず、権力側が受け入れる気のない二つのタイプの目標を提示しているからである。すなわち、代議制政治体制の実現、そして文化面で完全な自治制を与えられ、全ての領域でロシア人と同等の権利を保有するイスラム教徒共同体の承認である。このようにして連邦制帝国を目指そうとしていたのだ。政府側がなぜ同連合の第二回大会（イッティファク）開催に反対しようとしたのかは理解できる。だが、この反対は徒労に終わった。

当時のロシアの熱狂した雰囲気の中で、イスラム教徒たちは一九〇六年一月、首都に参集し、進行中の革命の枠組みの中に自分たちの運動を刻み込む。大会はドゥーマにイスラム教徒のまとまった代表を確保することを目指す選挙戦略を確定し、選挙戦と議会活動の面で立憲民主党（カデット党）と提携することを決定する。

八月に開かれた第三回大会は初めて当局に許可された会議となる。なぜなら、権力側ももはやこの台頭中の政治勢力を容認せざるを得なかったからである。大会は、イスラム教徒連合を本当の政党に転換することを決め、カデット党に近い綱領（立憲君主制、農地改革、八時間労働制）とイスラム教徒共同体特有の要求（なによりもまずロシア人と完全に同等の権利）を採択する。

国会でイスラム教徒の真の代表を確保することを目的とした統一組織ではあるが、第一回ドゥーマへの同連合選出議員は二十五人に過ぎなかった。彼らの一部はカデット党に参加する。彼らの弱さは、内部対立ゆえに単一の議会グループを構成することができないことにある。第二回ドゥーマはイスラム教徒議員三十五人を数えていたが、うち連合を代表する二十九人がグループを結成し、カデット党と提携する。一九〇七年に制定された選挙法は、第三ドゥーマの中でのイスラム教徒議員の数を十人に減らし、次いで第四ドゥーマでは七人に減らしている。すなわち、こうなっては彼らは国会の場では意志表明ができないということだ。第三、第四ドゥーマではタタール人、カフカス人議員だけが生き残っていた。

イスラム運動の発展ぶりを見て、ロシア中央権力は、汎イスラム主義の表明だと警戒心を抱いたが、それは間違いだった。ロシア帝国の国境の外では、汎イスラム主義の進捗はその当時すでに確実だった。だが、ロシア帝国内のイスラム教徒たちは、前世紀にジャマル・エルディン・エル・アフガニが植民者に反対するイスラム教徒の連帯を唱えた呼びかけには反応をさして示さず、それよりもトルコの青年将校団の運動にむしろ目を向け、帝国の多くのイスラム知識人たちが青年将校団のもとに意見と支持の約束を取り付けるために馳せ参じた。中央アジアの知識人たちがイスタンブールに向かうというこの運動は、一九〇八年から一九一四年にかけて加速する。だが、青年将校団が中央アジアのトルコ語系住民に及ぼす牽引力は見返りのないもので、トルコ人たちはそのような連帯には好意的でない独自の民族主義を発展させて行く。従って、ロシア政府は、トルコへの傾斜とかトルコ語圏でのトルコの策謀とか危険を誇張していたわけである。にもかかわらず、政府は、中央アジアを政治面から除外する口実にした。同時に、汎イスラム主義の伸長に対抗するために「西欧化したエリート」を養成するべく真剣に努力することを決める。そのために政府は、イスラム教徒の師弟のための小学校、中学校を開校し、ロシア本国の学校と同じ教育を施した。この努力は中央アジアでこそ必要とされた。エカテリーナ二世の治世以来、ヴォルガ河流域では活発に活動していたロシア正教の布教師たちも、ステップ地帯をなおざりにしてきたからだ。そこでは、教育の場は保守派イスラム教徒で反ロシア主義を掲げるイスラム教のモラー(導師)たち、それにイスラム教徒の間の連帯を宣伝するタタール人の手に委ねられていた。

タタール人の果たす役割は、ロシア政府権力にとっては強い懸念の対象だった。なぜなら、今世紀の始め以来、タタール人は全イスラム教徒の再結集を図るリーダー格の役割を演じていたからだ。彼らの掲げる要求は、農地改革、帝国の政治にイスラム教徒を参加させることなどで、イスラム教徒の同胞を動員するのにふさわしいものだった。タタール国はロシア正教の布教師たちにとって絶好の活動の場だったが、反面、帝国が試みた同化政策の失敗を見せつける場でもあった。布教師たちは数十年がかりでキリスト教信者を獲得していたが、二十世紀初頭は改宗が止まっただけでなく、むしろ逆流現象を記録した。イスラム教はむしろ常に、タタール国の全体社会への帰属を示す要因と感じられていた。イスラム教に復帰し、教育を受け、数多くのロシア人の政治グループと関係を持つことで、タタール人インテリゲンツィアとその補佐役のトルキスタン人たちは、イスラム教周辺地域の社会政治的変革の急先鋒になろうとした。彼らを沈黙させるには、ドゥーマの議員数を制限するだけでは不十分だった。反対に、国会で中央アジアのイスラム教徒代表権を廃止することは、一九一〇～一九一四年の時点ではステップ地帯のエリートたちを過激化させ、一九一七年の革命に先立つ爆発を準備することになる。

帝国の南部周縁地域では、国家権力が政治的権利の制限とロシア化したエリートたちを推奨したいとの意欲の間で揺れ動いていたとしても、西部周縁地域では、民族的、政治的要求がより良く、しかも古くから表明されていただけに、対決は一気に激化し、反発を招き、数年のうちに中央と周縁地域との関係を硬化させた。

周知の通り、一九一一年、ストルイピンがポーランドにもゼムストヴォを導入することを決めたとき、首相と第三ドゥーマとの間に重大な紛争が持ち上がったが、その発端はポーランド国民の反応だった。この改革の裏に潜んでいたのは、(農民と官吏を優遇することによって)土地所有者であるポーランド人の犠牲においてロシア人代表の数を増やすことだった。二年後、民族別「有権者集団」を操ることで、ポーランドに設置された町村議会は、官吏を中心とするロシア人が人口比率以上に優位な地位を占めていた。ゼムストヴォと町村議会は、議員の構成により行政面においてロシア語の使用を義務付けることに一役買い、さらにポーランド人を激高させた。

一九一二年、ココフツォフは前任者が始めた民族的自由の縮小政策を執念深く継続し、ポーランド人に不利なように領土を「切り刻むこと」に取りかかる。ホルム地方は、それまで別々の領土だったルブリンとシエルツェとが合体されて州となり、キエフ地方に併合される。その口実は、同地方の住民の大多数がウクライナ人であることだ。西部諸州におけるポーランド人の民族的生活を「非ポーランド化する」、もしくは弱めることになるこの種の措置はじわじわとロシア化を進めることであり、折からオーストリア＝ハンガリー帝国での普通選挙導入と時期を同じくしていただけに、痛恨の念をもって受け止められた。ロシアとガリツィアに住むポーランド人は自らの体験と苛立ちに立ち向かうことを止めず、将来のポーランドとの再統一への夢を共同で発展させて行く。これらの歳月を通じて、騒然としたこのポーランドで、ストルイピン（そして彼の後にはココフツォフ）は民衆の参加という面では明らかな進歩を示す行政上の改革と抱き合わせる形で巧妙にポーランド人の権利を後退させるのだった。行政上、そして領土上の再編成を通じて、ストルイピンはポーランド人、ウクライナ人、ユダヤ人を巧みに対立させることで民族集団間の敵対関係をあやつる術を心得ていた。

ストルイピンの行動は容易に理解できる。帝国を揺り動かすさまざまな運動の注意深い観察者であった彼は、ロシアの国境内だけでなく、ポーランド人が特別の地位を占めている三つの帝国における民族運動の高まりを意識していた。一九一二年、私有だったウィーン〜ワルシャワ鉄道網はココフツォフによって国有化され、その結果、ポーランド人鉄道員はロシア人に取り替えられた。すでにストルイピンが長いこと熟慮を重ねていた一石二鳥の作戦だった。自国領土における暮らしの中でポーランド人の比重はまたもや低下させられた。いったん紛争が起きたときに、鉄道員のロシア化によって、重要な地域での鉄道網の安全がよりよく確保されると思われたからだ。だが、このような計算がいかに幻想であるかを戦争が示すことになろう。ポーランドでの反ドイツ感情を容易にかき立てることができるにしても、紛争が起きるに違いない国境地帯での民族主義的傾向をたたき潰すことに執着することがいかに危険であるか示すことになろう。ストルイピンと彼の後継者によって継続されていた政策の曖昧さは、明確な選択をすることを拒否していた点にある。すなわち、ポーランド人がドイツに反対し、ロシアに忠誠を示すことを当てにするためには、ポーランド人のデリケートな民族感情を最大限に尊重することを必要としたのだ。

ほかにも二つの帝国の間に引き裂かれ、そのために外部からの影響力にもろい民族がある。ウクライナ人である。ロシアでは全ての文化的権利を奪われていたウクライナ人は、オーストリア＝ハンガリー帝国では全く異なっていることに気が付く。ガリツィアのウクライナ人は正真正銘の表現と結社の自由を手に入れていた。そこでは結社プロスヴィタが発展し、農民たちの教育にあたっていた。リヴォフにはすばらしい大学があり、今世紀始めに偉大な歴史学者フルシチェフスキーが歴史学の教授をつとめていた。シェフチェンコ学会はまさにウクライナの科学アカデミーの役割を果たしていた。そして政党の活動も盛んだった。

ポーランド人同様にウクライナ人に対しても、ロシア当局は必要な譲歩と後退の間でためらっていた。だが、世界大戦を控えたこの時期に後退することは激しい反発を招くことになろう。一九〇五年は開放の一時期を画し、アレクセイ・シャルマトフが委員長を務めるロシア科学アカデミーの委員会が「小ロシア語〔かつて小ロシアと呼ばれていたウクライナの言語。ウクライナ語〕の出版物に対する制限撤廃」の検討を任されていた。弾みがついて、学者たちの組織、出版、結社（特にプロスヴィタ）などがウクライナ東部で花開いた。

ウクライナ出身の代議士たちが第二国会に民族自治を要求するまでに至っていただけに、ストルイピンはこの文化復興運動に懸念を示す。一九〇八年以来、後退が始まるが、逡巡と不確実さに満ちた条件の中で行われただけに、ウクライナ人たちをいっそう激高させた。自治運動の中心と目されていたプロスヴィタは当初は行政措置によって正常な運営を妨げられていたが、一九一〇年には決定的に禁止されてしまう。第三国会を前に、ストルイピンは「ロシア統一を危うくするような全ての運動」に対する敵意を表明している。

だがウクライナでも、中央アジア同様に重大問題が起きていた。土地問題であり、地域の条件に適合した農地改革をめぐる問題である。ところがストルイピンの進める改革は、ウクライナのかかえる農業問題と矛盾していた。ここでは解散すべきコミューン（村落共同体）もなければ、私的所有者の身分で置くべき農民もいなかった。地方での生活の困難さは、まず農民には土地が不足していたこと、しかもその土地は大ロシア人地主の手にあることに起因していた。一方、国が所有する土地は取るに足らないものだった。一八六一年の農地改革では、大領地は手付かずに残され、農民は猫の額のように狭い土地に満足せねばならず、彼らはストルイピンの提案から何の恩恵にも浴さなかった。土地を買えないために、土地購入代金の年賦繰り延べも彼らには何の役にもたたず、むしろ土地所有者から土地が取り上げられるのを待つことにしたが、無駄だった。

農業問題と民族問題。二つがあいまって、ウクライナ農民とロシア人大土地所有者とを対立させ、不満を増大させた。この不満は第一次大戦直前の数年間には民族色を全土に濃厚にして行く。二十世紀始め、民族問題はむしろエリートたちの関心事だったが、間もなく農民層をも巻き込む。農民たちは、政治団体が要求する自治なるものがロシア人を追い出して土地を獲得する手段だと見るようになる。

バルト海沿岸諸州では、ドイツ系住民――ストルイピンが大いに優遇して学校の再開や土地の購入を許した――とラトヴィア人、エストニア人の間の対立は、民族問題以外の紛争を秘めている。紛争の原因には事欠かない。ドイツ人優遇策の犠牲になっていると感じているバルト人たちは、民族問題であれ社会問題であれ、いつでも急進的な思想に与し、社会民主党の隊列に合流した。この場合、ロシア政府の政策は断絶を図ることであり、和解を求めることではなかった。ストルイピンにとっては、バルト諸州を弱めることが増大する民族主義から彼らを遠ざけることになる。だからといって、この政策のもう一つの面、すなわち、自分たちが属すると感じているドイツ帝国の牽引力からドイツ系住民を引き離すために誘惑することも効果を挙げなかった。戦争がそのことを立証している。

フィンランドでは、ロシア人とフィンランド人の間に立つ第三の民族共同体は存在しなかった。議会は民族的意志が集中する場所であり、ロシアとの紛争は議会の権限を巡る紛争となる。紛争が重大化したのは一九〇八年以来である。ロシア民族主義派議員たちが、第三国会で、一九〇五年にフィンランドに付与された自治権を廃止するよう要求したからである。ストルイピン自身は、議会がその現れであるなにがしかの自治権と広範な中央政府の権限確立とを結び付ける穏健な解決策を掲げていた。そこで彼は、議会の新たな地位を練り上げることを混合委員会に委ねる。この作業の結果生まれたのが州議会のレベルに落とされた「残部議会」〔十七世紀の英国で、王党派を追放した後の議会を指す表現〕であり、地方にかかわりのある問題しか扱わなかった。とはいえ、この議会と議員たちを屈服させるのは容易なことではなかった！　一九〇九年、議会は一回目の解散をさせられ、次いで一九一〇年に混合委員会によって押し付けられた改変ののちに再度解散させられた。二回目の解散に続いて選ばれた代表たちは一堂に会して、今後は議事日程を決めるのは自分たちであり、議会の権限を決めるのも自分たちであると宣言する。ペテルブルクは譲歩を拒否し、乱暴なロシア化政策の道を選ぶ。議会は解散され、ロシア人官吏たちが大量に全ての地方行政機構に導入され、ロシア人にはフィンランド当局の認可を受けずして商業に携わることを許可された。こうした決定に反対して裁判官や地方の名士たちは不服従の義務を宣言し、大規模に追随された。彼らの多くが逮捕され、ペテルブルクで裁判にかけられる。一九一二年以来ずっと、フィンランドはロシア帝国とその周辺地域との間の最も重大で修復不能な対決の場となる。総督ボブリコフ将軍の唱える全面ロシア化政策は限度なしに適用される。ボブリコフは一九一一年、右腕のザイン将軍にとって代わられる。このロシア化政策に対してフィンランド国内で憤激が高まり、住民の大多数がたちまち不服従運動に入り、もはやいかなる和解工作も可能には見えなかった。問題は、民族的要求の高まりによってすでにこの時に提起されている。つまり、帝国とその組織に関する問題である。

国外で高まる危険

歴代政府首脳と社会そのものとの関係で失敗したニコライ二世は、それでも、常に外交面では主導権を断固として保持する決意を示した。戦争に先立つ不安定な数年間は、彼の国際問題についての考え方が最も鮮明に示された時期であった。すなわち、羅列するならば、バルカン諸国へのますます増大する関心と、とりわけスラブ世界に対する責任感。海峡問題をともかく解決しようとする意志。彼がその拡張主義を完璧に分析しているドイツに対する敵意。ロシアの安全を三重の同盟関係に置き、なかでもフランスとの友好関係を中心に据えようとする意志。さまざまな個人的、精神的試練によって成熟した皇帝が、個人的な企図を持っていなかったとは考えられない。ましてや全般的な計画についてならなおさらである。かつて従兄弟のウイリー（ウィルヘルム二世）がビョルケでの密約会談で思うままに操ることのできた若く純真だったニコライは、いまや国際的安全保障という視点から未来を考える君主に生まれ変わっていた。その自覚は国内の安全に対する考慮を上回っていた。このことから、外相の選択にあたっては真剣に人物を吟味し、全体的には首相とよりは外相たちと緊密な信頼関係を保っていたことが説明できる。さらに、外交問題に関しては、ある程度は世論を考慮せざるをえなかったが、それでも国内問題に対するよりははるかに自由な行動をとることができた。ドゥーマは確かに軍事予算については論議したが、軍事面での大筋は皇帝の専権事項とされていた。ニコライ二世は、ポーツマス交渉の際にウィッテに同行したことで外相の任務を終えたラムズドルフの後の外交のトップの座には、失敗から教訓を学び外交関係と同盟関係を再構築することで皇帝の威信をロシアに取り戻すことのできる新しい人物を据える必要を感じた。この役割はイズヴォリスキーに委ねられることになる。彼は一九〇六年から一九一〇年までの間、対日関係、ペルシャ・アフガニスタン・チベットをめぐる英国との紛争など懸案の問題を解決しなければならなかった。だが新外相は、地中海へのロシア艦隊の航路を開こうとして新たな問題を引き起こすことになる。イズヴォリスキーは一九〇八年、オーストリア＝ハンガリー帝国に一貫性に欠ける取引を提案する。ウィーンがボスニアとヘルツェゴヴィナを併合する（ウィーンはこの地でのセルビアの不穏な動きが増大することを恐れていた）ことにロシアが同意する代わりに、オーストリア側がロシアの要求するダーダネルス海峡協定の改定を支持してロシア艦船の海峡通過を許可する、というものだ。イズヴォリスキーが簡単なことだと考えたこの取引は、一九〇八〜一九〇九年のバルカン大危機を引き起こし、ロシアは全面撤退を余儀なくされる。海峡については何一つ得ることがなかった代わりに、憤激するセルビアを置き去りにしてオーストリア＝ハンガリー帝国と独力で対抗せざるを得なくする。すなわち、全スラブ人民の保護者であるとの主張の放棄である。この手痛い失敗の結果、ニコライ二世は外交の根本的な転換を望むようになる。危機の間を通じて皇帝はイズヴォリスキーを一貫して支持したが、やがて新しい外相に助けを求める時期が来た、と考えた。イズヴォリスキーはその代償として駐仏大使のポストを与えられる。次官だったサゾノフが彼に代わる。もっともな選択だったが、それでも問題がなかった訳ではない。

新外相はロシア国内で強い支持を受けていたが、それは、彼がまだ強大な力を保持しているストルイピンの義理の兄弟という縁戚関係に由来するものだった。国内派の間では、二人の人物を同一化する傾向があり、サゾノフもストルイピン同様に断固たる態度と国家の威信を高めるための計画を抱いていると考えられていた。その上、政府部内でのサゾノフの評判は高く、国際問題の専門家であり、高潔の士で論理的な頭脳の持ち主と目されていた。だがこの好評ぶりも、外相の人となりを完全には説明してはいない。かれの優れた資質は極度の神経質さと、問題へのアプローチが現実的というよりセンチメンタル過ぎることで弱められていた。サゾノフは、どちらかというと、決定を下すことにマイナスとなる性格的弱点という点で皇帝に似ていた。彼らの欠点はしばしば累積効果をもたらした。このことは、サゾノフの外相時代がニコライ二世の治世でもっと不安定で欧州の均衡が日々危険にさらされていた時期と重なっていたために、ますますもって重大な結果を招いた。

一九一〇年当時すでに、バルカン諸国がいつ爆発するともわからない火薬庫であり、そうなれば近隣諸国、なかでもロシアとオーストリア＝ハンガリー帝国を大災難に引きずり込むであろうことは明白だった。そして、ドイツが野望を抱いていて、ロシアがその犠牲となることも明らかだった。ロシアにとって、たどるべき道は簡単至極に見えた。つまり、ロシアはバルカン諸国を平定し、ドイツの野望に対抗することを可能にする同盟体制の強化に貢献しなければならない。このような情勢を認識していたサゾノフは、異なる目標を追い求めて板挟みに会うという複雑な政策を遂行せざるを得ず、その結果、必要不可欠な同盟国との関係を波立たせることになる。

海峡問題は、バルカン諸国で彼がイニシアチブをとろうとするとき、決まってのしかかってくる強迫観念となる。だが、オーストリア側のボスニア・ヘルツェゴヴィナ併合が引き起こした危機は、一八八六〜一八八七年以来ロシア・オーストリア関係を律してきた暗黙の不可侵協定に終止符を打ち、以後ロシアはドイツだけでなく、オーストリアにも絶えず注意を払わなければならなくなる。バルカン紛争は皇帝と外相にとって平和に対する危険と受け止められただけでなく、一九〇四〜一九〇五年（日露戦争）と一九〇八〜一九〇九年（ボスニア・ヘルツェゴヴィナ併合）に屈辱を受けたロシアが復讐する機会であり、今度という今度こそはバルカン諸国で利益を挙げ、あわよくばオスマン・トルコ帝国の解体の恩恵に浴し、この地域で夢見てきた立場を確保しようとする狙いがあった。そこから始まって、ロシアはセルビア・ブルガリア同盟を支持し、これにモンテネグロとギリシャも加わり、オーストリアとドイツが起こそうとする行動を弱めようとした。

しかし、サゾノフはバルカン同盟諸国自身が抱く野望については過小評価していた。バルカン同盟国はオスマン・トルコ帝国と決着をつけようとしており、慎重に行動するようにとのロシアの助言に耳を傾けようとせず、ましてやロシアが定める限定的目標を遂行する気はさらさらなかった。一九一二年になって、自分が収拾のつかない事態を引き起こしたことに気付いたサゾノフは、紛争をバルカン諸国に限定し、欧州戦争になることを阻止しようとつとめる。近視眼的なこの政策のためにロシアが支払うことになる代価はかなりのものだった。すなわち、ブルガリア、セルビア両国民ともスラブ人だが、ライバル同士だった。オーストリアは、セルビアがロシアの政治的「出先」となるのを見て憤激する。ドイツは、いざという時にはオーストリア＝ハンガリー側に立つことを決心し、ロシアにはセルビアの野望を支持することを控えるよう要求する。という訳で、ロンドン講和会議で仲裁を務めるのは英国の役割となる。一九一二年十二月に調印された休戦協定も、ロンドン講和会議も何一つ解決できなかった。紛争は一九一三年六月に再発するが、この第二次バルカン戦争の特徴は、過去の失敗の復讐をしようと望むトルコ側の軍事的成功だった。一九一三年八月ブカレストで調印された和平は当面戦闘に終止符を打ったが、第一次大戦への道を開くことになる憎悪感情はそのまま残った。交戦当事国は失われた領土を取り戻さねばならないと考えていた（わけてもブルガリアがそうだった）。全当事者が残虐行為に血塗られた二つの戦争の記憶をしっかり留めることになる。オーストリア＝ハンガリー帝国はもうすでに報復の準備を整えている。

その時まで、ニコライ二世は、大切なのは欧州戦争を回避することだ、と考えていた。だが一九一三年以降、もはや戦争は不可避だと彼は判断し、同盟関係の強化が彼の懸念の中心を占めるようになる。バルカン同盟を樹立するには時すでに遅しにしても、ドイツとトルコの接近ぶりがオスマン帝国との紛争の可能性を高めるにつれて、ますますその必要性を帯びてきた。そこで、バルカン戦争と第一次世界大戦とを分け隔てる最後の年に、ツァーリとサゾノフが土壇場の努力を傾けるのは英仏露三国協商になる。

たぶん、当時ロシア国内でも、ドイツに向けて努力がなされるべきだと求める声が上がっていたことだろう。一九一〇年、独露両国はポツダム協定に調印し、それによって、ペテルブルクは、すでに一九〇三年にトルコが承認しているバクダッドに向けてのドイツの大鉄道建設計画「バクダッド＝バーン」にもう反対しないことになった。その代わりに、ベルリンは一九〇二年の英露協定で定義されている通りに、ペルシャにおけるロシアの利権を認めていた。こうして三大国が、これまでドイツが自分の市場と見なしてきた近東を分割することになる。ポツダム合意は露独関係を少しばかり緩和し、ウィルヘルム皇帝が「相互の友情」の証拠であると自慢する（一九一一年二月三日付ニコライ二世宛の書簡）ことを許容するまでになる。バルカンにおける情勢の悪化にもかかわらず、永続的な接近が実現したと見なして、ウイルヘルム二世は一九一一年四月二十一日、従兄弟のニコライ二世に書き送る――「私はきみと共に、バルカン問題の困難が、速やかに面倒を後に残さずに解決されるよう希望し、きみと共にこの目的のために働くことを心の底から熱望する。もちろん、バルカン諸国の最も近い隣人であるオーストリアはそこで企まれることを見張っているべきである。だが、私の印象では、オーストリアは自分自身のために何も要求しない。オーストリアはただ、将来オーストリア＝ハンガリー帝国に危険を及ぼすような欧州地図の変更がいささかでも行われないよう望んでいるだけなのだ」。

ビョルケでの出来事を深く心に刻んでいるニコライ二世は、こうした口先だけの説法に耳を傾けなかったが、同盟関係を逆転させる計画が当時ロシアで出回っていたことに無関心ではいられなかった。一九一四年二月、かつてウィッテ内閣で内相を務めたピョートル・ドゥルノヴォが、覚書の中で、国際情勢が独英ライバル関係によって支配されているとの論法を展開した。ドゥルノヴォの考えでは、ロシアは英国と接近することによってバルカンでの独墺接近を引き起こしてしまったのだ。とんでもない事態である、と彼は記す。なぜなら、ロシアとドイツはどこでも対立していない。とくにバルカンではそうであり、そこではロシアは決定的な役割を果たすべき立場にあり、一方、ドイツは全く偶発的にそこに引き込まれたに過ぎないのだ。ロシアの親独論者にしてみれば、バルト海諸州にいるドイツ系少数民族に与えられた譲歩は、ドイツとの接近をはかることを支持する強力な論拠となりうる。だが、こうした論法は、今世紀始めならまだ成功するチャンスがあったが、一九一三〜一九一四年では遅すぎた。ドイツ語圏協調がドイツとオーストリアの間で始まったが、ウィルヘルム二世がそれを露独協商に代わりうるものとして受け入れるなどと真剣に考えたものはいなかった。ウィルヘルム二世が書簡の中で言及した独露墺三国協商なるものはまともに受け入れられるものではない。バルカンでのロシアとオーストリアの利害ははっきり対立しており、二次にわたるバルカン戦争は、両国間に敵意を増大させた。

オーストリアと和解するためには、ロシアはスラブ世界の中心であることを放棄しなければならないが、これこそ、危機が高まる中で、ロシア外交の最も重要で、かつ継続性のある部分なのだ。さまざまな野望やあちこちでの試みとは別に、一九〇八年から一九一四年まで一貫してロシアの対外政策を貫いているのは、ロシアの力と影響力は、全スラブ民族を結集させることにこそあるとの確信である。さらに、ニコライ二世自身はドイツとの同盟関係を信じず、また望みもしなかった。親仏路線という点では彼は首尾一貫しており、紛争が目前に迫って、もはや疑問の余地なしという時にも彼はその路線を繰り返し述べていた。

残されているのは、ロシアの防衛能力を強化する措置を取ることで軍事的衝突に備えることだ。すでに一九一二年、ニコライ二世はロシアの必要に応えるために五か年で実現すべき軍事計画を決定していた。すなわち、動員の手続き、輸送の改善、砲兵部隊の近代化である。ロシア国内の危機のために、このような計画の実現は遅れていた。世界大戦まで残された猶予期間はあまりにも短いというのに、一九一四年までは何もなされなかった。一方、一九一二年以来、仏露参謀部はお互いの戦闘計画を連携させるために接触を密にしていた。こうした話し合いでの大きな困難の一つは、ロシアが対決しなければならない両敵対国の間の優先順位をどうすべきかの選択だった。ロシア軍参謀部にとっては、まず弱体と見なされていたオーストリア＝ハンガリー軍にケリをつけることが望ましい。なぜなら、軍隊の構成からしても多くのスラブ系兵士を抱えていたからであり、従って彼らがロシア人の兄弟と合流したり、あるいは少なくとも同胞と戦うことを拒否したりして集団脱走する可能性があると見られていたからである。フランス側では、まずロシアがその努力をドイツに対して向けるべきだと考えていた。つまり、二正面作戦の脅威にさらされてドイツは退却を余儀なくされ、自動的に意気阻喪したオーストリア＝ハンガリー軍を敗北の道ずれにするだろうと読んだからだ。というわけで、オーストリアは敵としてさほど重要ではないと見なすことでは合意したが、そこからどのような戦略的結果を引き出すかについてはパリとペテルブルクは異なっていた。最後の段階で採択された解決策は妥協の産物に過ぎず、その非効率性はたぶんロシア王政の命脈を断つことになる。

＊

ストルイピンの死に続く数年間は、三重苦の刻印が押されている。まず、ニコライ二世の個人的な困難の数々。次いで逡巡しがちな国内政策。偉大なイニシアチブもなく、社会の全ての階層に不満を抱かせ、中でも露骨なロシア語化の痛みを感じさせられる他民族の憤懣を高めた。そして、しばしば不手際を見せる対外政策。ただし、皇帝は全てのデータを克明に読み取って、主要問題、すなわちバルカンでの騒動、それに、もはや不可避と見られる欧州戦争に精力を集中しようと試みていたのだが。

たぶん、一九〇五年がもたらした数々の約束と希望の後に、政治的後退が起きたことを挙げるべきだろう。この後退は社会を台なしにしてしまった。だからといって、ロシアは革命にまっしぐらに向かっているとか、戦争同様に当時、革命は不可避だと思われていた、と言えるだろうか？　そうではない。経済発展は持続し、ロシアの近代化は神話ではなかった。工業化と、不十分とはいえ現実に起きている企業家階級と土地所有農民階級の発展は、ロシア社会の構造を急速に変革しつつあった。

民族的団結と国家の形成といった、あらゆる近代化政策のもう一つの目標が、ロシアにおいては、日本と同じ道をたどることはできないとすれば、例えば、多人種国家である帝国が多人種ゆえの違いを受け入れ、その機構を連邦化することによって政治組織の中に違いを取り入れるか、さもなければ違いを拒否して全ての構成員の強制的統合に取りかかる道がある。ニコライ二世は常に自分が絶対王制の受託者だと考えていたのと同じく、ロシア統一の受託者であり、守護者であると考えていた。この統一とは、ロシアという空間であるとともに、ロシア国家の文化の統一でもあった。このことこそ、政府が少数民族に譲歩をした後で一九〇八〜一九〇九年にはたちまちロシア化政策に後戻りしたことを説明する。だが、周縁地域で広がりつつある緊張状態を意識して、帝国はある領域ではロシア化と柔軟さを組み合わせる。周縁地域での統治方式の多様さについても同様であり、各総督が現地の特殊事情に適合すると判断した政策を実施したのである（ポーランドとトルキスタンとを同じようには統治しない）。こうした非ロシア周縁地域の統治に示された相対的な柔軟さこそ、それらの地域では騒動が決して反乱にまで発展しなかったことを説明している。確かに、一八六三年に鎮圧されたポーランドは、新たな蜂起が起きることを予防するべく常に圧力をかけられていた。だが、中央アジアもしくはカフカス地方では、そうした圧力は無益だった。現地社会の社会的、文化的状況に適合した政策だけで見せかけの平和を保持するのに十分だったからだ。

一九一四年、ニコライ二世には、ロシア帝国が一九〇五年の激動の後に強化されたと考えるのに十分なだけの理由があった。おそらく、彼は譲歩せざるを得なかった。彼があれほど頑強に反対した代議制度は不本意ながらも存続しており、彼にして見れば最も重要な譲歩だった。第四国会が第一、第二国会にくらべると、より社会を代表していないことは確かである。とはいえ、皇帝は気付いていなかったにしても、代議制度はロシアの集団意識に深く刻印を残し、ロシアの変革を加速した。代議制度はドゥーマからだけ成り立っているのではない。ゼムストヴォや市町村議会も公選の原則を要求していた。限度があるにしてもそれが肝要ではない。ロシア社会は多かれ少なかれ自らの問題の管理に参加していた。そして、この参加は今後拡大すべき権利なのであり、後戻りはできないとの確信に貫かれていた。この権利を利用して、諸政党は社会意識を熟成させるための綱領や要求を公表する。

たしかに、まだなすべきことは多くある。だが、一九一四年のロシア社会は十年前の姿と比較すべくもない。複数民族主義の理由により、ウィッテが開始し、ストルイピンが継続した近代化は現代的な意味合いでの国家を創設はしなかったにしても、自分自身とその願望を自覚している社会の発展を加速した。市民社会はロシアでようやく形成されつつある。一九〇五年に続く良き歳月では、ロシア国家は臆病ながらも法治国家という考えに向かって進歩し、やがて不安定な身分に固まって行く。もはや一九〇五年以前の専制政治ではない。まだ立憲国家でもない。たとえ、ドゥーマを筆頭にした新しい制度機構が立憲制にのっとった実践を開始したにしてもである。国家の変革に対するブレーキ役は皇帝であり、国家の発展における彼の役割を過小評価してはならない。ニコライ二世の目には、彼がやむなく同意せざるを得なくなった譲歩は状況がもたらしたものである。そのような譲歩は、彼が管理を委ねられている国家の性格そのものと矛盾するものであり、さらにロシアの政治的伝統とも、彼の考えでは本当の国民の願望とも矛盾するものである。フランスでシャルル・モーラス〔仏極右ジャーナリスト。第二次世界大戦中、ヴィシー政権を支持、戦後終身刑を宣告された〕があれほど力を込めて論じた「法的な国」と「現実の国」との区別がニコライ二世の考えの核心にあった。彼のあらゆる努力の中で、あらあゆる決定の中で、彼が準拠するのは現実の国、ムジーク〔民百姓〕の国である。国境の中でのロシアの統一、スラブ世界、そして外部との連帯といった彼の考え方は同じ論理に基づいている。弱々しく優柔不断な人間として描かれているニコライ二世だが、一九〇五～一九一四年の激動の中、個人的な激動の中で、この祖国と自分に任された任務についての概念を守り抜くために、一貫して力と決意のほどを示している。彼がロシアの近代化を図ろうとしているのは、この概念の厳密な枠内なのである。一九一四年にロシアが近代化の進行と同時に、部分的には従前の姿のままに留まっていたのはこの理由による。ロシア国家は、その引力とブレーキを保持しながら、同時に進行中の近代化の道具そのものでもあった。改革に執念を燃やしたピョートル大帝、エカテリーナ女王といった先達たちと同じように、だが異なる気質でもって、ニコライ二世は国家を近代化に向かわせようとする。「上からの改革」である。一九一四年、ロシア国家は依然として社会を引っ張り続けていた。

第九章　分解した帝国

大戦前夜、ロシアにはいくつかの道が開けていた。その第一は、一九〇五年以来継続する展開から派生する道であり、工業化され、近代化され、経済的飛躍と社会の進歩と不十分ながら政治生活に組み入れられた議会を特色とする国家としての発展につながる。いずれはロシアが現状のままで立憲君主制になり、さらには自由主義者のある者たちが望むように議会制民主主義になることさえも予想できる。もう一つの道は、穏健な革命的傾向の発展につながるものだ。これがメンシェヴィキの願望であり、彼らは一九一四年に第二インターナショナルの支持を受けていた。第二インターは、ボリシェヴィキが喧嘩好きで極端であり、社会民主主義のピューリタン精神とほとんど合致しない行動を取るとして、メンシェヴィキの反ボリシェヴィキ的立場を支持すると決めていた。こうしてメンシェヴィキは、第二インターの支持を利用して自分たちの回りにロシア労働運動を結集し、政治的変革に備えようとした。そして最後の道は、一九一四年のロシアの状況を考えるならば最も受け入れがたいものだが、急進派革命とボリシェヴィキの勝利に向かう道である。この当時、ボリシェヴィキは国際社会主義運動の内部で、より漸進的な進歩を求める社会勢力の熱望とは少しも一致しない過激な綱領を掲げたことから信頼を失い、弱体化していた。その上、戦争が始まったというその時に、戦争と敗北と革命とを結び付けるレーニンの敗北主義の演説は、ロシア社会には理解し難いものだった。今度もまた、ロシア社会は愛国主義の高揚を経験することになる。この愛国心は、皇帝および選出されているいないにかかわらずあらゆるレベルでの責任ある人々の回りに民族集団を結集させる。

戦争は不可避だったか？

ロシアは、やがて突入するこの戦争が、後に経験することになる大災難と政治的結果をもたらすことを恐れるべきだったか？　敗北と革命とが入り交じった日露戦争の記憶は、皇帝にかくも致命的な決定を思い止どまらせるほどの性質のものではなかったのか？

一九一四年に、一九〇四～一九〇五年の日露戦争の前例が皇帝の選択にいささかも影響を与えなかったことを説明する多くの理由が挙げられる。皇帝は、近代化の努力が実を結び、ロシア社会に安定をもたらしたと考えていた。当時のロシアは発展の一途をたどり、騒乱があったにせよ、新しいアメリカなのだ、と欧州では見られていただけに、そう考えたのは彼一人ではなかった。一九一四年七月のポワンカレ仏大統領のロシア訪問は、フランスがいかにロシアに重きをおいていたかを立証している。確かに、この旅行はなんとか平和を救おうとするためのものであり、戦争を準備するためではない。紛争勃発の脅威に対処するために、三国協商を三国同盟に変革することが狙いだった。七月二十三日、クラスノエ・セローで六万人の兵士が分列行進した閲兵式は仏国家元首に強い印象を与えた。ロシアの軍事力の強大さをまざまざと目にしたからである。

だが、この訪問中に、まだ平和について論じられたにせよ、戦争はすでに目と鼻の先にあった。皇帝は危機の遠因と近因を理解していた。ビスマルクがドイツ統一をなし遂げて以来、オーストリア帝国は北方と西方では行動の余地を奪われていたから、バルカンに進攻するしか道はなく、従ってロシア帝国と衝突するだろう、ということを皇帝は知っていた。一八七一年以来、ロシアの歴代皇帝にとって、いつの日か両帝国のいずれかが譲るしかないことは明白だった。一九〇八年以来、野望を抱くセルビアが事態をさらに複雑化したことを別にしてもである。それまで、危機の度ごとにロシアは結局譲った。今度もまた、ロシアは大国の地位を失うことなしに譲ることができるだろうか？　一九一四年、オーストリアがセルビアに最後通牒を突き付け、ドイツがオーストリアに支持を表明した時、ニコライ二世はもはやこれまでのように譲ることはできないと確信する。彼の確信ぶりは揺るがないもので、従兄弟のウィルヘルム二世に、欧州の平和に致命的な打撃を与える決定を下さないよう説得を試みた。一九一四年七月の劇的な日々に両皇帝の間に交わされた電報は、ツァーリがいかに二枚のカードを同時に使い分けたかを示している。平和のカードと、戦争に直面するための準備措置というカードとをである。

その中には、ニコライ二世がさんざん躊躇した後に決定した部分動員令がある。これは、以下のようなウィルヘルム二世の忠告にかかわらず決めたものだ——「きみ及びロシア政府の声明通り、ロシアがオーストリアに対して動員令をかけるならば、きみが私に頼んできた仲介工作は無用となる……きみは戦争か、平和かの責任を担っている」（七月十七日付電報）。「現在、戦争を阻止する権限はまだきみの手にある。何びともロシアの名誉と力を脅かしてはいない……きみがドイツとオーストリア＝ハンガリー帝国を脅かす軍事行動準備の停止に同意するなら、きみはまだ平和を救うことができる」（七月十八日付電報）。これらの措置は、なによりもまず危機に際してロシアが断固たる態度を取るとの主張を裏付け、いつものずるずると後退する策と絶縁し、オーストリアを威嚇する狙いだったのか、それとも後にしばしば非難されるように、ニコライ二世が戦争突入を急いだことを立証するものなのだろうか？

一九一四年は一九〇四年ではない。ニコライ二世が自分の決定のもたらす結果を熟慮したことは信じてもよい。たとえ、戦争があれほど長引き、総力戦になるとは考えなかったにしても、である。いったい、当時だれがそう考えただろうか？　皇帝は、事前に分かっていた情勢を考慮しながら決定を下す。戦争は数週間、もしくは数か月の短期間で、見通しがたちまちつく、と。ニコライ二世がどのような状況下で決定を下したかを分析して浮かび上がってくるのは、ロシアは誓約を守らなければならない、もはや妥協の余地はないという考え方に彼が取り付かれていたことだ。彼の周囲では、ボリシェヴィキを除けばおおむねこの考え方を支持していた。そして世論は、フランスにおけると同様にむしろ戦争を受け入れる気になっていた。

だが戦争に反対して慎重さを求め、警戒を呼びかける二人の人物がいた。元首相のウィッテは滞在先のフランスのビアリッツから急遽戻り、仏外交官モーリス・パレオログにロシアの戦争参加に対する敵意を表明する――「この戦争は狂気の沙汰だ。英知ある皇帝に、拙劣で先見の明のない政治家どもが無理やり戦争を押し付けたのだ。ロシアにとって致命的となろう。フランスと英国だけが勝利からなんらかの利益をうると期待できる根拠をもっている。我々の勝利だって私には疑問に思える」。ロシアにも利益が及ぶはずと述べる仏大使に、ウィッテはこう答える――「仮に我が連合側が圧勝し、ホーエンツォーレルン家とハプスブルク家が和平を乞うようになるとしよう。その時はドイツの絶対的権力が崩壊するだけでなく、全中部欧州で共和国が宣言されることを意味する。だが、同時に、ツァーリズムの終焉である！」

戦争の政治的結果を見通したこの予言者的な見解は、次のような事実に基づいた考察を踏まえている。すなわち、ロシアは何も新たに征服する必要はないのだ、第一、すでにシベリア、トルキスタン、カフカス地方に領有している土地、それどころかロシア本国の地域においてさえまだ真剣な開発に手をつけていないのだ。勝利をおさめても、オーストリアとドイツを解体することで、間接的にロシアにもロシア領ポーランドを失わせる結果になりはしないか？「従来の全領土を回復したポーランドは、我々が愚かにも約束した自治に満足していないだろう。ポーランドは必ずや完全独立を要求し、それを獲得するだろう」。

数年前に権力の座を追われ、海外で退屈を持て余していたこの政治家は、だれもが容易に勝利をおさめることができると信じていた戦争が勃発した初期段階で、全ての結末を予言していたのだ。彼の頭脳の明晰さにいまさらながら脱帽せざるを得ない。

不幸を予言したもう一人の人物がラスプーチンだ。彼はすでに一九〇八年のバルカン危機の際にこう言っている――「バルカン諸国は戦争に値しない」。一九一四年、戦争に先立つ日々のころ、ラスプーチンはシベリアにいて、暗殺テロで受けた負傷の予後を過ごしていた。彼はさっそく電報を打つ――「パパ、戦争をしてはなりませぬぞ！　なぜなら、戦争はロシアとあなた自身の最後を意味するからです。あなたたち全員が滅亡することになるでしょう！」ツァーリに彼は書き送る――「親しき友よ。今一度、私は言う。恐るべき暗雲がロシアを覆っている。限りない不幸と苦悩が、果てしない涙の海の上に星明かり一つすらない夜がある。間もなく血の海が現れるだろう……あなたはツァーリであり、国民の父なのだ。狂気のものどもに勝利を許し、国民を失ってはならない。そう、我々はドイツに勝利をおさめるだろう。でも、ロシアはどうなるのだ？ そのことを考えると、長い歴史の中でロシアほど気の毒な犠牲者はない。ロシアは血の中で溺れ死ぬのだ」。

ツァーリと社会の間に繋がりをもたらした戦争

いかなる警告も無駄だった。戦争は国を挙げての熱気の中で始まる。ロシア人にとってドイツは、日本よりもはるかに明確で、しかも近くにあり、識別しやすい脅威である。すでに一九〇四年、ロシア国民は極東における敵対行為の開始を愛国主義の発露でもって迎えた。その時に比較すると、一九一四年に国民が示したのはツァーリを取り囲むまさに熱気のうねりだった。皇帝が、彼の家族が姿を見せる至るところで、群衆はひざまずいて彼らを歓迎した。聖画像《イコン》や旗が群衆によって振りかざされ、真の民衆による挙国一致が達成されていることを皇帝たちに物語っていた。日記を記述する時いつも控えめなニコライ二世だが、めったにお目にかかったことのない民衆の賛同ぶりに心を動かされたことをかいま見せている。

一九一二年以来再発していた革命行動も愛国心の高揚によってとりあえず中断されていた。労働者たちはストライキのことを忘れ、軍需生産に熱心に取り組む。国民は戦争開始早々に決められたアルコール類販売禁止令を受け入れ、その結果、至るところで態度がおとなしくなる。街頭に酔っ払いの姿が見えなくなる。犯罪発生率は低下した。数か月後には、こうした健全な措置をかい潜るあの手この手が考え出されたにしても、である。

本書は戦争の歴史を再現する場所ではない。すでに多くの著作が捧げられている。大切なのは、ロシアへの戦争の影響を検討することだ。

いったん戦火が始まると、ケレンスキーが書きとめているように、「この戦争は自分たちのものだ」との自覚を表明したのは国民だけではない。先ず政治勢力とドゥーマがそうしたのだ。八月八日、国会は全会一致で軍事予算を採決する。ボリシェヴィキたち自身も、敗戦に備えるようにとのレーニンの呼びかけにもかかわらず、国会の大勢に反することはできなかった。彼らは採決に参加しないだけに留まった。今度という今度こそ、ドゥーマは自らが体制に組み込まれた組織であると感じるあらゆる理由をもつ。八月二日、すでに皇帝は国政に携わる者たち全ての挙国一致ぶりを示すために両院を招集する意志を表明していた。この行為は、ニコライ二世が心の内でようやく選出議会を受け入れたことを示したものではないか？

ロシアを見守っている人々はそこに、立憲主義の前進を感知する――あるいはそう希望する。ドゥーマでの審議では、事態に適応できない老人ゴレムイキンの懐疑的で運命論的な演説よりも、諸政党の全責任者たちの熱烈な発言が目立った。ボリシェヴィキ自身もロシア防衛の必要性を訴えた。

戦争が始まると、民衆の戦意高揚と体制のトップを支配する混乱した状況の対立が目につく。先ず軍隊の内部では二人の主要な人物、すなわち陸軍大臣スホムリーノフ大将と最高司令官ニコライ大公が憎しみあい、協力しようとしなかった。その上、スホムリーノフは放埒な私生活と、飽くことなき物欲と、国中に知れ渡った汚職とで一般に軽蔑されていた。さらにこの七十歳になろうとする老軍人は押し出しが悪く、小柄で禿げ頭、猫に似た奇妙な顔をしており、相手をまともに見ようとしない癖がある。対照的に、ニコライ大公はあらゆる面で他を威圧した。年齢五十七歳、痩身だが背が高く、かくしゃくとしており、愛想のよい表情で、きれいに刈り込んだ髭を蓄え、青い目は時として鋭く、時として優しくなる。軍隊内での彼の人気は絶大で、危急存亡の時に国内での彼の威信は無視できないものがある。なぜなら、彼は断固としていて、勇敢であるとの名声を博していたからだ。土壇場で敵を打ち負かす術を心得ているロシア人戦士の化身だった。一九一四年のニコライ大公は、こうして真に伝説の栄光に包まれていた。人々はドゥーマが一九〇八年に大公を総司令官のポストから引退に追いやったことすら忘れていた。大公がいないのを良いことに、スホムリーノフは自分を全軍の長と見なしていた。自分のライバルと考えていた大公が最高司令官の地位に任命されたことは彼を絶望に追いやる。両者の決定が一致することは難しく、二人の間の不和はやがて悲劇的な結果を招くことになる。

国家のトップの座で皇帝は指導権を握っている。だが、その彼は別のところで、すなわち軍隊の先頭に立って指揮することを夢見ていた。この点については、一九一四年八月の段階では彼は自分の選択を実行に移すことができず、一年後に実現することになる。ニコライ二世は何時でも自分の所属する連隊と共にいる時が幸福だった。たぶん青年時代から連隊の中でこそ彼は最も自由であり、一つのグループに所属していると感じていたからだろう。後に戦争の中で示されることになるが、彼は偉大な勇気の持ち主であり、だれもそれを疑うことはできない。現代の国家元首たちは部隊を査察し、時には前線を短期間のうちに視察することを常としている。だが、もはや彼らのだれ一人として自ら戦闘指揮官になろうとする者はいない。戦争が始まってすぐにニコライ二世は前線の部隊に合流し、指揮を執ることを望んだ。だが、一九一四年八月の時点では、彼の周辺は全て反対した。それほど伝統に反していたのだ。戦線から遠く離れた後方にあって、彼は自分が役に立たず、不幸で、自分の義務と考えているものを奪われてしまっている、と感じている。日記が示しているように、彼の全ての注意は軍隊に向けられており、その一方、皇后と年上の王女たちは負傷兵の世話をしていた。戦争の始まりのころ、国民は、皇帝一家にオカルト的で有害な影響力を及ぼしていると疑念を持たれたお気に入りたちが皇族の周辺から消えたことに気付いて安堵する。ラスプーチンはしばらく首都を離れ、隠遁して療養生活を送っていた。皇后の親友で相談相手であり、不吉なことを吹き込む存在でもあり、ラスプーチンと常時連絡を保つ彼の代理人でもあったアンナ・ヴィルボワも事故で重傷を負い、身動きがとれない状況にあった。皇帝一家とロシアとの和解が可能かに見えた。

熱狂から連戦連敗へ

だが、たちまち襲った軍事面での災難の続出がこうした国内の平穏さをかき乱す。ドイツ軍の迅速な攻撃に直面して、フランス軍は困難に陥り、フランスとの誓約を忠実に守ろうとするロシアは、早くから対独戦に第一、第二両軍の投入を余儀なくされる。緒戦の成功はロシア軍に勝利を約束するかに見えた。だがその後すぐに、ルーデンドルフの巧妙な戦略が、ロシア軍を地理的に困難な地方で罠にかける。一九一四年八月三十一日、マズール湖沼地帯での大敗北はサムソーノフ将軍の率いるロシア軍を戦闘不能に陥れる。戦死者七万人、捕虜十万人。一週間後、レンネンカンプ将軍の指揮下に置かれたロシア第一軍はケーニヒスベルク周辺まで進撃するが、彼らも敗北を喫し、先のサムソーノフ軍の戦死者に新たに六万人の戦死者が加わる。

奇妙にも、皇帝は日記の中でこうした災難について沈黙を守っている。戦場でサムソーノフ将軍が自殺するほど、蒙った敗北の重大さが際立たっているというのにである。だが、皇帝は来る日も来る日も、ガリツィア戦線でロシア軍がオーストリア軍に対して本当に成功をおさめているとの吉報を喜んで記している。

それに続く数か月間はどちらの側にも決定的にならなかった。だが、ドイツ側の戦争遂行努力に対する抵抗戦争でロシアは恐るべき損害を蒙っている。一九一五年当初での損害はすさまじいものである――戦死者、負傷者、行方不明者、もしくは捕虜になった者、合計百二十万人。新しい兵員を集めなければならない。七十万人が徴兵される。ロシアでは物資、なかでも弾薬が欠乏し始める。

こうした敗戦も直ちに世論の反発を招いてはいない。指導者層の間でもそうである。祖国がこれから遭遇することになる困難の広がりについて理解していないからだ。ともかくこれらの敗北も、政界及び皇帝にとっては、主としてフランスに対して与えた約束のせいだと受け取られていた。ロシア軍総司令部は、フランスの負担を軽くするために兵力を分割しなければならなかった。そして、オーストリア軍に対しておさめた勝利は、まずオーストリア軍を粉砕することからかかる、との当初の計画が適切だったことを示唆している。ロシア軍をドイツとオーストリアの二方面に投入したことは、当てにしていた決定的勝利をおさめることを妨げたようだ。ロシア側の分析が正しく、同盟のために払われた代償は軍事的敗北を越えてロシア体制そのものの崩壊だった、と言えないこともない。

一九一五年初頭においては、勢力関係の実情について世論はほとんど無知だった。だが、数か月経ち、夏を迎えるころには、情勢は前線でも国内でも発展していた。春に入ると、ドイツ政府は東部戦線を優先してロシア軍の戦闘能力を失わせ、ロシアを単独講和に追い込むことを決める。四月十五日に始まったドイツ側の攻勢は、すでにそれまでの敗北で疲労困憊し残酷なほど武器弾薬が欠乏していたロシア軍の不意をついた。間断なき作戦はロシア側に壊滅的打撃を与え、ドイツ軍は夏の終わりにはポーランド全土、バルト海諸州とガリツィアを制圧していた。百万人以上ものロシア人捕虜がドイツとオーストリアに送られた。死者の数についてはもはや数え切れないほどだった。

今回は、災難は軍事面だけでなくロシア全体に及ぶ。二千三百万人ものロシア人が住んでいるロシアの広大な領土が中部欧州の両帝国の軍隊によって占領された。敵軍の進撃を前に、一般市民は国土の内部に向かって逃げる。この市民の大脱出、軍隊の退却、数知れない負傷兵の病院への到着がにわかに国民の目を現実に開かせた。戦争はロシアの国土の上で行われている。敗戦の兆候は至るところにあった。

ロシアでは、統治する者たちに対して社会が下した審判は今回は厳しいものだった。その敵意はまずドイツ人である皇后に、そして彼女の身近な相談役たちと目される人々に向けられた。傷ついて憎しみに満ちた世論にとっては、皇后が常々反ドイツ感情を抱き、それを宣言していたとしても大したことではなかった。激高した世論にとっては、ロシアが敗戦と損害にもかかわらずドイツ側に譲歩せず、単独講和に調印せずに果敢に頑張ったことで連合国側に貴重な時間を稼がせ、結果的には一九一八年の勝利に貢献したこともどうでもいいことだった。世論はそのことを知らず、また理解することもできない。一九一五年夏以降、ロシアは前線における以上に国内で脆弱になっていた。

裏切りと怠慢、というのが最も広く流れた非難の項目だった。だれに責任があるかを示すために、皇帝は陸軍大臣を更迭し、後任にポリヴァノフ将軍を任命する。前任者より活動的で、より現代派の軍人である。この任命は再起を約束するものとして受け取られたが、皇后とラスプーチンの反対にぶつかる。皇后はこの任命に敵意を隠さず、ラスプーチンもまた感情を隠さなかった。この時以来、戦争と政治の遂行についての二人の介入問題が暴露され、皇帝の力がさらに弱体化する原因の一つになる。

皇帝は重要な内閣改造を実行しなければならないと感じる。戦争遂行にもっと効果を上げる方向を目指していると世論を納得させるために、数人の閣僚の「首」をすげ替えねばならない。だれがロシアの国政を運営できるか？　一九一五年のドイツ軍の大攻勢が始まった直後からこの問題がはっきり提起された。全政党を含め、政界にとっては、閣僚が皇帝により直接任命される帝政官僚主義がその無能ぶりをまざまざと国民に見せつけたことになった。敗戦は、一九〇五年の改革の中に透かし模様のように記述されている権力の新しい様式の導入を余儀なくさせる。すなわち、ロシアを議会制君主制に、さらに民主的君主制にさえも変革することである。第一段階は、何よりも先ず国会（ドゥーマ）に閣僚を任命する権限を認めることにより、権力の行使に国会を全面的に参画させること。一九一五年の内閣改造に取り掛かったとき、皇帝はまだ決定をドゥーマに任せなかったが、ともかく議会に受け入れられそうな閣僚を選んだ。ここに見られるのは、戦争の危険を深刻化させている国内的な危機に乗じて、ロシア体制に変革の兆しが現れていることだ。一九一五年夏の段階で、皇帝は現実の変化の必要性を十分認識していた。だが彼は、一九〇五年に専制君主制から救い出したものを公然と放棄することなしに事態に対応しようとした。彼の取った行動、書いたものを分析すると、自分に迫られている適応を受け入れる寸前にいたことが示されている。しかし皇帝は、最後の最後までそうだったように、皇后の絶えざる圧力に従っていた。皇后が皇帝に書き送った手紙類は、彼女が影響力を行使していると同時に彼女もまた影響力の下にあったことを暴露している。「我らが『友』はこう見る」「我らが『友』は言う」という表現が彼女の全ての書簡に、全ての問題について繰り返し登場する。

「我らが『友』は、第二種の予備役を召集すべきではない、と言っています。もし、すでに命令が下されているのであれば、あなたはニコラシャ（ニコライ大公を指す）に、この命令は撤回されるべきだと強く言うべきですと」（一九一五年六月十日付）。

「ごめんなさい、でも新陸軍大臣の選択は私の気に入りません」（一九一五年六月十二日付）

「グリゴーリ〔ラスプーチンのこと〕は、サマリンが宗務院長官に任命されたと昨日聞いたとき、絶望していました。なぜなら一週間前に、彼は、あなたにそうしないでくれと懇願していたからです」（一九一五年六月十五日付）。

こうして毎日送られる手紙の問題箇所を全文引用することができる。そこには皇帝の決定とラスプーチンが皇后に吹き込んだ願望との間に深い溝が横たわっていることを示している。

彼らが絶えず槍玉に上げているのはドゥーマであり、彼らはドゥーマが権力に参加することを拒否する。国会は一九一五年一月九日まで開催され、情勢が必要とした場合に再招集されることになっていた。夏、諸政党の責任者たちは国会招集を要求する。六月二十七日、新聞は議会の招集を発表する皇帝のゴレムイキン宛勅書を掲載する。三日後、パレオログは記している――「勅書は人々の心をかき立てている。各方面からドゥーマの即時招集を要求する声が上がっている。人々は閣僚が議会の前で責任を取ることを要求しているが、このことは専制君主制の終焉以外の何物でもない」。

だが皇后は先手を取り、勅書公表の二日前の六月二十五日に書き送っている――「あの恐るべきロジャンコとその他の手合いがゴレムイキンのところに押しかけ、遅滞なくドゥーマが招集されるよう要求したと聞きました。ああ、あなたにお願いするわ。そうなさらないでね！　連中の知ったことではありません。彼らは、自分たちに関係のないことを論議しようと望んでいるのです……神様の御加護で、ロシアは立憲制国家ではありません。こうした連中は自分たちも役割を演じたいと思い、彼らが介入してはならない事柄に介在しようとしているのです」。

皇后の圧力行使にもかかわらず、ドゥーマは七月後半に再招集される。ロシアの議会史上初めて、全政党が会期に備え、共同姿勢をとる時間的余裕があった。一九一四年以来取られてきた政府の政策に対する敵意が、穏健派、進歩派をも突き動かして政府に対抗するために共同戦線と共同綱領に結束させた。衆目の一致するところすっかり耄碌しているゴレムイキンの開会演説に対して、代議士たちは、無能な内閣とその権力行使のやり方について非難し、政権は責任の民主的配分に道を開くべきだと述べて応答した。まだカテゴリー別に制限された選挙によって選出されたドゥーマだったが、この会期はロシアの政治生活の中で真に転換点を示すものであり、いかによくない方法で選出されたとはいえ、議会制度が存在していることだけで、それなりの権威を持ち、要求を課し、その雑多な構成を乗り越えて正真正銘の議会に自己変革できることを示した。課されているさまざまな制約にもかかわらず、ドゥーマは一九一五年夏の悲劇の季節に、真の国会としての威信を勝ち得たのである。

八月五日、三百七十五人の出席議員のうち三百四十五人が、スホムリーノフ将軍と彼に協力した官僚たちを裁判に掛けるべきだ、と要求する。ドゥーマはまた、ラスプーチンの果たしている役割に反対し、彼が公的生活と首都から消え去るよう要求する。だがこの会期の最も積極的かつ重要だった局面は、ドゥーマが行った提案に関するものである。八月二十五日、会期直前に構成された「進歩ブロック」は、九項目の計画案を提案する。議会定員四百二十人のうち三百人の代議士を結集したこの動きを何びとも無視できない。「進歩ブロック」の要求は相当のものであるが、同時にある点では慎重さをうかがわせていた。計画案は、「国民の信頼」を持つ政府の樹立を要求しているが、ドゥーマの前で責任をとる問題については提起を避ける。計画案はまた、万人に受け入れられる計画を練り上げるために政府と議会が密接に協力するよう求めている。そのような計画案とは、官僚の権限の制限、公民権と自由の発展、囚人の釈放、特定のグループ、中でもユダヤ人を対象にした差別の撤廃、少数民族に対するリベラルな政策、などを含む。

この綱領を擁護する人々はまさに雄弁だった。印象が薄いと思われていたこのドゥーマは、その内部から素晴らしい人材を輩出する。中でも最も光り輝いていたのは、政治犯の弁護を引き受けることで知られる弁護士、アレクサンドル・ケレンスキーである。彼の傍らには、グルジア出身メンシェヴィキのチヘイーゼがおり、彼らの演説にほとんど革命的な響きを吹き込むことに貢献している。リベラル派もまた才能ある弁士に不自由しておらず、その一人が弁護士バジル・マクラコフだ。彼は弾薬問題を討議すべき会議を、政権の弾劾裁判に切り替えた記憶すべき八月十四日の国会で演説し、その全体を、官僚機構とは別にドゥーマが課す新たな「権限」をもつことになる弾薬委員会の創設案の説明に割いたのだった。

「進歩ブロック」の提案は、政府の出す計画案とよく似ており、後に一九一七年春になって臨時政府が出したものとほぼ同じであるが、本当の政治危機、いやむしろ新時代に道を開くことになる。民主的議会制度に向かうのだろうか？

パレオログはコメントする――「官僚階層と国民の代表との間の決闘が始まっている。両者は和解するのだろうか？　ロシアの未来の全てがそこにかかっている」。

政治の舞台から身を引いたツァーリ

しかし、ゲームのルールは歪められていた。なぜなら、まさに皇帝が勝負からおりようとしている時だったからだ。ドゥーマの進歩派ブロックが計画案を提出する一九一五年八月二十五日、ロシアの外務大臣サゾノフは仏大使と同盟国大使にニコライ二世の決定を発表する――ニコライ大公を全軍最高司令官から免じ、皇帝みずからその責任を引き受ける、と。外相は次のように付け加える――「敢えて申し上げますが、私は皇帝が下されたご決断を残念に思っています」。

この決定を残念に思うのはサゾノフだけではない。皇帝の母である皇太后も、後に書面で皇帝に断念するよう嘆願する大半の閣僚たちも、ロジャンコも、皆が、重大な結果を招く過ちを犯すことになる、と皇帝を説得しようとした。決定に反対する者たち全てが繰り返し彼に述べる――世論はただ一人信頼を抱いている大公の更迭も、皇帝が引き受けようとしている役割についても承認できないだろう、と。八月二十七日、パレオログはこうした悲観的見方を確認して記す――「この知らせは嘆かわしい印象を与える。人々は、皇帝が戦略の面ではいかなる経験もないことを引き合いに出している。皇帝は敗戦の責任を直接引き受けることになろう、と。つまり、彼は不吉な眼差しをしている、と。より曖昧な形で、ニュースは一般大衆の間にも広がった。もっと腹立たしい印象も与えている。噂によれば、皇帝と皇后はツァールスコエ・セローではもはや安全ではないので、軍隊の中に避難することを望んでいる」。

こうしたコメントは、世論の中では皇帝のイメージがいかに落ち込んでいるかを示している。戦争開始当初の敬愛の情の表明からわずか一年のうちに、どれほどの道程をたどったことか！　迷信深い民衆の間で「不吉な眼差し」と言い囃されていることは重大な結果をはらんでいる。ホドウィンカの悲劇、一九〇五年〔血の日曜日〕の日々などの古い恨みつらみがまだ心にわだかまっていることを示している。そして、ニコライ二世の決定からは良い結果を期待していないことも。

なぜ彼はこの選択をしたのか？　あれほどの反対意見にあいながら、なぜ頑固さを貫いたのか？　少なくとも三つの理由が彼を衝き動かした。自分自身と、そして自分の本能と気質が命じる役割とようやく和解したのだ。一九〇四年の日露戦争の時もそう行動したいと望んだではないか？　そして一九一四年八月にも？　最後に、自らの良心が命じるままに従い、いつ何時殺されるかもしれない前線の兵士たちと危険を共にすること。この決定によって、彼は首都の政治的ごたごたと彼個人の内部的葛藤から解放される。彼には分かっていた、英知に従うなら、ドゥーマの提案を受け入れ、専制政治をきれいさっぱり清算してロシアに代議制度を与え、国内を沈静化することができる、と。だが、この誘惑にブレーキをかけたのは、自分には専制政治に打撃を与えるような権利はない、という彼の良心の底に潜む確信だった。皇后が彼に圧力をかけて、この確信を他の全ての状況から迫られる要請を越えて高く保持させたために、彼はいっそう身動きが取れなくなっていた。皇后は良心に恥じることなく振る舞い、どこに聖なる法を命じる絶対的な善があるのかを皇帝に思い起こさせる。軍隊の先頭に立つことにより、ニコライ二世はジレンマを先送りし、運命論者として、神が彼に代わって決めてくれると思い込む。その点について、過去数週間、皇帝は絶えず妻と対立したが、結局、二人とも同じ選択をした。突然、二人は合意に達した。もっとも、皇后が強引にそこに持って行ったのだろうが。

彼女はニコライ二世に書いている——「あなたは祖国とあなたの王冠をかけて、一人で、勇気と決意をもって、この偉大な戦いに挑んでいるのです……あなたは専制君主であり、それなしではロシアは存在できないことを立証したのです……ごめんなさいね、私の天使よ、あなたを心安らかにせずにこれほど言い張ったことを。でも、私はあなたの優しすぎてお人よしの性格を知り過ぎているの。こんどこそそれを克服しなければなりません……全ては良かれと思ってのことなのです。我らの『友』もそう言っています」(八月二十二日付手紙)。

この手紙に全てが含まれている——なによりも先ずニコライ二世のインスピレーションに付け加わる彼女のひらめき、ラスプーチン、皇帝がふんだんに浴びせかけられる逆方向の助言に耳を傾けないようにと、これみよがしに皇后が繰り広げねばならない闘い。

決心を下すとニコライ二世は大本営のあるモギリョフに出発する。二か月後、彼は運命を分かち合うために、そこにツァレヴィッチ(皇太子)を呼び寄せる。皇太子の病気のことを考えるなら、奇妙な決心だ。一九一五年十二月、到着後三か月で皇太子アレクセイは鼻からの出血が止まらず、母親の元に戻る。もちろん、ラスプーチンが呼び出される。だが四月には回復し、皇太子は父親の元に帰り、さほど重大ではない事故に二回ほど会うが、そこに一九一六年十二月まで留まる。あれほど細心の注意が必要な病身の子供をなぜ呼び寄せたのだろうか?

皇帝の考えは政治的でもあり、センチメンタルでもあった。先ず政治的配慮である。というのも、このように難しい時期に息子を呼び寄せ、自分と一緒に軍隊と運命を共にするのは、軍人の間に王朝の存続という考え方を根付かせようと試みるためだからだ。言わば不治の病説を否定して、皇太子に皇位を継承させることが狙いなのだ。祖国を救うため戦う者たちの精神の中に、現在と未来を結び付けることで忠誠心を固めさせるこれ以上の良い方法があろうか？　センチメンタルな面では、ニコライ二世は、病気はさほど重大ではなく、さほど差し迫っていないとの印象を持つ。なぜなら、皇太子は最も大きな危険に関わっているほどだからだ。ある意味では自分が不運だと思い込んでいるこの人物は、その統治と人生の最晩年になって不運に挑戦し、それを斥けようとする。息子に愛着を抱いている皇后もこの決心に反対しなかった。確かに、「我らの『友』は何も起こりはしない、と確約している」のだが……

　政治的には、ニコライ二世が軍隊の長になるとの決定は惨憺たる結果を招く。事前に人々が警告していたように、彼は敗北の責任を負うことになり、さらに最も重大なことに、皇后とラスプーチンに勝手気ままに統治する自由を与えてしまった。皇后アレクサンドラは自分が摂政であるかのように感じ、文章のスタイルに用心もせずに書き送る――「臆病者ども全部に私の肝っ玉を見せてやりたいくらいです」（八月二十三日付）。「サマリンを追い払うべきです、それも一刻も早く。彼は、私たち――私、我らが友、そしてアンナ（アンナ・ヴィルヴォワのこと）――を困らせずにおとなしくしていないでしょうから」（八月二十九日付）。皇后の手紙は指示の連発である――「サマリンと司教たち（ラスプーチンの望みに従うことを拒否している人たち）を追い出しなさい」「我らが『友』は、あなたができるだけ早く大臣たちの首をすげかえるべきだと考えています。その最初にシチェルバートフとサマリンをです。なぜなら、彼らと一緒では政府はドゥーマで堂々と渡り合って行けないからです」「フヴォストフと話をした結果、私は彼を取り立てることをお薦めできます」（九月十七日付）……

　こうして大臣たちの首は絶えずすげ替えられた。皇后の気に入るか、それとも猜疑心を持たれるかで決まり、ドゥーマの意見は一切無視した。パレオログは「街の噂だが」と書いているが、国中がいまやロシアはアレクサンドラ＝ラスプーチンの悪魔のコンビによってのみ統治されていると思い込むようになる。こうした状況が皇后の私生活についてさまざまな陰口をたたかせた。ばかげたことだが避けられなかった。国民が皇妃を憎悪する時、それが「オーストリア女」マリー・アントワネットであろうが、「ドイツ女」アレクサンドラであろうが、とんでもない振る舞いをしたと非難される。真実は、突然全ての反感、全ての社会的苛立ちが彼女の上に集中した、ということである。

　にもかかわらず、民衆の憤りの動機には、皇后の書簡から悲劇的にうかがわれる一脈の真理がある。彼女の全ての手紙が示しているのは、彼女が繰り返し言っているように、自分は皇帝の人の良さ（もしくは弱点）と闘い、ニコライ二世に、彼がもはや使わない専制君主という言葉を絶えず思い起こさせ「ねばならない」と感じていることだ。英国の駐在武官サー・ジョン・ハンブリー＝ウィリアムズの日記が皮肉を込めて証言しているが、自分の命令がもはや少しも守られないことに気付いて、皇帝はこう言っている――「ご覧のように、専制君主とはこんなものですぞ！」特に皇后はペトログラード（ドイツ語の響きがある。ペテルブルクの呼称が廃止されていた）でラスプーチンの代弁人であることを自認していた。彼女の言葉だと、ラスプーチンは、予備役の召集から一人の大臣の任命、そしてドゥーマに対して採るべき態度に至るまで、全ての領域で何をなすべきかを知っているのだ。

　とくにドゥーマとの関係で、ニコライ二世が遠隔地にいることの結果が政治にまで及んできた。皇帝は、閣僚の交代の件に関する議会でのやり取りについて知らなかったが、国全体が議会での討議にますます注意を払うようになっていたのである。皇帝は土壇場になって皇后が押し付ける線に従ってしまう――「議会の前で閣僚が責任を負ってはなりません。我々はまだそこまで成熟してはおらず、そうなれば、ロシアは滅亡するでしょう。我が国は立憲制国家ではなく、また、そうなることもできないでしょう。我が国民はそのように教育されておらず、神様の思し召しで我らが皇帝は専制君主なのですから」（九月七日付）。

皇帝はそれでも時として議会の説得に応じることもある。ゴレムイキンが議会の連中を沈静化するのにどうしたらよいか分からなくなったとき、彼の要求に応じてドゥーマを休会にすることを受け入れる。だが、その一方で、彼は会期が一九一五年九月三日に終わることを命じる。ドゥーマはなんの相談も受けておらず、このような蔑視を受け入れる訳にはいかない。九月末、こんどもまた皇后に押し切られて、ニコライ二世は、皇帝の軍最高司令官就任を妨げようとした閣僚たちを解任する。内務大臣は皇后が推薦するあのアレクセイ・フヴォストフに代わったが、この人物は、ラスプーチンのお気に入りであることで知られている。ニコライ二世はこうしてドゥーマを無視し、慎重さを欠いているために、卓越した官僚代表を追い出すことで官僚機構を敵に回してしまう。

ドゥーマでの予算審議の前夜、皇帝は慌てふためく――ゴレムイキンは少しは抵抗できるだろうか？　皇后は彼に書いてきたではないか――「我々の『友』は、私が今すぐにゴレムイキンに会い、彼に穏やかに話しておいたほうが良いと考えています。実際、ドゥーマが彼を野次り出したら、何ができるでしょう？　こんなことでドゥーマを解散させることはできません！……」（十一月六日付）。

ニコライ二世は一九一六年初頭、ついに首相更迭を決める。久しい以前から、国全体がゴレムイキンのことを耄碌していると判断し、彼の離任を待ち望んでいた。半ば愛情を込めて、半ば尊大に、皇后は手紙の中で彼のことを「老いぼれ」と呼んでいる。だが、だれがゴレムイキンに代わるのか？　皇帝の選択は、今度もまた皇后とラスプーチンの連携工作の影響を受けて、ラスプーチンのお気に入りの人物だったが、これがとんだ不幸を招く。原則的には、強硬さを買われて選ばれたが、後任者のボリス・シチュルメルは、七十歳近く、国家評議会のメンバーだった。彼は確かに君主制支持派だが、不器用で、あまりにも権威主義的であり、汚職の非難に追い回されていた。最も重大なことは、別の件である。彼はドイツ姓を持つが、時はまさにロシアがドイツと戦争中であり、ロシアは根っからドイツ嫌いで、国内にドイツの秘密活動が展開されていると信じ込んでいた。反独感情に駆られたポグロム（大虐殺）がペトログラードやモスクワで現実に起きていた。このような情勢下で、ドイツ人の子孫である人物を首相に選ぶことは、まさに挑発そのものである。

この件について、皇后はニコライ二世に書いている——「私は、彼の名前がドイツ系であることを隠しておくべきだと考えます。だって、彼がどんなに忠誠な人物か、よく知られているのですもの（彼のことは前にお話ししたと思うけど）」（一九一六年一月四日付）。だが、三日後の手紙にはこうある——「シチュルメルはしばらくの間は良いでしょう。それからは、もしあなたがお望みなら、彼を代えることができるでしょう。ただ、彼に名前を変えることを許さないでください。かえって彼を傷つけることになるでしょう。グリゴーリがそう言ったことを覚えているでしょう。彼はグリゴーリに大変感謝しています。大したことです」（一月七日付）。

この名前について、皇后は「国民はすぐ慣れますわ」と書いたが、それを受け入れた皇帝の軽率さは、いかに彼が首都から遠ざかって現実感覚を失っていたかを示している。現地の大本営司令部を訪れた人々は、彼が全体的に若返り、緊張してもおらず、幸せそうであることを発見する。事情は、国内情勢がますます危険になって行く一九一六年のうちにすっかり異なることだろう。だが、この年の始めに当たって、皇帝は民衆の敵意と激高ぶりをほとんど自覚せず、あるいはしようとせずに、ドイツ姓を持つ人物を政府首班に選ぶという、民衆感情を逆なでする絶好の餌を社会に投げ与える危険を冒してしまう。彼は、社会とドゥーマの微妙な感情を誤解していたのだ。

ドイツと、ロシア帝国の諸民族

皇帝は同時に、民族をめぐり展開しつつある危険なゲームに気付かなかったが、それこそドイツ戦略の無視できない部分を構成していた。ロシア帝国はその周辺地域から亀裂を生じていたが、皇帝は何一つ知らなかった。大臣たちもそうだ。皇帝の最も身近な顧問たちもその域を出なかった。だが、この戦争の歴史のほとんど見えない部分こそ、ロシアにとって恐るべき結果をもたらすことになるだろう。

戦争は、ロシア国内に、だれも思いつかない第二の戦線を開いた。民族的結束をめぐる戦線である。一九一四年当時までは、諸民族問題は権力側にとって国内問題でしかなかった。戦争が始まると、民族問題は国際政治の問題となり、全ての交戦当事者――連合国側も中部欧州の両帝国も――がこれを利用しようとした。このゲームでは、ロシアが最大の敗者となる。

この戦争は、ロシア帝国の諸民族に前例のない問題を提起する。すなわち、ロシア国家に対する彼らの忠誠問題である。たぶん、諸民族が戦場から離れて暮らし、交戦当事者と絆のないときは、どう選択すべきか自問自答する必要がなかった。これはカフカス地方の住民のケースがそうである。彼らにとって忠誠心とは、一時的に民族的要求を忘れ、全体の努力に参加することだった。だが、ドイツ系少数民族の例のように住民が人種的に交戦相手と絆がある場合、もしくはバルト諸国のように戦略的要衝に住んでいる場合、もしくはポーランド人、ウクライナ人のようにいくつもの異なる陣営に分かれている場合、彼らにとって、忠誠心が何を意味するか、あるいはどちらへの忠誠心を優先すべきか見分けることがより困難になる。

戦争が勃発したとき、こうした問題は提起されないと考えることができた。一九一四年八月八日、ドゥーマでは少数民族代表も含めて――といっても彼らはごく少数だが――全ての代議士が愛国心の熱狂のうちに軍事予算を可決した。民族問題についても大方の無知にもかかわらず、双方の陣営で、多くの議員たちがポーランド問題について検討する必要性と有用性を察していた。三か国の間に三分割され、民族感情が特別の活力を持つポーランド。政治的計算に取り入れておくだけの十分な理由がある。ロシア軍総司令官ニコライ大公は、たちまちポーランド自治への支持を表明する。折から、オーストリア軍がポーランドのロシア地域に強行進撃し、ウィーン政府はこの地域の征服は決定的であると宣言する。ドイツ指導者の側は、ポーランド人の対ロシア感情に疑問を投げかける。難しい問題だ。というのは、ロシア帝国のポーランド人自身が逡巡している。民族民主主義者たちは、ニコライ大公の誓約を拍手をもって迎え、彼の上に対ロシア支持政策の基礎をおこうとする。反対に、ピウスーツキに引っ張られたポーランド人社会主義者たちは、中部欧州の両帝国の側の方が自治を実現する可能性がより現実的だと判断してオーストリア＝ドイツ側を支持する態度を採る。これらの「親オーストリア派」はロシアの敗北に賭け、平和が戻るとき、彼らの反ロシアの選択が報われると考える。反対に、ロシア支持派は三国協商側の勝利を信じ、そこから戦後に利益を引き出せると賭ける。

ロシアとオーストリアの間で、もう一つの民族グループが画策を始める。ウクライナ人たちだ。ここでは、「双頭の鷲」帝国内に住む者か、あるいは移民した者の問題がある。ポーランド人社会主義者同様に、彼らはウクライナ東部の独立を確保するためにオーストリアの援助を当てにする。だが、オーストリア側指導者は早くから、ポーランド人とウクライナ人への支援を同時に強化することは難しい、いや不可能でさえあると見極めた。両者の間には敵意があるからだ。ポーランド内に侵攻しながら、オーストリアは、戦後に統治下に止めようとするポーランド人と和解することを望む。この意図はウクライナ人をひとまず忘れることを意味し、ロシアは一時的にだが危機の中で、もう一つの脅威にさらされることから解放される。

結局、最も重要なのはドイツの立場である。なぜなら、ドイツこそロシアの第一の敵であり、たちまち敗北を喫することになるオーストリアに比べて、はるかに手ごわい相手だからだ。

一九一四年、ドイツ政府はロシア帝国下の国々について、国境を接するものだけを念頭に置いていた。戦争が勃発した日、ドイツの宰相は宣言する――「ロシアはできるだけ遠くまで押し返されるべきであり、非ロシア民族に対するロシアの支配は終焉すべきである」。手前勝手もいいとこだ、と思われた。なぜなら、当時のロシアでは、国民が一致して祖国を救うために立ち上がっていたからだ。あのとき、だれが強大なロシア帝国が敗北するなどと考えただろうか？

この問題を根底から覆し、民族問題に大きな緊急性を持たせたのは一九一五年夏のドイツ軍の大攻勢である。数週間の内にドイツ、オーストリア両軍はポーランド、リトアニア、そしてウクライナの一部をも征服した。そこで、両中部欧州帝国に二つの疑問が投げかけられる。すなわち、ロシア帝国の諸民族はロシアの崩壊に、つまりドイツ・オーストリア側の勝利に貢献できるのか、まず戦争の中で、ついで戦後の世界で、ドイツの国益に役立つような未来の解決策を彼らに提案しようとするのか、の二つである。

ロシア周縁地域で起きた無残な敗北、その結果がベルリンとウィーンで引き起こした反省は、ドイツ側の計算をある程度変えさせる。それというのも、ドイツ自身が多民族国家だからであり、オーストリアも久しい以前から民族問題の重要性を認識していて、ポーランド人とウクライナ人との関係ではそのことを部分的には配慮していたからである。一九一五年、ロシアの大敗北の後、ドイツは分析の誤ちを認めざるを得なくなる。ロシアは、直面しなければならない敗北の痛手がいかほどであろうとも、単独講和に調印することを受け入れないだろう。とすれば、いかにしてロシア帝国を屈服させるのか、あるいは分裂させるのか？　革命が最良の手段だろう。だが、ドイツも認めざるを得なかったが、一九一五年のロシアは単独講和にもまして革命への機運が熟していなかった。そうした目標を達成するチャンスをもたらすのは、にわかにポーランドであるかに見えた。ロシアは、自国領のポーランドの地でそれに手を貸そうとする。

一九一五年八月一日、ゴレムイキンは、ポーランド人があれほど待ち望み、ニコライ大公が素案を示しながら後が続かなかった誓約をついに守ることを決心する。ドゥーマを前にして、首相は、ポーランドについに自治が与えられることをおごそかに発表する。そのような発表は遅すぎたぐらいで、ロシア帝国領のポーランド人たちは懐疑的だった。だが、ベルリンとウィーンでは色めき立った。もしポーランド人たちがゴレムイキンの言うことをまともに受け止めたらどうなるか？　ポーランド人たちはペトログラードを支持するだけでなく、中部欧州の両帝国領に住む同胞たちも同様な要求を突き付け、自治という形での民族統一を夢見ることさえ恐れねばならぬかも知れない。こうした懸念は特にオーストリア側では根強い。彼らは自らの帝国が不安定で民族的緊張の高まりにさらされていることを知っており、ポーランド独立の旗印をふりかざし過ぎることを恐れているからだ。だがドイツは、自国内での民族的均質性が高いことに意を強くして、ロシア帝国内での民族紛争は、結局はロシア帝国を崩壊に導くだろうと判断する。

いまやドイツは民族問題のカードを使うつもりだ。だが、その場合、どのような手段を選ぶべきか、まだ確固とした考えはなかった。もし、ポーランドがロシアを内部から崩壊させる試みを思いつかせた引き金だったとしても、ドイツとしては、ポーランド人を利用し過ぎることに気乗り薄だった。まず第一に、三つの帝国にまたがるポーランド人エリートたちは、祖国の統一を回復して全面独立を果たす考えにしばしば取り付かれていたからである。そこに到達するために、彼らは自国の管轄下にポーランドの土地を持たない諸国をますます頼りにするようになる。この両帝国はもちろんロシア領のポーランド人を解放させるつもりだが、自国領となっているポーランドを手放す気はない。未来を考えて非社会主義者のポーランド人たちが掲げるテーゼは、戦後に彼らの運命を話し合うべき場の国際化を要求することだった。ポーランド問題を国内問題に留めておくべきだとするドイツにとっては都合が悪い。さらに、ベルリンではボリシェヴィキ党内部に占めるポーランド人の比重の大きさがよく知られており、それがドイツ指導者を慎重にさせる。ポーランド人の連帯感をかきたてることで、革命思想をロシア国外にまで広めさせることは論外だからだ……ロシアで騒ぎを引き起こしてツァーリの帝国の統一を危うくする先兵として最終的に選ばれたのは、バルト諸民族とウクライナ人の二つの民族である。彼らなら民族問題を持ち出しても、中部欧州の両帝国にとって恐るべき結果を招く恐れがないからだ。こうした計画をめぐって、ドイツから資金をもらっている奇妙な人物たちがうごめく。トロツキーがドイツの手先と非難するパルヴス〔アレクサンドル・ゲリファンドの通称。後述〕のような手合いで、ドイツに操られている民族運動とボリシェヴィキたちとを接近させようとする。だが民族問題をもてあそぶことは容易ではない。ドイツのようにこのようなゲームを戦略の一環としている国を含めて、どの国もたちまち具合の悪さを感じる。三国協商諸国も一時期、敵国側の民族問題を持ち出すことができると考えたことがある。そこで一九一五年、スイスであらゆる種類の移民たちにより創設された「諸民族同盟」に関心を示す。その存在を誇示する最初の行動として、彼らは、戦後処理の際にこの問題を持ち出すことを目的とした欧州の民族地図の刊行を主張する。ドイツは驚愕する。アルザス＝ローレーヌ地方や、オーストリア＝ハンガリー帝国の手のつけようのない各種の少数民族集団がそこに含まれないようにするには、どうしたらよいか？　ロシア側よりは活動的で巧妙なドイツ人は、この計画の立役者であるポーランド人、バルト諸民族、ウクライナ人の説得にかかり、まずロシアに目を向けることが緊急であり、そこでの民族的多様性の地図作製を優先すべきだと主張する……

この問題に注目が集まると、ロシアの政治家たちは、帝国にもっとも執着している者たちを含めて、彼らの頑迷さぶりを見せつけることになる。一九一六年春、立憲民主党の最も著名な代表の一人であるミリューコフが率いるドゥーマの代表団が協商諸国を訪れる。代表団には、民族的要求を訴えようと決意している非ロシア人の代議士三人が含まれていたのだ！　この旅行は、連合国間の関係について議員同士が話し合うという当初の目的からたちまち逸脱して、予測していなかったロシアの諸民族問題という厄介なテーマに係わることになる。当然のことながらポーランド問題について質問を受けると、ミリューコフは、ポーランドはロシアの一部であると答え、その将来の地位はアイルランドとほぼ同様な自治制となるだろうと述べた。だが、彼ははっきり言う。ポーランドとその将来はロシアの主権にのみ属するものであり、ロシアによって決められるが、ロシアは問題の討議を国際化することを絶対に受け入れないだろう、と。一九一六年の時点で、こうした声明はポーランド人と対立するものであり——ご丁寧にもその内容はポーランド人に伝えられていた——ミリューコフの話し相手のフランス、イギリス、イタリア側とも対立した。

協商国の間では、ロシアの民族問題はロシア指導者が考えているよりもっと根深いものであり、問題に対する解決策は国際的な場で見いだされるべきだという考え方が広がる。この難儀な訪問旅行の間に非ロシア人の同僚たちから散々非難を浴びて、ミリューコフ自身も、彼らにとっては自治という考え方はもはや過去のものであり、それに独立の夢が取って代わり始めていることに気付く。協商諸国の指導者たちは、ロシアの内部的弱さを発見して憂慮する。それにもまして、ロシアの政治家たちが言い方を変えて、新たな時代の要請に適合しようと試みることさえできないことに憂慮を深める。だが協商諸国はまだロシアを必要としており、このこの微妙な問題について、自分たちの見解をロシアに押し付けることはできない。同じ時、駐露仏大使モーリス・パレオログは、ロシアの首都ペトログラードで、ポーランド人をなだめるために彼らとの話し合いを深め、ロシアの政策に圧力をかけて、約束された自治がロシアの綱領から消えることのないよう努力することを約束し、同時に、問題の国際化という考え方から彼らを逸らそうとする。ロシアの忠実な同盟国であるフランスは、ロシア政府の側に立たざるを得ない。ロシアが単独講和に踏み切ることを恐れていたからだ。だがポーランド人たちの掲げる大義を忘れることもできない。一方、ポーランド人の民族主義者たちがパレオログに漏らした最大の心配は、「皇帝の弱体ぶり」だった。

「ポーランド問題」は、よく知られていない会議だがロシアの将来にとって極めて重要なフォーラムの議題の中心となる。ローザンヌ会議の名前で呼ばれるこの会議は、一九一六年六月開かれた「被抑圧民族会議」である。この会議はアルザス、ロレーヌ地方住民の民族的願望を問題に取り上げることで、多民族を抱える全ての帝国を具合の悪い立場に立たせることになる。だが、先見の明のあるドイツはその準備段階から少数民族を介して画策し、いつの間にか「諸民族を圧殺する奴隷制帝国」であるロシア帝国を糾弾する会議にすり替えてしまう。

よく理解されず、知られてもいなかったこの会議は、無視できない結果をもたらすことになる。先ず会議は、ロシアにおける民族運動は、道を誤った連中や極左亡命者たちがでっちあげたものではないこと、全般的な不満のムードの中で、共通のテーゼではないにしても、少なくとも帝国内の多くの民族の精神状況を代表していることを示した。一九一六年、中央アジアで起きた出来事がその証拠である。会議の第二の教訓は、民族的不満が孤立の段階を脱して、それ以来「民族抑圧」の名前で呼ばれる現象の最小共通認識となったことである。ローザンヌ会議は、ドイツにとって、またレーニンにとっても、真実の時であった。「民族ゲーム」がロシアを破壊する最も効果的な方法であることが突然確認される。これこそロシアの主要な弱点であり、すなわちレーニンが「鎖の最も弱い輪」と呼ぶものである。最後に、ローザンヌ会議は、以後二十世紀を通じて発展することになる「被抑圧者の連帯」の最初の表明であった。マルクス以来唯一認められてきた連帯は、同じ階級に属する被抑圧者の連帯感である。ローザンヌでは、いくつもの民族全体が被抑圧者なのであり、その意味で被抑圧民族がインターナショナルを構成していることを初めて確認したのだ。後に一九二〇年バクーで開かれるマルクス主義者による「第三世界主義」の会議の予告であり、ずっと後年になってインドネシアのバンドンで開かれる非同盟諸国会議〔一九五五年四月、バンドンで開かれた第一回アジア・アフリカ会議〕の先駆けである。

しかし、時代はまだ一九一六年六月であり、全ての参加者から、その将来の運命がテストケースと注目されたのがポーランドである。ポーランドの未来こそ、レマン湖のほとりで声高に要求された民族解放運動の成否を賭ける前哨戦だと考えられた。

一九一六年夏は、ドイツにとって、ロシアとの単独講和の可能性が高まった時だった。その考えは皆の心の内にあった。七月の外相サゾノフの更迭とシチュルメルの任命は、黒幕の差し金と受け取られ、シチュルメルは連中のロシア外交の道具に過ぎないとされた。数週間というもの、ラスプーチンは繰り返し言っていた──「サゾノフにはうんざりだ」（七月二十三日付）。一方、パレオログは事態を憂慮して本国に電報を送る。彼は、直ちに外交政策が変更される恐れはないが、「今後数か月間のうちに、我々の側の軍事努力が希望通りの成果を挙げず、フランス軍にとってよりもロシア軍にとって有利な勝利がもたらされない限り、ペトログラードの親ドイツ派は外務省内部の分子と共謀して危険なことを企むだろう」と述べる（七月二十五日付）。皇后は激烈な反ドイツ派だったが、ラスプーチンは、戦争がロシアにとっては専制君主制の存続を脅かす致命的な危険をはらんでいると考えていたことを、改めて想起する必要があるだろうか？

フランス側の懸念と、ドイツ側の希望とがあいまって、ポーランド問題については沈黙が支配する。ベルリンでもパリでも、ロシアを刺激する必要はないと考えていた。だが、秋の終わりには、単独講和の希望は人々の心から消え、ドイツは相手に大打撃を与えることを決心する。一九一六年十一月五日、ドイツ、オーストリア＝ハンガリー両帝国は共同声明を発表、ポーランド国家の樹立を告げる。このポーランド国家は領土的にも、主権の面でも確かに狭められていたが、ロシアにとっては、現在ならびに将来にかけて重くのしかかる新たな問題となる。

樹立が宣言されたポーランド国家は、領土的には旧ロシア領ポーランドに縮小される。その主権も制限を受けていた。なぜなら、両帝国がいち早く政治形態を世襲制度に基づく立憲君主制と定め、権限についても勝手に決めてしまったからである。このかりそめの国家は外交面でも、軍隊についてもドイツの支配下に置かれ、何一つ自由にできなかった。両中部欧州帝国にとって、この決定はそれなりに代価を伴う。ロシアとの単独講和のチャンスを減退させたのだ。もっとも、利点も確かにある。ロシアはポーランド問題で先制の機を失い、何一つ決定せずに相変わらず将来の自治について言及しただけだった。ドイツは、関係諸民族の将来はロシアによってではなく、外部から他国によって解決されることをはっきり示した。さらに、両帝国はポーランド新王国から三個師団相当の軍隊を動員できると考えた。やるだけの甲斐はあったわけである。最後に、この新たな盾によって、ロシア国境はドイツから遠ざかることになるが、これこそ二年前、ドイツの宰相が望んだことだったのだ。

ロシアは、新国家創設をとんでもない侮辱と感じる。だが、イニシアチブを取り返すには時すでに遅しである。それに、ポーランド人に、もはや彼らが信じてもいなければ、それだけでは不十分である自治権を再び持ち出すこと以外に何を約束できるのか？　実際のところ、皇帝も彼の取り巻き連中も、現存する国境線内部の民族問題を真剣に受け止める用意はできていなかった。それどころか、彼らは平和解決の折にコンスタンチノープルを獲得したいと夢見ていた。すなわち、すでに帝国が抱え込んでいる以上に困難を積み重ねようとしていた。

ともあれ、この作戦がもたらした結果は予期したものとは異なっていた。ポーランド民族主義者たちは全体として、彼らに相談もなしにエセ国家を作ることを決めたことに二重の意味で不満足を表明する。事態を見守っていた他のロシア帝国内部の民族主義者同様に、ポーランド人たちもロシアから何も期待できないが、ドイツの決定にも満足できないとの結論に達する。唯一の出口は、平和到来の際に、全ての民族問題を国際化することである。協商諸国もこの結論に不本意ながら支持を与えることになる。

ドイツ側の決定に対する応答として、ロシア帝国指導者はその決定が非合法であると宣言し、戦争に勝利の暁にはポーランドに自治権を与えるとの誓約を再確認する。一方、ポーランド人はもはや自治権ではないと憤激する。ロシアをなだめるために、協商諸国はロシアへの支持を表明する。その結果は、またもやロシアにとって嘆かわしいものとなる。ポーランド問題について態度を表明したために、協商諸国は、望むと望まないとにかかわらず共同責任のあることを確認してしまう。問題は必然的に国際化する。すでに一九一六年以来——実際に暴露されるのは戦後になってからだが——ポーランドのケースと、ロシア国内の少数民族に対するドイツのゲーム展開は、民族問題の処理について深い変化をもたらした。それまでは、民族問題はそれぞれの国家の主権に帰属していた。当時の歴史学者ピエール・ルヌーヴァンもしくはジャン゠バチスト・デュロゼルはその点について十分主張していた。それまで、欧州諸国政府は、他国の内政問題であると目されていた民族問題に介入することを嫌っていた。各国とも当時は自国の主権問題に十二分に執着していたので、他国の主権を揺るがすことをためらっていた。一九一六年以後、ロシア帝国の危機が大いに貢献した結果として、少数民族の国際的保護という考え方が前面に出てくる。一九一八年のウィルソン米大統領の民族自決権擁護に始まって一九九四年に開かれた欧州安定化会議に至るまで、今世紀の歴史の中で、民族問題がだんだんと広がりをみせたことを示している。だが、一九一六年の段階では、ロシアだけが割りを食った感じだった。

ロシア革命当時、民族問題がいかに外部から操られたか、具体的な例をのちほど見ることにしよう。その前に、戦争の舞台に少数民族問題が登場したことが別の効果を生んだことを考慮しておく必要がある。つまり、これこそ、レーニンがその革命戦略のために引き出した結論なのだ。

民族問題——革命の梃子になりうるか？

一九一三年、レーニンは戦争を望んでいたが、まさか起こりうるとは思わなかった。「ロシアとオーストリアの間に戦争が起きれば、革命によい結果をもたらす。だが、フランツ・ヨゼフとニッキ（ニコライ二世の愛称）が我々を喜ばせてくれるチャンスはほとんどないだろう」——レーニンはマキシム・ゴーリキーにこう書き送っている。戦争が勃発すると、レーニンは、ポーランド人、ウクライナ人、その他の諸民族を抑圧している一つの帝国が敗北することは、労働者階級の成功のために必要である、と党に対し熱心に説く。戦争の初期において、ロシアの敗戦は決定的であると彼には思われた。この時点で、革命戦略の中で民族問題の占める位置は、彼の心の中でもまだ明確ではなかった。彼がこの問題については大いに進歩を遂げたことは確かである。ロシアは多民族国家であるため、ロシア社会主義者たちは早くからこの問題について態度を明確にすることを迫られていた。過去には大して重要でなかったにせよ、将来の進路を決める問題であり、それが階級闘争と混同されて混乱を招くことさえ彼らは予感していた。

すでに一九〇三年からレーニンは、オーストリア社会主義者たちと同様に民族問題の存在に気付いていた。けれども、彼がこの問題に関心を抱いていたにしても、それに理論的定義を与えるためではなく、純粋に戦略的理由からだった。戦争に先立つ数年間は、ロシア社会主義者にとっては、この問題について激しい議論が展開された時期だった。周知のとおり、レーニンは一九一三年に「一人の素晴らしいグルジア人」、つまり未来のスターリンに命じて民族問題についてのボリシェヴィキの立場を練り上げさせる。

一九一四年の段階で、レーニンは民族自決権は分離独立に至りうるとの考え方を擁護していたが、彼は特にこの分離独立という言葉に力点を置くことになる。レーニンにとって、ロシア帝国は全ての周縁地域の領土を取り上げられるべきであった。この点では、将来の革命国家を領土的にも人口の上からも弱体化する必要は少しもない、と主張する闘争仲間と彼は敵対していた。特に仲間たちは、民族的願望を満足させるのに関わりあうことで革命運動をその目的からそらせてしまう、とレーニンを非難する。だが、レーニンは即時行動という考え方に取り付かれている戦略家である。ナポレオンのように、「まず行動を起こし、しかる後に見極める」べきだと彼は確信していた。一九一四年の段階で彼が懸念していたのは、民族自決権を擁護する他のロシアの政治組織にボリシェヴィキが後れを取ることだった。彼は何よりも党の影響力について考えていた。というのも、民族問題の矛盾に引き裂かれているロシア帝国で爆発が起こる日はさほど遠くはない、と彼は予感していたからだ。

一九一六年、レーニンは考え方を変える。なぜなら、独立の意志が各地で進展していることを見て取ったからである。この終わりのない戦争では両陣営のいずれかが敗北することはありそうもなく、あるとしてもずっと先のことだと思えたレーニンは、戦争の流れを加速化する要因を求めることになる。国家権力がまだ国をしっかり押さえ込んでいるこの年に、ロシアのプロレタリアートが革命を引き起こす力はまだないことを彼は知っていた。また、革命に勝利するにはこのプロレタリアートの数だけではとても足りないことも彼は知っていた。だが民族問題という梃子が存在する。周縁地域ではフラストレーションが高まり、一九一六年夏には中央アジアでペトログラードからの決定に反抗して民衆の蜂起が起きているというのに、みすみすそれを見逃してよいものか？

帝国の民族主義運動の急速な展開について、レーニンは、一九一六年四月に発表された文書（「社会主義革命と民族自決権」）の中で結論を下す——欧州の二つの多民族帝国が置かれた複雑な情勢の中で、プロレタリアートは自らの目標を達成するためには、プロレタリアート階級の権利だけでなくて民族の権利を守らねばならない。こうして決定的な一歩が踏み出される。レーニンは新しいタイプの革命行動を正当化する。つまり、行動への備えがすっかりでき上がっている民族主義者たちの自然発生的な、欲求不満による爆発力を利用することである。

レーニンのアプローチの仕方は、確かに極めて理論的に見えることだろう。彼は当時、ロシア国外にいたし、ボリシェヴィキは少数派で、ニコライ二世はまだ君臨している。だが、ロシアの未来を考察していた全ての人々の中で、レーニンがたぶんもっとも頭脳明晰だったのだ。レーニンが発見したのは、革命闘争に大衆の重みを投入できるには、彼らにあれこれの明確な大義に参加するよう求めるのではなく、単に彼らが帝国を離脱する権利を支持してやるだけでよいのだ、ということだ。数か月後、こうした呼びかけは抗しがたい力を持つことになろう。一方、最後の最後まで民族主義的願望の高まりを理解できなかった帝国擁護論者たちは、帝国そのものを失うだろう。一九二〇年、赤衛軍と白衛軍の市民戦争の最中に、ボリシェヴィキの暴力ゆえにロシア人同胞が憤激してあわや白衛軍の陣営になだれ込もうとしたとき、白衛軍の将軍たちが帝国の統一を復活させる意図を鼻高々と言明したために、彼らの成功に大きく貢献してくれるはずの民族主義者たちを離反させてしまった。

ロシア帝国の民族的崩壊について、レーニンは予見者、それも事実上ただ一人の予見者だった。一九一六年夏、周縁の民族地域はレーニンが正しかったことを示した。その直接の理由は、それまで兵役の義務から逃れていた中央アジアの原住民たちをも戦争に動員する六月二十五日の政令だった。「イノロデッツ

（異民族）」と呼ばれる別種の市民たちに対して、ロシア政府はあまり信頼感を抱かなかった。ロシア市民と完全に同等の権利を享有していなかった彼らは、ロシア人と同等の義務を課されていなかったし、それまでは兵役の義務もなかった。甚大な損害と、新しい補充の兵力を軍隊に供給する必要のためには動員令もやむを得ないと、ペトログラードでは考える。

兵役を義務としながら、ロシア政府は、ロシア全土で優勢となりつつある一般的な空気も――愛国心の高揚は冷え込んでいた――中央アジアを支配する情勢も考慮に入れていなかった。動員をかけても危険はない、と地方当局は言うが、その内実では教育を受けたイスラム教徒たちが汎トルコ思想に目を向けていることに一抹の不安を感じ、その他の遊牧民や農民たちは帝国に忠誠だと考えていた。「中央アジアの民衆は平静である」と六月始めペトログラードに送られた報告は述べている。

けれども、数年来緊張が高まっていた。とくに戦争開始以来そうだった。第一の原因は、中央アジアの植民地化である。ストルイピンの改革以来、ロシアの農民は中央アジアに土地を求めることを奨励されていた。戦争のために土地を求める移住運動にブレーキがかかったにしても、その結果は大して重要ではなかった。すでに植民地化は現地住民たちにとって許容できる水準を越えていた。一九一五年、中央アジアのステップ（草原）の総督は陳情を受けている――「キルギス人にはいかなる土地も残されていない。あるとすれば山の上だけだが、そこには牧草地はない」。これに加えて、住民たちにとっては外にも憤懣のたねが二つあった。一つは、総督たちが課税や強制労働の形で要求してくるものであり、もう一つは、ロシア人商人が地元の一次産品の生産者に支払う代金が極めて低いことである。中央アジアは植民地である。最も遅れており、最も「植民地的」だとペトログラードでは考えられていた。それ以外に、扱いようがあるだろうか？

戦争の年月の間、中央アジアの住民たちは、ロシア帝国が弱体化したことを認識するようになり、自分たちの土地にロシア人が居座っていることを問題にし始める。すでに一九一六年始め、トルクメン族がロシア保護領の首都であるヒヴァに攻撃をかけた。トルクメン族を撃退するためには、シルダリア河守備隊指揮下の部隊を増援せざるを得なくなる。事件は苛酷な報復作戦に終わり、トルクメン族の民衆に苦い思い出を残した。

六月二十五日の政令は、このようにすでに熱気の高まった空気の中で発表された。政令は、十八歳から四十五歳までの全ての男性が労働者大隊に、さらには他の分野の兵役に召集されうる、と明記している。この文書の全体が不正確である。中央アジアの成人男性人口が凡庸なロシア人官吏の支配下に置かれるのだが、これらの官吏たるや満足に質問にも答えられず、動員可能な現地住民のリストを偽造し、あるいは勝手に操作する気でいる連中なのだ。クロパトキン将軍は、こうした無能で怪しげな官吏どもに権限を与え過ぎることの不都合さについて、所属する軍事省に注意を喚起している。しかし、中央アジアは植民地であり、こうした警告は決して首都の責任者の耳には届かなかった。

その結果は遠からず現れる。まず一九一六年七月四日、ウズベキスタンのホジェントで騒動が起き、やがて一か月足らずでカザフスタンのステップに到達する。ウズベキスタン領内でロシア人植民者および官僚たちが虐殺され、彼らの住居や事務所が略奪され、交通手段が破壊された。だが反乱が本当に広がりを見せたのはステップにおいてだった。

ステップの遊牧民の状況と、植民者に対する彼らの憎悪が、蜂起に伴う暴力のすさまじさを説明する。

政令が公布されたとき、遊牧民たちに残されている最後の土地が植民者たちのために接収されるだろうとの噂が流れた。これら二つの情報に対する反発は一気に吹き出した。ドンガン族はかつて中国領トルキスタンからロシア領にやって来た人々だが、今度は中国側に逃げ、虐殺の噂を広めた。キルギス族は八月六日、まずピシュペクで蜂起し、次いでステップ全体で立ち上がった。ロシア軍は、ウズベクとカザフ＝キルギスの地での混乱対処に兵力を割かねばならず、どちらを優先すべきか分からなかったが、どこでもただひたすら乱暴に鎮圧する。植民者側は自衛のための民兵を組織する。双方とも血で血を洗う虐殺で応じた。二千人以上の植民者が殺されたが、原住民の死者数のほうがはるかに大きかった。キルギス族人口の三分の一近くが最終的には中国側に移り、多くの村落が焼き払われた。カザフ平原では、混乱は局地的だったが、それでも同じ悲劇が待ち受けていた。アマンゲルドイ・イマム・ウリは、後に中央アジアの共産主義運動の指導者の一人になる人物だが、カザフ族は彼の周囲に結集し、文字通りゲリラ戦争を戦う。ゲリラ戦士たちはどこからともなく現れてロシア軍を攻撃して悩ませたが、機動性が不十分なロシア軍は、予測しなかったこの抵抗に効果的に対応できなかった。カスピ海以南の地方もまた、原住民動員令に反対する反乱が起きていた。ある部族は妥協策を受け入れ、原住民召集兵は現地に置かれる治安部隊の一部として使用されるが、その代わりにすでに戦闘任務に就いていた地元遊牧民出身兵をテッケの遊牧地の故郷に帰還させることにした。だが、大部分は政府の命令に服することを拒否する。彼らの一部は規制の効かない国境を通って逃亡、ペルシャやアフガニスタンに避難する。他のものたちは反政府運動に身を投じて戦闘活動を続ける。中央トルキスタンはともかくも平定化されたと思われていたのに、である。反乱はトルキスタン全体でロシア人犠牲者三千人以上を出したが、現住民側の犠牲者数はそれをはるかに上回る。大多数の農場が破壊され、一九一六年末には九千か所以上に上る。表面上は秩序が回復されたかに見えたが、原住民戦士はたゆまずロシア軍哨所を攻撃し、ロシア側官吏の多くが殺された。ゲリラ側はいく度も交通網を切断しようとする。

一九一六年に起きた出来事を子細に検討すると、そこには二つの民族主義が現れ、二つの異なった種類の反乱が起きていたことがわかる。トルキスタンでは、ロシア側の行政と商業機構が重くのしかかっていただけに、反乱分子たちはロシア側の官吏、商人、行政の中心機構、交通通信手段を執拗に襲い、ロシアの存在の骨組みそのものを破壊しようとした。植民者たちが土地を収奪することに夢中だったステップ地域では、彼らに対する戦いは情け容赦なかった。トルキスタン、ステップのどちらの場合も、反乱は「反ロシア」であり、対決はいまや露骨に民族的・反政府的色彩を帯びた。地元民たちが忌避したのは、ロシア帝国であり、その代表であり、行政官であり、植民者であった。彼らが突然服従を拒否したのは、皇帝命令に対してである。

こうした運動のもう一つの特徴は、原住民のほぼ全体が反乱に参加したことである。まさに農民と遊牧民を動員した大衆運動だった。トルキスタンでは、民族主義者エリートたちと彼らの指導者――ムナヴァル・カリ、マフムード・ホジャ・ベフブディ、バイトルスン・オグリら――がゲリラに対してより慎重な態度を示したことは確かである。もっとも、中央アジア全体でかなり知的な威信を保持していたベフブディは控えめながら市民運動としての抵抗を訴えた。一方、地元のイスラム教導師はもろ手を上げて反乱分子を支持し、所によってはこの運動に色合いをつけ、聖戦としてのお墨付きを与えた。逆に、中央アジアに存在していたロシア政党、なかでも社会主義政党は原住民の要求に対して完全に無関心を表明し、ロシア側の肩をもったので、中央アジアのエリートたちに、いまや植民地主義との対決の時代が開けたのだと確信させることになる。

ここでは二つの結論がおのずから引き出される。まず、ロシア中央政府のこの地域（一九一六年後半の時点で）の蜂起に対する無関心ぶりである。現地ロシア軍の調整役であるクロパトキン将軍は、この事態に直面して事の重大さを直ちに理解し、ペトログラードに警報を発することを怠らなかった。だが、首都ではだれ一人注意を払わなかったようだ。興味深いのは、周縁地域一帯で起きている反乱がただでさえ手不足の軍隊を動けなくしていることについて、当時の政治面での主役たちの日記にも、書簡にも言及されていないことだ。皇帝も、皇后も、概して消息に通じていたラスプーチンでさえも、そしてロシア駐在の各国大使たちも、周縁地域ではロシア帝国の権限そのものが問われるほど革命状態が進行していることに気付いていなかった。こうした出来事は近隣諸国との関係に影響を与え、したがって外相サゾノフの関心を呼び起こすはずだったが、彼はこの問題については口をつぐんでいる。

いま一つの結論は、一九一六年夏以来、すなわち革命が始まる数か月前から、それはすでに中央アジアで具体化していたことだ。トルキスタンではなんとか鎮圧されていた蜂起は、ステップ内に留まらなかった。この地方全体がもはや帝国に従わず、離脱していた。帝国解体についてのレーニンのテーゼ、すなわち革命への王道は、すでに一九一六年から辺境のイスラム教徒地区で実証されていた。当事者たちはたちまちそのことに気がつくだろう。一九一七年二月、ステップの民族運動の責任者たちは言うことになる――

「我々の国では、一九一七年は、すでに一九一六年七月に始まったのだ！」

＊

一九一六年半ば、ロシア帝国は矛盾した状況のただ中にあった。軍事的観点からすれば立ち直りを見せている。まず軍隊の組織と戦争手段の面である。無能で腐敗していたスホムリーノフの後継者に、頭が切れ、廉直なポリヴァノフという陸軍相を得たことで、大臣と防衛関係財界人とドゥーマから押し付けられた弾薬委員会との間に協力関係が生まれ、軍の装備と弾薬補給の面でかなり改善された。その上、一九一六年初頭以来、ロシアは連合国及び米国から提供される軍事物資の大量流入に依存することができ、おかげで、それまで厳しい軍事物資の欠乏に直面していたロシア軍の戦闘能力を目覚ましいまでに改善した。

こうした進展は、連合国側がフランスのソンムの戦線で攻勢に出ていたときに、ロシア政府がガリツィアで大規模な攻勢に打って出ることを可能にした。ロシア軍がそうした大規模な攻勢に出る余裕はないと考えていたオーストリア軍は不意をつかれた。おまけにオーストリア軍は北部イタリアのトレンチノ戦線でイタリア軍と対決するために兵力を割いてそちらに回していたため、たちまち戦闘能力を失った。オーストリア軍は戦死者、負傷者あるいは捕虜として百万人以上の兵力を失い、完全なまでに壊滅したため、ドイツはオーストリア軍を支援するためにあわてて数個師団を救援に送らざるを得なかった。ロシア軍の勝利を喜んだモーリス・パレオログだったが、それでも六月十九日付の日記に、ロシア軍の最高指揮官の一人であるベリャーエフ将軍の言葉を懸念を込めて引用している——「オーストリア軍に対する快進撃ぶりはロシア軍が立ち直った兆しであるとしても、我が軍はいまだドイツ軍と戦闘を始めてはいない」。

一九一六年の攻勢の総決算は、かように対照的なものである。成功したことで、二つの前向きの結果を生んでいる。ロシア軍の士気を鼓舞したことであり、ロシア軍がよい指揮下に置かれ、よい装備をしていれば、連戦連敗を食い止めることができると期待できることだ。もう一つはオーストリア＝ハンガリー軍の士気を粉砕したことで、ドイツは同盟軍を戦争に留めて置くために、てこ入れを続けねばならなくなる。しかし、こうした軍事面での立ち直りにくらべると、政治的システムとしてのロシア帝国は二重の意味で弱体化している。まず、責任者たちにはこの問題を過小評価する傾向があるが、帝国は非ロシア人地域ではすっかり権威を失ってしまった。権威の喪失は、帝国制度の構造そのもの、そして非ロシア地域の領土と民族の置かれた地位を厳しく批判するポーランド人とウクライナ人の剥き出しの敵意に始まり、東部の辺境における抹殺不可能な反体制運動にまで至っている。ロシア政府の権威が及ぶ空間は、こうして危険なまでに縮んでしまっている。さらに、ロシア国内では危険がすこしも考慮されていないにしても、国境の外で、帝国の領土の解体は、帝国と王政の崩壊をもたらすだろうと主張する者たちは、ドイツ政府であろうとレーニンであろうと、大いに力づけられていた。彼らの見解はほとんど似通ったものであり、従って彼らの戦略も同じだったのである。

しかし、ロシア帝国の崩壊ぶりを見せつけたのは、権力の中枢とその手法である。一九一五年八月以来、ニコライ二世はロシア軍の総指揮を執ることを決意、首都を去り、権力をさまざまな代表に委任したが、権威がどのように配分されるべきか、だれも明確には知らなかった。政府のトップに病弱で老け込んだゴレムイキンが存在することが政府を弱体化した。古い話を持ち出すなら、すでに一八九六年、ロシア正教宗務院長官ポベドノスツェフはニコライ二世に、もう大臣には引退すべき時期が来ていると進言しているではないか？　ゴレムイキン自身も辞任したくて、皇帝に言っている——「すでに私の棺桶の回りではロウソクが燃えております。葬式を完成させるのに、私の死体が欠けているだけでございます」。彼が辞任できなかったのは、皇帝のせいではなく、皇后ゆえである。彼女は、ゴレムイキンに多大の信頼を寄せていた。彼が専制制度の原則に揺るぎなき忠誠心を示し、ラスプーチンの支持を受けていたからである。

皇帝不在のため、皇后の望むがままに大臣の首が次々とすげ替えられた——シチェルバトフ、サマリン、クリヴォシェイン、カリトノフ、後にサゾノフといった具合に。ゴレムイキンは幽霊の政府を率いていたのである。彼はドゥーマに姿を見せるたびに嘲笑や口笛で迎えられ、所信を表明することができない。一九一六年初頭、招集される国会でどうしても演説をしなければならなくなった時、とうとう後任にシチュルメルが選ばれた。皇帝は遠隔地にいたにもかかわらず、いまやすっかり信頼を失い、評判の芳しくないこの首相がドゥーマの前に姿を現すことは、とんだスキャンダルを招くと感じていた。シチュルメル一人だけをドゥーマに行かせることを懸念した皇帝は、彼と共に自分も議会に行くことを決心する。口実は、議長ロジャンコに聖アンナ章を授与するため、両院訪問の一環として、ということだった。というわけで一九一六年二月九日、ニコライ二世はシチュルメルを従えてドゥーマに到着するが、シチュルメルの存在は忘れ去られていた。パレオログは、滅多にない歓迎すべきツァーリの行動についてこう記している（二月九日付）——「ロシアに代議制度が設立されて以来、皇帝がドゥーマに行くのはこれが初めてである。それまでは、反対に、代議士たちのほうがツァーリに挨拶するために冬宮に出かけて行くのだった」。

パレオログを含め、さまざまな証言によると、この皇帝の取ったイニシアチブは成功を収め、極右を除けば代議士たちも議会への敬意の表明と受け止めて心を動かされた。仏大使は、皇后とラスプーチンが皇帝の行為に反対したと報じているが、この説は是認できる。いずれにせよ、皇后の書簡の中からは、このアイデアが彼女もしくはラスプーチンから出たものであることを示唆するものは何もない。そうだとすると、皇帝は、皇后が愚痴をこぼしているように絶えず彼女の影響力に屈服していたわけではなく、妻に対する信頼感と、時として自分自身の直感力への信頼感との間で揺れ動いていたとする説が力を得てくる。

一方、ゴレムイキン以上に、シチュルメルもドゥーマと折り合いをつけることができず、ドゥーマとの共同作業の基礎を築くこともできなかった。絶えず「我らの『友』」が望む閣僚の交代劇にさらされた政府は、たちまちのうちに、もはや以前のような一貫性を保てなくなった。一九一六年春、ツァーリは、陸軍省の情勢を立て直した功労者のポリヴァノフを、産業軍事委員会、つまりドゥーマとあまりに近すぎるとのでっち上げの口実で更迭する。彼の更迭に先立って、皇后は彼の追い出しを求める書簡を矢継ぎ早に送っている――「ポリヴァノフはまさに裏切り者そのものなのです」(二月二十三日)、「マクラコフは、できるだけ早くポリヴァノフを切り捨てるべきだ、と懇願しています。ポリヴァノフは、単にグチコフの庇護を受けている革命家に過ぎません」(二月二十八日)。とうとう忌み嫌う大臣が更迭されたと聞いて、アレクサンドラはコメントする――「なんと幸せでしょう！ あなたが彼を御役御免にしたことは、神様の恵みです！」(一九一六年三月二日)。彼女の有頂天ぶりに対して、世論は激高する。有能な人間を追い払って、冴えない、さしたる能力もないシュヴァイエフ将軍を任命したからだ。英国大使館武官のアルフレッド・ノックス将軍はコメントする――「彼の唯一の取り柄と言えば、皇帝陛下が彼に窓から飛び降りろ、と命じれば、そうすることだ」。

次に皇后の疑念の対象になるのは外相サゾノフだ。これにはもっともな理由があり、パレオログも確認しているように、彼は責任ある政府の構成を望んでいた。皇后にとっては我慢のならない望みであり、だからこそ連合国政府の信頼を得ていたこの生真面目な大臣を更迭したのだ――「あなたがサゾノフによい後任者を見つけるよう心から願っています。老いぼれゴレムイキンもシチュルメルも、いつもサゾノフに反対していました。あの男は欧州や国会議員たちの前であんなに臆病なのですから」（三月四日付）。

サゾノフの更迭は入念に準備されていたが、実のところ、彼が約束してしまったポーランドの自治問題が直接の原因だった。この点についても、皇后の影響力行使がうかがわれる。ニコライ二世は自治の約束には同意していた。しかし、アレクサンドラからの手紙は繰り返しロシア帝国の領土保全が必要であること、そしていつの日か、そっくり世継ぎに譲り渡されるべきことを力説していた。本当のところは、ツァーリがサゾノフに対して抱く不満は、彼がリベラルな勢力と関係を保っていることだった。その彼の後任者が、すでに首相と内相を兼務しているシチュルメルだと分かったとき、連合国の首都での驚きは大きかった。英国大使ブキャナンは記している――「約束を全然守らない男（シチュルメルのこと）には決して信を置かない」。

ロシアが不安定な時期に突入しようとしていたまさにその時、内務省でも状況は決して良好ではなかった。まず一九一五年、皇后はお気に入りのアレクセイ・フボストフを内相に任命させた。だが、彼がラスプーチンに対する悪い噂のキャンペーンを一掃できないのを見て――いったいだれが一掃できただろうか――皇后は皇帝に一九一六年二月末こう書き送っている――「グリゴーリ（ラスプーチンのこと）の勧めで私たちはフヴォストフを推薦したことを残念に思っています。あなたは彼の任命に反対していましたのに……」。罷免されたフヴォストフの後任はまずシチュルメル自身であり、次いでそれまで国会副議長だったアレクサンドル・プロトポポフに替わった。彼は六十歳台のかっぷくのよい人物で、シンビルスクの大地主の息子で繊維産業の実業家でもあり、十月党の党員で、ある種の魅力を持ち、ドゥーマでもロジャンコたちに尊敬されていたが、この人選は決してよい考えではなかった。本人は健康状態が悪く、バランス感覚を欠いており、そのためにラスプーチンに近い祈祷師に頼っていた。ラスプーチンの後押しを受けており、皇后に言わせている──「どうかプロトポポフを内相にお取りなさいな。彼はドゥーマ出身だから、議員たちを黙らせることができるでしょうよ！」彼がシチュルメルの右腕に任命されたことは議会で大変なスキャンダルとなった。同僚たちの留保にもかかわらず新内相はドゥーマに議席を保持しようとしたからである。この任命は惨憺たる結末をもたらす。ともかくもバランスに欠けていた。生来の虚栄心が災いして、それまではリベラル派で通っていたのに、自らを皇族や専制主義と一体化してしまった。彼を選んだことは、皇后の一連の提言がもたらした忌まわしい結果の一つとして記録に止まっている。彼は政府とドゥーマの関係を悪化させ、すでに嘆かわしいまでに落ち込んでいるアレクサンドラの評判をさらに低下させることに貢献する。

任命と罷免を繰り返し、政府をがたがたにしてしまったこの常軌を逸した政策は、単に閣僚のポストに止まらなかった。全ての行政府が同じ運命をたどることになる。実際に、全ての県で一九一五～一九一六年に県知事が交代し、そのために多くの機構が停滞し、あるいは台なしになり、地方政治に絶えざる混乱をもたらしてしまう。

皇后は、大臣と県知事を推薦し、首にすることに満足せず、軍事作戦のあり方についてまで口を出すようになる──「私が大本営に姿を見せることが必要だと思います」(一九一五年八月十二日付)。「我らの『友』はあなたに、我が軍がリガまで行くことをお願いしています」(一九一五年十一月)。さらに一九一六年夏の大攻勢の時には次のように言う――「我らが『友』は、我が軍がカルパチア地方に攻撃をかけないようにと希望しています」(一九一六年八月八日付)。

これらの書簡を読むと、皇帝は、自分の下す決定を妻に知らせる気持ちがあったのと同時に、彼が妻に伝える情報が他のだれにも伝えられないようにと注意していたことに気付く。いったいいく度、彼女は夫を安心させようとしたことか――「我らが『友』だけがこのことを知っています。でも彼は、何がよいことかを知っているのです……」

具体的な主題についてのラスプーチンの意見は、しばしば良識あるものだった。農民出身で、ロシアの大地と住民をよく知っていただけに、彼は社会の反応に耳を傾け、理解する。彼は皇后に、都市住民の物質的窮乏状態を軽減するために食糧品を輸送する列車を優先的に運行することを提案した――「彼は、三日間、バター、小麦粉、砂糖といった、肉や弾薬よりも必要な物資を積み込んだ列車だけを走らせることを提案しています」(一九一五年十月十日付)。思慮深い意見だが、公的生活にやたらと介入して不安を与えているラスプーチンから出た意見だけに、いかほどの重みを持つことだろう！

権力の解体、その原因、度の過ぎた皇后の影響力などについて、社会はとうに気がついていた。皇帝はまだ弱気さと自らの役割を果たし得ないことを非難されているだけだった。彼が示した勇気については、だれも感謝しておらず、前線に赴いていることも、むしろ権力行使の重荷から逃れるためだと受け取られていた。全般的な瓦解の続くこの期間――まだ革命からは程遠いにせよ――君主制は地歩を失いつつあったが、それもこの遠隔地にいる君主が脆弱と判断され、彼自身が権威は必要であり、しかも正当であるとの考えを守り切れなかったからである。事態の展開と、のしかかる影響力に諦め切ってしまう態度によって、ニコライ二世は自らのイメージを弱めてしまう。一九一五年夏、皆がこぞって皇帝に、首都に止まって国家元首としての役割を他人の手に委ねずに自ら果たすべきだと懇願した時、彼は確かに宣言したではないか——「ロシアを救うためには贖罪のための生け贄が必要なのではないか？　この私が生け贄になろう」。

一九一五年九月二日、この皇帝の言葉を報告したパレオログは、これこそ受け身で諦め切って、どんな災難でも甘んじて受け入れるという性格を反映したものだと悲しげに記述している。とはいえ、一九一六年はあらゆる分野で困難だったにもかかわらず、まだ革命蜂起の刻印を押されてはいなかった。ロシア軍は戦場では決して敗北してはいないのだから、情勢の正しい分析とそれに適合しようとする意志があったなら、君主制は最後のチャンスに賭けることができただろうに。

第十章　最後の希望の明かり

戦争突入後二年が経過したロシアの政治情勢がいかに困難であろうとも、前向きの要因が出現し、あるいは創り出され、行政府と、ある程度までだが社会とが、祖国を機能し続けさせるために組織化され始めていた。

「見えない革命」

一九一五年以来、政府と、そしてだれよりもまず皇帝は、民間企業と、ドゥーマと、社会とを戦争遂行のために結合する必要を理解していた。緒戦での敗北の原因だった兵器と専門家の不足から「別の統治方法を取る」ことが否応なく求められた。解決法の一つは――ドゥーマがその代弁者だった――政治制度を改革し、議院責任制内閣を受け入れることだった。そこまで改革を進める気のなかったニコライ二世は、軍需物資の管理を部分的かつ暫定的に改革することだけで十分だと考えた。こうして政府のメンバー、ドゥーマ議員たち、企業家たちを集めた混合委員会が生まれる。この種の最初の事例が、まだ陸相だったスホムリーノフを滑りだし当時の議長とした弾薬特別委員会である。次いで生まれたのが特別防衛評議会であり、これに燃料問題、食糧調達、運輸問題特別評議会が続く。最後に、防衛評議会を補佐するために軍事産業評議会が創設された。戦争遂行努力に民間企業をも関与させるためだ。こうした様々な機関は、両院の多くの議員たちに、その分野での討議と決定に参加することを可能にした。そうした機関の重要性は当面、経済問題に限られていた。一九一四年にはあれほど不足していた弾薬の生産面で達成された進歩は、ロシア軍に実戦能力を付与した。戦争努力を加速化するために、防衛委員会は一九一六年初めに、ペトログラードの二大兵器製造工場プティロフとオブホフの国有化を決定した。その結果、ストライキを阻止し、生産活動の麻痺を避けることができた。交通委員会は鉄道網の改善もしくは新規建設に極めて重要な役割を演じ、連合国からロシアに供与された軍事物資とロシア兵力の移動を大幅に改善した。これら諸機関の中で、特別防衛評議会がもっとも権威があり、その権限も幅広いものがあった。国防大臣が主宰するこの評議会は週二回開催され、その半数が下院議員であった。軍事産業委員会はロシア全土にアンテナを持ち、軍事産業で働く労働者代表を集会に参加させる習慣さえあった。労働者階級を共同の努力に組み込むことで、生産を阻害するであろうストと要求の阻止を予告することが問題だったことは確かである。だが、こうした大幅な譲歩は矛盾した影響を及ぼすことになる。一方で、軍事産業での労働規律は強化された。その代わり、労働者が動員され、突然権力に関わるようになったことは、真に革命的なイニシアチブであり、労働者の意識を高め、彼らに自分たちは国家にとって必要であり、「上からだけの権力行使」はもはや受け入れ難いことに気付かせた。

戦争努力を増幅し、改善するために創設されたこれらの機関は、かくして政治的役割を持ち、権力の行使に後戻りのきかない変化をもたらしたが、為政者はその時は全くそれを意識していなかった。ニコライ二世は議会の前に省庁が責任を持つという考えを拒否し、そんなことをすれば本当の立憲体制への移行を意味すると確信していたが、これらの委員会がすでに議員たちに行政権限の道を開き、権力と結び付いた市民社会の基礎を築いたことを理解できなかった。人々が気付かないままに、ロシアは異なった政治体制へと向かって滑り出していた。

こうした軍事努力に関連した軍事関係機関に付け加えなければならないのは、一九一五年夏以来始まったゼムストヴォと町村議会の連合である「ゼムゴール」結成だ。ツァーリは一貫して地方議会のいかなる結集にも敵意を示してきたので、ゼムストヴォと町村議会のメンバーたちは慎重にこの方向に向かって進んだ。だが戦争は、民間人の努力も国家の努力に合流することを義務付けた。緒戦での大敗北は、どっと病院に負傷兵を、そして退路上に脱走兵を送り込んだ。慈善団体組織でなければ、だれが彼らの世話をできようか？　この役割を引き受けたのは、一九一四年にリヴォフ公を総裁にかついで創設された「ゼムストヴォ汎ロシア連合」である。この例に倣って、町村議会も同じことをやり出し、一九一五年十一月、二つの連合が合体してゼムゴールが生まれた。赤十字が両者の合体のしるしの場をつとめたので、皇帝もこれらの連合組織が求める目的に安心感を抱いた。しかし、掲げられた目的は、権力に取って代わるためにロシア社会全体がなし遂げた成果の目に見える部分でしかなかった。戦争の長期化を予測できなかった権力側は、遭遇する問題を解決できないことを暴露していた。至るところで、とくに生活がとても厳しかった都会で、篤志家たちが小グループを組織し、緊急事態に対処しようとした。難民、負傷兵の受け入れ、食糧補給などである。農民たちも、当局の意見を聞くことなしに協同組合形式の組織を結成し、輸送難のために補給欠乏に苦しんでいた都市に彼らの農産物を送り出し、配給した。都市住民の方は、停滞し半ば麻痺している公的ネットワークの外に、消費者たちをグループ化して、配給協同体制を作り上げていた。

権力の枠外に置かれ、二年間を経過しても終わりの見えない戦争に疲れたロシア国民が、一九一六年、自分たち自身の手で解決策を図ろうとしたことは想像に難くない。当時のロシアは奇妙な光景を示している。一方では、日々の問題を自主管理することを発見し、自らのイニシアチブに頼るしかない社会がある。他方には、しだいに解体し、社会との関わりあいの中でほとんど機能せず、ゆっくりと消滅しつつある権力がある。

ロシアを統治するものたちが、この現象の広がりに気が付かないでいたにしても——責任の移動は加速の度を深めていた——反対政治勢力はそのことを完全に意識していた。そのうちで立憲君主制の樹立を希望する穏健派は、戦争がそのための条件を造りだし、平和が到来し次第、政治体制もこの新たな現実を反映しなければならないとの結論を引き出していた。実際のところ、ロシアにとって、またその君主にとって、こうした事態の展開は大きなチャンスである。ロシア社会は民主主義体制の修業をしつつあった。権力側がこの目に見えない革命に気付き、そこから結論を引き出していれば、ロシアは劇的な変化なしに政治的近代性に腰を据えることができただろうに。一九〇五年以来その方向に向かいつつあったのだから。

政治的討議——権力に攻勢をかけるドゥーマ

一九一四年以来、国民の物質的窮乏の状況は悪化する一方だった。まず都市への物資の供給面である。

軍事産業のために稼働している工場は、もはや設備財を生産しない。農民たちは、必要とするものを何一つ購入できないために、自分たちが生産したものを売りたがらない。戦時下にはよくあることだが、ロシアでは輸送問題のために情勢はさらに悪化した。ラスプーチンは、前述したように、食糧品不足を前に社会が憤激するのを見て警報を鳴らし、食糧品の輸送を優先させるよう求めた。こうした困難の結果は、国内物価の上昇であり、物価は天井知らずに上昇するとの噂に農民たちはますます備蓄するようになる。都会の商店の店頭には売る品物がなく、それでも集まる消費者たちの行列は長くなるばかりで、彼らをいっそう激高させた。燃料も街には出回らず、ロシアの冬はいつでも厳しいが、一九一六年はかつてないほど寒かった。食べ物にも燃料にも事欠く都市の住民たち、なかでも両首都の人々の怒りは爆発寸前にあり、大衆集会が多発した。その上、ウォッカの販売禁止は重大な結果をもたらす。アルコール税は入らなくなったが、それでも予算に重大な影響を及ぼすには至らなかった。その代わり、一九一四年の禁酒令は受け入れた住民たちではあったが、今回は弱い者いじめの追い打ちと受け止めた。高まる不満に対応するために、プロトポポフは提案や計画案を連発する。強制取り立てを考えるが、実行に踏み切ることができない。町村が補給問題を自分たちで引き受けようとすると、努力が分散化してしてしまうとの理由で妨げようとする。だが結局、彼は何一つしなかった。警察からの報告は、全土で発生する事故についての心配な情報ばかりだった。ロシア国内での事態を心配するパレオログは、内相プロトポポフの判断能力の低下に気付いて記す——「彼は極端に反動的な意見やプログラムを主張している。革命勢力との対決も辞さないだろう、と言っている。必要とあれば、彼は革命勢力を挑発し、しかる後に粉砕しようとするだろう……聞くところによれば、彼の健康状態のせいらしい。性格が急変し、イマジネーションの能力が高揚したりするのは、全身麻痺の典型的な前駆症状である」（一九一六年十月九日付）。

物資不足に怒り狂う主婦たちの集会に、工場での労働者たちの運動が付け加わる。労働者たちは、家族のための買い出しに努力を傾けようと仕事台もしくは工場を離れる権利を要求する。要求が拒否されると、ストが頻発する。より思慮のある責任者が作業の停止を許可した所でも結果は同じで、生産がとばっちりを受ける。

一九一六年末まで、なんとかモラルの低下に抗いえたのは、たぶん、軍隊だけだろう。まだ脱走兵が続出する時期ではない。しかし、軍隊内でも困難は増大している。まず、現役軍への応召という考えに、少しも備えができていない多くの予備役の兵隊たちを隊内に取り込まねばならなかったことがある。一般兵士より成熟し、銃後の情勢にも通じている予備役の連中は、たちまち異議申し立て行動に走る。将校団も、戦場で多くを失ったために速成の訓練の後に昇進させた新参者ばかりで、軍隊に威令が届かない。手紙を点検する軍の検閲官は、禁止令にもかかわらず、兵士たちの手紙が戦争の指導ぶりと権力に対する批判をますますぶちまけるようになっていることに気付く。後方で、前線に向けて出発する戦友たちを見送る予備役の兵士たちは、同じ運命をたどる気持ちはさらさらない。その彼らは二百万人を越えていた。彼らにとって、これまで取られて来た政策は全て疑わしいものであり、社会の反発を招くものだった。

こうした不満の高まりは、政府も――祖国のモラル崩壊について政府の注意を喚起する警察の報告がある――野党も見逃すはずはない。権力側には幻想が存続している。大本営にいたニコライ二世は、この騒ぎの圏外にいた。一方、皇后の方は、いつも通り悪意ある噂に過ぎず、祖国の現実の状況は、君主に忠誠な「真」のロシア人の姿を現していると確信していた。彼女は牧歌的な計画を夢みる――「度を越して金を溜め込み過ぎた商人たちが直ちに大金を出して（公債の購入を）申し入れる……そうなれば、兵士たちが戦場から戻って来たとき、彼らのための仕事を見つけることができるし、不満が表面化しつつある地方に戻らなくても済むでしょう。各人が都合よく職業を見つけて、厄介なもめごとを避けるよう努力しなければなりません」（一九一六年四月二十六日付）。またこうも書いている――「昨日、モスクワで騒ぎがありました。プロトポポフは現地にヴォルコンスキーを派遣しました。彼は無駄に時間を浪費していません。こう申し上げられることを嬉しく思います」（一九一六年九月二十六日付）。皇后にとっては、全てが簡単明瞭だった――軍が権威を示し、公債を上手に使えばたちまち騒ぎを押さえ込むことができると。彼女は事の重大さを理解していない。だが公共秩序を保持する役目のプロトポポフは、もう完全にお手上げだった。ただ彼は、いかなる手段を講じても君主制を救うことができる能力が自分にはあるのだ、とのフィクションにしがみついていた。

一方、進歩ブロックを構成する野党側は、祖国が深淵に向かってすべり落ちつつあることを自覚していた。この漂流が完全な破局、すなわち君主制とともに穏健派をも一掃してしまう革命に到達することをくい止めねばならない。以後、皆の心に恐怖心が宿る。進歩ブロックの代議士たちは、混乱の先を越して、政府から権力をもぎ取ることが彼らの役割だと考える。カデット党は十月にロシア救済の戦略を練り上げる。だが、その党は、議会における闘争という道から外れることを拒否するミリューコフ一派と、民衆の運動に押し切られてはならず、そのためには彼らに自分たちの存在を思い知らせる大きな政治的打撃を政府に与えて見せなければならないとする過激派との間に分裂していた。結局、この「打撃」なるものは、シチュルメルと彼の政府全体を国家反逆罪で訴えることに落ち着く。危険な戦略である。なぜなら、シチュルメルの行動のどれを取っても、そのような非難に当てはまるものはなかったからだ。人々がどう考えようと、無能力は反逆の一形態ではあり得ない。その上、戦時下で政府に対してそのような告発を投げかけることは、国をたちまち不安定化し、軍部からの反発が予想され、連合国との関係を動転させかねない。ドゥーマ内部でくすぶっている陰謀について知らされたシチュルメルは、皇帝から議会解散もしくは兵役年齢の議員たちを前線に送り込むことで、ドゥーマを弱体化させることへの許可を取り付けようと試みる。「ドゥーマは腐敗し切っています。でも恐れてはなりません。もし、ドゥーマがあまりにもひどかったら、解散してしまえばよいのです」（一九一六年十月三日付）と皇后は言い張ったが、ニコライ二世は決心できなかった。最終的には、どちらの陣営も全くの出たとこ勝負の雰囲気で十一月一日議会に臨む。この国会は全てが異常だった。シチュルメルは、外国大使たちから、ロジャンコ議長の開会の演説が終わった段階で彼らも政府閣僚と共にタヴリーダ宮殿を去るとの約束を取り付けた。「大使たちがそうしたのは、スキャンダルが起きることを予感し、係わりあわないほうがよいと判断したからである」とパレオログは言う。政府閣僚と大使団が立ち去り、ケレンスキーを含む人々の激烈な発言が終わるやいなやミリューコフが演壇に立ち、より穏当な調子で、従って限りなく威厳を込めてシチュルメルとその政府の反逆の罪を弾劾した。シチュルメルの秘書を槍玉にあげながら、ミリューコフは、ドイツの資金がその仲介者を通じて首相に払い込まれたと示唆する。この演説は検閲により公表が禁止されたが、書き物あるいは口伝えで社会に流布される。さらに、「ゼムストヴォ汎ロシア連合」総裁リヴォフ公の名前でドゥーマ議長に宛てた書簡も配布される。リヴォフ公は、政府の政策に不安を抱き、反逆という言葉を使っている――「恐るべき疑惑が、裏切りの噂が流れ、敵の手が密かに我が国の公務に介入していると広く信じ込ませている……従って、ゼムストヴォ連合の代議員たちは、祖国の資源を有用に活用できる政府樹立のためのドゥーマの努力を、断固として支持するものである」。

ドゥーマでのやり取り、リヴォフ公の書簡によって、裏切りが至るところに存在していると国中が信じ込む。そして、ドイツ名を持つシチュルメルと、皇后と、ラスプーチンとを同じ猜疑心でもってひとまとめにしてしまう。一週間続いたドゥーマの審議は、目の前にある権力と君主制に対する長期にわたる攻撃の始まりに過ぎない。決して過激派ではないヴァシリー・マクラコフだが、騒然とした審議会の席上、宣言する——「アンシアン・レジーム（旧体制）とロシア国家の利益とは今後、まったく別物である」。

嵐の中で、皇帝はとうとう自分で決断を下す。皇后とシチュルメルにドゥーマを解散するようせき立てられ、さらに皇后からシチュルメルの役職を一つは外すが、政府内に止めて置くよう促された皇帝は、突然決断を下し、十一月七日、シチュルメルを全ての役職から解任し、政府首班をトレポフに委ねる。

ストルイピン亡き後の歴代首相のうちで最年少の首相となる運輸相アレクサンドル・トレポフは、ムルマンスク鉄道網の建設を指揮した有能な技術者であるが、ラスプーチンに敵意を抱いていることで知られ、首相の座につく時に、祖国からこの人物を厄介払いする決心をしていた。たちまち皇后と新首相との間で決闘が始まる。全てが彼女抜きで、しかも彼女の意見に反して決められた。皇后の手紙は、この点に関する叱責の言葉で満ちている。彼女がこのように否認されたことはかつてなかったが、このままで収まるはずがなかった……。パレオログは証言する——「怒り狂った彼女は直ぐモギリョフに向かって出発し、同じ列車に乗り込んだプロトポポフだけでも救おうとした」。

皇帝がトレポフと謁見したとき、皇后はまだモギリョフに止まっていた。トレポフは皇帝に、この面倒な内相を厄介払いしてほしいと懇願し、それを首相に就任する条件にさえした。だが、皇帝は今度だけは妻を喜ばせようとする。彼はトレポフに首相の座に止まり、内相とも折り合いをつけるよう命じる。皆から憎まれ、軽蔑されている内相を完全に政権から遠ざけることを条件にドゥーマの責任者たちと交渉中だった新首相にとっては、まことに遺憾な要求だった。

皇帝は、最終的にはさまざまな圧力の下で妥協による解決の道を選んだのだが、ドゥーマに断固として対抗するよう示唆する悪魔のささやきから逃れる寸前にまで行っていた。皇帝と皇后の間に交わされた書簡は両者の間の劇的な対立を露呈している。対立の口実となったのはプロトポポフだが、本当は権力についての概念そのものである。第一点について、皇后はペトログラードに帰着後ニコライ二世にこう書いている——「あなたはプロトポポフのための闘いを支持してくださいましたね。私たちが苦労したのも無駄ではありませんでした」（一九一六年十二月五日付）。激しい口論があったことをはっきり示している。だが、この時ほど皇后が、皇帝とドゥーマの間の対立関係について自己主張したことはなかった——「統治するのはツァーリであり、ドゥーマではないのです……私はあなたの治世について、そして私たちのベビーの将来について恐れているのです」（十二月十二日付）。この時ほどあからさまに、皇后がラスプーチンをロシア政治のただ一人の導き手と奉ったことはない——「彼に（ラスプーチンに）だけ従い、彼にだけ信頼を寄せ、彼にだけ意見を聞くべきです。あの人が分かっていないなどと決して思ってはなりません。神様は彼に全てを明らかにされたのです」。

ヒステリックな発言であり、強権主義と、神とわれらが「友」とを全く混同している神秘的な盲目主義の混在の中に、日々ますます落ち込んで行くその性格を露呈している。だが、一九一六年末にさしかかり、情勢は全ての当事者たちが冷静で明晰な分析を下すことを求めていた。ドゥーマは、自分が権威を獲得し、皇帝もドゥーマとの妥協の基礎を求めざるを得ないことを感じている。同時に、皇帝はこの直感に従って行きつつく所まで行くことはできない。それにしても、「ロシアの家」に秩序を回復する時間がまだあるのだろうか？

トレポフが十一月十日、国会と行政府の密接な協力と迅速な改革を提案するプログラムを携えてドゥーマの前に登場した時、いったい自分の話を聞いてもらえるかどうかさえ危い状況だった。混乱のさなかで、議員たちは再びロシアを支配する非合法体制を非難し、ラスプーチンの権力がいまや耐え難いスキャンダルに満ちた危険なものであると攻撃する。「かつての偽ドミートリ事件*よりももっと危険である！」とプリシケヴィチは叫び、あの混乱の時代に、暗殺者の手を逃れ、自分はツァレヴィッチだと潜称しようとした皇位簒奪者の一人になぞらえて、ラスプーチンを非難する。大臣たちを迎える野次と、各方面からの激高した発言を前に、トレポフは対応の術もない。ドゥーマと誠実に協力するとの彼の提案も、時すでに遅し。議会は事態の流れを変え、揺れ動く行政府から権限を一つまた一つともぎ取れる自分たちの能力を意識している。提案だけでなく、トレポフはまだ重要な切り札を手にしていると信じている。議会で、彼は、戦後にコンスタンチノープルと両海峡（ボスフォラスとダーダネルス）をロシアに引き渡すとの連合国の誓約を明らかにするはずである。連合国の大使とのさまざまな駆け引きの末に取り付けた誓約の公表は、民族的熱狂の偉大な瞬間となると皇帝は期待する。ここでも幻滅は大きかった。ロシア国内の危機、行政府の完全な崩壊の可能性の高まりが国民の熱情を総動員しており、だれも海峡の帰趨など気にかけていなかった。ロシアは長引く戦争に疲れ、平和の見通しは程遠い上に、先行きも分からず、オスマン帝国からの戦利品の山分けを論じる気にはとてもなれなかった。

＊ **偽ドミートリ事件** 動乱の時代と呼ばれる十七世紀始め、イヴァン雷帝の末子ドミートリの名を僭称した偽ドミートリが一時帝位についた事件。

トレポフとドゥーマとの邂逅は失敗に終わった。やり直しはあり得ない。プリシュケヴィッチの火のような演説以来、ラスプーチンの影がロシア政治生活全体を覆っている。いかにして彼に決着をつけるかが全ての政治階級に共通の強迫観念となっている。もちろん、その例外はラスプーチンのお気に入りの者たちと皇后に近い人々である。プロトポポフを閣内に留めたことでドゥーマとの接触を断たれ、何をしようにも動きが取れなくなったトレポフは、ラスプーチンを庇護する人々の目前でラスプーチンを弾劾する術策を弄する決心をする。ラスプーチンの買収を試みるという挑発工作を仕組んだのだ。

農民出身らしい狡猾なラスプーチンはその意図が何であるかを察し、直ちに皇后に苦情を言いに行く。

トレポフの計画は単純だった。ドゥーマでの審議は一九一六年十二月中旬から一九一七年一月初旬まで中断されていた。この決定は首相が下したもので、皇后から激しい反対を受けたものだ。あの劇的な十一月の国会の直後、皇后はもっと長期間の中断を、言わば偽装解散にも等しいものを実施するよう主張した。ともかくこの中断期間のお陰で、ついにラスプーチンを排除したことに力を得て、トレポフは再開されるドゥーマに戻ってくるのだ。皇后はその時、憤激の頂点に達している。彼女は、「ドゥーマ解散を要求するロシア国民連合」からの支持を振りかざして夫に迫る――「ドゥーマを解散なさい！　私はロシアの前で、なんら良心に恥じるところはありません。私だったら、リヴォフをシベリア送りにしたでしょう……

ミリューコフ、グチコフ、ポリヴァノフもね」。全ての国会議員をシベリア送りにできないために、皇后は自分の目をかけている連中を熱烈に支持して首相更迭を図る。首相は一九一七年一月、国会で発言することになるが、その時すでにラスプーチンはこの世にはいないはずだ。その間、大臣たちの狂騒のワルツが繰り広げられ、外相のポストに国家監査官ニコライ・ニコラエヴィッチ・ポクロフスキーがかつぎ出される。元来、金融専門家である彼が選ばれたのは、特別有能だったからではなく、新しい顔触れが必要だったからに過ぎない。真面目で清廉潔白なこの大臣は、政治体制が完全に崩壊するまさにその時に任命されたので、ほとんど目立たなかった。

ラスプーチンの死

ドゥーマがその活動を中断している間、国会議員たちの大半は再開を待ちながら首都に止まって議論し、動き回り、あるいは陰謀を企んでいる一方で、情勢立て直しを図るための最後の試みの渦中に立ったのが皇帝一家であり、そのメンバーたちの方がニコライ二世とアレクサンドラよりもはるかによく危険を察知していた。久しい以前から皇太后は、息子である皇帝に、彼の上にのしかかる影響力の危険について警告を発しようと努めていた。皇族のメンバーたちは何度も皇帝に、皇帝としての権威を自分自身の判断で行使するようあの手この手で説得に努めて来た。

一九一六年冬、いまや緊急事態だとの気持ちが皇族の間にはみなぎっており、ニコライ二世をその盲目ぶりから目を覚まさせる最後の試みがなされる。ツァーリがキエフ旅行から帰ったところへ、従兄弟のニコライ・ミハイロヴィッチ大公——著名な歴史学者で、ロシア歴史学会会長——が皇帝のもとに立ち寄り、話し合った後に、これまでいく度となく繰り返し述べられて来た皆の意見の要約を記した書簡を渡した。リベラル派の大公は、ロシアが遅滞なく議会制度の進展を目指して発展すべきこと、このプロセスを加速化するために、皇帝がドゥーマと合意を見いだすべきであることを確信していた。そこで大公はこの意見を繰り返し述べ、それを擁護し、この訪問の真意を書面のメッセージにして渡す——モラル面での皇室の地位の低下を憂慮していること、皇帝が荒療治を断行すべきこと、すなわち、皇后を彼の周辺からではないにしても、全て政治にかかわることから遠ざけるべきこと。大公は書き記す——「あなたが皇后に信頼を寄せることはもっともです。しかし、皇后があなたに言っていることは真実ではありません。まことしやかに吹き込まれていることを、彼女はただおうむ返しに言っているだけです。皇后を彼女の蒙っている影響から引き離すことができないなら、ともかくあなたは自分自身を守るべきです」。書簡は計算しつくした、入念に吟味された言葉で書かれており、皇后を、邪悪な影響力を蒙っている犠牲者に仕立てあげている。当のニコライ二世は、これから始まろうとする嵐に気付かないのか、それとも従兄弟のメッセージの中に混乱した皇后に理性を取り戻させようとする自分の努力への支持を見いだそうとしたのか、書簡を妻に渡してしまう。皇后は烈火のごとく怒り、精神状態の不安定さを露呈した手紙を皇帝に送る——「ニコライ〔ニコライ・ミハイロヴィッチ大公のこと〕の手紙を深い嫌悪の気持ちとともに読みました。彼のおしゃべりを途中で止めさせるべきだったし、もし彼が再びこの問題と私について触れるようなことがあれば、彼をシベリア流刑にしなさい……」。

注目されるのは、このころ、皇后が書簡の中で自分の個人的な敵であると見なす人々に対して「シベリア流刑」という言葉を繰り返し使っていることだ。この妄想ぶりは、彼女が現実からますます遊離していることを示す。状況が進展し、皇帝の権威が奪われれば奪われるほど、できるだけ速やかにドゥーマと折り合いをつけ、改革の完成に向かなければならない時に、不幸な皇后は全ての絆を失い、ドゥーマも敵もいない絶対権力を夢見るようになり、シベリア流刑の脅しだけで全ての批判に沈黙を強いることができると思い込んでしまう。ロシアはこの十年のうちに、権力が議会および社会勢力と均衡を保つ政治体制に向かって巨歩をしるしていた。皇帝はそのことを知っており、王政の命運がまさに決まろうとしていた数週間というもの、人生を共にする相手であり、しかも夫を意のままに牛耳ろうとする伴侶への憐憫の情に必死に耐えていた。だが、皇后は何が変わってしまったのか気付かぬまま、振り子を反対の側に遠く押しやることで変化を止め、絶対君主制に戻ることができるといまだに信じている。もはや失われてしまった世界を再生させようとするこの執着心が皇族に強い印象を与え、彼らのにわかな動員の説明となる。

ニコライ・ミハイロヴィッチ大公の努力が失敗に終わった後、こんどは皇帝の伯父であるパーヴェル大公が皇族の代理人として皇帝に理性を取り戻させようと試みる。今回は、懇願は変わった形を取り、より制度に関係しているが、皇后の人格を傷つけるようなもめごとを避けようとする。大公はずばり進言する——「憲法を発表なさい。そうすれば、ショックを引き起こし、全ての過激派たちを出し抜くことができるでしょう」。

皇帝は動ぜず、こわばった表情で、自分は戴冠式の日に、専制君主制の権限をそっくりそのまま世継ぎの皇太子に引き渡すと誓いを立てたのだ、と答える。制度上から言えば、それは正確ではない。政治面から言えば、彼が言及しているのは、もう十年も前からすっかり変容を遂げている権限についてである。だが皇帝はこの話し合いに一人で臨んではいない。彼の傍らには皇后が控えている。その彼女の態度が事を荒立てることになる。大公はついにラスプーチンの事を持ち出し、一方、アレクサンドラは彼女の聖なる人物を熱情を込めて擁護し、「あの方は、生前に誤解され迫害された全ての聖人の運命をご存じなのです」とまで言う。

セルゲイ大公の未亡人も尼僧院を離れ、わざわざやって来て、妹である皇后が道を踏み外していると説得にかかろうとする。手の施しようがなかった。未亡人はまるで敵であるかのように追い払われる。二人の姉妹の間があれほど深い絆で結ばれていて、さらに皇后が宗教的なものにあれほど尊敬の念を抱いていたにもかかわらず、である。

皇族のメンバーが個別に、あるいは力を合わせて行った働きかけも失敗に終わったことで、以後ロシアの全政治生活を支配することになるやっかいな質問が持ち上がる――「どうやってラスプーチンを排除するか」。皇族たちが皇帝個人の身の安全に不安を抱いているだけに、この問いに回答をもたらすことは緊急を要していた。ラスプーチンは来る日も来る日も皇后に、あなたは「第二のエカテリーナ女帝」であり、夫である皇帝は純粋な魂を持つ「神の子」に過ぎない、と吹き込む。アレクサンドラの書簡は、こうした弁舌が彼女の上にどのような誘惑を及ぼしたかを示している。一九一五年以来、皇后は自分が政治的能力と歴史的責任をを持っていること、一方、「お人よし」だが大向う受けするスタイルに欠けると非難されている皇帝が脆弱であること、に確信を深めていた。皇族たちの懸念は、ラスプーチンが皇后をけしかけて権力構造の頂点を力によって変革しようと試みるよう仕向けることである。我らの「友」は、皇帝の姪イリーナ・アレクサンドロヴナの夫であるフェリックス・ユスポフ公爵にその内容を漏らしていた――ロシアの置かれている困難を解決する最善の方法は、皇帝が退位して皇太子に皇位を譲り、皇后に摂政役を任せることではないか？

陰謀の可能性について懸念しているのは、皇帝の親戚だけではない。違った形での陰謀に恐怖を抱いていた皇后も、ニコライ二世に自分の恐怖心を伝えようと試みている。最も純粋なロシア的伝統によって、皇后を忌み嫌っている皇族たちが皇帝に退位を迫り、軍隊に対する権威を保持しているニコライ大公に帝位を譲らせ、皇后を修道院に放り込もうとするのではないか？　アレクサンドラはそうした計画が存在すると固く信じていたが、全面的に間違いとは言えない。なぜなら、皇帝の親戚たちは、強制的に退位させる見通しについてはまだ慎重だったにせよ、ニコライ二世に、皇后がもはや皇帝の身辺に留まれないことを無理やりにでも認めさせようと考えていた。だが、あたりに目を配っていたラスプーチンは、皇后の苦悶と不信感をかきたてることで、かえって自らの敗北を早めることになる。

ニコライ二世に対するあらゆる働きかけも失敗に終わり、皇后もしくは皇帝夫妻に対する陰謀を企てることも実際上困難だったことから、権力構造が全て崩壊しつつある中で、帝国のトップに変化が生じる危険を察知した大方の心に浮かんだのは、当面考えられる唯一の解決策、すなわち、えせ「遍歴の聖者」（スターレッツ）を排除することだった。

それには二重の意図がある。この計画には合理的な部分がある。皇帝の評判を落とさせ、彼の権力を脅かす人物を厄介払いすることだ。ドゥーマでの激烈な演説の中で、プリシュケヴィッチは王朝の上にのしかかって王朝を破壊しつつある「闇の勢力」について言及している。全ての点で、ラスプーチンこそこの怪しげで魔術的な勢力の完全な化身である。ロシアは歴史の中でいく度こうした現れを見て来たことか！

ロシアはそれに幻惑され、同時にそれを恐れた。一九一六年末、困難と悲劇が積み重なる中で、ロシア国民は、こうした「闇の勢力」こそ諸悪の根源なのだと確信するようになる。ドゥーマでプリシュケヴィッチの演説を黙って聞いていたフェリックス・ユスポフが、心に描き始めている計画に、この政治家をたちまち引き込んだことは容易に説明がつく。

それにしても、はつらつとして裕福で、それまであれほど軽佻浮薄だったフェリックス・ユスポフが、このような陰謀に身を投じたことをどう説明するか？　彼の複雑で情動的な人柄をここで考慮に入れる必要がある。人々は彼のことを「全ロシア帝国で最も美しい男性」と呼んでいたが、言い過ぎではなかったろう。その繊細な容貌。甘やかされて育った幼年時代。男の子しか生まれないことに絶望した母親が彼に女の子の服装をさせて育てたので、だれもが可愛い女の子扱いしたことが、彼自身も認めているように重荷となったのである。成人してからも女装する癖が抜けず、美人の誉れ高い母親のジナイーダ公爵夫人の服や宝石を身につけて首都のキャバレーに現れては、近衛将校たちの注目を浴び、称賛を受けた。もっとも、将校たちもそれが蔑視であることに気付いていなかった。名だたるホモセクシュアルだった彼だが、帝国の最も由緒ある皇族の跡継ぎで美人中の美人である皇女イリーナと結婚し、彼女に敬愛の念と愛着を抱き、それは終生変わらなかった。二重人格者で不安なところがあり、オスカー・ワイルドに魅了されて彼になりきろうとする。ユスポフは自分自身をもてあそび、全て奇妙なこと、超自然的なことに熱中し、来世とたわむれることを好む。だが結婚により皇帝一族と決定的に結ばれたことで、君主制の大義を自らのものとする。この一族が体制を救うための手段について密議を重ね、皇帝夫妻からラスプーチンを遠ざけること、ニコライ二世を説得して中途半端な措置の寄せ集めに止まらずに、緊急に真の憲法を公布することなどを論議している一方で、ユスポフは救済をもたらす行動、すなわちラスプーチンを殺害することが自分の果たすべき役割であると考えるようになる。

この気持ちをとても親しい友人であるドミートリ・パヴロヴィッチ大公と共有しているだけにいっそう深く考えるようになる。ドミートリは、憲法を布告するようにと皇帝を説得することに失敗したあのパーヴェル大公の息子である。皇后は皇族に対しておおむね敵意を抱いていたが、ドミートリだけはお気に入りだった。若い大公をすてきで魅惑的だと思った皇后は、彼を自分の陣営に引き入れようと無駄な試みをする。父親が皇族から頼まれた調停工作に失敗したことから、自分がその後を引き受ける役目を担うべきだとドミートリは考える。フェリックス・ユスポフとドミートリは、自分たちの義務だと感じることについて際限なく意見をたたかわせる。特に前者とっては、この企図は一種の代償行為と映る。なぜなら、彼は軍に召集されておらず、若い男子の姿が消えている首都で気晴らしの人生を送っていることに、いささか具合の悪さを感じていたからだ。国会でプリシュケヴィッチの激烈な演説を聞いてユスポフ公は燃え上がる。陰謀の糸が編まれて行くのを目の当たりにする。わずか数日のうちに陰謀者のグループが結成され、計画ができあがる。陰謀者は五人。ユスポフ、ドミートリ大公、プリシュケヴィッチの三人は熱烈な君主制支持の感情によって、体制を救うために直接積極的な役割を演じようとする方向に突き進んだのであり、これら三人に若い将校スホーチン、不可欠の医師として軍医出身のラゾヴェルト博士が参加する。

作戦を練り上げる役割はユスポフに委ねられる。まず、彼がこのえせ「遍歴の聖者」をすでに知っていて、その信頼を受けていたからである。ユスポフはいく度も彼に会っており、脊椎の痛みに対する催眠治療まで受けていた。この計画遂行のために、ユスポフはモイカ河畔にある両親の宮殿を犯行の場所として提供する。ラスプーチンにとって、モイカ宮殿に招かれることは格別の名誉だった。

だが、事はそううまく運ばない。ラスプーチンは警戒を深める。一方、無能でおしゃべりな陰謀家たちは秘密を守ることができない。ペトログラード全体が噂を吹聴しており、それも、彼ら自身が不用意に広めてしまったもので、まさにラスプーチンに対する処罰の時が到来しようとしている、という内容だった。噂の報告を受けて警戒したラスプーチンは予防措置を強め、日が暮れると、もう外に出ようとしない。この頃に彼が書いたのが、後に彼の予言者としての伝説的評価を高めることになる皇帝宛の手紙だ――

「私は一月一日以前に死ぬことになるだろうと予感している。私はロシア国民に、ロシアの父（皇帝）に、母（皇后）に、皇女・皇太子に、そしてロシアの大地に、次のことを知らしめ、理解してもらいたい。もし、私がありふれた暗殺者によって、なかでも我が兄弟である農民によって殺されるなら、ロシアのツァーリであるあなたはなんら恐れることはない。あなたはそのまま皇帝の位に留まり、統治し続けるだろう。あなたは子供たちについて、なんら恐れることはない。あなたの子孫は今後何世紀もの間、ロシアに君臨することだろう。だが、もし、私が特権階級、貴族たちによって殺され、我が血が流されるなら、彼らの手は血によって汚されたままであり続けるだろう。彼らはロシアの土地を離れざるを得なくなるだろう。兄弟が兄弟を殺すことになるだろう……ツァーリよ、もし、私の死をもたらした責任があなたの身内の一人であるなら、あなたの家族のだれ一人、子供たちと親戚のだれ一人として、二年以上この世に生き延びることはないと知るべきである。彼らはロシア国民によって殺されることになろう」。

ラスプーチンは彼の直感力と警戒心にもかかわらず、皇族一人を含むロシア社会のエリートたち五人が仕掛けた罠にむざむざはまりこんでしまう。従って、実際に起きたのは、彼の予言の後半の部分である。ユスポフは遍歴の聖者と出会う機会を増やし、彼との間に親しい関係を作り出そうとする。ユスポフはラスプーチンに、美しいユスポフ公爵夫人にも会うことができると約束する。美しい女性に会えるという期待、そして虚栄心がラスプーチンの恐怖心を抑え、彼はモイカ宮殿に出掛けることを承諾する。そこでは招待者が、いささか特別の宴席を準備している。すなわち、毒入りの菓子、毒を塗られたグラスが待っていたのだ……親切なラゾヴェルト医師が準備したもので、一個連隊全員を殺せるほどの効き目のある毒薬だと保証する。

この恐怖の夜のことを、主たる当事者であるフェリックス・ユスポフ以上に上手に語れる人はいない。その時の劇的な思い出は、終生彼に付きまとって離れなかった。ここでは、なかなか才能ある彼の語りの大筋を採録し、いくつかの打ち明け話で補足することにする。

仲間たちが死体を運ぶ段取りになるまで階上で待機している間、ユスポフはラスプーチンと二人きりで顔を突き合わせていたが、相手がもっとも強力な毒薬を平然と飲み干すさまを見てまず唖然とし、次いで恐怖さえ覚え、まさに超自然的だ、と考える。いつ苦悶の兆候が現れるか見張っているというのに、当のラスプーチンはユスポフにギターを弾きながら歌でも歌ってくれ、と命じる始末だ。ユスポフが芸達者であることは街中が知っていた。だれがこんな状況の中で芸をすることができるだろうか？　激烈な毒薬の効果にびくともせずに耐えうる超人的能力、そして殺人者と犠牲者との対決の光景。もはや何をもってしてもこの人物を倒すことはできそうになく、夜の静寂の中で、ユスポフの方が卒倒しかねない様子だった。理性が薄れてきた。狂気にとりつかれるのを避けるために、ユスポフは最後の意志の力を振り絞ってピストルを取り出し、ラスプーチン目がけて発砲する。ちょうどその時、エネルギッシュそのもののラスプーチンは、公爵夫人が降りてきそうにないから、この夜はジプシーの所へ遊びに行ってお開きにしよう、と提案したところだった。毒薬では失敗したが、ピストルではなんとか仕留めることに成功した。ユスポフは仲間を探しに階段を駆け上がる。死亡が確認されると、皆でラスプーチンの死体をクマの毛皮でくるみ、平静さを取り戻そうとする。ラスプーチンの毒薬に対する抵抗力については説明がつかないが、ともかく発砲で決着がついたことは、全く理にかなうかに思えた。ラスプーチンも人間であり、恐るべき超自然的な人物ではない。彼の死がそれを立証した。倒錯した恐るべき人物だが、ようやくこの世から消してしまうことができた。君主制を取り巻く暗い影も後退したかに見える。

有頂天ぶりは長続きしなかった。狂ったような緊張に続く喜びとヒステリックな興奮状態の中で、陰謀者たちは、精神錯乱と超自然的現象が彼らの上に突如として襲い掛かった、と思う。死者が生き返って立ち上がり、叫び声をあげながら暗殺者にとびかかり、喉をつかんで締め上げ、まるで運命を共にしてあの世に連れて行こうとするかのようだった。毒薬、発砲、死亡の確認。これら全てが突然、信じがたい光景に行き着く。悪夢か、現実か？　死者が立ち上がり、いま自分を殺したばかりの相手を締め殺そうとしている。そしてまだ若く、生き生きして、どこにもけがをしていない殺人者が、死者の手から逃れられない。

ユスポフがぜいぜい喘ぐラスプーチンを殴りつけてやっと逃れた時、ラスプーチンは鍵がかかっていたはずの部屋を抜け出し、よろめきながら戸口に通じる階段を数段上って外に逃げ出す。ユスポフ公の恐怖の叫び声に応えて駆けつけたプリシュケヴィッチが後を追いかけ、ピストルを四発発射、倒れたラスプーチンを殴りつけたので、ラスプーチンはとうとう雪の中に崩れ落ちる。

今度こそ、死体となって本当に生者の世界を去ったのだ。陰謀者たちは死体をカーテンで包み、紐をかけ、ネヴァ川の凍てついた水面に投げ込む。三日後、死体が発見されたとき、死因の調査が行われた。毒薬も、銃弾も、彼を殺すには不十分だったのだ。解剖の結果、彼の死因は溺死と凍死だったことが判明する。あたかも人間の手は彼を消し去るには無力であり、神の意志から発した自然のみがこの「神の遣わした人間」をこの世から消すことができるのだ、とラスプーチンが身をもって示そうとしたかのように。最近になって発見された記録文書によると、結局のところ、ラスプーチンは毒薬を体内に吸収してはいなかったらしい。このことは陰謀者たちの暗殺遂行の能力に疑問を投げかけるとともに、この怪物が倒れる前に並外れた肉体的抵抗力を示したことをわからせる。

たちまち、その翌日、不安感が宮廷にも広がる。アンナ・ヴィルヴォワは早朝、父親の消息がしばらく途絶えていることを心配するラスプーチンの娘の一人から事件を知らされる。皇后はすぐに皇帝に手紙を書く――「私たちはみな集まっています。あなたには私たちの気持ちがどうなのかおわかりでしょう。我らが『友』がみまかったのです。昨日、アンナ〔ヴィルヴォワ〕がラスプーチンに会っていますが、その時、彼は、フェリックスがその日の夜、イリーナ公妃に会うために来るよう説得されてしまった、と言っています。自動車が一台、彼を迎えに来ています。その夜、ユスポフ公の屋敷では大変な狂宴が、集まりが開かれており、ドミートリ、プリシュケヴィッチら全員が酔いしれていました。警察は銃の発射音を聞いています。プリシュケヴィッチが走り出してきて、我らの友人が殺されている、と叫んだのです。警察と司法当局が今はユスポフ邸に入っています。彼らは、ドミートリがいたために、もっと早く邸内に立ち入ることを差し控えていたのです」。

皇后から一刻の猶予もなしに申し付けられた事件の調査は、皇族の一人が事件に係わりあっているために複雑を極めた。このような事件の場合、事件の調査には皇帝じきじきの命令を必要とする。

ラスプーチンの死は矛盾するさまざまな反応を呼ぶ。皇后は致命的と言えるほどの打撃を受け、復讐を求めたが、ニコライ二世の反応は全く違ったものだった。彼は遍歴の聖者に控えめな共感しか抱いておらず、彼に関してはむしろ妻の圧力に従っていただけだった。皇帝の日記は、通りいっぺんの哀悼の意しか示していない。警戒心を抱いたアレクサンドラが直ぐにラスプーチンの行方不明と、次いで殺害について通告したにもかかわらず、皇帝は当初の数日間というもの、事件については沈黙を守っており、一九一六年十二月二十一日付にやっと記している――「我が家族と私自身は悲しい光景に列席した。十二月十六日夜から十七日朝にかけて、ユスポフの邸宅で化け物どもの手で暗殺されたあの忘れ難きグリゴーリ〔ラスプーチンのこと〕の遺体を収めた棺桶が墓穴に降ろされた」。

追悼の意はそこで終わっている。苦悩にせよ、恐れにせよ、皇帝は何一つ示していない。それどころか、彼にとって重要なのは、殺人事件そのものである。それも皇族の一人が関与しており、被害者は神に遣わされたと常に名乗っていた人物なのだ。この最後の点に関してはニコライ二世は理性あるキリスト教信者らしく〔皇后とは異なって〕留保を示していたが、信心深く神の意志に従うのみの彼にとっては、全ての犯罪は受け入れ難いのだった。

一方、皇后にとっては、たしかに一つの暗殺事件だが、ただし、どこのだれともわからない人物ではなく、自分の息子の生命の鍵を握っているラスプーチンの殺害なのだった。信じやすい皇后は我らが「友」の暗い予言をそのまま鵜呑みにしてしまう。子供たちの家庭教師であるスイス人ジリアールは回顧録の中で、皇后の顔に浮かんだ苦悩を読み取って次のように結論を下している――「彼女の信仰心がぶち壊されてしまったのだ。自分の子供の命を救えるただ一人の人物が殺されたのだ。ラスプーチン亡き後、あらゆる災難が、あらゆる破局が起こり得るのだ。ただ待つだけである。避けることのできない不幸をただじっと待つだけなのだ」。

皇帝は憤激していた――「我が身内の一人が一介の民百姓の血で血塗られていると考えるだけでも恥ずかしい」。一方、皇后は、たったいま一人の聖者が暗殺されたのだ、と確信していた（彼女は、ラスプーチンの柩の中に、家族全員がサインした聖画一枚と、福者の加護が自分たちの上にありますようにと求める書面を置かせている）。こうしたことに対し、ロマノフ家全員が不安感にさいなまれていた。彼らの目には、殺人はロマノフ王朝の問題を正常な方法で解決する代わりにはならない。皇帝の姉妹であるオリガ大公妃は、この見解に同調しており、「解放者（アレクサンドル二世）の孫の一人が民百姓を暗殺するなんて、私たちも低俗さのどん底にまで落ち込んだものです！」とまで言い切っている。

だが、王家のメンバーの何人かが後悔の念を示したとしても、社会の反応ぶりに比べれば取るに足らない。ペトログラードでも、モスクワでも、歓喜の声があがる。街頭では、「ドイツのスパイ」が一人消されたと喜びあう。教会ではロウソクが灯される。反対に、地方の農村、つまり奥深いロシアでは、農民たちが怒りの声を上げる。自分たちの仲間である一人のムジーク（民百姓）が殺されたのだ。「遍歴の聖者」の死の背景に階級闘争がすでに浮かび上がっていた。

処罰も直ちに下された。ドミートリ大公は、ペルシャで軍務を果たすべく赴任するよう命令を下される。ユスポフ公は中央ロシアにある彼の領地の一つに軟禁される。こうした流刑処置のおかげで、ペトログラードが革命の中心となろうとしているまさにその時に、彼らの命は救われることになるのである。プリシュケヴィッチについては、手をつけようとしない。まさに一九一七年が始まろうとしている時、ドゥーマの一員であり、積年の恨みを晴らしてくれたひとかどの人物にのし上がった彼は、免責特権を与えられたが、これも彼の議員としての身分からだけではなく、手にいれた個人的権威とますます増大する議会の力のお陰である。

ラスプーチンが死んだことで、帝政は救われたのか？　本当のところ、この殺人事件は何一つ変えておらず、ツァーリの周辺を騒がしくしただけだった。

最後のあがき

ラスプーチンの死がもたらした最初の結果は、皇帝夫妻の完全な孤立である。皇帝が自分の甥であるドミートリ大公の処罰を決めたとき、彼は身内の反乱に直面することになる。皇族の大部分が大公に対して下された処罰を取りやめるよう請願書を出したのだ。ニコライ二世にとっては、二重の意味で耐え難いことだった。彼の目には、請願書に署名した人々が明白な殺人行為に無関心であると見え、すなわち彼らの道徳観の低下と映った。また、もはや大したものでないにせよ、皇帝の権威が問題にされたことにもなる。皇帝の権威を見せつけようと必死の努力をしているまさにその時に、である。彼は、こうした動きが皇帝に対する連帯感の欠如を示すものと受け取り、それ以降は皇后と子供たちと共にツァールスコエ・セロー宮殿に籠もりきりとなり、だれのことも構わず、ときたま国事に携わるのみとなる。このころ皇帝に会った人々は、彼が絶望し、いまにも抑鬱状態に落ち込む寸前にあり――ココフツォフの抱いた印象――あるいは退位を望んでいると受け止めた。

政治の動きは、それでもいつも通りに続いているかに見える。トレポフは新年早々更迭され、ニコライ・

ゴリツィン公が宰相の座につく。老齢で、皇后の慈善事業の一つの総裁を務めているだけで、この役職にふさわしい人物ではなかった。トレポフの後任者に指名されたことに恐れおののいた彼は、皇帝に勘弁してくれるよう懇願する。無駄だった。一九一七年一月の時点で、このポストの候補者はそう沢山はいなかった。

このような状況の中で、ツァーリは何を期待していたのか？　どのようにすれば、憲法上の措置で革命の波を止めることができるのか？

政治的圧力と陰謀を交えた最後の攻勢がかけられ、この君主はもはや歴然としている危険に対応できないと判断されて、排除されようとする。先ずは外国からの圧力行使である。一九一七年初頭の数週間というもの、連合国はロシアの不安定ぶりに警戒心を抱く。革命が起きれば、ロシアはドイツとの単独講和に突っ走るのではないか？　英国王ジョージ五世は駐露大使ジョージ・ブキャナン卿に指令を出し、ツァーリが民衆の信頼を回復するための譲歩に踏み切るこれが最後のチャンスである、と説得を試みさせる。大使はしかし、硬直した考えに凝り固まっていて一歩も引こうとしない人間を相手にしていることを知る。民衆の信頼を回復するのだって？　皇帝の回答は痛烈なものだった——「我が人民の信頼にこの私が値するかどうかではない。人民が私の信頼に値するかどうかなのだ」。政治的譲歩だって？　彼は自分の個人的権限について主張するのみだった。専制君主制の神話、現在の災難を導いたのは譲歩し過ぎたからなのだという確信が、皇帝の考えを支配している。全てが彼を見捨ててしまうこの劇的な日々にあって、ロシアを変革しようとした皇帝の一貫した意志はもはや程遠いものになってしまった。今となっては、彼は自分が間違っていたと信じており、革命前の数週間に持たれた話し合いの中で、繰り返し彼が述べたのは次の二つのことであった——「私はドゥーマを喜ばせようとしてきた。その私への報いがこれだ」、そして「この二十年間というもの、私はいつも、そして全てについて間違っていたのだろうか？」

外務大臣のポクロフスキーは、連合国の大使たちと接触しているだけに、パリとロンドンでは不安が高まっていることを知っており、ジョージ・ブキャナン卿と同じような働きかけを二日前に試みている。ポクロフスキーが告げたのは、首相が皇帝の耳に入れたのと同じことで、民衆の気持ちは攻撃的になっていること、首都の連隊の間では「ツァーリを取り替えるのだ」と公然と言われていること、である。英国大使と同様、ポクロフスキーは無関心さと苛立つ権威の壁にぶち当たる。ジョージ・ブキャナン卿と違って彼が自慢できることとすれば、それは当の皇帝が快活に、愛情を込めた口調でこう言ったことだろう——「情勢はそれほど悲劇的ではない、万事うまく行くよ」。

本当のところ、情勢はかつてないほど悲劇的であり、皇帝を取り巻くものたちの目には、そこから「抜け出る」唯一の道は皇帝を取り替えることであった。

皇帝の家族内では、夜も昼も策が練られる。いざという時の宮廷革命に協力を取り付けるために、いくつかの連隊と内密な関係を保っていた。すなわち、皇帝は退位し、皇后は尼僧院に幽閉され、ツァレヴィッチ（皇太子）が帝位につき、ドミートリ大公もしくはニコライ・ニコラエヴィッチ大公の摂政の下に置かれる、という筋書きだ。この計画は初め、事件を契機に、にわかに人気が高まった人物であるドミートリ大公をめぐり立案されたが、失敗に終わる。なぜなら、彼は皇帝に向かって手を振り上げることを恐れたからである。ラスプーチンを殺すことと、皇帝に背くことは全く別の話だ。当事者たちがおしゃべりし過ぎたことと、秘密警察の警戒が厳しかったことも失敗の理由である。

もう一つの計画は、革命が到来すれば左翼に出し抜かれることを懸念するドゥーマのリベラル派から出たものだ。ドゥーマ議長のロジャンコ――前年秋にプロトポポフが、シチュルメルの後任に皇帝はロジャンコを考えているかもしれないと漏らした当の人物――は、こう答えている――いかなる場合にせよ、そのような職務に任命された健全な精神の持ち主が、はっきりと前提条件をつけるべきなのだ。その条件とは、皇帝が戦争終結までリヴァディア宮殿に隠棲すべきだということであり、公的生活に介入することを一切禁じられるべきであるということだ。皇弟であるミハイル大公から、皇后を幽閉するのではなく、遠ざけることを条件としてこの解決策を受け入れるよう迫られた皇帝は、ロジャンコを一月末まず謁見し、次いで二月に二回目の会談をする。間もなくドゥーマの会期が始まろうとしていたが、皇帝は提案に従うことを拒否する。彼は、戦争が終結する以前には、いかなる政治的譲歩をすることも拒否する。この二回目の会談後に、皇帝はドゥーマ議長に尋ねている――自分はこれまでの治世を通じて間違っていたのだろうか、と。ロジャンコはそれより前に、皇帝に対する忠誠心か、それとも国家にとっての善か、の選択を国民に迫る危険についていさめたばかりだったが、このときばかりは、そう思う、と答える勇気を持ち合わせていた。

一方、グチコフも彼なりの陰謀に乗り出した。それは、ミハイル大公の摂政の下で権限を若き皇太子に委譲することだった。皇帝が抵抗することを見越して、彼は、ツアールスコエ・セローに向かう皇帝の列車を途中で止め、即座に退位を迫る一計を案じた。だがこの陰謀には、軍の支持を欠いていた。あまりにもいくつもの陰謀計画が渦巻いていたため、上級将校たちは秘密を打ち明けられても、いったいどの陰謀に手を貸したらよいのかわからなくなっていた。退位を強制することまで考えている一派なのか？　ミハイル大公の摂政支持派か？　皇帝の権限を暫定的にニコライ・ニコラエヴィッチ大公に委譲することを主張する一派なのか？　もっとも、大公はカフカス戦線に足止めを食っていて、逡巡した末に計画に乗ることを諦めた。結局は出たとこ勝負と未経験ぶりが、全ての計画を支配することになる。ドゥーマの穏健派たちは、皇帝一家の側から現実的な解決策の代案が提示されるのを待つ。一方、大公たちは、土壇場でドゥーマ自身が問題を解決することを期待する。

事故や成功の見通しのつかない一連の策謀の揚げ句、まだ内相の座にあり、これまで以上にバランスを欠いているプロトポポフの企てたクーデター未遂事件がきっかけとなって、皇帝は第四国会の解散を決心する。彼は元内相マクラコフにこの決定と、一年以内の総選挙実施を発表する宣言文の作成を委任する。これが最後の最後まで事態の流れを変えることができると信じた彼の幻想の幕切れだった。だが、第四国会は解散されるに任せる気配は毛頭なく、議員たちは会期の始まりを準備するのに熱中していた。

ニコライ二世は、政治的展開が全く彼と無関係に進行している首都からまたもや逃れることしか考えない。彼の避難所である軍隊は依然として彼を引き付けており、一九一七年二月末日、彼は大本営に戻ることを決心する。たぶんこの決心で落ち着いたのであろう。皇帝はゴリツィン公を含む閣僚数人を招集し、出発前に、国家を掌握するために自分がドゥーマに出かけ、制度を変えて議院内閣制の政府を樹立することを受け入れる旨厳粛に宣言すると言った。数時間後、この驚くべき動きを取りやめ、ニコライ二世は、騒乱の首都に比べれば平和で懐かしい大本営に赴くためにペトログラードを去る。数日後、革命が勃発する。その時、彼の政府は存在を停止する。

ニコライ二世は、ドゥーマを前に決定的な一歩を踏み出す宣言をしたいとの誘惑に駆られていたと本当に見なすべきなのか？　彼の日記にも、皇后の手紙にも、この歴史的瞬間を生きた人々の証言にも、肯定的回答をもたらすものは何もない。ツァールスコエ・セローでは、子供たちが次々にはしか（麻疹）にかかったことがとりあえず皇后の心配の種で、書簡もそのことだけが書かれている。首都ペトログラードでは、いまやドゥーマが自由に行動し、街頭に集まり出した人々も同様である。

＊

革命に先立つ最後の数か月は、皇帝にとって国中が待ち望んでいた政治的行為をなし遂げる最後のチャンスだったのか？　いろいろな要素がそこにはあった。社会的に自主管理が広がり、混合政府機関の権限によって戦争遂行のために労働力が作り出されている。その一方で、不安を募らせるドゥーマの穏健派たちは、予知される破局が加速化することをなんとしても避けたいと腐心し、ありとあらゆる恨みつらみはあるにせよ、なんとかニコライ二世を助けて決定的な一歩を踏み出させ、憲法を宣言させて、国中が告発し非難する黒幕と絶縁させようとしていた。最後の最後まで、皇帝には、少なくとも国を安心させ、彼に忠誠であるか、もしくは彼を最小の悪であると見なす勢力に頼る可能性が残されていた。一九一六年の最後の数か月間というもの、革命がいつでも起こり得る状況にあったことは否めない。だが、最後まで、ニコライ二世は事態の流れを逆流させる可能性を持っていたことも否定できない。民衆だけでなく特権階級まで巻き込んだ憎悪は、皇后一身に集中していた。外国人であり、権威主義的であり、怪しげな人物の影響下にあったことへの不平不満である。ラスプーチンについては、ロシア国民の大多数は彼が死ぬまでペテン師であり、放蕩者であり、たぶん外国のスパイだと見なしていた。死後、ラスプーチンのイメージは、ロシアの深奥部分ではごく僅かだが変化した。予言者であり、「お偉いさんたち」の犠牲者であり、ムジーク（民百姓）の永遠の不幸を体現している人間としてである。だが、彼の死までは、彼に対する憎悪のほうが打ち勝っていた。ニコライ二世は、それまでもよくやったように、自らの意志でこの人物を皇后から遠ざけることができたはずである。そうすれば、皇帝はわずかばかりでも失地を回復できただろう。

一九一七年二月、ニコライ二世が軍隊の中に拠り所を求めたとき、彼はもはや同国人の目には、不運な君主でしかなかった。

第十一章　一掃された君主制

一九一七年二月二十二日、皇帝は首都を去るが、彼はこの出発には何の危険もなく、押さえのきかない混乱が持ち上がることはないと確信していた。実のところ、こうした楽観論にも理由がなかった訳ではない。ペトログラードの市民はたしかに神経質になっており、苛立っていたが、警察の全ての報告によると、未組織の状態に過ぎなかった。不満の激発があったからといっても、首尾一貫した大衆運動を生み出すには至らない。当面のところ、社会を動員できるような力をもった指導者たちの大半はまだ亡命生活を余儀なくされていた。

他方、首都は理論的には暴動に対処できるよう備えていた。というのも、当局には一九〇五年の苦い教訓があるからだ。十六万の兵力を擁する兵営が首都にあり、いかなる蜂起的運動をも鎮圧するプランが久しい以前から首都の総督の下にあった。兵力はさまざまだった。先ず、三千五百人の警察官、三千五百人のコサック騎兵隊、数万の近衛兵が十四大隊に分散して配置されている。その上、十万人以上の兵力が首都周辺に置かれ、いかなる指令にも応じられるよう備えていた。これらの軍隊の総指揮を執るハバロフ将軍は、陸軍大臣ベリャーエフ将軍や、例の内務大臣プロトポポフにもまして住民の間では不評な人物である。全員がラスプーチンの息のかかった人物だとされていたからだ。数週間前に、ラスプーチンが殺されても、彼らを放逐するまでには至らなかった。

軍隊と対峙する首都の労働者大衆は、相手側のやっと二倍の人数に過ぎなかった。一九一四年の段階では、ペトログラードの労働者人口は二十五万人だったが、三年のうちに四十万人近くに増えていた。その大半が軍事関連企業の工場で働く労働者である。見れば分かるように、力関係は権力側に著しく不利なわけではない。しかし、革命運動に対抗する兵士たちのモラルは決して高いとは言えなかった。彼らを収容する兵営は不十分であり、将校たちは横暴であり、生活は単調そのものだった。しかし、ハバロフ将軍は、二月以前にいく度も提案されたように前線から兵士たちを呼び戻して首都の兵力の一部と交替させることには頑固に反対していた。

社会に鬱積する不満の理由

一九一六〜一九一七年の冬は例外的に厳しかった。ひどい寒さに加えて、配給制度が重なったからだ。食糧品の価格は跳ね上がった。十二月から二月にかけて、パンの値段は十五パーセント、ジャガイモは二十五パーセント、ミルクは四十パーセント、ソーセージは五十パーセント、タマゴは百パーセントも値上がりしている。そして、とてつもない物価上昇の噂が市中に流れる。物資不足は貧乏人にだけ降りかかり、金持ちは免れているのだ、とささやかれた。一九一七年早々からデモ、ストライキといった出来事が連発して庶民に強い印象を与え、たちまち民衆の集会が頻繁に開かれるようになる。一月九日、首都では三十万人近くの人々が、あの一九〇五年の「血の日曜日」をしのんで街頭を駆け巡り、ペテログラードとモスクワの工場ではこのデモにストライキが伴った。一月六日に予定されていた国会の再開が二月十四日に延期されことも、たちまちデモに口実を与えた。そのような状況の中で、最も劇的な出来事は、軍事産業の労働者グループが、国会再開の日を祝うために一大デモを呼びかけたことだった。メンシェヴィキに支配された労働者グループは、過激な要求を掲げていた——民主的原則を守る臨時政府の樹立、である。プロトポポフは皇帝の同意を得て、ためらうことなくグループ全員を逮捕する。彼らが首都及び周辺の労働者にますます大きな影響を与えるようになっている、というのが口実だった。嘆かわしい決定である。なぜなら、グループ全員を一緒くたにして逮捕したために、穏健派社会主義分子まで拒否したことになり、国会の左派と労働者階級の間の協力のチャンスを台なしにしてしまったからだ。こうして前もって橋は断たれ、舞台は過激派社会主義者たちに委ねられた。結局のところ、二月十四日に予定されたデモは盛り上がらなかった。

社会不安が広がる中で、政党は労働者大衆にほとんど影響力を及ぼさないかに見えた。

ボリシェヴィキは、もっとも著名な指導者たちがまだ亡命したままだったが、一九一六年十月、ペトログラードに、アレクサンドル・シリャプニコフ、モロトフ、ザルーツキーによって指導される地下委員会を設置する。この委員会、もしくはビューローは、海外に設置されているボリシェヴィキ中央委員会をロシア国内で代表するものであり、党の周囲に労働者を統一させる役割をしていると見られていた。この組織がいかに微力であったかは、ボリシェヴィキが一九一七年二月一〇日、一九〇五年のペトログラード・

ソビエトのメンバーの裁判を記念するために組織したデモが完全な失敗に終わったことからもわかる。労働者たちは呼びかけを完全に無視したのである。

メンシェヴィキは、戦争に対して取るべき態度をめぐってまだ分裂を続けていた。すなわち、国土防衛論者か、国際主義者か、である。分裂に由来する彼らの弱さは、急先鋒である労働者グループのメンバーが一九一七年一月に逮捕されたことでさらに重大化した。

絶えず対立するボリシェヴィキとメンシェヴィキに加えて、もう一つの極左社会民主主義者グループ、「地域間グループ」を挙げねばならない。トロツキーはその指導者の一人だった。

メンシェヴィキ同様、社会革命党員も戦争にどのような態度を取るかをめぐって対立していた。国会での防衛論派のリーダーはケレンスキーで、彼のしばしば激烈な演説は、この人物のめざましい話術の才能を示していた。あらゆる傾向の社会主義者の間に歴然としていた分裂は、結局のところ、指令を求めている労働者階級の先頭にたつべき準備を彼らにさせなかった。

君主制を破壊した「六日間」

ニコライ・スハーノフは、公式には農務省の官吏、非公式には社会党員でゴーリキーやケレンスキーの友人だった人物だが、二月二十一日、首都にいたただ一人の名の通った理論家だった。彼のお陰で、革命の時期についての最良の観察を、私たちは知ることができる。この日、彼は自分の執務室に座っていたが、隣室で若い女性事務員が言うのを聞いている――「私の考えでは、これは革命の始まりだわ」。

そこで、スハーノフはこうコメントしている――「若い娘さんたちは、革命とは何であるかを知らないでいる。私は彼女たちの言うことを信じない……いかなる政党も大転換に備えてはいない。みんなが思い回らし、夢を見、予感し、ある種の感情を抱いていた……革命なんてありえそうもないことだ！　だれもが知っていた――これは現実ではなく、単なる夢なのだ、と。困難だった長い歳月を通じての夢であり、何世代にもわたって抱かれて来た希望なのだ……」

事情に通じていた人物らしい言葉であり、当局がなぜ平静さを保っていたかを裏付けている。だが、早くも二月二十一日には、ペトログラードは噂とさまざまな動きで持ちきりとなり、当局もついに不安を覚え始めた。発端は、革命の中でしばしばそうであるように食糧補給の問題だった。時として、天候の気まぐれも作用する。それまでは寒気があまりにも厳しかったために、首都の住民たちは家にとどまることを余儀なくされていた。突然、天候が和らいだ。皇后は書簡の中でこう述べている――「気温四度五分、天候はぐっと和らぐ。二月二十四日、気温八度、小雪がちらつく」。そこで彼女は付け加えるのだが、こんどはぐっと明晰である――「天候がもっと寒かったら、きっと人々は家に止まっていたことでしょうに」（二月二十五日付）。彼女は正しく見抜いていた。気温が上がるにつれ、首都の食糧補給についての懸念が深まる。小麦粉の蓄えが減って行く。推定では首都に九日間補給するだけはまだある。しかし、燃料の薪《たきぎ》が不足し始めたので、パン屋はパンを焼くことができない。パン屋の前では長い行列ができ、人々が攻撃的気分になる。民衆の不安が高まったので、当局はどんな実際的解決策を取ればよいかためらう。「ボイスマンは提案しています――ハバロフが軍隊のパン焼き工場を押さえて、直ちにパン焼きに取りかかるべきだ、と。なぜなら、軍隊には小麦粉が十分なだけあるからです。何軒かのパン屋が店を閉めました……なぜ、配給カード・システムをすぐ導入しないのか、私は理解に苦しみます」と、皇后は二月二十五日、ニコライ二世に書き送っている。二日後、皇后は調子を高める――「今となっては、よその国でやっているようにパンの配給券を導入する必要があります。すでに砂糖については実施しているではありませんか」。パンの配給制についての論議は反響を呼び、いっそう庶民を震え上がらせた。一方、パン屋たちは、店頭に行列ができ、騒ぎが起こることを恐れて、ますますもって店じまいをする方向に傾いた。

たまたま皇帝が大本営のあるモギリョフを出発した翌日の二月二十三日に開かれた「婦人デー」は、盛り上がりを見せながら、まだ散発的だった蜂起行動がまとまるきっかけとなる。自然発生的に、金属および繊維工場の労働者たち九万人がストに突入、街頭デモを決行する。隊列が組まれ、何よりもまずパンを要求するが、「婦人デー」だっただけに、当然のことながら同時に男女同権が要求される。戦争反対の叫びだけでなく、専制君主制反対の声もここかしこで沸き上がったが、どちらの側にも正面衝突を避けようとする意志が歴然としていた。

街頭が比較的穏やかだったとしても、国会はそうではなかった。一週間というもの、国会は休みなく開かれ、左派議員たちが君主制の打倒を公然と呼びかける過激な演説をぶっていた。二月二十四日、皇后は書いている――「国会議員ケレンスキーは、恐るべき演説をした罪で絞首刑に処せられるべきです」。数日後になると、彼女は不安な目を国会そのものに向ける。皇后は、街頭に平静さがもどると確信しているが、それには一つの条件がある、と書いている――「群衆に発砲してはなりません。これまでもそうだったように、秩序は保たれねばなりませんし、群衆に橋を渡らせてはなりません。でも、食糧補給の問題は彼らを狂気に追いやる恐れがあります」(二月二十五日付)。

皇后の言葉の調子も内容も、道理をわきまえたものであることに驚かされる。それまでは、あれほど興奮し、すぐかっとなって自分に反対する人々全員を処罰するよう求めた彼女が、である。夫から遠く離れ、病弱な子供たちと宮殿にこもっていた皇后は、大臣や将軍たちを招集したが、驚くほど冷静さを保ち、起こりつつある事態を的確に分析する能力を示す。国会が激烈な言葉に酔いしれる場所と化し、情勢をコントロールできなくなっていると見て取る。彼女は、政府がどの方向に向かえばいいのか分からなくなっていると感じている。集会やデモのいくつかを「ならず者たち」ときめつけたにせよ、皇后はその背後に深い動機が潜んでいると見抜き、それがまず飢えであると考え、民衆の悲惨さを軽減するための具体的措置を取るよう求める。重大な危機に直面し、ようやくラスプーチンの影響から解放された皇后は、成長を遂げる。たとえ、彼の墓前に詣で、慰めを求めたとしても、それは大したことではない。

スハーノフは、まだなんと定義すればよいのか分からないこの革命を情熱を込めて見守る。「婦人の日」の夕方、彼は危機をめぐる二つの気になるデータを指摘している。強力な抑圧手段を与えられている政府が、初めて、運動を阻止できないでいる、と彼は書いている。また、当局の優柔不断ぶりは驚くべきである、と書き加えている。まだ革命ではなく、単に無秩序に過ぎないが、政府はあまり強力に無秩序を抑圧すると革命に転換させてしまうことを恐れて、ためらっているのだ、とも述べる。パレオログもスハーノフと同様に、この煮え切れなさを内相のせいだ、と見ている。同僚の閣僚であるポクロフスキーは、絶望のあまりに、パレオログにこうコメントしている——「もし、我が同輩が理性の陰りでさえ持ち合わせていればよいのだが。私は無秩序ぶりに大して重要性を与えたりはしない。だが、現実感覚を失ってしまい、毎夜のようにラスプーチンの幽霊と相談しているような人物に何を期待できようか。昨夜も、彼はかの遍歴の聖者の幽霊を何時間も呼び出そうとしていた」（二月二十五日付）。

実は、もう二月二十四日以来、事態は急速に進展していた。ストに突入している労働者、プティロフ工場からクビを切られた労働者、そして婦人たちのだれもが家に戻ろうとはせず、街頭に繰り出し、学生やブルジョワたちも集会に引き込まれてしまう。群衆の数は増える一方で、スローガンも激しいものになる。物質面での要求に、しだいに政治的スローガンが付け加わり、やがて取って代わる。人々はラ・マルセイエーズを歌い出す。

警察はデモ隊を散会させようとするが、コサック兵たちは実力行使をためらう。すでにデモ隊と仲良くしようという呼びかけが浸透し始めていた。軍隊に対する民衆の友好的な態度は、政権が最も頼りにしていた軍隊を当惑させる。

二十五日、事態は手が付けられなくなる。ペトログラードはゼネストで麻痺し、小市民までが路上に繰り出す。至るところで飛び入りの弁士たちが群衆に訴える。彼らと向き合っていた警察は、任務を軍隊に譲る。そして夕闇が迫ると、権力側は弾圧に踏み切る。

一方、皇帝は困難な立場に立たされており、ますます終局の破局へと向かって行く。事態から遠く離れたモギリョフで、皇帝は何が起きているか理解するには、情報を送ってくれる者たちに頼るしかなかった。ところが、彼には正しい情報が伝わって来なかった。プロトポポフとハバロフ将軍は事実を都合よくねじ曲げることで、騒動はなんとか鎮圧された、と皇帝に思い込ませてしまう。たしかに皇后は、もっと警戒心をあおるメッセージを送っていたものの、群衆に発砲しないように、という点を強調していた。皇帝は、手厳しい対応策を取ればデモ隊も非を悟るだろうと確信し、二月二十五日、以下のような電報をハバロフ将軍に打電する――「明日、首都の混乱を停止させるよう命令を下す。こうした混乱は、祖国がドイツとオーストリアとの困難な戦争を遂行しているだけに受け入れがたいものである」。二十五日夕、ハバロフ将軍は至るところに集会を禁止する布告を張り出し、軍隊は布告に従わない者たちに発砲することを許可されていると警告する。最初の発砲事件が起きたのは同じ二十五日夕刻、ネフスキー大通りであり、多くの犠牲者が出た。スハーノフは、この時、「当局側に総攻撃をかけるだけの十分な兵力があったなら、まだ武器を持たない群衆を解散させ、一時的にせよ帰宅させ、運動を一掃できたのだ」、と主張している。まさにそのように皇帝は命じていたのであるが、そのためには忠誠な軍隊を必要としていた。ところが翌二十六日朝、ハバロフが張り出させた断固とした布告は引きはがされ、引き裂かれて地面に投げ捨てられていた。街頭に繰り出した群衆の数は前夜よりもっと増えており、戦闘服に身を固めた兵士たちが位置に就いた。

混乱のうちに睨み合いが数時間続いた後、スハーノフによると、予期せぬことが起こり、ついにロシアは革命へと突入することになる。夜になると、パブロフスキー連隊の一個中隊が反乱を起こす。兵士たちは群衆側に乗り換えただけではない。その夜および翌日に、彼らは他の連隊の仲間にも、彼らに倣って反乱に加わるよう呼びかける。一隊、また一隊と、政権を支える中核であるプレオブランジェンスキー連隊、リトアニア連隊、セミョーノフスキー連隊が反乱に加わる。秩序回復のために司令部が現場に送り込んだ部隊は、群衆の中に溶け込み、兵器は労働者たちの手に渡って自衛態勢が組まれ、翌二十七日になると彼らは監獄に向かい、逮捕されていた指導者たちを含めた囚人を解放した。こうして労働者の運動は組織化される。

革命が達成されたこの日の夕方、多くの公共建築物が火に包まれる。警察署、兵器庫、裁判所、秘密警察オフラナの建物、などだ。冬宮には群衆が侵入し、一方、反乱を起こした連隊はそれまでは事態を見守っているだけだったが、一転国会に向かう。

政治的決断の時が訪れる。ニコライ二世は手がつけられなくなった事態について知らされ、ようやくペトログラードに戻ることを決意する。夜のうちに、皇帝はロジャンコからうろたえた電報を受け取る――「首都は無政府状態に陥っています。政府は麻痺状態です……国全体の信頼を受けている人物が直ちに組閣に乗り出す必要があります」。この緊迫感が皇帝には理解できない。皇帝は、ロジャンコ国会議長をはじめ、苦悩に満ちた呼びかけをしてくる連中全てを疑い、彼が一貫して拒否してきた政治的譲歩を自分から無理やり奪い取ろうとする脅しだ、と受け取る。断固たる態度を取ることで情勢を立て直すことがまだ可能だ、と彼は考えていた。それ故、皇帝はイヴァノフ将軍に、前線から精鋭の四個連隊を呼び返し、首都の鎮圧に当たらせるよう命じる。同時に、首相には国会を休会にするよう電報を送り、事態を自らの手に掌握するために首都に戻ることを決心する。弟のミハイル大公が送った危急を伝える電報も皇帝の出発を早めさせた。二月二十八日から三月一日にかけて、首都帰還のために、どんな冒険をしなければならなかったかについては後述するが、もはや退位を求める各方面からの圧力に抵抗できなくなったことを示している。

革命のためにはどんな権力を？

街頭の権力は、中央権力が直面する問題をいささかも解決しない。関係省庁は手が回らず、意気阻喪していた。二十七日夕、首相は辞職を決意する。首相はそのことを皇帝に伝え、暫定摂政制を敷き、軍事権限をミハイル大公に委ねるよう求める。だがニコライ二世は耳を貸そうとしない。首都に自分が姿を見せさえすれば、秩序を回復できる、と確信していたからだ。

残された唯一の権威ある機関はドゥーマ（国会）である。革命運動の初期段階では、蜂起した民衆は、判断を求めるべき指導者もいないまま、ともかく国会に目を向けた。だが、議会自身も騒乱状態に対処できないことが明らかになる。議員たち、少なくとももっとも穏健な議員たちの間では意見が分かれていた。君主制は存続しており、皇帝は合法性を保持しているので、皇帝に立ち向かうことは不可能に思えた。しかし、情勢が情勢だけに、国会の決定を待ち受けている大群衆のことを考慮に入れないならば、革命をコントロールする力を失ってしまう。皇帝の国会解散決定は議員たちの審議をますます困難にする。解散して、タヴリーダ宮殿を見捨てることなど考えられない。すでに下院内部の論議は、ロジャンコ議長に適法の枠を外して解決を見いだすよう求めていた。「群衆になんと答えるべきか？」とケレンスキーは叫び、会議場に殺到して議員たちを取り囲む人々を指さす。王党派の議員ながらシュリギンは、ロジャンコ議長に、民衆の要求に応じるよう迫る――「権力を握らねばならない。さもなければ、だれかが権力を握るだろう」。ロジャンコは決心する。国会は議会解散の皇帝勅令を拒否し、全ての会派の代表を結集した臨時委員会を選出する。もっとも著名なメンバーとして、ロジャンコ、ミリューコフ、リヴォフ公、ケレンスキー、チヘイーゼ、シュリギンらがいる。この委員会がいかに不完全で、掲げている目標がいかに不明確だったにしても、二月二十八日の段階では、群衆の目には合法的な権力と映った。ありとあらゆる種類の代表団がタヴリーダ宮殿を訪れ、臨時委員会への支持を表明した。

だが同じ時、もう一つの権力センターが登場する。しかも混乱を招きかねないことに、同じタヴリーダ宮殿に集結した。このセンターの設立は、政治犯が釈放され、民衆によって労働の場所もしくは首都の街区で二十三日以来自発的に選出された労働者委員会に加わったことで加速化される。二十八日、こうして結成された各種のソビエトは、「具体的な目標なしに、あらゆる可能性に備えるために」タヴリーダ宮殿に出向くよう招かれた。国会から生まれた臨時委員会と、まだ定義が定かでないソビエト委員会とが肩を並べて設置されるのに貢献したのは、ケレンスキーだった。

彼の証言がある――「民衆運動に、なんらかのセンターが必要なことはだれの目にも明らかだった。ドゥーマは、首都に秩序を回復するために民衆の代表を必要としていた。これは階級闘争に関わることではない。午後三時か四時ごろ、ソビエトの組織者たちが適当な場所を見つけてくれるよう私に頼んできた。私はロジャンコ議長にそのことを話し、全てがうまく運んだ……

こうして、二つのロシアが肩を並べて樹立された。すなわち、一つは指導者階級のロシアで、すでに勝負に負けていることを知らなかった。もう一つは労働者側のロシアであり、こちらは自分たちが権力の掌握に向かって前進しつつあることに気付いていなかった」。

この分析にはいささかとまどうが、二重権力がそれぞれの目標を知らぬままに樹立されたという行きあたりばったりの性格については、スハーノフの言説と符節が合っている。政治情勢の進展ぶりを刻一刻と追うべく努力していたパレオログは、リベラル派政党の指導者だけでなく労働者側の指導者も軍隊が反乱に加担したことに狼狽し、まったく備えができていなかった、と認めている。だが、穏健派議員たち、ロジャンコ、ミリューコフ、マクラコフらさえも君主制が救われるとはすでに確信していない、とパレオログは記している。二月二十八日夕、ロシアには二つの権力が存在していた（皇帝の座は保持されていた）。しかし、両者の関係がどうなるのか、どこから政府が出現するのか、だれ一人分かっていなかった。ソビエト権力の指導者たちは当時、権力を奪い取ろうとは考えていない。彼らは、ロシアではまだ社会主義の機が熟していないと確信しており、西欧の歴史やカール・マルクスの分析に基づきながら、ロシアを民主的段階へと移行させるのは国会のリベラル派、つまりブルジョワたちの仕事だと見なしていた。結局のところ、臨時政府は国会から生まれる。その正統性がソビエトから授与され、あるいは委譲されるとしても、である。

国会とソビエトにとって、もっとも緊急なのは秩序の回復である。略奪や虐殺が始まっており、大臣や官吏たちが追及され、逮捕された。二つの組織は軍隊の重みを知ってはいても、軍隊が今後どのような反応を示すのかについてはわからなかった。もっとわからなかったのは、首都の労働者側に立って戦い続けようとしている反乱軍兵士のことだ。彼らは、将校たちを、そしてあらゆる形の政府を軽蔑しきっていた。ソビエトによって創設された軍事委員会は国会の臨時委員会の命令下に置かれたが、こうした協力は、二つの機関が、軍隊内に広がる無政府状態に直面して共通の懸念を抱いていたことを示している。その渦中に立っていたのがケレンスキーである。彼は二月二十八日から三月一日まで各所に現れ、休みなく働いていた。首都の武装分子の統制を回復するための措置を打ち出そうとしていた。そのために軍事委員会は、多くの将校を逮捕したが、その結果、兵士たちがますます独自の行動を取る傾向を助長することになる。

臨時政府とソビエトは、協力し合おうとする熱意を示さなかった。ソビエト側の権限はそのイスポルコム（執行委員会）を介して行使された。新政府の組閣に取り組んでいたミリューコフは、イスポルコムに相談してリヴォフ公を首班とする新内閣の組閣にこぎつける。リヴォフ公は、この混乱の時期に大変重荷な内相のポストを兼任するが、結局、両方のポストで失敗することになる。外相には高名な歴史家であり、老練の代議士であるミリューコフが就任する。彼の大きな欠点は、絶対君主制が消滅したあとまでも君主制に忠誠だったことだ。司法大臣ケレンスキーは、同時に、ソビエト執行委員会のメンバーでもある。ケレンスキーは、新政府の閣僚になることについて、執行委員会の許可を得ているが、委員会そのものは「ブルジョワ的」政府への支持に気乗り薄で、不本意な同意だった。その他の閣僚は陸相グチコフ、蔵相テレシチェンコ、農相シンガレフ、それにあまり有名ではない人物たちからなっていた。大半の閣僚が形式的合法主義者で、今後なすべき機構改革を決めるのは憲法制定議会の仕事だと確信していた。

たちまち内閣は分裂を露呈する。一方の側にいたのはミリューコフ、グチコフ、リヴォフらで、軍事的勝利と国内情勢の正常化によってブルジョワ権力を確保することを望んでいた。彼らの最大の関心事は治安であり、治安が回復されれば政府は行動を起こすことができ、とくに正常な条件の下で戦争を継続することができると考えていた。左派寄りのケレンスキー、テレシチェンコまたは運輸相ネクラソフたちは、政府の権威がソビエトに及ぶことを望みながらも、それに到達するためにはソビエトの要求をのむことが肝要であり、ブレーキをかけることではない、と考えていた。

臨時政府は組閣が完全に終了する以前に、将来の失敗を運命づける手痛い二つの敗北を喫していた。まず、政府の取るべき行動の基礎となるべき綱領に、ミリューコフ率いる国会の臨時委員会と、チヘイーゼが代表するイスポルコム（ソビエト執行委員会）との共同の努力の産物である文書を受け入れたことである。八項目からなるこの行動方針は三月一日の夜に仕上げられたが、ロシアの将来に重くのしかかることになるさまざまな規定が含まれていた。全政治犯の大赦、公的自由の承認（言論・集会・出版・結社の自由など）、民族・宗教・社会身分による差別の廃止、直接・秘密投票による普通選挙で選ばれる憲法制定議会の招集、全ての警察機関の解散とそれに代わる民兵組織の指導者を選挙で選ぶこと、自主管理による全ての地方自治機関で直接・秘密投票による普通選挙を行うこと、革命に参加した部隊に対して、武器を保有できることと前線に戻らなくてもよいとの保証を与えること、軍隊内部の規律保持を続けるが、兵士には私権を認めること、などである。

こうした措置は、全ての公生活を混乱させることになる。地方権力機関、すなわちゼムストヴォや町村議会は、混乱のただ中で準備不足のまま選挙の試練を受けることにも、まだ未知の責任を負わされることにも、何の得も見いだせなかった。反乱軍兵士たちの手に武器を残すことは、彼らに権力に対する圧力行使の可能性を与える。大赦措置について言えば、それは政治的にはもっとも過激な分子を海外の亡命先から、あるいはシベリアの流刑地から首都に連れ戻し、その結果、穏健派陣営が圧倒されることになる。

最後に、軍隊内部の規律が保持されていると断言しても、同時に、ソビエトが通達第一号を採択して全軍に通達していたのだから、何の役にたつだろうか？　通達第一号は、以下のように規定している――全ての部隊は直ちに委員会を選出すべきこと、各中隊は選出代表一人をペトログラード・ソビエトに送るべきこと、全軍は政治指令についてはソビエトに従属しており、臨時政府の指令については、臨時政府から発せられた指令がソビエトの指令と合致するもの以外には従う必要はないこと、武器は、委員会の管理下に置かれ、将校は武器庫に近寄れないこと、兵士たちは、任務中には規律を重んじなければならないが、それ以外では一般市民たちと同じ権利を享有できること（この点に関しては、政府に承認された計画書が添付されている）、そして、将校たちへの敬称は省略されること、である。このように、将校団の権威はもはや存在せず、ソビエトが最終的には軍隊に対して権威を持つことになる。たしかに、三月一日の段階では、ソビエトの権限は首都の軍隊にしか及んでいなかった。戦争に従事している軍隊に関しては、その反応が分からず、また連絡を取りようもなかった。全てが未知であった。だが、提示された原則は、軍隊の破壊と誕生したばかりの臨時政府の弱体化に繋がるものである。

残るは皇帝問題だ。彼をどうするか？　彼に何ができるのか？　三月一日、皇帝は特別列車の車中にあり、首都に戻ることのみ考えていた。彼は首都に派遣したイヴァノフ将軍に与えた指令を当てにしていた。自分がペトログラードに着く時、増派した軍隊が反乱を鎮圧できる状態にあると希望していた。増派軍の邪魔にならないために、皇帝はわざわざ旅程の変更を受け入れたほどだが、そのために到着は遅れ、予期しない結果を招くことになる。首都に到着し、家族に取り囲まれながら、皇帝の退位を要求する代表団と対決するはずだったのに、予定を変更してプスコフ駅に向かう列車の中で、ただ一人、皇帝として在位する最後の瞬間を生きねばならない。不運な皇帝は、最後の最後まで不運であり続ける。列車に閉じこめられ、首都に戻れないまま、皇帝は、身近なものたちから提示されていた詔勅の案文を受け入れることで、権力を自らの手に取り戻そうと試みる。この中で、皇帝はついに、あれほど長い間拒否し続けてきた、かの有名な「議院内閣制」を発表する（付録資料Ⅰ参照）。傍らにいたのは、プスコフを管轄下に置く北部戦線司令官ルスキー将軍だ。将軍は必要とされるあらゆる譲歩をするよう皇帝に迫り、それにこぎつける。だが、将軍自身も、土壇場になってからの譲歩の有用性にすでに疑問を抱き始めていた。その上、もともと忠誠心が揺らいでいたところへ、三月一日夜から二日にかけて、ペトログラードから情勢についての正確な情報が届く。求められていたのは、もはや皇帝のイニシアチブではなく、退位そのものだった。案文はこうして、ついに列車の外に出ることはなかった。

一方、アレクセーエフ参謀総長は、前線の司令官たちから、帝政を救うためには皇帝が退位してアレクセイ皇太子に帝位を譲り、皇帝の弟ミハイル大公を摂政とすることを懇願するメッセージを皇帝に送ることで同意を取り付ける。ニコライ二世は、司令官たちからのメッセージを読み、ルスキー将軍から全般的情勢について聞き、熟慮の末に退位することを受け入れる。

皇帝はそれから何時間も恐ろしい時間を過ごすことになる。自分が下した決定を、忠誠だと信じていた臣下に奪い取られるのだ。プスコフでは、皇帝はまず、絶対君主制の規定に基づいて権力を皇太子に譲るとのアレクセーエフ参謀総長の準備した文書に署名する。その一方で、国会は、グチコフ上院議員とシュリギン国会議員の二人が皇帝の退位文書署名に立ち会い、その文書をペトログラードに持ち帰るよう決議した。二人はさっそくプスコフに派遣される。彼らを待つ六時間もの間、皇帝は、将来に思いを馳せ、権力を委譲すべき相手である皇太子の病気が提起するであろう問題について考えていた。その権力は、憲法の制約をうけるにしても、時期が時期だけに恐るべき重荷となるであろうことも。そこで、ニコライ二世は医師であるフョードロフ博士を呼び、皇太子が正常な条件で統治することができるかどうか尋ねる。答えは疑問の余地のないものだった――「病気は不治のものであり、皇太子はいつも特別の用心をしなければなりません。それでも事故から免れることはできないでしょう」。医師としての見解を述べた後で、フョードロフ博士は人間としての意見を付け加える――自分としては、皇帝夫妻は亡命することになるだろうが、皇太子の養育を継続することは不可能だと確信していること。たとえ皇帝夫妻がロシアに留まることを許されたとしても、新たなツァーリは夫妻から切り離された存在になるであろうこと。皇帝は、自分が退位するだけという当初の計画と、フョードロフ博士との話し合いの結果から生まれた反省との間で苦悩しながらためらっていたが、グチコフ、シュリギン両臨時政府代表が到着したときには、結論に達していた。

つまり、この解決策は不可能であること。血友病患者である少年の危惧される健康状態を、まだよく知られていないこの病気について全く無知である他人にまかすことはできないこと。父親が皇帝にうち勝ったのだ。悲劇的な決心であるが、その時は、皇帝自身も、国会から派遣された二人の代表も、結果の重大さを理解できないでいた。

皇帝が、二人の議員に、まず自分が帝位を放棄すること、そして皇太子にも帝位を譲り受けることを放棄させ、皇弟に直接帝位を譲り渡すこと、との自分の決意を発表したとき、両議員はあっけにとられた。それに、皇帝に、皇太子に代わって帝位を放棄する権利があるのか？　なるほど、こうした質問はある程度理論上のものである。でも、とりあえず提起しても無駄ではない。議員たちにしてみれば、大変な美少年が帝位に就くことは、たとえ彼の健康が脆弱であっても、社会の空気を和ませるものだ、との考え方がある。無知はよい政治論議を生み出す。グチコフはニコライ二世に打ち明けた――「若きアレクセイ・ニコラエヴィッチの人柄に期待しています。権力の委譲が静かに行われるための助けになるでしょう」。だが、皇帝は頑として譲らず、新しい退位宣言の詔書を書き始める。実際には心を打つ何種類もの下書きが試みられており、その本物が現在アメリカのスタンフォードにあるフーバー財団文書館に保存されている。

それから皇帝は、全く別の性格の二つの文書に署名する。一つは、リヴォフ公を正式に政府首班に任命するもの。これによって、新政府は合法化される。もう一つは、ニコライ・ニコラエヴィッチ大公を彼の後継者として軍のトップである軍最高司令官に任命するもの。

退位の最終的文書は三月二日付であり、その署名の時刻が間違って記載されている。午後三時、と記載されているが、実際に全てが終了したのは、夜になってからだった。だが、このごまかしにより、皇帝は、この決断が彼個人によって下されたのであり、国会からの圧力にはなんら関係ない、ということを記録に留めようとしたのである。

もっと重要なのは、息子の名においても退位を宣言するとの皇帝の決心だ。こうすることで、ニコライ二世は、長子が父王の後を継承すべきであり、未成年の王位継承者はその権利を放棄できない、と規定したロシア国家基本法を意図的に無視した。この行為によって、ニコライ二世は最後になって今一度専制君主として振る舞ったことになる。君主としての個人的権限は、必要とあれば法に優先する、と確信してのことである。

ロマノフ王朝の二人の名前で王座を放棄し、そうすることで継承の系列を変更するとの皇帝の決断は、最終的には、君主制の消滅に到達する。ペトログラードでは、民衆の気分、とくに政界の気分はすでにそちら側に傾いていた。ソビエトでは叫び声があがる――「ロマノフ王朝打倒！」「君主制打倒！」「ツァーリは要らない！」そして、国会の臨時委員会に強く印象づけるために、大衆デモを計画する。プスコフから二人の代表が退位の詔書を携えて首都に戻ると、政府においても、臨時委員会においても、いったいどの解決策に従うべきか、もはや分からなくなっていた。ケレンスキーはミハイル新皇帝の退位を主張する。ミリューコフ、グチコフ、シュリギンは君主制が維持されるべきだ、と熱情を込めて支持表明する。最終的には、新しい皇帝と会談することを決める。大勢は新皇帝も退位すべきだ、との説に傾いているが、ともかくそれまでは、ニコライ二世の退位も公表されない。

新皇帝は、こうした知らせに備えができていなかった。彼はガッチナ宮殿に滞在中で、彼が帝位に就くことを告知する兄ニコライ二世からの電報と、政府の代表団が同時に到着した。ミハイル大公は愚鈍でもなければ、臆病者でもない。彼は立派な立憲君主になることができただろう。皇帝夫妻が男子の世継ぎを持てないで悲しんでいた十年間、彼は兄の後継者になり得る立場にあった。だが、それ以後、彼は自分の好きなように生き、離婚した女性を娶ったために王座から遠ざかることになる。政治にはほとんど興味を示さなかった。自分が新しい身分を持つことになるとの知らせは、彼の心を深くかき乱した。革命の要請に応じて、同時に自分の兄と、甥の後継者になるとの見通しには、ほとんど魅力を感じなかった。

会いにきた代表の言動もミハイル大公に不安を与えた。ミリューコフとグチコフの二人は、彼には帝位を放棄する権利はないことを示そうとした。君主制こそ、広大で多様な国家ロシアをつなぎとめるセメントであること。もし、君主制が消滅すれば、ロシアは予測できない将来に向かって冒険に乗り出すことになり、その結果、必ず弱体化するだろうことを。一方、ケレンスキーは、二人に劣らぬ熱情を込めて、もしミハイル大公が人民の意志に反して帝位を受けるなら、革命勢力を暴発させ、だれもそれを抑制できないだろう、と論じる。だれ一人、ミハイル大公の生命の安全を保障できない、とりわけ国会はできない、とケレンスキーは断言する。

納得したミハイル新皇帝は、彼自身も退位することを決心する。だが、それには条件がある。憲法制定議会が帝位を提唱するのでないかぎり、自分は帝位を放棄する……「後になればわかることだ」と彼は宣言する。ケレンスキーは有頂天になって文字通り皇帝の首にとびつく。その一方では、ネクラソフ、ナボコフ、ノルド男爵ら専門家たちが小学生用の机の上でロマノフ王朝最後の皇帝の退位の詔書を練り上げている。

三月四日朝、両文書が公表される。こうして、ロシア帝政は消滅した。ミハイル大公が帝位を放棄したことは、容易に理解できるし、それを恐怖心に帰することはできない。国会の大多数、および皇族の一部、中でも流血の惨事を招くことを恐れるニコライ大公が、皇位継承に反対していることを理解していたからなのだ。

ニコライ二世が二重の決定を下したことに話を戻そう。皇太子を帝位に就かせないことにした最終的な選択は、簡単に説明できるが、彼個人に関わる決定はさほど容易ではない。ニコライ二世は、自分の使命は人間によって課されたものではないと常に感じていた。自分が皇帝になったのは神がそのように決めたからであり、それについて、自分は何一つ変えることはできない。従って、帝位を放棄する決心は、彼にとっては格別に困難なことだった。彼が権力の座を好んでいたからではない。自分の任務からのがれる道徳的権利を保証されていなかったからである。退位の詔書に付けられた文章は、この点についての皇帝の考えを極めて格調高く明らかにしている――

「我が祖国を隷属させようと試みた外国の敵との三年間に及ぶ戦いのうちに、神はロシアにさらに新たな試練を送ってこられた。国内で始まった混乱は、戦争継続に破滅的な打撃を及ぼす脅威となりつつある。ロシアの運命、我が軍の名誉、国民の幸福、我が祖国の未来全てが、その代償がいかに高かろうとも、戦争を最後の勝利まで続けることを求めている（……）。

ロシアの生命にとって決定的な日々を迎えて、勝利を促進するために、我が国民の緊密な統一と全ての国民的勢力の強化を図ることが私の義務であると考えた。ゆえに、帝国議会との合意の上で、私は、ロシア国家の皇帝の座から退位し、最高権力を返上するべきだと考える。我が愛する皇太子と別離することを望まないため、私は継承権を我が弟であるミハイル・アレクサンドロヴィッチ大公に譲り、ミハイル大公が帝位に就く瞬間に私の祝福を与えるものである。私は、議会に議席を占める国民の代表との完全な協力のもとで統治し、心から愛する祖国の名において国民の代表の前で破れない宣誓をすることを新皇帝に求める。

ロシアに忠誠な全ての臣民に呼びかける。この苦しい国家的試練の中で、ツァーリに従って、愛国的で神聖な義務を果たすことを、そして、国家の代表とともに、ロシア国家を名誉と繁栄の道へと導くようにツァーリを助けることを求める。

神がロシアを助け賜わんことを！

ニコライ」

駐露フランス大使パレオログは、この文章を書き写した人物であるが、厳しいコメントを残している——「歴史は、これほど厳粛で、これほど深い意味を持ち、これほど重要な影響力をもつ出来事をほとんど持ち合わせない。しかし、これほどシンプルで、これほど普通に、これほど散文的な形で、まったくの無関心さで、これほど主役が姿を見せないままに行われた例はないのではなかろうか？」（一九一七年三月三日記）

フランス大使にとっては、これを説明できるのは、これまでも彼が皇帝の性格の弱さとして指摘してきたこと、すなわち、皇帝の直ぐに諦め、運命を受け入れてしまう傾向である。

この判断は、しかし、ニコライ二世の内面的な葛藤も、そのとき彼を取り巻いていたとりわけ不利な条件も理解していない。確かに、皇帝は性格的にも運命論者である。だが、彼の治世が実証しているように、こと自分の職責が問われている時は、決して運命論者ではなかった。退位するためには、彼は例外的な理由のあることを理解しなければならなかった。それは、彼の勇気に関わるものではない。彼の勇気はふんだんに示されているからだ。また、いかなる個人的懸念からでもない。皇帝を彼のありとあらゆる確信に反する決心に追いやったのは、愛国心であり、何よりも優先すべき義務感であった。義務感とは、連合諸国に対する約束を守ることだ。戦争、革命が戦争継続に及ぼす重大結果、勝利の日まで持ちこたえる必要性、こうしたこと全てが皇帝の宣言書の核心である。彼に苦衷の選択を強いたのは、国民的団結と軍隊の戦争遂行努力を守り抜く必要性だった。

ニコライ二世のこの論理は正しかっただろうか？　その後の事態の流れは、反対のことを立証している。君主制の崩壊はドイツによって画策されたのだ。もちろん、ドイツが単独で仕組むことはできなかったが、ドイツがロマノフ王朝の崩壊に貢献したことは事実である。ドイツの狙いは、まさにニコライ二世が回避しようと試みたことそのものであり、ロシアを戦争から離脱させることだった。ニコライ二世は、当時のにわか取り巻き集団が彼に吹き込んだ仮説だけを受け入れて論理を構築した。つまり、皇帝の退位はロシアを救い、軍部の願望にも合致するものであり、従って戦争の勝利に貢献する、との理屈だ。この人物は、常に軍隊に身体を向けており、ロシアの運命は軍隊が担っていると考えていた。だからこそ、自分が任命した軍部指導者たちからの圧力を無視できなかった。アレクセーエフ参謀総長とルスキー将軍の差し金で現地司令官たちから皇帝に送られた電報は、彼の考え方に決定的な影響を及ぼした。これらのメッセージは前線から送られ、戦っている者たちの声を直接伝えたものであり、後方に駐屯している連隊が反乱をおこしたのとは全く異なる影響力を皇帝に対して及ぼした。最後に、プスコフ駅に停車中の列車に隔絶されていたことも、彼の思考の方向にたぶん影響を与えただろう。列車の中に閉じ込められ、家族とも連絡がとれず、初めから皇帝の退位に賛成だった二人の人物の影響下に置かれていた。ルスキー将軍はもともと皇帝にほとんど同情せず、君主制が長続きするとは信じていなかった。一方、アレクセーエフ参謀総長は、進行中の事態はもはや後戻り不可能との印象を抱いていた。皇后は、皇帝のもとになんとか届くようにと送った手紙の中で、自分は逆の方向に進むよう圧力をかけていたこと、また、皇帝が意図的に首都から遠く離れたところに「留められて」いる間に、退位に向けての工作が進んでいることは、彼を孤独の中で決断させるためだ、と正しく指摘している。

軍部に見捨てられた前皇帝だが、軍隊から離れることはできなかった。退位後、彼が直ちに行くことを望んだのは大本営のあるモギリョフであり、首都ペトログラードではない。そのモギリョフから、ニコライ二世は、全軍将兵に向けて、感動を誘う別れのメッセージを発表するのだが、ロシアの新しい主人公である臨時政府は、それが将兵に届けられることを拒否した。退位した君主は、たとえ、それが別れの挨拶であろうと、もはや指令を送る資格はない、とソビエトは通告する。ニコライ二世は五日間モギリョフに滞在し、英国の駐露武官ハンブリー・ウイリアムズ将軍を引見したとき、彼に宣言する——「これだけは覚えておいてもらいたいが、大切なことはただ一つ、ドイツを打ち負かすことだ」。

退位した君主をどう扱うべきか? 皇帝は、政治的騒乱から離れて家族とともにクリミア半島行きを許可されることを望んでいた。あるいは、英国か、別の国に向け出発するのでもよかった。臨時政府は別の判断をしていた。三月七日、臨時政府は、「退位した皇帝とその配偶者の身の安全を確保するために」二人を逮捕することを決める。皇后は直ちにツァールスコエ・セローで身柄を拘束され、皇帝も翌日、モギリョフで同じ運命をたどり、首都に連行される。「市民ロマノフ」とその家族は、厳重な警戒の下に宮殿に幽閉される。皇帝一家はそこで、隔絶され、傲慢不遜な警備隊の下で、どのような運命が待ち受けているのか不確かなままに、五か月を過ごすことになる。

皇帝一家の行く末をどう決めるべきか？　この問題はたちまち臨時政府とソビエトを分裂させ、結局はソビエトが自分の見解を押し通す。「市民ロマノフ」、もしくは皇帝自身がおもしろがって自分を呼んだように「前〔皇帝〕」とその家族の身体の安全をなによりも考慮して、ロシアの新しい合法的責任者は、彼らができるだけ早い機会に外国へ旅立つことを望む。英国との間に話し合いが持たれるが、英国側の見解はしだいに不名誉な方向に傾いて行く。新政府の外相ミリューコフは、公式にロンドンに対して皇帝一家を受け入れてくれるように要請する。初めは前向きの回答を受ける。英国首相ロイド・ジョージは、本当は、そうした決定に気乗り薄だったが、ニコライ二世は英国王ジョージ五世と親戚関係にあり（二人があまりにも身体的に似ており、過去によくふざけ合ったほどで、このことについては疑問の余地がなかった）、その上、皇后はヴィクトリア英女王のお気に入りの孫娘である。亡命の要請は、ロシア皇帝一家からではなく、臨時政府から発されたもので、英国側としては同意を与えても、同盟国の新政権の不興をかう心配はなかった。さらに、この亡命には物質的条件まで付いていた。ロシアの臨時政府は、亡命一家に相応の生活を送れるだけの物質的条件を保証することを誓約することになっており、英国側は彼らのために援助する必要はない。

この同意はつかの間のもので、英国政府はたちまちソビエトのことを考慮に入れなければならないことを認識する。そうなると、事態はまったく変わってくる。ソビエトは前皇帝に激しい敵意を示し、一貫して「専制君主」「吸血鬼」、あるいは「あのドイツ女」に対する民衆の怒りをかきたてた。ソビエトは、フランスのルイ十六世が〔革命時に〕ヴァレンヌに逃亡した前例を引き合いに出して、前皇帝が国境外に出て、ロシアの統制がきかない場合の危険を持ち出した。「ロマノフ一家がまたぞろ歴史の舞台に復活するような可能性を封じるために、これらの危険な人物は、ソビエトに引き渡されるべきである」とする。

これは決して単なる願望ではない。ソビエト側は、ニコライ二世の身柄を拘束したいとする意志を実行することを狙った措置を次から次に取った。ソビエトは、ツァールスコエ・セローに分遣隊を急派したが、これは皇帝を捕まえ、おそらく裁判まで、そして言うまでもなく、彼の処刑までペトロパブロフスキー要塞に幽閉する任務を帯びていた。ソビエトが目的を果たせなかったのは、極端に過激な発言にもかかわらず、この点に関して、臨時政府と衝突することをためらったからだ。三月九日、皇帝を連れ戻すためにツァールスコエ・セローに派遣された分遣隊は、失墜した皇帝が厳重な警戒の下に置かれていることを確認するに留まっている。皇帝らの身柄を要塞にまで移送することは先に延ばされたが、臨時政府は、ソビエトに、市民ロマノフをロシア国内に留めることを保証する。より安全を確保するために、ソビエトは鉄道員たちにムルマンスクへの鉄道輸送を阻止するよう指令を出している。ムルマンスクまでは、ケレンスキーが皇帝一家に同行して、港で英国行の船に乗せることになっていた。つまり、ソビエトは、具体的に亡命を禁止するようあらゆる手を打っていた。

結局、国王ジョージ五世の秘書が英外相に、曖昧さを抜きにした覚書を送る――「国王陛下は、旅行にともなう危険と諸般の事情を考慮した結果、ロシア皇帝ご一家が我が国に落ち着かれることは適当ではないとお考えになっている」。こうして三月末、英国の扉は閉ざされる。しばらく後、英外務省はコミュニケを発表し、宣言する――「英国政府はロシア皇帝ご一家に対して行われた当初の提案に固執するものではない」。皇太后の祖国であるデンマークもまた受け入れに難色を示したので、ロマノフ一家の身の振り方は、ライバル同士の臨時政府とソビエトの両者に委ねられる。臨時政府側は、革命が最後のロシア皇帝一家の血にまみれることを避けたいと望んだが、ソビエト側は、そのこともあり得ると考えていた。

国会の場ではあれほど激烈な反ロマノフ一家の演説を展開したケレンスキーは、最初は皇帝の在所を確かめるために、次いで、このデリケートな問題の出口を見いだすために、ツァールスコエ・セローにいく度となく足を運んだ。回顧録の中で、ケレンスキーは、かつては「血に飢えた暴君」扱いした人物の魅力のとりことなった、と告白している。ソビエト側は、捕われ人たちを一人ずつ引き離すことを要求したが、ケレンスキーは、各人が置かれている生活の条件を、より人間的なものにするよう努め、皇帝一家を民衆の行き過ぎた制裁行為から守ろうと最善を尽くす。

外では春以来、革命が新しい段階に突入していたが、ツァールスコエ・セローに幽閉されていた皇帝一家は、五か月間というもの、勇気と諦めの境地で、困難な日々を送っていた。各人がその時間を最大限に利用しようと努めた。皇帝は、読書をし、わずかながら庭仕事をし、彼に使用を許されている残された庭園の中を歩き回るなど、やっと解放されたかに見えた。ケレンスキーだけでなく、皇太子の家庭教師だったスイス人ジリヤールが丹念に記した日記や、その他の人々の証言によると、当時、皇帝がもっとも心を砕いていたのは、自分の運命ではなく、なによりも軍隊の瓦解だった。彼の心を離れなかったのは、ロシアが連合国と結んだ協定に忠実であること、最後まで戦争を遂行することだった。祖国愛、自らに課されている義務感こそが、退位した皇帝の心に刻み込まれていた。愛国的感情と軍隊に対する忠誠心がニコライ二世の人柄を最終的に浮き彫りにしている。退位せざるをえなくなったことも、屈辱的な生活条件を強いられていることも、彼は一度も嘆くことはなかった。家族の苦労についても嘆いたことはない。片時も彼の心を離れなかったのは、ロシアと戦線にいる軍隊の士気についての心配だった。その他については、彼は、全てが神のご意志であり、それを受け入れねばならない、と考えていた。

第十二章　崩壊し、解体するロシア

一九一七年三月十七日、[*]モーリス・パレオログは日誌に書いている――「フランス革命は、共和国は一つにして不可分、と宣言することで始まった。この原則のために、革命は何千人も犠牲にし、フランスの統一は守られた。ロシア革命の選んだスローガンは、崩壊し、解体するロシア、だった」。

＊ この章では、ロシアで用いられた暦が変更される。一九一八年二月一日までは、このページにあるようにユリウス暦が使われるが、それ以降は新政権が採用したグレゴリオ暦で表示される。

この観察は正しい。一九一七年四月から、皇帝一家の惨殺まで、ロシア革命のたどった道は、まさにそうだった。この章では、起きた出来事の最重要点だけを簡潔に取り上げることにし、革命の年代記に力点を置いていない。それについては、すでに多くの著作が書かれているからだ。ここで取り上げるのは、移行の事業が中断されることについてである。

退位後、ニコライ二世とその家族のたどった運命は、国家の運命と混同されることを止める。ここからは、個人の悲劇が始まる。国家については、混乱が増大する局面に入る。

駐露英大使ジョージ・ブキャナン卿は、三月に、騒乱の終結が見えたと考え、ロイド・ジョージ英首相は、臨時政府に電報を送った——「革命は、連合国が一九一四年八月以来、そのためにこそ戦ってきた大義に、ロシア国民がもたらすことのできた最大の貢献である。我々が実感した真実とは、この戦争がまずなによりも自由のための戦いであると同様に、人民政府のための戦いだったことだ」。

こうした楽観的な言明は、二月革命を取り巻く条件と、その後、革命がたどった流れについての途方もない無知ぶりをさらけ出している。二月革命は、二つの流れがほんの一瞬だけお互いの力を合わせたことの産物だった。社会の底辺では、日常生活の困難に苦しめられていた労働者階級が、戦争での敗北によって苛立つ軍隊に支持され、日増しに暴力化し、過激化する自然発生的な抗議運動によって突き動かされて、明確に自覚することなしに、体制全体の打倒を望むまでになっていた。それは一致して決めたことではなく、膨れ上がる運動の力に引きずられ、しかも現存する政権からのまともな抵抗に会わなかったために、突如として革命に変わる。それでも、社会の最上部では、リベラル派ブルジョワジーが政治的交替を迫られていることを意識しており、交替を確かなものにしようと努力する。だが、革命について言えば、ブルジョワジーが革命を起こした訳ではない。この点は極めて重要だ。それどころか、反対に、ブルジョワジーはぐずつくばかりで、ひたすら自分たちの出番を待っていた。革命の主役たち、それは大衆である。

大衆は、革命を果たしたところで、自分たちに向かうべき政治的方向を指示してくれる指導者がいないことに気付く。そこで、大衆はブルジョワジーに向き直り、君主制から奪い取ったばかりで、どうしてよいか分からないでいる権力を彼らに任せる。大衆があまりに自然の成り行きにまかせて行動したので、結成されたばかりで社会主義者に支配されていたソビエトも、同じ反応を見せる。レーニンの弟子たちを例外として、社会主義者たちは一貫して、革命はしばらくの間だけ権力をブルジョワジーに与えるべきだ、と考えていた。この戦略は、世紀初めに果てしなく議論されたテーマだった。

そこにこそ、ブルジョワジーの最大の弱点がある。ブルジョワジーは権力の座にあるが、自らの手でそれを勝ち取ったわけではない。ブルジョワジーは、彼らに権威を手渡した諸勢力から委託を受けているのであり、諸勢力側は、自分たちがブルジョワジーをコントロールする権限を持っており、指導することもできるものと考えていた。三月三日から一九一七年十月まで、ロシアの歴史は全て、このような状況下で展開する。

臨時政府と戦争

リヴォフ政府が成立したとき、二つの問題が他を圧していた。政体の形態と戦争である。第一の点については、臨時政府の敗北は直ぐに明らかになる。何らかの形で、君主制を保持しようとしたからだ。見事に失敗した。ミハイル大公にも退位を押し付けた新政権側は、理論上だけとはいえ、彼の退位を暫定的なものとし、政権の性格問題を憲法制定議会招集後に、と先に延ばした。憲法制定議会は、秋に革命のプロセスが終了してから選ばれるが、その時にはロシアの政治体制の性格について討議を再開する時機をすでに逸していることだろう。三月三日以降、政界指導者のだれ一人、君主制の問題が再び日の目を見るとは考えていない。

それに比べて、戦争問題はもっとも火急の主題だった。臨時政府は、戦争を継続し、連合国協定に忠実であり続ける積もりだった。しかし、臨時政府は、その短い在任期間のうちに、しだいに困難を増す二つの問題にぶつかる。第一に、政府は、軍隊内のあらゆる規律の消滅に直面する。指令第一号は、兵士と将校の間の完全な平等性を確立した。それまで軍隊内で適用されてきた諸規則は、もはや通用しなくなる。三月五日に採択された指令第二号は、指令第一号によって隊内に引き起こされた混乱について、ソビエトに苦情を申し入れた将校たちの気持ちを沈静化するのが狙いだったことは確かだ。実のところ、ソビエト側のだれ一人、このような組織を攪乱する指令文書を作成した責任を取ろうとしなかったので、指令第一号を再考しようとする試みは筋違いではなかった。だが、なんの効果も生まなかった。

軍隊内部には委員会が乱立したが、最高司令部は、妥協的な態度を取ることで穏健派の兵士や将校の選出を促すことを望み、それを阻止しようとしなかった。しかし、委員会は、政治化を図る活発なエージェントの役割を果たしていることが明らかになる。委員会はソビエトに陳情書を提出し、農業問題を直ちに取り扱うよう要求する。兵士の大多数が農民層の出身だったのだ。こうして、委員会は、政府は信頼に足りないこと、社会と祖国の利益はソビエトによって守られていることを将兵たちに説くことに貢献する。

だが、規律が崩れ、将校たちが孤立し、意気阻喪したとしても、軍隊の崩壊が直ぐ起こる訳ではない。たしかに一九一七年、兵士たちは、いつ終わるとも分からない戦争で甚大な損害を被っていることに絶望していた。彼らは、指揮の仕方に問題があるのではないかと疑い、特権意識が染み付いていてよそよそしい将校たちのことを嫌っていた。兵士たちは、彼らを代表する委員会も、それを選出する権利も、将校と同等の権利が宣言されたことも、全てソビエトのイニシアチブによるものだと知っていた。だからと言って、三月の段階では、彼らは、ソビエトが呼びかけた脱走にも、反乱にも応じる用意はなかった。確かに、兵士たちは、土地の分配を熱望していたが、それでも、革命が彼らの熱望を適えてくれるのを待っているだけだった。兵士たちには、敗北主義の考え方はまだ理解しがたかったが、軍隊全体は、生まれた国土を救おうとする意志と、戦争終結を待ち望む気持ちとに分かれていた。三月の段階では、戦線で遭遇する困難と、増大する一方の規律のなさにもかかわらず、軍隊は戦うことを拒否していなかった。

三月以降、戦争継続に、より敵意を示したのは世論である。世論は戦争を憎悪し、戦争こそ日常生活に降りかかる不幸の源だと見なし、ロシアが引きずり込まれている紛争から速やかに撤収することを革命に期待する。そこで臨時政府は、国際的誓約と、平和を求める世論の圧力の両方を立てねばならなかった。三月四日、ミリューコフ外相は、臨時政府が前政権の誓約を遵守するとの決意を表明した覚書を連合諸国に送り、その中で、ロシアの戦争目的は変わっていない、と述べている。だが、三月十四日、ソビエトは『イズヴェスチヤ』紙上に自己の見解を述べる文書を掲載する。混乱した討議の結果をまとめたもので、三月四日の覚書への回答である。「欧州人民へのアピール」と銘打たれたこの文書は、平和を押し付けようとするものだった。その影響力の及ぶ範囲は限られており、ソビエトもまだ公然と平和を呼びかけるまでには至っていない。だが亡命から戻って来た才気煥発で説得力あるメンシェヴィキのツェレテリは、ソビエトにもっと明確な要求を打ち出させようとする。左派はそこで、「併合も賠償金請求もなしの平和」のスローガンの形で自分たちの綱領を明らかにする。連合国側は、この急速な展開ぶりが抑制の効かないものになっているのではないかと懸念する。ミリューコフ外相は、外国大使たちの強い求めに応じて（駐露フランス大使パレオログは「私はできるだけミリューコフを叱咤激励した」と記している）、ソビエトの立場と連合国への誓約とを両立させようとした宣言を発表する――「自由ロシアの目的は、他民族を支配することでも、彼らの国土を征服することでも、外国領土を力によって占領することでもなく、民族自決権を基礎として恒久平和を打ち立てることである」。

この「大きな逸脱ぶり」に、パレオログは少しも満足せず、宣言は臨時政府とソビエトを対立させている根深い紛争を覆い隠すための「雲のかかった方式」であると決めつける。この論評を聞いたミリューコフは反論する――「これらの方式を私の宣言に挿入できたことは、大成功だったと考えている」。だが、露呈した紛争をしばらく先送りしたにすぎない。四月十八日、ミリューコフは連合国に覚書を送るが、パレオログは、その内容もスタイルも「意図的に曖昧で不明瞭である」と慨嘆する。だからといって論争の局面が閉じられたことにはならない。ミリューコフの覚書は、パレオログが完全に理解しているように、二つの文書と、二つの意図を組み合わせたものに過ぎない。つまり覚書は、三月二十七日の宣言を採録しているが、そこにロシアの戦争継続への確固たる意志表明を付け加えることで、連合国の懸念を静めようとした。この覚書は長い論議を呼び、ケレンスキーはそれに同意を与えたが、たちまち激しい危機を招く。ソビエトは覚書の撤回を求め、民衆が動員され、反対デモが巻き起こり、至るところでミリューコフは罵倒される。

危機の深刻化は、政府だけでなく、ソビエトも懸念させた。なぜなら、政治のゲームに新しい勢力を登場させたからである。右翼陣営では、首都ペトログラード軍管区司令官コルニーロフ将軍が、デモ隊、すなわち労働者に対して軍隊を投入して秩序を回復することを主張する。左翼では、新しい事態として、ロシアに帰国したばかりのレーニンが、人民の感情の高まりをうまくとらえて、彼らをブルジョワジーへの敵意よりももっと遠くへ導こうとする。ソビエトは兵士たちに兵営から出ることを禁止し、コルニーロフと衝突する。コルニーロフは司令官としての指揮権を侵害されたとして辞任し、戦線に戻る。モスクワでは、デモは禁止されたが、ボリシェヴィキはデモを奨励し、みずから先頭に立つ。暴動は自然発生的でなく、指導者がいた。暴動は同時に、ペトログラード周辺の労働者街区を蜂起させる。だが蜂起は時期尚早だった。大多数の群衆は、まだ正統性を保持している臨時政府を非難するまでには至っていない。

しかしながら、この政府を導く指導者たちは、もはや急速に急進化する社会の代表とは言えない。ミリューコフとグチコフは政府を去ることを選ぶ。政権の「ブルジョワジー」時代の終焉である。左旋回は、連立内閣の成立を意味する。首班は相変わらずリヴォフ公だが、海軍大臣と陸軍大臣を兼務するケレンスキーを、社会革命党から入閣した五人が支える。農相チェルノフ、労働相スコブレフ、郵政相ツェレテリ、司法相ペレヴェルツェフ、食糧相ペシュホノフである。てんでばらばらの新内閣チームを引っ張るのは、ケレンスキー、ツェレテリ、チェルノフの傑出した三人だ。スハーノフはこの政府を評して言う――「大ブルジョワジーと小ブルジョワジーの合法的結婚である」。

結婚なら、伝統に従って、まずその前に契約がなくてはならない。その契約なるものは、連合政府のさまざまな構成要員が合意した「賠償金も併合もない平和」政策だった。この譲歩の見返りに、社会革命党閣僚は、戦争を継続し、軍隊を再建して士気を高め再動員するために努力する、という考え方を受け入れる。政府は一致して、民主的政策を発展させることを約束する。すなわち、生産と運輸の統制の確立、農地改革の実施。だが、公共秩序の再建には、社会革命党の助力を当てにしていた。

確かに妥当な綱領である。しかし、四月からロシアの政治生活の全てを支配しようとしている新しい要素、すなわちレーニンとボリシェヴィキの行動を考慮に入れてはいなかった。

「全ての権力をソビエトへ」

レーニンの亡命からの帰国は、革命の流れを決定的に変え、穏健派を排除し、ロシアを権力の崩壊だけでなく国家の崩壊に引き込んでしまう。ここで、ロシアの運命にあれほど深い刻印を残すことになる人物と、その考え方について考察することが大切になろう。帰国したとき、レーニンはやっと四十七歳になったばかりとまだ若かったが、すでに練達の革命家だった。彼の革命家としての確信は、一八八七年に革命家活動のために絞首刑に処された兄にまでさかのぼるとも思われる。疑いの余地なく彼を方向づけたのは、学生騒動とアレクサンドル三世治世下の弾圧措置により大学を退学させられたこと、それに続く孤独な時期、そして主として政治経済書を読み耽った読書傾向、などである。この傾向は一貫している。彼の最も重要な著作には、これらに先立つ著作ノートがあり、彼はそこに与えられたテーマについて読んだもの全てを書き記し、最終的に書き下ろした原稿はそれらを総合したものになっている。例えば、『資本主義の最終段階としての帝国主義』には「帝国主義についての著作ノート」が付随している。知的面から言えば、レーニンは独創的な理論家であるよりも集大成する編纂者だった。だが、彼独自の天分は、権力の奪取という具体的計画に取り付かれたプラグマティストとして発揮された。

それ以来、十九世紀最後の十年間、レーニンは社会民主主義思想に賛同し、その中に、歴史とその合目的性についての彼独自の知覚を導入する。彼は一挙に労働者階級に向かい、彼らを厳格に中央集権化して組織する必要性を確信する。労働者階級についてなされるべきことは、この階級を指導する道具である党については、それ以上になされねばならない。大多数の社会民主主義者とは異なり、レーニンは、「生まれながらの」革命家階級という理想のイメージを信じない。反対に、彼は、この階級が目の前の利益に取りつかれ、「労働組合的」精神につき動かされ、自己の要求擁護と密接に結び付いていると断じる。階級意識の欠如を補うためには、組織化が決定的である――「政治的階級意識は外部からしかもたらせない。すなわち、経済闘争の外からであり、労働者と雇用者間の関係の領域外からである」。

著書『何を為すべきか』はこの問題に捧げられており、レーニンの固定観念を示している。すなわち、そこに到達するためには、権力と陰謀が必要である。彼は、社会変革のプロセスの核心に権力奪取を据えたトカチョフの後継者である。生涯の大半を亡命生活をして過ごしたレーニンは、一九〇五年までは、組織化の問題を考えていたが、それ以後は、失敗した蜂起から教訓を引き出すことに取り組み、次のように結論する。彼のプラグマチズムがここに歴然とうかがえる――ロシアにおいては、農民階級なしには全ての革命は不可能であり、労働者と農民による民主革命を準備しなければならない。そして労働者と農民に、ブルジョワジーの一部も合流するが、それは、ブルジョワジー階級が一枚岩でないからだ。農民に対する戦術的関心を抱くことで、レーニンはメンシェヴィキと対立するが、彼は後に、これに加えて、多民族からなる帝国においては、もし少数民族が自分たちの民族自決への熱望が聞き届けられると考えるようになるとしたら、民族問題こそ革命の強力なてこになり得ることに着目する。

すでに第一次大戦以前に、レーニンは、大英博物館やスイスの図書館の読書室に籠もりながら、権力奪取のために必要なあらゆる勢力による構成を割り出していた――党、労働者階級、農民、民族。だが、彼の考えにはまだ少数の信奉者しかいなかった。戦争当初、彼が騒々しく掲げた敗北主義路線は、ロシア国内においても外国においても彼の威信を高めることにはいささかも貢献していない。

一九一七年四月、レーニンがロシアに帰国する前、ボリシェヴィキ党は分裂していた。レーニンは国外の党指導に当たり、平和、土地の国有化、生産の集団組織化を一貫して求める演説を繰り広げていた。また彼は、民族自決権を唱えるが、これは帝国解体を意味する。国内の党は、カーメネフ、スターリン、ムラーロフに指導されていた。党組織が二月革命以前の段階ではペトログラードで党員約一万人、モスクワではそれ以下に止まっており、全国でも支持者を含めて数万人程度という弱体ぶりを、彼らは認識していた。それだけに、彼らは、ソビエトの立場からかけ離れた極端な立場をとることで人目を引く積もりはなかった。戦争が革命に転換すべきだとするレーニンの見解に反して、三人の国内指導者は、左翼全体と同様に現在の政権を強固にするだろうとの狙いから和平交渉を支持していた。彼らは、革命を継続的に前進させることを求めない。「権力を取るだけでは十分ではない。それを保持しなければならないのだ」とする。彼らと亡命中の指導者とを隔てていた距離を示す例がある。レーニンが『プラウダ』紙に寄せる「外国からの手紙」と題するメッセージの形で、国内指導部に、臨時政府のボイコットと労働者の武装化を指令したときの同紙の扱いだ。慎重な国内指導部は「外国からの手紙」のうち一通だけを、それも政府攻撃の部分を入念に削除して掲載するに留めた。だがレーニンは、融和的な立場を取るためにロシアに帰国したのではない。彼は革命を求め、進行中の戦争から革命的機会を引き出そうとする。

レーニンと戦争については、二つの学説がずっと対立を続けてきた。旧ソ連時代に書かれた歴史、および国内、国外を問わずソ連の公式テーゼの影響を多少なりとも受けた人々全てにとって、レーニンはドイツといかなる関係も持たず、彼の戦争に対する立場は国際関係にいかなる結果ももたらしていないことになっている。もう一方の、同じぐらいラディカルな学説は、レーニンを単なるドイツのエージェントで、ドイツに買収されてロシアを戦争から離脱させた人物だ、とする。記録文書から現れてくる真実はもっと複雑であるが、それでも、第二の学説のほうが部分的にせよ正しいことを示している。レーニンとドイツとの間に金銭的つながりが存在したことは、それが間接的なものだったにせよ、否めない事実である。その証拠はドイツ側の記録資料に中に見つけることができる。こうしたドイツとの関係は、主として二人の人物を介してのものだった。二人の役割は〔ドイツ側〕資金の配分とレーニンが唱導していた政策の実施であり、まさにその政策がロシアを崩壊に導くことになる。

そのうちの一人がアレクサンドル・ゲリファンド、別名パルヴス。一九一五年一月、外交・軍事がらみで舞台に登場するなぞの人物である。永続革命の理論家でもあったパルヴスは一九〇五年、サンクトペテルブルクのソビエトの議長を短い期間だけつとめたことがある。一九一四年には、彼はコンスタンチノープル〔現イスタンブール〕に住んでおり、そこで怪しげな商売に従事していたが、トルコがドイツ側に加わって参戦したことが彼になんらかの役割を演じるチャンスを与える。それまでは、過去の革命家活動歴が災いして、彼には外国大公使館の門戸は開かれなかった。パルヴスが自分の計画を思いついたのは、レーニンの掲げる敗北主義の信条であり、「戦争、すなわち革命」のスローガンである。すでに一九一五年一月十日付のドイツ側記録文書に彼の名前が現れて痕跡を残している。それによると、ドイツ外務省の協力者の一人が、パルヴス博士〔当該人物が勝手に使用している称号〕が覚書を手渡したいので会って欲しい、と求めて来ている。覚書の表題は『ロシアにおける大衆の政治ストを目指す準備について』。十八ページに及ぶ文書は、当然のことながらレーニンの考え方に言及しており、「平和と自由」のスローガンの下に、ロシア中央部だけでなくフィンランド、ウクライナ、シベリア、そしてカフカス地方まで麻痺させてしまうという完結した計画案を展開している。この企画はドイツ政府に十分検討に値するものと思えたらしく、一九一五年三月七日付のドイツ帝国政府の蔵相名の電報で以下のように取り決められる——「二百万マルクがロシアにおける革命宣伝費に振り向けられるべきである」。

デンマークのコペンハーゲンに居を定めていたパルヴスは、スウェーデンのストックホルムに国際経済関係事務所なるものを開設したが、所長は、レーニンの側近であるハネツキーだった。確かに、一九一五年から一九一七年にかけて、レーニンはパルヴスとの接触を一切断ち、ドイツ側からの補助金は一部にせよ全く受け取っていない。このドイツ資金は、革命宣伝費用に直接流れる。だが、この段階で、パルヴスの計画を支えているのがレーニンのアイデアだったことは認めざるを得ない。

いま一つレーニンが抱いていた確信は、帝国の解体を加速化するために民族問題を利用することだったが、この考えにもドイツ側は目を付けた。その窓口になったのは、スイスを拠点にして、ロシア帝国内の少数民族の間で反ロシア転覆活動を企てるオーガナイザーだったベルン駐在ドイツ大使館公使フォン・ロンベルク伯だ。ロンベルクは、決してレーニンの支持者だったわけはない。それどころか、レーニンのテーゼがドイツ、オーストリア＝ハンガリー両帝国内部にも反響を呼ぶのではないかと恐れていた。だが、ロンベルクは、レーニンのアイデアを民族独立運動の間に広めれば、ドイツにとって好都合だと考えた。その場合、ドイツやオーストリア＝ハンガリー帝国内の同じ民族の人々に伝染しないように、対象を限ることにした。両中部欧州帝国にも存在するポーランド人については不信を抱いていたので、ロンベルクは、バルト諸民族を特別扱いすることにし、このためのエージェントとして、レーニンの側近でエトストニア人のケスキュラを選ぶ。この人物を通じて、レーニンとロンベルクの間には間接的にせよ接触点が保たれた。ロンベルクは、ロシア帝国の解体を狙って民族運動の組織化と資金援助を続ける。付け加えて言えば、パルヴスは、一九一五年三月の覚書の中で、民族運動と社会運動を結合させることにも言及している。パルヴスは、ケスキュラにも近く、彼を通じてロンベルクからの補助金を直接入手していた。このように、奇妙な関係の構図ができあがっていた。

トロツキーはパルヴスの親ドイツ主義に警戒心を抱き、国会の前ボリシェヴィキ議員のアレクシンスキーはパルヴスのことを「ドイツに買収されたエージェント」扱いしていた。レーニンは、ベルンでパルヴスと短い会談の後、彼と関係を断ち、ブハーリンにも彼に協力することを禁止した。ハネツキーが二人の間の橋渡し役をつとめることになる。従って、状況は非常に不明瞭である。一言で要約するならば、レーニンは自分の身を危うくしたくなかった。時と場合によっては、レーニンは慎重に行動したが、正直に振舞った訳ではない。細心の注意が欠けていたことは、大戦前の時期の行動が示しており、第二インターナショナルを少なからず怒らせてしまった。いずれにせよ、レーニンの言説がパルヴスのベルリンに対する提案の土台になっていることに、レーニン自身が気付かなかったとは思えない。

その上、一九一七年春の時点で、レーニンは、ドイツ側が彼を必要としていたのと同程度に、ドイツ側の力を必要としていた。ペトログラードでは、ソビエトの圧力行使にもかかわらず情勢は膠着化しており、ロシアは和平を求めるには程遠かった。ミリューコフの宣言がそれを示している。ベルリンにとって、レーニンの帰国は革命を加速化し、和平希求に有利に働くだろうと思えた。レーニンにとっては、本国での事態から離れて暮らすことは耐え難いことだった。ペトログラードで党を指導するグループが、レーニンの指令に従うことに乗り気でなかったことも、帰国して事態を掌握することが緊急に必要だと彼に思わせた。どのような経路で、スイスからロシアまで行くことができるか、とレーニンは自問する。一方、ベルリン側は、レーニンという切り札をここで使うべきか、と自問する。フォン・ロンベルク伯はそうすべきだと確信しており、ベートマン＝ホルヴェーク首相を説得する。パルヴスも同じ説で、四月三日（ユリウス暦では三月二十日）、ドイツ外務省のワッヘンドルフ大佐が以下のような電報を作り、おそらくロンベルク宛に打電している――「皇帝陛下は今朝、ロシアの革命家たちがドイツを経由して輸送されること、彼らにはロシアで活動できるように必要な資材を与えること、を決定された。もし、彼らにスウェーデン入国が拒否された場合、ドイツ軍最高司令部は、彼らをドイツ鉄道路線を経由して通過させる用意がある。最高司令部は、スイスに留まっているロシア人革命家たちをできるだけ多くロシアに向かわせる用意がある」。

同じころ、ロンベルクは首相宛ての電報で、この対ロシア計画のための資金を受け取ったことを確認している。

三月二十七日から四月九日にかけて、ボリシェヴィキたちはチューリッヒを出発する。レーニン側の説明によると、ウラジーミル・イリイッチ（レーニン）は、ドイツを鉄道で横断する時に、ドイツに対する彼の独立独歩の姿勢を示すために、封印列車で横断することを頼み込んだ。真実を知るには、レーニンの実の姉アンナ・ウリヤノヴァ＝エリザロヴァの助けを借りなければならない。彼女が、この時の事情について、後に十月革命十周年記念用に刊行された百科辞典『グラナト』用に書いた記述がある。彼女がこの中で書いていることには、異議を挟む余地がない――「ウラジーミル・イリイッチは封印列車に乗って、ドイツ経由で帰国することを決めた。この話はしばしば、ウラジーミル・イリイッチとボリシェヴィキの人達を裏切り者として非難することに利用されている……両者の間の協定は、乗客がドイツを横断するに当たり、その間だれかに会うことも、だれかと話すこともきっぱり拒否するとだけ決めている。封印列車という表現が採択されたのはそのような訳があったのだ」。

レーニンと一緒に旅行した三十二人の仲間たちの中には、彼の妻のナデジダ・クルプスカヤ、ジノヴィエフと彼の家族、ラデク、イネッサ・アルマン（一九〇九年以来、ボリシェヴィキの実業家と結婚していたフランス人女性で、ウラジーミル・イリイッチの親しい友人であり、相談相手だった）が含まれていた。一行は、さして問題もなくまずドイツを、次いでスウェーデンを横断し、四月三日（グレゴリオ暦では四月十六日）にペトログラードに到着する。ミリューコフは、友好国の大使館からこの移送について密かに通報されていたらしいが、レーニンの帰国がさほど重要なニュースではないと受け止めていた。帰国を取り巻く条件の真相、つまりこの帰国がドイツ側の協力で実現したことが知れ渡れば、レーニンは信用を失うだろう、とたかをくくっていた。

ドイツの計らいでレーニンが帰国したことは、パルヴスとロンベルクの夢の実現であり、画策した陰謀の成果であるが、同時に、ミリューコフの楽観主義とドイツ側の狙いを厳しい試練に立たせることになる。ドイツ政府がこの策謀に手を貸し、レーニン・カードを切ったことは、道理にかなっていただろうか？なぜなら、レーニンは、厳密な意味ではドイツのエージェントとして扱われることはできないが、彼がロシアに移送されたのは、ベルリン側が仕組んだゲームの中で最も必要とされた役割を果たすためだったからであることは歴然としている。彼自身、そのことを承知していたはずだ。結局は、ドイツの援助で革命を加速化できたレーニンは、革命がドイツ帝国そのものをも押し流してしまうことを期待していたのかもしれない。

レーニンらの帰国を取り巻く背景に劣らず明白になってきたのは、一九一七年早々、ボリシェヴィキ党がかなりの資金を宣伝活動に使えたことだ。その証拠には、二月以降、党の機関紙が全く期待しなかった大発展を遂げたことが挙げられる。レーニンと、資金を分配する役のハネツキーとの間の交信が、二月から四月にかけて頻繁になっており、二人の間につながりがあったこと、そしてレーニンがスイスを去るに当たってハネツキーがかなりの金額を用立てしたことを立証している。結論として、レーニンがドイツの援助から莫大な利益をえたことを確認する一方、彼が極めて慎重に行動したことを評価せざるを得ない。こうした援助がなかったら、ボリシェヴィキたちは、あのように突然ロシアで強力に成長できただろうか？

レーニンの帰国は、しっかり確立されている伝統的儀式に基づいて迎えられる。ロシア・マルクス主義の老いたる思想的指導者プレハーノフを含む彼以前の帰国者たち同様に、レーニンはペトログラードのフィンランド駅で、花束と歓声で迎えられる。ソビエトは、出迎え役にチヘイーゼを選んだ。チヘイーゼは慎重に選んだ言葉で歓迎の挨拶をし、自分たちがレーニンに期待するのは、現政権に協力して政権を強化し、行動を継続させることである、と説明する。レーニンは歓迎にも出迎えの挨拶にも無関心で、手短な演説を済ませると、ボリシェヴィキの集会で大演説するために出掛けて行った。彼が参加者に爆弾発言を用意していたのは、この集会のためだった。まず彼は、ボリシェヴィキ党が二月以来取って来た路線を暗に非難し、次いで、革命の第一段階は完了したので、今度は社会主義革命へと進まなければならない、とはっきり宣言する。戦争と決別すること、現存する政権およびその政策と決別すること、「全ての権力をソビエトへ」与えること。こう述べてレーニンは全員と敵対する。メンシェヴィキに対して、社会革命党に対して、ボリシェヴィキ党中央委員会に対して。その中央委員会は、後に四月テーゼの名前で知られるようになるレーニン演説を新聞紙面に掲載することを拒否する。

レーニンが擁護し、仲間たちにも採択するよう強要する立場は、一九〇五年の状況とその失敗の分析から生まれた。一九〇五年と同様、各所にソビエトが樹立される様子をレーニンはじっと見ている。かつて彼は、そのソビエトに反対したのだった。今となって「全ての権力をソビエトへ」のスローガンは、彼の仲間を面食らわせたが、レーニン流のプラグマチズムからすれば容易に理解できる。ソビエトは、ブルジョワ国家を解体するための道具である、と彼は確信する。確かに、当時のソビエトは大衆の自然発生的表現でもあったし、彼はそれを決して受け入れなかった。一九一七年四月、レーニンはよりいっそうアナーキストであるというわけでもなければ、自然革命主義を奨励することもしなかった。だが、彼は、国家の崩壊を行き着くところまで行き着かせることのできる情勢に気付く。それ以来、彼はソビエトを受容し、急先鋒として利用するが、その時すでに、次の段階ではソビエトを攻略してボリシェヴィキ化することを考えていた。

二人の人物が彼の戦略をたちまち理解する。カーメネフとトロツキーである。カーメネフは、スターリンとともに革命をブルジョワジーの段階で一時的に安定化させる方向にまだ傾いていた。トロツキーは、まだボリシェヴィキ陣営に参加していなかったが、彼自身の「永続革命」理論がレーニンの四月テーゼに彼を近づけた。事態の展開に助けられて、レーニンが仲間のためらいを克服するためには、今しばらく時が必要だった。

「ボリシェヴィキ化された」革命

一九一七年四月の危機は、臨時政府の終焉と連立政権の成立をもたらしたが、革命の面では新しい局面を開いた。ボリシェヴィキに操られた混乱の局面である。レーニンは帰国したばかりだったが、すでに彼の指導下の隊列はより攻撃的になる。街頭デモ、政府に敵意を示すスローガンに見られた四月の「日々」は、事前に準備された行動ではないにせよ、何が可能か、新しいスローガンがどのような反応を呼び起こすか、を推し量る試みだった。いずれにせよ、「全ての権力をソビエトへ」の横断幕を掲げたデモ隊は、レーニンが主張する路線とまさに合致していた。

六月、危機から二か月たたないうちに、力の対決は歴然としていた。陸軍大臣ケレンスキーは、戦線で軍事攻勢をかける時機が到来したと決心する。彼の狙いは、連合国にロシアの善意を納得させること、同時に、軍事的勝利から、国内で増大する一方の騒乱状態に秩序を回復することにあった。作戦の遂行はブルシーロフ将軍にまかされる。ボリシェヴィキにとって、いやむしろレーニンにとって、絶好の機会である。彼は兵士たちの厭戦気分を知っており、これを利用すべき絶好の機会が到来したと考える。だが一方では、ブルシーロフ攻勢が成功すれば、政府は強化され、その分ボリシェヴィキの立場が弱体化することを、彼は恐れる。そこで彼は、六月十日に、首都で平和とソビエトの勝利を呼びかけるゼネストが行われるのに相乗りして、武装デモ計画を入念に立てる。多くの支持者たちは、彼の「冒険主義者的」精神を立証する武装蜂起の試みではないかと震え上がる。だが、レーニンの方は、権力への歩みを加速化する可能性を実験する時間的余裕を持ち合わせていない。同じ時間にソビエト会議が開催されていたので、ペトログラードのソビエトは、全てのデモ行為を禁止していた。用心深いレーニンは、武装デモを取りやめるよう指示する。

それ以降の出来事は、レーニンが正しかったことを示す。当初のいくつかの作戦の成功の後に、ロシア軍は崩壊する。今度という今度こそ、軍隊の士気と命令に従おうとする兵士たちの意志は最低にまで落ちていた。七月六日、作戦は惨憺たる結果に終わる。表向きには認めることはできないが、ロシアはすでに戦争に負けていた。ケレンスキーはこの敗戦で弱体化し、信用を失う。レーニンにとっては、もはや疑念の余地はない。六月に延期された作戦は今また再開できる。権力側は今や息も絶え絶えなのだ。

七月三日以降、ボリシェヴィキ側は政府に対し最終攻勢をかける。入念に準備された大衆デモに加えて、ボリシェヴィキ陣営に軍隊の合流が相次ぐ。しかし、混乱が支配する中で、武装蜂起はボリシェヴィキ側にとって最悪の事態となる。政府側は暴動二週間後に秩序回復に成功し、レーニンおよび彼の幹部を国家転覆罪にあたると非難し、彼らの逮捕を命じる。レーニンはすでにフィンランドに逃れており、弾圧の波に対処するのは残された仲間たちだった。

七月七日、ケレンスキーが新政府の首班となる。滑り出し当初は社会革命党色が強かったが、三週間後には連立政権として再スタートする。だが、状況は二か月前とはすっかり変わっていた。レーニンは地下に潜っている身だったが、それでも党の路線を指示していた。状況の変化を示すのは、七月末開催された第六回ボリシェヴィキ党会議である。レーニンは不在だったが、彼の名においてスターリンが発言し、四月のスローガンを繰り返した。「全ての権力をソビエトへ」の後に唱えられたのは、「全ての権力をボリシェヴィキ党に指導される労働者階級へ」だった。

このスローガンは、ボリシェヴィキ党が挫折を経験し、国民がだれに頼ればよいのか分からず、途方に暮れている時だけに、取るに足らないように見える。しかし、目の前にいる政府側も、それ以上に、どう行動すればよいか分からないでいる。連立政権は社会革命党員七人、より穏健派の閣僚七人から成っている。政権を支配するのはケレンスキーで、相変わらず弁舌は巧みだったが、虚勢を張っているものの、もはやひ弱で優柔不断な人物に過ぎなかった。六、七月のクーデター未遂事件の後、ケレンスキーは、自分が行動を起こし、民衆の支持を得られるような決定を下さなければならないことを知っていた。一九一七年七-八月、ロシア社会は何を望んでいるか、はっきり意思表示していた。すなわち、戦争に決着をつけ、農地改革を実施すること、である。戦争に関しては、ケレンスキーは、相次ぐ敗戦とロシア軍が崩壊しつつあるにもかかわらず、戦争続行に固執していた。農地改革に踏み切ることについては、制憲議会の決定を待たねばならないと言いながらも、制憲議会の選挙までは考えてはいなかった。

社会にも戦線にも無秩序が広がる中で、政府は、当然のことながら不安になり、ペトログラード軍管区司令官のコルニーロフ将軍を最高司令官に任命する。適任である。優秀な軍人であり、実戦経験があり、政治に関わる気は少しもない彼は、秩序を回復して政府にてこ入れする最もふさわしい人物に見える。だが、コルニーロフは、目的達成のために、政府当局に対して完全な独立と、しかるべき権限を要求する。ケレンスキーは、この要求を途方もないと判断する。彼は、ボリシェヴィキによるクーデターを恐れるのと同じくらい、軍部のクーデターへの恐怖心に駆られていた。政府の長と軍隊の長とは相いれない。

八月中旬に始まったリガに向けてのドイツ軍の攻勢は、ほとんど抵抗に会わない。ロシアはまたもや大変な危険に直面する。軍事的敗北は首都をドイツの野望の視野に入れるまでになる。政府は、結局はコルニーロフの要求に屈し、彼が無政府状態を鎮圧するための行動を取れるように政令を出した。中でも戒厳令の布告などは民衆の反発を買い、暴発を招く火花になる恐れがあるのではないか？　八月末にかけて、ボリシェヴィキがクーデターを準備しているとの噂が流れ、権力側もそれを信じてしまうほどの情勢になっていた。

ここで複雑怪奇なエピソードが展開する。コルニーロフは、自分がソビエトとボリシェヴィキに対抗して政府を支持し、救済する任務をまかされていると信じて、軍事措置を取る。一方、ケレンスキーは、自分から就任を要請した最高司令官を今度は厄介払いするために、怪しげな陰謀を企てる始末だ。結果はどうか。コルニーロフは軍隊を首都に派遣したが、これに対し、全左翼政党は「右からのクーデター」と非難して総動員をかける。コルニーロフ軍は戦わずして敗北することになる。

悲劇的というより愚かとしか言いようのないこのエピソードから、二つの教訓をくみ取れる。一つは、政府がもはや幽霊でしかなく、自ら仕組んだ陰謀に絡まって、いかなるイニシアチブも取れなかったこと。政府の政策は行き止まりに突き当たってしまう。こうしている間に、「平和と土地」を求める国民はもう待ち切れなくなる。ケレンスキーが仕組んだ張本人だとは言わないにしても、矛盾する行動を次から次へと展開した責任者であることは間違いない。二つ目は、このエピソードが、それまで深い亀裂を見せていた左翼陣営を、大衆を取り込んだボリシェヴィキの指導下に統一する効果をもたらしたことである。スハーノフは記している――「ゼロからでっち上げられたボリシェヴィキの脅威なるものが現実となった。首都のソビエト、その他のソビエト、現役軍、後方の兵営、全てがレーニンの手中に落ちた。全ての国家の権威は、それ以後は、大衆と強固に結び付いたボリシェヴィキの中に具現されていた」。

レーニンが目標に掲げた国全体のボリシェヴィキ化について、左翼諸政党は理解し、そこから彼らなりに結果を引き出す。メンシェヴィキと社会革命党は、自分たちが事態に取り残されまいとするなら、もっと強硬路線を取るべきだ、と考えるようになる。こうしてロシアという国は新しい革命へと滑り落ちて行く。

恐れを知らないかのように、政府は、九月二十四日成立した第四次連立政権の形で生き延びる。首班は依然としてケレンスキーだ。国民と内閣との間の橋は事実上、切り落とされている。監獄から出所したばかりのトロツキーが九月四日、ペトログラードのソビエトのトップに担ぎあげられる。彼はただちに、政府がもはや何も代表していないこと、近く開かれる第二次ソビエト大会が懸案の問題に決着をつけること、を発表する。

全ての権力をボリシェヴィキへ

ソビエト大会が開かれようとしている時、軍事革命委員会に組織されたボリシェヴィキが権力を掌握、冬宮を占拠し、閣僚たちを逮捕する。二月革命の痕跡は消える。

十月二十六日、権力を握ったレーニンは、三つの布告を携えて大会に登場する。一つは、依然として「臨時」だが、新政府を樹立する布告である。十一月に予定される制憲議会の開催まで、国家を導くためである。他の二つは、より決定的に重要なもので、平和に関する布告と土地に関する布告だ。

政府の最初の行為である「平和に関する布告」は、一九一四年以来、レーニンが取って来た態度の帰結である。これは、実際には諸国民に「無賠償、無併合」の和平を受け入れるよう訴えたものであり、多民族・植民地帝国ロシアに終止符を打つことになる。このテキストは非常に興味深い。なぜなら、政府にではなく、政府に反対する諸国民に呼びかけたものだからだ。それによって、レーニンは、国際関係についての全ての古典的概念を拒否し、新たな政治秩序を作り出す意志を示す。彼は、国家と政府間関係に基づく伝統的国際社会を無視し、主役が国家から人民にとって代わった新しい国際社会に向けて呼びかける。

レーニンにとっては、諸政府が彼の呼びかけに耳を傾けないとしても、それはどうでもいいことだった。彼の考えでは、人民こそが戦争の問題を解決すべきなのであり、それには、ロシアと同じ道をたどって政府を追いつめ、転覆させることである。こうして、レーニンは、これまで理論の中でだけ展開してきた戦争と革命の結び付きを実践の中で実証して見せた。「平和に関する布告」は、革命を国際的に呼びかけたものである。レーニンは、その中で、自分の意図をはっきり示している。ロシアにおける権力奪取は、彼にとっては第一段階であり、ヨーロッパの顔を変えてしまうことになる一連の革命的出来事の一環に過ぎない。このレーニンのアピールは、ソビエトから成る若い国家がどんなものか定義している。すなわち、新しいタイプの国家であり、世界革命が生み出して行く新国家の第一号なのである。

だが、諸国の人民は、彼のアピールに耳を貸さない。歴史の皮肉と言おうか、彼に耳を貸したのは、戦争の相手国であるドイツ、オーストリア＝ハンガリー両帝国政府だった。なぜなら、両政府とも、ロシアと単独講和を結ぶことで東部戦線を閉鎖する必要があったからだ。こうして、レーニンは魔法使いの弟子の役割を果たしたことになる。休戦交渉の結果、一九一八年三月、ブレスト＝リトフスク講和条約が締結されると、両中部欧州帝国は一息つくが、だからといって、戦争に勝つには程遠い。バイエルン、ハンガリーでの短い革命のほか、オーストリア＝ハンガリー帝国の崩壊以外に大きな変化は起きず、欧州の政治秩序はむしろ強化されることになる。戦争が敗北と革命を引き起こすとのレーニンの予言が実証されたのは、ロシアだけだった。それだけに、レーニンは、ブレスト＝リトフスク講和条約締結とともに、彼の計画がそこで止まることを認めざるを得なくなる。ボリシェヴィキたちは、確かに、彼らの国境内では「新しい世界」を創造することができたが、国境の外では、既存の世界と折り合いをつけざるを得ず、在来の国家の指導者同様に振る舞わなければならなくなる。

二番目の「土地に関する布告」も一九一七年十月二十六日に公布され、大土地所有制度を補償金なしで廃止し、土地を耕す者に提供する。厳密には、布告は、制憲議会が農地改革に取り組まねばならない、と規定しているが、改革の大筋は布告によって決められているので、改変はできない。こうして、初期の段階では、ボリシェヴィキは、耕作農民に土地所有権を認めることで農民たちの願望を正当化するかに見えた。この承認が社会主義綱領とはいささかも一致しないにしても、大したことではない。権力を掌握したばかりのボリシェヴィキにとっては、農民層の支持を取り付けることが急務の時期だったのだ。それとは違う決定を下すことは困難な状況だった。一九一七年七月以来、混乱が増大する中で、各地で農民たちは自分たちの手で農地改革に取りかかり、既に土地を接収していたからだ。それを十月になって否認するとすれば、ボリシェヴィキに反対する農民を蜂起させることは必定だった。

三番目の布告も劣らず決定的な重みを持つものである。一九一七年十一月二日付の宣言の形で出された「ロシア諸民族の権利」で、四原則について定義している。すなわち、ロシアの全民族の平等及び主権、分離及び独立国家の創出を含む民族自決権、あらゆる特権及び差別の撤廃、ロシア領土内に定着している全ての少数民族集団の自由な発展、である。この宣言は、直ちに結果を生んだ。ここ数か月というもの顕著になっていた遠心力傾向は、相次ぐ独立宣言の形で、かつてのロシア帝国全域に現れる。フィンランド、バルト海沿岸諸国、ウクライナ、カフカス地方、中央アジア、ヴォルガ河流域で次々と独立国家が樹立され、独自の運命を辿ることを宣言する。いまやボリシェヴィキ空間となった旧ロシア帝国空間は大幅に縮小される。しばらく後、トロツキーは率直に質問を提起する――ボリシェヴィキ国家は、ウクライナの小麦と石炭、カフカスの石油と鉱物資源なしで、いかにして生き延びることができるか? 同じように、他のボリシェヴィキたちも、社会主義綱領と農民の土地所有を組み合わせる可能性について、ほどなく疑問を投げかけるようになる。

皇帝一家を襲った悲劇

一九一七年春以降、ロシアのだれ一人、皇帝一家の運命について心配しなかった。退位した皇帝とはいえ、長く続いた正統制のシンボルでもあるニコライ二世、その世継ぎを含めた一家七人は、彼らを待ち受ける運命について不確かなまま、苦難の生活を送っていた。

退位した時、皇帝は、戦争が終わるまで、クリミアに落ち着いて過ごす許可がおりることを希望していた。クリミアなら、革命の怒号から遠く離れているので、住民も、皇帝に少なくとも平静な気持ちを抱いてくれるだろうからだ。当時首相だったケレンスキーは、しばらくためらった後、この解決策を却下した。皇帝一家のクリミアまでの旅行中の安全も、権力の中心から遠く離れた場所での身辺警護も保障できない、というのがその理由だった。クリミアに行くことも、いま一つの可能性だった英国行きも不可能となったロマノフ一家は、ツァールスコエ・セローの宮殿に留まるしかなかった。そこでの生活は、日ごとに、ますます牢獄生活に似てくる。彼らに許されている行動の自由は狭まり、警備兵たちの嫌がらせが激しくなり、自分たちが普通の市民のレベルに落ちただけではないことを理解する。

ボリシェヴィキが強力になるにつれて、皇帝一家の安全が緊急問題となる。だが、シベリアに移送するというケレンスキーの決定は、彼が皇帝に親切めかして説明した内容よりははるかに複雑だった。一九一七年七月、皇帝一家をトボリスクに移送することを正当化するために、ケレンスキーは、一家をボリシェヴィキの制裁から保護し、迫害の及ばない場所に置くためだと皇帝の説得にかかる。真相は全く異なっていた。七月の段階では、ボリシェヴィキはロマノフ一家の運命についてほとんど心配していなかった。ケレンスキーの本心は、君主制擁護派が再結集して臨時革命政府打倒に走ることを懸念していたのだ。前皇帝が首都ペトログラードに留まっている限り、いつ何時、反ボリシェヴィキ派、いやもっと幅広い意味での反革命派の陰謀や、帝政復古の大義名分に利用されかねない。皇帝をシベリアに遠ざけることで、ケレンスキーが守ろうとしたのは、彼個人の権力だったのだ。

トボリスクが選ばれたのは、地理的に首都および戦線から遠く離れているからだ。戦線に近ければ、軍部指導の陰謀がいつ企てられるか分からない。鉄道網から離れていたので、この地域はまだ安全と見られていた。信頼しきっているニコライ二世に、ケレンスキーは断言する——制憲議会が招集され、新政権の安定ぶりが確認されれば、皇帝は一市民として、どこでも、望むところで暮らすことができる、と。

トボリスクでの捕らわれの生活は厳しかった。四人たちは隔絶され、物資的にも困難な条件に置かれていたからである。「ここ数日来、私たちは、善良な市民から、バター、コーヒー、干菓子、ジャムなどを受け取っている。私たちが食費の出費を切り詰めなければならなくなっているのを知ってのことである」とニコライ二世は一九一八年二月二十八日、記している。だが、皇帝一家は、以前ならとても想像もつかないような苦しい生活条件にも、全く威厳をもって耐えていた。皇帝の悲劇は、別のことにあった。退位を決断したことが適切だったのかどうか、反省し始めていたからである。外界のニュースに乏しかったにせよ、彼は十月革命と、レーニンが戦争終結を決心したことを知った。皇太子の家庭教師だったスイス人ピエール・ジリヤールは、ニコライ二世の内心の葛藤を記している――「私は、初めて、皇帝が退位を後悔していることを聞いた。彼が退位を決心したのは、それを望む人々が戦争を首尾よく遂行し、ロシアを救うことができると願ってのことだった……今となって、自分の退位が無益であり、祖国のために良かれと思ってしたことが、かえって祖国に損失を与えてしまったことを見て、苦しんでいるのだ！　この考えは彼に付きまとって離れず、その結果、精神的に大きな負担となる」。

ボリシェヴィキが権力を握って以来というもの、捕らわれ人たちの運命は悪化の一途をたどる。彼らに対するいやがらせは激しくなる。ニコライ二世は、将校たちがそうさせられたのと同様に、肩章を外される。親衛隊に属していた兵士に代わってボリシェヴィキ警備隊が警備に当たるようになって以来、一家は本当に囚人扱いとなり、たびたび挑発や屈辱の的となる。だが、トボリスクで一家全員がそろっている限り、希望が残った。一緒にいて、親しい人々に囲まれ、さまざまなチャンネルから、外部では人々が心配しており、彼らを解放させようと画策していることを知る。

ケレンスキーが倒れるまで、ロマノフ一家は、そうした計画にほとんど注意を払おうとしなかった。なぜなら、彼らは、臨時政府の身辺保護の約束は本物であり、いずれ彼らの運命に穏当な解決策がもたらされるだろうとナイーブにも信じていたからだ。一九一七～一九一八年冬、全てが彼らにとって危険になる。ボリシェヴィキの権力掌握は、皇帝一家を救うための脱走計画に拍車をかける。どれもこれも非常識で、まとまりがなく、実効性に欠けていた。こうした計画にまつわる噂が流れ、ボリシェヴィキを不安に陥れる。反ボリシェヴィキ感情が首都から離れた、シベリアあたりで強まることを恐れたのだ。

それまではロマノフ一家の問題がどのような意味があるのかいささかも考えたことのないボリシェヴィキたちも、興味を持ち始める。それ以来、お互いが矛盾する計画を持ち出し、数週間後には悲惨な流血の結末を迎えることになる。

フランスがルイ十六世に対して行ったように、「血まみれのニコライ」を裁判にかけるべきなのか？フランス大革命の思い出に触発されて、多くのボリシェヴィキが大掛かりな公開裁判を開くことを主張し、社会から君主制度や君主に対する忠誠心の最後の名残りを一掃することを求めた。実は、この問題が提起されるずっと以前に、レーニンは、乱暴な判定を下している——ロマノフ一族全員を、すくなくとも百人ぐらいを抹殺しなければならない！と。一九一八年三月の段階で、レーニンは、公式には裁判支持を表明していなかったが、裁判もありうると考えていた。しかし、地方での状況や内戦の激化は急速に極端な解決策を求めるようになる。

地方レベルでは、ボリシェヴィキで構成されるエカテリンブルクのソビエトは、トボリスクは前皇帝のように「危険な」人物を拘置するには適当な場所ではない、と決定する。ボリシェヴィキたちは、革命派が未組織で数も少ないトボリスクのような町では、逃亡を企てるのは容易である、と論じる。確かに、鉄道網から離れているトボリスクは、ほとんど革命騒ぎは起きていない。彼らによると、その上、雪解けの始まる春は、逃亡を企てやすい時期なのだ。こうした議論から、彼らは結論を下す——ニコライ二世と、たぶんその家族も一緒にエカテリンブルクに移送し、四人らしく取り扱うべきである、と。事が厄介になったのは、オムスクでも同じような計画が持ち上がっており、皇帝の拘置場所をシベリアの二つの大都市が争う事態が起きたことだ。前皇帝を奪取しようとする試みがあったことは事実で、ニコライ二世は貴重な人質となる。彼を拘置して警備することは、その町にとって革命的警戒心のシンボルとなり、中央政府との話し合いでも議論に重みを加えることになる。

同じころ、モスクワに定着したボリシェヴィキ政府は、皇帝を新国家の政治首都に連れて来ることを決め、そのために古参のボリシェヴィキ党員ヤコヴレフが率いる使節団をトボリスクに急派する。彼の使命は、皇帝一家をモスクワに連行することだったが、皇太子が血友病の再発で血腫ができ、両足とも麻痺して寝込んでいたので、皇帝だけを連れて帰ることを決める。皇后は、ニコライ二世同様に、このモスクワ行きがブレスト＝リトフスク講和条約に皇帝の署名をさせることをボリシェヴィキ政府が望んでいるからだ、と思い込んでいた。実際は、そうではなかったのだが、ともかくも皇后は、夫が気弱になることを防止するために、同行することを決める。こうして家族は二つに分かれる。ニコライ二世、皇后、マリア大公妃の三人は厳重な警護の下に——少なくとも彼らはそう思っていた——モスクワに向かう。一方、皇太子と三人の姉妹は、涙にくれてトボリスクに残り、両親に合流できる日を待つ。ジリヤールの日記の悲壮な記述が、皇帝一家の勇気と尊厳ぶり、そして間もなくモスクワで再会できるとの希望を抱いていたことを物語っている。だが、一九一八年五月七日付に、ジリヤールはこう書いている——「みんな元気でいる、とのエカテリンブルクからの両親の手紙が子供たちに届く。だが、そこには、なぜ一行がこの町に止まったかの説明はない」。

翌日、ジリヤールはもっと事情を知る——「皇帝ご夫妻警備のために同行した我が警備隊の将校と兵士たちが、エカテリンブルクから戻って来た。彼らの話によると、皇帝たちの乗った列車は、エカテリンブルクに到着すると同時に、赤衛隊に取り囲まれ、皇帝と皇后はイパチエフの館に収監された」。

この簡潔な記述は、奇妙な情勢を物語っている。ウラル地方で、皇帝の一行がエカテリンブルクの町を通過する際、この地方の共産主義者たちが文字通り皇帝を拉致してしまったのだ。レーニンの信頼を受けている全ロシア・ソビエト中央執行委員会議長ヤコフ・スヴェルドロフの指令を携行しているモスクワからの特使が、彼らに逆らって自分の意志を通すことができなかったか、あるいはそうすることを望まなかったのか、その辺はわからないのだが。すでに内戦の火ぶたが切られており、民族主義者の蜂起もいくつか起きていて、ボリシェヴィキ政府は、その権力行使もままならなかった。革命権力が完全に確保されている地方および都市で、皇帝がちゃんとした警備の下に置かれていると知ることは、結局は最善の解決策であるかに見えた。なぜなら、反ボリシェヴィキの自衛軍を結成した君主制主義者たちが、自分たちの旗印としてかつぎ上げようとする皇帝の身柄を押さえておけるからだ。

ロマノフ一家の受難の最終段階は、とりわけ悲惨であり、恐れられていた通りだった。ニコライ二世は、行き先がエカテリンブルクだと聞いたとき、きっぱり言った——「私はどこへでも行くが、ウラル行きだけはいやだ！」エカテリンブルクは、実際に、「赤いウラル」の別名通りに、ボリシェヴィキ、無政府主義者、社会革命党員など過激派が群がる所であり、彼らは「吸血鬼」の処刑をやかましく要求していた。ロマノフ一家を待ち構えていた拘留状況は、彼らの懸念通りすさまじいものだった。イパチエフの家の周囲には柵が築かれ、彼らの孤立感を深めさせた。その上建物内部では、警備兵が勝手気ままに振る舞い、どこにでも乱入し、壁に卑猥な言葉を書き連ね、絶えず部屋を捜索し、盗めるものは何でも盗んだ。

七月、警備隊全体が交替する。隊長は、たたきあげのボリシェヴィキであるヤコフ・ユロフスキー。ウラル・ソビエト執行委員会委員で、同地方のチェカー（非常委員会）のメンバーでもある。

皇帝一家が、自分たちの回りに地元ボリシェヴィキの憎悪の輪が狭まって来るのを目の当たりにしている時、ボリシェヴィキ国家の情勢も悪化しつつあった。ブレスト＝リトフスク講和和条約の調印後、それまで新しい権力を支持して来た社会革命党左派は、レーニンの「コミッサール主義」〔革命後、多くの機関・軍隊に置かれた政治委員を指す〕に反対して立ち上がり、不満分子の労働者たちを自陣営に引き込む。七月四日、第四回ソビエト大会で、社会革命党左派は政府に対する不信任投票を呼びかける。少数だったため、退場するが、大都市で蜂起作戦を展開する。駐露ドイツ大使フォン・ミルバッハ伯は社会革命党左派の一員によって暗殺され、その結果、外交危機に見舞われる。

その一方で、外国からの干渉も進展する。連合国軍は一九一八年三月、ムルマンスクに上陸した。日本軍は同年四月、ウラジオストクを占領した。同年五月中旬には、チェコ軍団が反旗を翻した。三万人からなるチェコ軍団は、旧オーストリア＝ハンガリー帝国軍の捕虜もしくは脱走兵で構成されており、ロシア政府が、戦争終結後には独立チェコ国家を成立させるとの約束でロシア側の味方につけたものである。ヴォルガ河流域の都市サマラでは、この軍団が社会革命党とともに、反ボリシェヴィキ政府と軍隊を結成している。オムスクでは、カデット党（立憲民主党）、社会革命党、君主制派によって、シベリア臨時政府が結成されている。反乱を起こしたこれら二つの都市を結ぶ中間点に位置するエカテリンブルクは脅威にさらされ、もしこの町まで陥落すれば、「赤いウラル」全域が君主制派による再征服の基地となる危険がある。このような危険地帯に皇帝が存在することは、レーニンにとっても、頭の痛い問題となっている。皇帝をもっと安全な別の場所に移送するにはもう遅すぎる。残るは、一家全員とともに皇帝を抹殺することである。殺戮は一九一八年七月十六日夜、イパチエフの家の一室で実行される。真夜中に皇帝一家全員が集められ、裁判の手続きもなしに、両親も子供たちも、一緒に殺害された。病弱のツァレヴィッチ（皇太子）は父親の手で運ばれ、最後はもっとも野蛮な方法で絶命させられた（殺害者たちの隊長だったユロフスキーの供述は付録資料Ⅱに収録されている）。死体はそれから町外れまで運ばれ、焼却され、全ての痕跡を消すために硫酸が注がれた。

このように遺体が徹底的に破壊されたのは、殺された人々の遺骨・遺品が後に聖遺物として残ることを避けるためだった。また、政府側が虐殺を否認し通す可能性を残すためでもあった。事実、この惨劇は数知れぬ伝説とえせ情報をを生んだ。僭称者たちが続々と現れ、惨劇の生存者がいたことを信じ込ませようとした。例えば皇女たち（インチキ情報の吹聴者たちが飛びついたのが、皇女アナスタシア生存説）、皇太子、皇帝自身の生存説まであった。皇帝一家の莫大な富が、海外の銀行の金庫に眠っているという神話もあり、僭称者や、その支持者たち、あるいはそれらを造り出した人々を少なからず駆り立てた。実は、皇帝は戦争の初期に、海外の資金を国内に引き揚げているのだが。せっかちで、細心の注意を払わないジャーナリストたちは、そうした話から、全く真面目さを欠いた作品を作り出している。

問題の本質に戻ろう。ボリシェヴィキ権力は、手の届くところにいる全てのロマノフ一族を根絶やしにする意図を持っていた。ボリシェヴィキは、ペルミで、アラパエスクで、ロマノフ家のメンバーたち（ミハイル大公、セルゲイ・ミハイロヴィチ大公、コンスタンチン大公の息子たち、ウラジーミル・パレイ公、皇后の姉妹であるエリザヴェータ大公妃たち）全員を虐殺している。こうすることで、ボリシェヴィキ権力は、敵側がロマノフ王朝の生き残りメンバーの一人の周りに結集する事態を回避できると信じたのだろう。

同じ時期、ボリシェヴィキ政権は、エカテリンブルクでの殺人ゆえに、極めて厄介な立場に立たされていた。皇帝殺害は、国際世論の反発を買うことは必定だった。だが、皇后、そして彼らの子供たち——皇女四人と病弱でほとんど死に瀕している不幸な少年一人——まで虐殺したことは、ロシアの一般国民にさえも恐怖心を抱かせた。権力側の取った態度は、彼らの当惑ぶりを示している。当初、政権側は、ツァーリが処刑されたとの情報を流した上、それを現地当局の決定によるものとし、残された家族は、安全に外国にいると示唆した。それから、ボリシェヴィキは、なんらかの譲歩と引き換えに、生存者の解放を交渉する余地がある、といく度となくほのめかした。だが、いずれにせよ、何かをしなければ、決着をつけことはできなかった。

知られているのは、ウラル・ソビエトが、皇帝と一家全員が銃殺されたことを発表するコミュニケを準備して現地で配布し、さらにこの内容をロシア全土で公表するよう要求したことだ。スヴェルドロフは、家族について言及した部分を抹消させる。最終コミュニケは、退位した皇帝を誘拐しようとする試みを察知した地元ソビエトが皇帝の処刑を決定した、と発表する(付録資料II)。全ロシア・ソビエト中央執行委員会幹部会の名においてスヴェルドロフが署名した文書が、処刑を承認すると明言している。だが、皇帝一家のだれ一人イパチエフの館での悲劇から生き残らなかったことを中央権力が認めたのは、一九一九年になってからだった。

レーニンは、皇帝殺害とロマノフ王家のほとんど全員の殺戮の決定には無関係であると、身の潔白を主張する。非難を浴びないために、彼は、決定に一切関与していないと主張し、その一方で、当時のボリシェヴィキがどのような危険に遭遇していたかという筋書きを付け加えている。この論法の非合理性は、レーニンの常日頃の明確な論理とは少しも合致しない。いずれにせよ、彼の主張は仲間たちからたちまち否定される。公開裁判という考え方を支持していたトロツキーは、殺害の決定がどのような条件の中で下されたのか、とスヴェルドロフに問い合わせた。スヴェルドロフは冷ややかに答えた――「我々がここで決めたのだ。イリイッチ（レーニン）も、我々が白衛軍に、彼らを結束させるシンボルを与えることはできないと確信していた」。白衛軍がシベリアを支配していた当時に、ソコロフ判事が行った調査の結果は、あの運命の夜に起きたことをより良く理解させる。

なぜ殺害したのか。裁判が開かれていたら、ボリシェヴィキは、被告である前皇帝の罪を暴き立て、彼の犯した過ちの上に、ボリシェヴィキ政権の正統性を打ち立てることができたはずではないか？　法律家出身で、歴史に熱中していたはずのレーニンが、フランス大革命の絶頂期の模様を再現できたはずの公開裁判よりも、とても自慢できない犯罪の方を選んだことを、どう説明したらよいのか？　その理由は、たぶん通りいっぺんではない。

公開裁判は、被告に公然と発言する機会を与えないにしても、本人のイメージを歴史に刻印させる。それに操作を加えることは難しい。ルイ十六世は、祖国フランスを苦しめた悪行の数々を告発されたが、革命裁判をもってしても、同時代の人々が指摘しているように、彼が威厳と勇気をもって振る舞い、強い印象を残すことを阻止はできなかった。革命裁判は、マルゼルブ〔ルイ十六世の下で宮内大臣をつとめた仏政治家。後述〕を黙らせることも、彼の見事な国王弁護の演説を消し去ることもできなかった。たぶん、ボリシェヴィキ権力は、後に、被告人たちが自らを汚辱にまみれさせ、哀れむべき卑怯者の操り人形と化するところまで追い込む術を会得した。だが、一九一八年当時には、まだこのテクニックは実用化されておらず、レーニンも当然のことながら、ニコライ二世が革命当初以来示してきた威厳と勇気ある行動を裁判でも見せつけることを恐れたのだ。

　しかし、レーニンが裁判を拒否した理由には、言葉の深い意味での、より政治的な説明がある。一九一八年、レーニンは、自分たちが他に類例のない革命を遂行したのであり、この革命は、人類がまだ経験したことのない想像を絶する新しい世界へと道を開く、とまだ主張していた。チャールズ一世〔英ピューリタン革命の中で処刑された国王〕やルイ十六世を想起させるような裁判が開かれれば、ロシア革命は馴染みのある伝統の中に置き換えられ、革命の彼方には王政復古もありうると示唆する恐れがあった。このシナリオを再現することを拒否し、レーニンが強調したかったのは、革命の不可逆性だった。この不可逆性をより特徴づけるためには、王朝のメンバー全員を抹殺するという、かつての英国やフランスの革命家たちが考えもしなかったことを実行するのが良いのではないか？　イパチエフの家での殺戮、そして、これより先に始まり全ウラルに広がった殺戮は、革命についてのオリジナルな概念がもたらしたものである。すなわち、修復不可能なものと逆戻り不可能なものを結合させることで、過去の経験との類似性を一切拒否することだった。少なくとも、レーニンはそう確信していたのだ。

*

　ニコライ二世がこの世を去ったとき、彼がその治世を通して導入し、あるいは支援してきた変化の目に見える痕跡は、すでに戦争勃発以来消えかけていたが、完全に抹消される。けれども、一九一七年に起きた、異なる性格の二つの出来事が、ロシア社会においては「移行の精神」がまだ死んでいないことを立証している。たとえ、その効果がつかの間のものだったにせよ、それら二つをここに取り上げることで、この本の締めくくりにしたい。なぜなら、それらこそ、一九一八年に戦争を恐怖政治に置き換えてしまったこの国にとって、希望の萌芽を内包しているからである。

憲法制定議会 クーデターに対抗する投票所

一九一七年十月二十五日に政権の座に就いたボリシェヴィキは、憲法制定議会が提起する問題を無視できなかった。臨時政府は憲法制定議会の招集を延期し、さらに民衆の諸要求の討議を議会正式発足の日まで延期したため、すっかり支持を失ってしまった。すぐれた戦略家だったレーニンは、この過ちを繰り返すまいと決心していた。危機後の八月、ケレンスキーが議会選挙日を十一月十二日と発表、議会の正式開会を二週間後にようやく設定したので、レーニンが同じ過ちを繰り返すことはあり得なかった。

ボリシェヴィキはこの日程と折り合いをつけねばならなかった。しかし、選挙以前に権力を掌握している事実が、選挙民に、ロシアの新しい主人であるボリシェヴィキに支持票を投じることを無理強いできるはずだと、レーニンは確信していた。選挙民は見事にこの計算を狂わせた。選挙民は大挙して投票所に向かい、真剣そのものの態度で投票した。彼らは、ボリシェヴィキを圧倒的に支持するどころか、少数派の立場に追い込む。すなわち、ボリシェヴィキ党支持率二十四パーセントに対して、社会革命党支持四十パーセントだった。確かに、自由主義派はもっと振るわず、七・五パーセントに止まり、そのうち立憲民主党（カデット党）は五パーセント以下だった。もっとも、同党は、二月革命以来というもの、ロシア国民を失望させ続けていた。議席数では、七百十五議席中、ボリシェヴィキ党が百七十五議席を占めたが、社会革命党左派と提携しても、やっと三十パーセントを占めるに止まった。権力掌握後わずか数日後というのに、この歴然たる敗北は、選挙民がボリシェヴィキを否認したことを意味し、クーデターと民主的選択の間の距離をまざまざと示した。

投票率が高かったこと、選挙民が平静で真剣だったことは、ロシア社会の政治的進歩を示している。一九〇五年以来なし遂げられた改革の到達点でもある。まだはっきり形にはなっていないが、集団意識の中で投票行動が習慣化し、市民たちが街頭デモではなく投票所で意志表明する方向に進んでいること実感させる。激動の年月の中、もしニコライ二世の治世の下で改革に取り組んできた人々の努力の成果を量れる瞬間があったとすると、それは、この憲法制定議会選挙の時だった。

奇跡の瞬間だったが、なんとはかないものだったことか！　ボリシェヴィキ側は、国民が表明した不承認から結論を引き出さねばならない。あるとすれば、結論は二つしかない。先ずは、選挙の勝者に権力を引き渡すこと、すなわち、主権をもつ人民の意志を認めることである。さもなければ、もう一つの政治的ロジックを用いて、人民の意志を却下することである。後者が、レーニンの選択だったが、彼の党全体がこの考えに直ちに同調した訳ではない。だが、憲法学者ウラジーミル・イリイッチは揺るぎない立場を取った。彼は、一九一七年十二月に発表された「憲法制定議会についてのテーゼ」の中に書いている――革命の利害は、議会の形式上の権利に優先するものである。議会は、革命政府に従うか、さもなければ、辞任するしかない。

レーニンのテーゼは一九一八年一月五日、議会の開会式の時に、現実のものとなる。ボリシェヴィキ党議員代表団は、党中央執行委員会の声明を議会に提出し、第二回ソビエト大会の決定と、すでに確定しているロシアの政治体制の形態を確認する。メンシェヴィキ議員は、普通選挙の結果を踏まえながら、早期社会主義革命のテーゼを擁護した。議会は、ボリシェヴィキ提出の決議案に反対投票し、二百三十七票の多数でこれを却下した。普通選挙の後を受けて、議員たちは、民主主義がクーデターを追認しないことを立証して見せる。

早速その翌日、レーニンは自分なりの結論を引き出す。彼は、議員たちに議会への出入りを禁止し、党中央執行委員会が承認した決議を公布して議会を解散する。

この合法的に選出された国会を救うために、だれ一人、戦おうとはしなかった。革命はすでに一年近くも続いており、社会は疲れ切っていた。その社会が選出した議員たちは、抵抗する力のないことを見せつけることになる。かの有名な憲政の精神「我々は、人民の意志によりここにいるのである……」に応えるような歴史に残る発言をするものはだれもいなかった。

議会選挙は、ロシアにおける政治意識の進歩を示した。その議会解散が強行されたことは、社会の疲労と、自由主義派エリートの無能力さと、ボリシェヴィキの臆面のなさを提示するものだった。そこに示されているのは、ロシアでは、民主主義的進歩を継続するいかなるチャンスも死に絶えたことである。「暴君ロマノフ」が排除され、代わって登場したのが、人間社会の歴史の中でも比類のない圧政制度だった。ロシアは、あれほど自分たちの社会の遅れを取り戻すために悪戦苦闘した後、一世紀近くも後戻りすることになる。

一九一七年の公会議と精神の自由

一七〇〇年、ロシア正教会の長アドリアン総主教が死んだとき、ピョートル大帝は、彼の後継者について心配する関係者に宣言した――「これからは、この私が、きみたちの総主教である」。そして、彼は総主教座を廃止し、一七二一年一月二十五日の勅令によって宗務院（シノド）に置き換える。ピョートル大帝の総主教に対する敵意には、二つの理由がある。まずは、教会の権威の最高位聖職者たちが、世俗の権力を審判することをためらわなかったこと。もう一つは、ピョートル大帝がロシアを西欧化しようとすることにロシア正教会が反対して抵抗したこと、である。一七二一年、彼は、世上権（世俗の権力）と教権という権力の二重性を廃止しようとして教会を自分の意見に従わせ、教会を、世上権を承認する単なる審理機関に過ぎないものにしてしまう。以後、二世紀というもの、ロシア正教会は国家の声に過ぎなくなる。だが、十九世紀から二十世紀にかけての変わり目にロシアが経験した改革の時期に、教会も目覚め、かつての総主教時代を懐かしんで、教会の独立性と威信を破壊したピョートル大帝以来の権力構造の拒否という問題を強力に提起した。一方、ニコライ二世は、一九〇五年以降、いく度となく総主教座の復活に賛成の意向を示した。

総主教座の復活は、革命の大動乱の最中に起こることになる。一九一七年八月十五日に招集された公会議は、ロシア正教会にとっては、その背後にある精神からみて、また一つの時代を画したという意味でも、ほぼ半世紀後に開かれたローマ・カトリック教会の第二ヴァチカン公会議に匹敵する重要性を持っていた。ただ、その後の出来事のために、その重要性も、その記憶さえも薄れてしまっている。公会議は、総主教を復活させたほか、教会の独立性、教権と世俗の権力を分離する必要性、そして正教の教義についても深く掘り下げる考察の必要性について、強い語調で確認している。総主教制度が再興され、モスクワ府主教のチホン大主教が一九一七年十一月五日、ロシア正教会の総主教の座に就く。

こうして正教会は、完全に合法的な身分を回復し、徹底した無神論を唱える世俗の権力に対抗して、神という概念を保持する方策を求めるべく努力することになる。だが、教会のルネッサンスは短命に終わる。教会は、聖職者や信者に対する組織的な迫害に直面する。チホン総主教も投獄され、数知れないほどの主教や神父たちが殺害され、追放の目に合っている。また、教会を内部から破壊しようとする試みにも直面しなければならなかった。ソビエト権力が、現世主義の教会の創設を奨励した時である。公式に教会を分裂させる動きについて、一般の信者は直ぐにはその重大さが理解できなかった。レーニンは一九二二年、この動きについて、次のように要約している――「教会と国家の分離はなし遂げられた。残るのは、宗教を人民から分離させることだ」。

公会議のことは、たちまち忘れ去られてしまった。ボリシェヴィキ権力が公会議のもたらした効果を消し去ったのだ。後に、一九四三年、スターリンと教会の間の「公式和解」の際に、ソビエト権力は、教会を手なずけて総主教制度を一種の宗務院に変革することに成功したので、教会の威信は損なわれることになる。しかし、総主教制度と、公会議によって解き放たれた精神的ルネッサンスの原則は残っており、二十世紀末の現在、ロシアのキリスト教徒たちの思考に指針を与えている。現在の総主教アレクシー二世は長い逡巡の末、一九九一年に、国家に対する教会の独立を保持すること、国家の道具として、国家の政治ゲームのコマとして全国民の教会という伝統に回帰させられるのを拒否すること、の道を選んだ。これは良いことだ。なぜなら、一九一七年の公会議の教訓が一部の信者たちによって呼び起こされて再び現われたからである。ソ連後のロシア国家の将来にとって、一九一七年の公会議での成果は、政教分離で全ての信仰を尊重する「国家」という、現代的概念を練り上げるのに必要不可欠な貢献を果たしている。

過去のことだが、公会議は、当時のロシアに吹いていた改革の風の精神について証言している。伝統にこだわる皇帝が支配した一八九四年から一九一四年代にかけてのロシアで、さまざまな制約と過去への回帰があったにもかかわらず、である。皇帝自身も、伝統にも邪悪な様相があることを意識していたのだ。ニコライ二世の治世は、深い信仰を特徴としており、エリートたちの間で霊的な内省が盛んだった時期に合致している。例えば、ベルジャーエフ、ボグダーノフといった社会主義者の知識人たちの霊的な探索や、列聖式の際の大衆の霊的な高揚の瞬間が思い浮かぶ。ニコライ二世の治世下で列聖された聖人の数は七人を下らない（それ以前の二世紀の間では四人だけだった）。ここで言う信仰とは、偏狭な信心を意味しない。ロシア社会の急速な社会的変革を、本当のロシアにおいて支配的だった特徴である霊的な枠組みの中に記そうとする明晰な意志を意味する。

公会議は、教会の解放と近代化の成果であり、ロシアの変革という大事業の中にその位置を占める。一九〇五年宣言は、良心の自由を宣言した。この運動を延長して、公会議は教会の自由を宣言した。この運動が、十月革命の起きた時に、公会議に到達したことは意味深い。ボリシェヴィキが押し付けようとした全体主義的で無神論のロシアを前にしつつも、ロシアと自由についてのもう一つの概念の証言が残ったのだ。憲法制定議会の選挙と同様に、公会議は、集団主義体制を前にしながらも、良心の自由こそ究極の拠り所であることを思い起こさせる。これら二つの出来事は、人間とその自由な良心を、ボリシェヴィキの集団主義と「上から指導された」良心に対置することにより、未来のため、ボリシェヴィキの勝利にいささかの変調をもたらしてくれたのである。

結論

ボリシェヴィキにとっては、ニコライ二世は「吸血鬼」だった。彼の家族にとって、彼の同時代人にとって、多くの歴史家にとって、彼は「気弱な、無計画な人間」と映った。フロイトは、彼の中に、神経症患者を見る。こうした評価はいずれも適切でなく、ふさわしくないし、彼を完全に描き切るには役立たない。ニコライ二世の治世は、しばしば失敗の連続で不可避的に革命を導いたもの、として描かれている。しかし、実際には、古いロシアを、異なったロシアへ、それでも依然として自分自身に忠実なロシアへと変革することで、なんとか革命を免れようと、一貫して努力が続けられた治世でもあった。皇帝が悲劇的な最期を迎えたこと、ロシアが結局革命を免れ得なかったこと、その双方があいまって、彼自身および彼の治世について否定的な審判が下された。不成功だったのは、その人間の欠点もしくは計画の誤りの証拠ではないか？　一九一七年に暴力が多発し、断絶期間が継続したこと、内在する真理と「歴史的必然性」の名において旧体制の改革への試みを糾弾した共産主義イデオロギーが勝利を収めたことが、この過去について極めて貧弱な見方しか残っていない理由だろう。だが、あまりにも一方的な見方が多いからこそ、ツァーリと彼が果たそうと試みたことへの、よりバランスの取れた再評価が求められている。

ニコライ二世の人柄については、多くの我が同時代人が主要な特徴の輪郭を描き出そうと試みてきたが、一見単純至極なようで、実際には極めて漠然とした人物像しか浮かび上がってこない。彼のことをよく悲劇の王ルイ十六世と比較するが、確かに、ある時期のルイ十六世も「歴史的真実」として同じような描かれ方をしている。性格の弱さと、無計画さである。これら二人の悲劇の君主を比較することは、二人のステレオタイプのイメージを放棄するなら無駄ではない。ニコライ二世も、ルイ十六世同様に弱い人間だったが、自らに課された使命という本質的なことをめぐって戦う限りにおいては、揺るぎない意志を持ち合わせていた。

ルイ十六世は、祖父ルイ十五世の死去の際に叫んだ——「何たる重荷よ、私は何一つ教わっていない。まるで天が私の上に落ちてくるようだ！」そして彼は、宮内大臣マルゼルブの辞職を受け入れる時、こう宣言する——「貴殿はなんと幸せなことか！　この私だって、王位を去ることができたら！」ルイ十六世同様、ニコライ二世も、自分を一兵卒ではなく、王位に就けた不幸な運命についていく度となくため息を漏らした。ルイ十六世同様、統治を始めるや否や、注意深く、良心的に働き、最善を尽くそうと心掛けた。ルイ十六世同様、悲劇に見舞われたとき、彼は模範的とも言える勇気と威厳を示した。たとえ、フランス国王のように、公開裁判と公開処刑の場でこの勇気を国民に見せつけることができなかったにせよである。

二人の人物の間の類似点はそこに止まらない。二人の君主とも、王座を分かち合う妃の振る舞いと不人気ぶり――しばしば不当なものだったが――に苦しまねばならなかった。マリー・アントワネットは「オーストリア女」、アレクサンドラは「ドイツ女」と呼ばれながら、宮廷の中に止まることを拒否して宮廷を離反させてしまう。理由は異なるにせよ、彼女たちは同じ結果を招く。簡素な私生活を送ることを選び、宮廷内の付き合いをないがしろにした。どちらも宮廷の礼儀作法を拒絶したので、たちまち宮廷は彼女たちに敵対する派閥と陰謀の中心となる。こうして王室になおざりにされた宮廷およびサロンから、さまざまな噂、中傷、悪意の文書の類いが発信される。孤立した両国の王室は次第に、国民からも孤立してしまう。社会の頂点と同様に底辺からも押し寄せる不満にさいなまれる彼らには、もともと擁護してくれる人々がいなかったのだ。家族だけが固まる国王一家の孤独さは、お気に入りの取り巻き連（ランバル王女、アンナ・ヴィルヴォワら）の存在で和らげられるが、それがいっそう彼らの不人気ぶりに拍車をかけてしまう。こうしたこと全てが、ヴェルサイユでの宮廷生活とツァールスコエ・セローの生活を近づける。もっとも、冷厳な皇后アレクサンドラには、軽薄で遊び好きなマリー・アントワネットをしのばせるものは何もないのだが。

こうした類似点を越えて、二つの大きな違いがルイ十六世とニコライ二世を対置させる。それらは、彼らの個人的運命とそれぞれの国の状態の違いに関するものである。

ルイ十六世は、子孫についても個人の生活についても、なんら個人的悲劇らしいものはない。一方、ニコライ二世は、反対に、爆弾テロで五体ばらばらにされて死んだ祖父アレクサンドル三世の痛ましい思い出と、彼の周囲にいる高位の人々を次々と襲ったテロ攻撃の恐怖に苛まれていた。なかなか皇位継承者の王子に恵まれなかったことは、他の君主たちに共通する試練だったが、やっと生まれた皇太子が血友病にかかっていたことは片時も念頭を離れない苦痛であり、彼の治世の後半に重くのしかかった政治的苦悶であった。不運に生まれついたとの強迫観念が決して彼を離れなかったことは、彼固有のもので、ルイ十六世の方は自分を幸せな人間だと感じていた。

二人が王座に就いたときの両国の状況も、まるっきり異なっていた。一七七九年のフランスは、社会的に見れば特別に恵まれていた。ほぼ全ヨーロッパにまだ残っていた農奴制度は、フランスにはもはや存在していなかった。百姓たちは貧しくはあっても、彼らが言うほどひどくはなかった。「おんぼろの外套一着、平和で時として安楽な生活」と作家ピエール・ガクソットは書いている。対外的には、フランスのさまざまな遠征は幸運な結果をまたもたらした。アメリカ遠征は成功だった。ルイ十六世はフランス海軍を再建し、アメリカ大陸での平和を維持し、パリ条約の復讐を果たしている〔フランスは植民地争奪の対英戦争に破れ、一七六三年、北アメリカの植民地を失った〕。彼が三部会を招集する過ちを犯さなければ、国内の平静さは保たれていたことだろう。

ニコライ二世の運命は全く別だった。彼が帝位に就いたとき、人々は彼に全てを期待した。すなわち、ニコライ二世が、アレクサンドル三世の強権的で警察力に頼る体制に終止符を打つこと。改革の政策を実施すること。経済発展を持続させること。彼が直面しなければならなかったのは、まずはなにかと要求が多い上にすでに革命家であるエリートたち、つまり「大学に巣くうプガチョフのやから」であり、決して消えないテロリズムであり、深く不満をくすぶらせている社会であった。対外的には、ニコライ二世の治世は、いくつもの戦争と不成功に終わった国際行動で彩られている。国内的には、彼のデビューは政治的なミスとして刻印を押されてしまった。皇帝のもとに希望を述べにきたゼムストヴォの人々に、彼は「きみたちの抱く夢なんて、とんでもない」と乱暴に応答してしまったのだ。困難な中でスタートした彼の治世はますます困難の度を深めるばかりだった。つまるところ、ニコライ二世が、自分には幸運は決してほほ笑んでくれない、とくり返しこぼしていたことは、間違ってはいなかった。

ニコライ二世の計画とは、ロマノフ王朝の長い家系の中で一貫してだれもが多かれ少なかれ望んできたことだった。それはロシアの近代化である。ピョートル大帝は、ロシアの過去との目覚ましい絶縁を実行して見せたこの道の達人であるが、永遠の質問――どの道をたどるべきか、ロシアはいかなるモデルを採用すべきか――に対する回答の一つを後継者たちに残している。彼の回答は明確だった――欧州のモデルに従うべきだ、だった！　首都をロシアの西方の極限に移し、バルチック海に「窓」を開いた彼は、ロシアから全てロシア的な特徴、すなわちアジア的なものさえも情け容赦なく根絶しようとする意志を実行に移した。ピョートル大帝はためらわずにクレムリン（ロシア風の要塞）を、ボヤーレ（大貴族層）から受け継いだ髭や服装を拒絶したばかりでなく、総主教座もロシア正教の重みさえも拒絶した。それらに替わって、彼は欧州の技術を導入し、欧州の各地から人々をロシアに招いて住み着かせ、ロシアを「文明化」しようとした。

ニコライ二世にとっては、このモデルは受け入れ難い。ここにこそ彼のより繊細で、より自由意志に基づく性格が現れている。それは、皇太子時代の無頓着な青春からは想像のつかないものだった。四つの確信が彼の個人的な政治哲学を構成している。それらのあるものは、彼が受けた教育の成果であり、宗務院長官ポベドノスツェフと父王の影響であった。その他は、彼個人のものか、彼が治世の中で学び取ったものである。

ニコライ二世は、ポベドノスツェフには、権力と皇帝の使命についての考え方を受け継いでいる。ニコライ二世の目には、専制君主制とは、歴史と神の意志がロシアに与えたもうた政治体制だと映る。なぜなら、それがロシア人の集団意識に合致しているからだ。この政治的概念は、ロシアの歴史についての一つの解釈——何世紀にもわたって発展を遂げた専制君主制——と、権力についての道徳的・宗教的アプローチの仕方とを混ぜ合わせたものだった。ポベドノスツェフは、専制君主制とはロシアに対する「神の選択」である、と彼の生徒に確信させる。従って、権力の保持者は、自分が受け継いだシステムをそっくりそのまま保持し、後継者に引き渡す歴史的かつ宗教的使命を担っている。

ここにおいて、個人的要素、つまりニコライ二世の信仰がからんでくる。その信仰は誠実であり、深遠であり、いかなる偏狭さもない。皇帝としての義務を果たすことによって、ニコライ二世はキリスト教徒としての彼の義務をも果たすことが保証される。

この信仰が第三の特徴を引き出す。ロシア社会についてのニコライ二世の考え方である。彼が帝位に就いたとき、ロシアは工業化に突き進んでいた。しかし、資本主義の進展も、労働者の世界の発展も、まだ農村社会が圧倒的に優位なロシアの社会学的現実を深く変更するには至らなかった。十九世紀末、ロシア国民の十三パーセントだけが都市に居住しており、農村が都市を包囲していた。農民こそ人口の主流を成していた。たぶんこの農村そのものも多様化している。そこでは裕福な農民が次第に発展して地主たちを侵食した。チェーホフの『桜の園』は単に文学作品であるだけでなく、この社会的展開の見事な証言でもある。

ニコライ二世の心のうちでは、農民とロシアが混同している。なぜなら、農民は人口の大多数を占め、奥深いロシアそのものであって、都市生活によっていまだ変えられてはいないからだ。なぜなら、農民は、ニコライ二世にとっては、いく世紀にもわたり形成されてきたロシア人の性格の正真正銘の特質を体現しているからだ。なぜなら、農民はロシア正教の信仰の守護者であるからだ。十九世紀のポピュリスト（大衆迎合主義者）たちと同様に、ニコライ二世は、民百姓たちこそ現代の都市型生活が消し去ろうとしている美徳を保持していると考える。農民と彼らの特質に対するこの信頼ぶりは、ニコライ二世がしばしば労働争議に無関心で事態の重大さを過小評価したことを説明する。彼は、君主に対する民百姓の忠誠心の直接的絆こそ、民衆感情の唯一無二の真の表明だと見なしていた。信仰への忠実さに根差している農民の意識の安定は、彼が選択の前に立たされた時に最後まで導いてくれる確実なものだった。

世界についての彼の概念の四番目の構成要素は、ロシアを改革する必要性についての理解が深まったことである。この理解は、彼が全ての前任者たちから学んだものだ。王朝の継続は、近代化計画の継続を意味する。だがこの理解の上に、彼は権力と社会についての彼独自の考え方を据えている。そこから彼のモデルと彼の計画が生まれてくる。彼はヨーロッパ型モデルを受容できない。近代化は、彼の心の中では、ロシアの特殊性――農民階級、信仰によって求められる道徳上の要請――の周辺で行われるべきである。つまり近代化は、近代性と保持されてきたロシア的なものを組み合わせる方向へ導かねばならない。この意味では、ニコライ二世は反ピョートル大帝的である。彼はまた、反レーニン的でもあった。もっとも、ピョートル大帝とレーニンの間に全く共通点はないのだが。ニコライ二世はヨーロッパ型モデルの狂信的模倣者ではない。ピョートル大帝とレーニンがアジア的野蛮さとして受け入れなかったものは、ニコライ二世にとっては歴史によって形成されたロシア的精髄と映ったのである。

このロシア的精髄と近代性を融和させることが、結局はロシア最後の皇帝の描いた計画だった。目標に到達するために、彼はまさしくロシア的遺産の一部である特殊な条件と折り合いをつけねばならなかった。一八九四年帝位に就いた時、ニコライ二世は、アレクサンドル二世とアレクサンドル三世という相反する治世の長い歴史の後遺症である国内の緊張状態と対外的弱体ぶりを引き継いだ。こうした重荷は、彼の計画に高い代価を払わせることになる。

国内で、ニコライ二世は政治的危機に直面せざるをえなかった。権威主義的考え方が危機を沈静化させたのではなく、しばし押し隠していただけだった。ロシアの農民一揆の長い伝統をいかにして打破するか。この伝統こそ、時たまプガチョフまがいの反乱者の背後におびただしい農民大衆を結集させたのではなかったか？　バクーニンは、反乱精神、生まれながらの一揆に突っ走る傾向を、ロシア農民固有の特性としていみじくも強調している。この特徴をマルクスの言う「ゲルマン的圧政」と対置させることで、バクーニンは、この点についてはニコライ二世と確信を共有している。すなわち、ロシアが未来を築きうるのは、ドイツ型あるいはフランス型のモデルの上でなく、自らの特殊性の上にこそ、なのだ。ロシアの変革は、このプガチョフシチーナ（プガチョフ流の反乱）を秘めた奥深いロシアとだけでなく、抽象的で敵意に満ち、行動力のあるインテリゲンツィア、つまり大学に巣くうプガチョフたちとも折り合いをつけねばならなかった。新世紀の黎明に立つロシアの直面する危機とは、ロシアを体現するこれらの勢力であった。彼らもまた、必要不可欠な変革を求めている。ニコライ二世は、彼らとのスピード競争を戦わねばならなかった。改革か、革命か？　革命を回避するための改革か？　これこそニコライ二世が直面していた選択であり、改革を推進することは、えてして革命精神を発展させる温床を作るに等しい、と彼自身も気付いてはいた。

ニコライ二世が直面する挑戦はまた、対外的には紛れもなく弱体国であるロシアを強大国に育て上げようとする自らの意志である。クリミア戦争はアレクサンドル二世に苦い思いをさせた——ロシアは野心的な対外政策を遂行する手段を持ち合わせなかったのだ。国内の改革によって、彼はロシアと真の強大国とを分け隔てる溝を埋めようとした。バルカン諸国におけるオーストリア・ドイツ両帝国の勢力拡大政策に苛立ったアレクサンドル三世は、自らの国際的威信を高めるために露仏協商と中央アジアへの勢力拡大に賭けた。慎重ながら、この政策を進めるには、ロシアは依然として大国にふさわしい軍事手段を欠いていた。ニコライ二世は、経済の近代化と軍備強化の努力の双方に同時に取り組まねばならなかった。そのためには、可処分資源の再配分という困難な仕事が控えていた。

このような野望を実現するには、ロシアの国民性と社会に特有の障害を克服しなければならない。近代化への最初の障害は、ロシアの国土の広大さであり、交通通信と行政の問題の解決が迫られていた。いかにして国土の隅々まで到達し、そこで改革を実施させるか？　政策を広め、実行に移すために必要な官吏の数を確保できるか？　国家権力の中枢と統治される国民とを分け隔てる距離が大きいために、どうしても中央の権威が薄まり、政策や実施措置が出先の裁量にまかされ、情報も不十分になる。ニコライ二世がこの問題に取り組むはるか以前に、ゴーゴリ作の『検察官』がロシアの国土の広大さのもたらす結果を描き出している。

広大さに加えて、民族と文明の多種多様さがある。十九世紀末のロシアは、ただ一人の支配者をいただく広大な帝国であり、伝統も宗教も異なる多民族を抱えていた。ロシア正教信者である農民とイスラム教徒の農民、半ばイスラム化している遊牧民と仏教徒の猟師たち、彼らの間で共通のプロジェクトをいかにして正当化できるか？　共通の価値に基づく、まとまりのある社会をいかにして発展させるか？　十九世紀末までは、ロシア帝国の鉄則は、少なくともイスラム教のように強力な文明とぶち当たっているところでは多様性を尊重して、政策そのものを多様化することだった。だが改革が、教育の全般的な進歩と、要求の自由と、全員の公的生活への参加と、社会的要求の表現と、民族の多様性に関わってくるようになると、それまでの知られていた障害に、さらに新たな困難が加わることになる。

ロシアの近代化と日本の近代化とがよく比較して論じられる。なかでもシリル・ブラックの著作は優れており、刺激的である。しかし、このような対比の結果から導かれるのは、多人種・多文化社会を率いなければならない指導者の任務に比べれば、共通のプロジェクトや共通の価値観の回りに人々を結集できる均質な社会の近代化は言わば子供の遊びにも等しいほど容易である、との考察だ。ロシア以外のいったいどの国が、広大さと多様さという二重の挑戦にこれほどまで直面せざるを得なかった、と言えるだろうか？

しかも、そこに時間という新たな困難が付け加わってきたから、なおさらである。ニコライ二世の治世は、わずか二十年間でしかない。なぜなら、戦争が全ての近代化計画を中断してしまったからだ。しかし、得られた結果は問われるのだ。この限られた時間のうちに、彼は、変化の第一段階として革命が必要だと説く者たちより先に目標に到達しなければならなかったのだ。だがニコライ二世の二十年間は、一九〇五年の革命、ストルイピンの暗殺などの危機によって区切られ、また、日露戦争、バルカン戦争、第一次世界大戦といった戦争によっても区切られていた。皇帝は、危機が次々と訪れるなかで、平穏で改革にとって有益な時間が減って行き、対外的にも対内的にも最終的な破局へ向かう狂ったような競争がさらに加速化されていることに気付かざるを得なかった。

かくも短い時間の中での、改革への主要な障害は社会意識の遅れだった。確かに、社会全体が、あるいはほとんど全体が改革を要求していた。だが、改革を受け入れ、それに参加する気の人たちの支持を権力側はどれほど獲得していたのか？　貴族階級、土地の所有者といった特権階級の人たちは改革の緊急性に気付いていないか、あるいは特権を失うことや、土地を放棄すべきことや、政治参加の権利を共有することなど代償として払わねばならない犠牲について心配するだけだった。もう一つ、改革が必要とする共同の努力に不利に働くロシア人の特徴がある。すなわち、受け身で無関心なことだ。ロシアの作家ゴンチャロフ（一八一二〜一八九一年）が作品『オブローモフ』の中で描き出した主人公オブローモフ——世界の文学で怠惰な「眠り男」として最長記録を持つ人物がそれで、まさに消えなんとする農奴時代のロシアから、来るべき社会への変わり目の時代のシンボルである。ニコライ二世が考える体制の要石である「すばらしい百姓」について言うならば、彼らの無知ぶり、飲酒癖、イニシアチブの欠如といった特徴で、農村社会の進歩に劇的なまでにブレーキをかけてしまう。ストルイピンが戦わねばならなかったのは、農村の構造ではなく、農民そのものだった。この農民が一揆の本能を取り戻し、時として蜂起に突っ走り、回りの全てを破壊し尽くす時がやがて来るのである。

結局、ロシアを変えるためには、国内の危機と対外的な弱さを解決しなければならないのであり、計画や善意だけでは十分ではない。そのためには、空間を、時間を、民族の多様性を、あらゆる変化に敵意を示すメンタリティーを克服しなければならない。そのような野心には、どのような権威をもって応じることができるのか？　根本的な改革を社会に押し付けようにも、多くの場合、社会の抵抗に、アパシーにぶつかる。改革の効果が現れるのはあまりにも遅く、一方、改革のために払わねばならない苦痛と代価は直ちにのしかかってくる。こうなると、絶対的権力だけが対応できるのだ。いかなる議院内閣制も、このような意志を無理やり押し付けることはできなかった。議会自身が選挙民の動向を気にし、社会勢力の圧力にさらされていた。今日、私たちを取り巻く世界に目を向けるがよい。二十世紀も終わろうとしている時に、全ての政府が、改革の全体ではなく、ただ一つの改革を実行しようにも多くの困難に遭遇していることを考えてみるがよい。そうすれば、二十世紀初頭のロシアで、絶対権力の保持者を除けばだれ一人、そのような改革案を決定し、実行に移すことができなかったことを理解できるだろう。そこでは専制権力が必要だったのだ。

ニコライ二世は専制君主であり、深い確信をもって専制君主制を守り抜こうとした。だが、彼は改革の緊急性に直面していたのであり、専制君主制だけがこのような事業に取り組むことができると確信していた。専制君主制は改革のために役立とうとするが、肝心の改革そのものが専制君主制の墓穴を掘ろうとしていたのだ。そこには良心的な改革者である専制君主の姿があるが、それもやむを得ずだった。これこそ、ニコライ二世と彼の治世だったのだ。

どの改革にも、改革のどの段階にも必要不可欠な皇帝の強い意志を、ニコライ二世は示して見せた。彼の改革の構築者たちを選んだのは、皇帝ただ一人だった。ウィッテがそうであり、ストルイピンもそうだった。ストルイピンが秩序の回復にやっと成功し、皇后と宮廷がこぞってストルイピンの更迭を求めた時、皇帝はひとえに彼個人の意志によってストルイピンを首相の座に留めたのだ。ルーブル・金交換制度、ルーブルの交換率、農地改革、はては国会の招集についてさえも、彼が自分の意志を押し付けたのだ。ニコライ二世は、私生活では確かに影響されやすかったし、閣僚を任命する時も無頓着だった。しかし、あれほど障害の多かった改革に関連するいかなる文書も、彼が、私がそれを望む、と言わない限り、法的事実とはならなかった。彼以外のだれも、ストルイピンでも、ウィッテでも、皇后でも、絶えず介入した伯父たちでも、重大な決定を押し付けることはできなかったし、自分たちの選択を皇帝に無理強いできなかった。

同様に、ニコライ二世の意志は、対外政策での決定的行動を取る際にも表明された。日露戦争がそうだったし、とくに第一次世界大戦に際しては、参戦を思い止どまるようにとの多くの勧告にもかかわらず、フランスとの連合関係に忠実であろうとした。その結果、彼は、直ちに対ドイツ戦線を開くことを受け入れたが、この決定はロシア軍に高い代償を強いた。タンネンベルクでの手痛い敗戦がそれだ。ラスプーチンは、彼の影響力が頂点に達していたころ、ロシアの参戦に反対を唱えた。ニコライ二世はそれに対して、連合国との取り決めを尊重するとの決意を貫いた。一九一五〜一九一六年以降、彼はいかなる単独講和の計画もしりぞけたが、それも彼だからこそできたことだ。彼の態度を、弱者によくある単なる強情さだと決めつけることは、彼が自分の意志を貫くのは、大国ロシアの近代化と発展を図ろうとする自分の計画を強固にするためだけだったことを忘れ去ることになる。彼が軍の最高司令官として戦争の指揮を執ったことも、かの啓蒙君主で暴君のフリードリヒ二世が一七五二年に残した遺訓「君主たるものは、国家にとって最も有益であるべきであり、従って、彼は全軍の司令官たるべきである」に倣ったのだ。

専制君主として統治したニコライ二世だが、当時のロシアが皇帝に提供したさまざまな手段をも駆使した。いろいろ異論のある官僚機構ではあるが、その欠陥にもかかわらず、決定を実行に移すためには必要不可欠だった。なかでも社会の代表である代議機関こそ変化の成果であり、そのための道具でもあった。アレクサンドル二世の改革から生まれた地方自治機関ゼムストヴォはすでにロシアの政治的景観に存在していた。新しいツァーリが帝位に就くと直ぐに、彼らは、自分たちの要求と祖国の発展に貢献したいとする願望を示した。改革の政策と、その成果をロシアの広大な空間に普及させることに占める彼らの位置は、ロシア社会を変革する主役の役割に彼らを押し上げた。一九〇五年に誕生した国会（ドゥーマ）も、皇帝から独立した機関であり、皇帝は確かに国会を解散する権限を持つが、人民の選良を敵に回しては何もできず、彼らが社会の意志を表明する権限を認めざるを得なかった。

内心は疑念を抱いていたものの、ニコライ二世は、ドゥーマがその討議と政策を通して社会の変化のために尽くすことを許容した。代議機関としての不完全さにもかかわらず、第三国会は、ロシアの政治生活と政治的景観が蒙った変貌の中で重要な場所を占めていることを立証してみせる。確かに、ニコライ二世の成功は一時的なものに過ぎなかった。なぜなら、十月革命――二月革命ではない――が始まったばかりの移行を中断させたからである。それにしても、体制の立憲政体化は決定的段階を画することになる。

＊

一九一三年、アンナ・アフマトーヴァは「長い伝説の流れに沿って、二十世紀が近づく。暦の上でない、本当の二十世紀が……」と書き記した。ロマノフ王朝成立三百周年であるこの年にあたって、総決算の時が来たことを強調するためである。この時点で、なし遂げられた業績を推し量ることができよう。なるほど対照的な業績ではあるが、否定し得ない。一方では、資本主義の発展が着々と進み、近代化がロシアを「ヨーロッパ化」して行く。他方では、労働者とマルクス主義者による革命運動が、断絶と、革命の未知へと向かってのロシアの跳躍を準備して行く。

権力は名ばかりの専制君主制であった。だが、この君主制の立憲的側面が進化しつつあった。市民社会が存在し、姿を示し始めた。まだ脆弱で、何を望んでいるのか不確かだったにせよ、である。その後景を圧しているのが巨大な大衆の集団であり、彼らこそ工業化と革命の予備役を構成していた。

一九〇九年、ストルイピンは言っている——「私たちに二十年の猶予をください。そうすれば、ロシアは見違えるようになっているだろう」。二年後、彼は暗殺される。五年後、戦争がこの国の変革のプロセスを中断してしまう。

だが断絶が達成される前に、ロシアでは二つの思想が対立していた。一つは、ロシアはまだ民主主義への機運が熟していない、とする。もう一つは、ロシアはすでにこの段階を越えており、避けがたい破局が目前に迫っている、とする。

ニコライ二世に欠けていたのは、たぶん、彼の行動を、彼の意図するところをたちどころに理論化して見せることのできる有能な擁護者だった。そうした人々がいたなら、彼の行動や意図にも正当性が大いに与えられたことだろう。ここで最後のツァーリとなる人物の不運な治世の特徴を考慮に入れておく必要がある。なぜこの改革派の君主が、決して啓蒙専制君主のカテゴリーに書き加えられなかったのか。その理由は、文化的エリートたちとの断絶にある。啓蒙君主たち、といっても絶対主義者であり、暴君であった啓蒙の世紀の君主たちは、偉大な哲学者たちとの絆により、そして学者たちが惜しげもなく浴びせかけてくれる称賛の言葉により、自分たちの権力を強化した。フリードリヒ二世、エカテリーナ二世、ヨゼフ二世らも、ある程度まで、そうだった。ヴォルテール、ディドロ、グリム男爵らがしかるべきお墨付きを与えた。彼らの治世の特徴である専制主義は、哲学者の目には正当なものに映った。なぜなら、それが進歩を支えていたからだ。ヴォルテールは「ルイ十四世の世紀」を啓蒙君主制のモデルとした。そこでは芸術と文学が開花し、君主は公益の名の下に理性の道をたどり、そこに自らの権威の活性化を求めた。

これら啓蒙君主たちは、自らの周囲に文化の開花を支えると同時に、彼ら自身がしばしば哲学者であった。フリードリヒ二世の著作は一つの書棚を一杯にするほどであり、彼の回顧録は貴重な政治学概論でもある。エカテリーナ二世は、思想の領域では独創的とは言えないが、彼女の書いたものにより、そして知的生活とロシア語の発展を奨励したことにより、かなり重要な業績を残している。

ベルリン・アカデミーやロシア・アカデミーの創立者であったり、当時の最も優れた才能の持ち主たちとの対話を繰り広げたこれら啓蒙君主たちに比べると、我がニコライ二世は、知的野心の面では遠く掛け離れているように見える。彼の日記は、感動的な部分もあるが、才能の尺度からすると、ひどく乏しいものである。彼の取り巻きの中にも、宮廷にも、当時のエリートと呼ぶべき人々はいない。ロシアの宮廷は、哲学者の時代に続いて、奇跡を施す人であったり、交霊術や、神秘主義や、オカルト主義や、その他怪しげな類いの人物が出入りする時代へと変わっていた。そうした連中が幅を利かせるようになったのは、なにもツアレヴィッチの血友病が皇帝夫妻の理性を狂わせてしまった年代に始まったのではなく、ずっと以前からだった。

それでもロシア最後の皇帝の治世は、ロシア文明の中でもまさに「銀の時代」と呼ぶべきほど輝かしい時期の一つに合致していた。ニコライ二世が帝位に就いた一八九四年、ロシア最大の政治思想家の一人であるピョートル・ストルーヴェは、『ロシアの経済的発展についての批判的考察』を刊行し、真に自由な考え方に道を開いた。やはり同じ一八九四年にロシア象徴主義派が誕生する（ベールイ、イヴァノフ、ブロークなど)。そのころ、未来派や宗教・哲学的探求が発展を遂げる(メレジコフスキー、ジナイーダ・ヒッピウス、ロザーノフ、ソロヴィヨフ、ベルジャーエフ)。偉大な小説家が登場したのもこの時期である。チェーホフ、ゴーリキー、ブーニン(彼はまた詩人でもあり、ノーベル賞を受賞した最初のロシア人でもある)らが輩出した。新しい劇と演出を結んだ革命劇場が登場し、スタニスラフスキーがその先駆けとなった。造形芸術の革命、そして、比類なき音楽。その頂点を占めるのがストラヴィンスキーの「春の祭典」である。この曲は、「銀の時代」を閉じるかのように一九一三年に完成された。

一八九四年から一九一三年にかけての二十年間は、権力がともかくもロシアに近代的制度と方法を与えようと努力した時期だった。不運な君主が、自分の本意ではないと感じつつも、それ以外に行動のしようがないとの確信をもって近代化計画を追求した二十年。ロシアが、精神の全ての領域に及ぶ真の文化的ルネッサンスのとりこになっていた二十年。

この二十年間というもの、そこには三つのロシアが存在し、お互い敵意と不信のうちにしか出会うことはなかった。三つとは、権力と改革のロシア、精神と「銀の時代」のロシア、革命的焦燥感に駆られるロシア、である。三つのロシアが合流したのが、ヴォルテール流の言い方をすれば「ニコライ二世の世紀」である〔ヴォルテールがルイ十四世の栄光をたたえて書いた『ルイ十四世の世紀』を指す〕……これら三つのロシアが相反する道をたどったことが最終的な破局を導いた。敬虔なキリスト教徒だったニコライ二世の専制君主制の上に築かれた統治は、メレジコフスキーやジナイーダ・ヒッピウスらにとっては、「キリスト前」の統治だと映った。このことからも、改革のロシアと「銀の時代」のロシアの間に横たわる溝がいかに大きいか分かろうというものだ。

ニコライ二世の治世と彼の計画を短期的視野で判定するならば、紛れもなく失敗であり、断絶である。

＊

だが、この移行期を、ロシア近代化の長い歴史の中に置き換えてみることを避けられるだろうか？　ロシアの近代化こそ、ロマノフ王朝が当初から望んできたものであり、三世紀にわたるロマノフ王朝時代を通じて支配的テーマだった。そこから現れてくるのは、一貫した近代化の希求であり、試みが繰り返され、しばしば失敗するが、いつも再スタートしていたことだった。ロシア版シジフォスの神話なのか？　ジャック・ル＝ゴフは、人間は同じ流れで二度水浴びすることはないというギリシャの哲人ヘラクレイトスの言葉を引用しながら、結論する——「歴史には、長期間に及ぶ構造ができあがっている。それらは、幾世代にもわたり長いこと一緒に生きてきた男と女たちの集団的アイデンティティの基礎となっているのだ」。長いロシアの歴史に照らし合わせて検討するならば、ニコライ二世の治世と彼が代表する悲劇的にも中断されてしまった移行期（過渡期）とが持つ真の意味とスケールの大きさが明らかになってくる。先進国に追いつき、ヨーロッパ文明への復帰をはかろうとする難事業の中で、ロシアが記した重要な進歩の一段階だと言える。

今日、ソ連後の再生ロシアがたどるべき道を示すためには、この段階について再検討が必要なことを、だれが疑うだろうか？

付録資料

付録資料I　一九一七年三月一日付宣言（勅書）

神の御加護により
全ロシアの皇帝及び君主、ポーランド王、フィンランド大公である、われニコライ二世は、全ての忠実な臣民に宣言する。

帝国政府を、幅広い民衆の代表制の基礎の上に再建するとの断固たる意図をもって、新しい国家の構成を戦争終結と結び付けることを提案する。我が旧政府は、立法議会が体現する国家に対して責任を取ることを望まず、この段階を無期限に遅らせてきた。過去数日間のうちに起きた出来事は、しかし、立法議会における大多数に依拠していない政府は、混乱を予知することも、予防することもできないことを示した。

ロシアの運命が戦場で決せられようとしている時、内部対立が首都に侵入し、戦争を勝利のうちに終結させるためにぜひとも必要な防衛努力を流用してしまったことは、痛恨に耐えない。

このような試練は、巧妙なる敵の陰謀なしにはありえなかったのであり、ロシアはいまや重大な試練の前に立たされている。しかし、神のご摂理に信頼を置き、ロシア国民が祖国のためにこの紛争を制し、敵の陰謀に勝利を収めさせないであろうことを確信する。

ここに詔書に署名し、ロシア国家に立憲制度を与え、停止されていた国家評議会と国家ドゥーマ（国会）の活動を再開させる詔勅を出すことを決めた。ドゥーマ議長に、直ちに国民の信頼を受ける暫定内閣を任命する権限を与える。暫定内閣は、我の合意の下に、立法議会を招集する。立法議会は直ちにロシア帝国の新しい基本法案を検討し、政府に提出する。

この新国家体制が最大の成功を収め、我が愛するロシアの名誉と幸福のために役立たんことを。

一九一七年三月一日、我が治世二十三年目に、ツァールスコエ・セローにて

付録資料Ⅱ　ニコライ二世の処刑

Ⅰ——七月十六日、暗号文で書かれた一通の電報がペルミに届き、ロマノフ一家を処刑するよう命じた。それ以前は、ボリシェヴィキはニコライ二世を裁判にかけることを望んでいたが、白衛軍の前進がこの計画を取りやめさせた。十六日午後六時、フィリップ・ゴロシチェーキン（ウラル・ボリシェヴィキ指導者）は、命令は実行されねばならない、と言う。真夜中に、トラック一台が死体を引き取りにくる手筈になっている。午後六時、坊や（見習いコックのレオニード・セドネフのこと）が連れて来られた。坊やが連れてこられたことにロマノフ一家と連れは大いに不安がる。医師ボトキンがやって来て、理由をたずねる。逮捕されていた少年の伯父が逃げ出し、少年に会いたがっているから、と説明される。

少年は翌日、生まれた町に送り返される。トラックは十二時に到着せず、着いたのは午前一時半だった。このため、命令の執行が遅れる。この時、全て準備は整っていた。ピストルを持った十二人（うち五人がラトヴィア人）が死刑執行のために選ばれていた。ラトヴィア人二人は王女たちに発砲することを拒否した。

自動車が着いたとき、だれもが眠っていた。ボトキン医師は目を覚まし、他の人々を起こす。説明はこうだ——「ロマノフ一家は階下に移らねばならない。街は平穏ではないからだ」。三十分ほどでみなが着替える。地下の一室が選ばれる。なぜなら、木造の壁には漆喰が塗ってあるので、銃弾が跳ね返らないからである。家具は全て取り除かれていた。死刑執行部隊は隣室で待機している。ロマノフ一家の人々は疑いを抱いてはいなかった。隊長（ユロフスキー）が一人きりでみなを探しに来て、地下室に案内する。ニコライ二世は、アレクセイ皇太子を腕に抱いていた。他の人々は枕やほかのものをかかえていた。隣の部屋に入りながら、皇后アレクサンドラ・フョードロヴナはたずねた――「椅子もないのね。私たちは座ってもよいこと？」隊長は椅子を二個持ってくるよう命じる。ニコライ二世が一個に、アレクサンドラがもう一個に腰掛ける。隊長はほかの人々に並ぶよう命じた。

全員が位置を占めたとき、隊長は処刑執行班を呼ぶ。彼らが室内に入ったとき、隊長はロマノフ一家に、一家の親戚たちがソビエト・ロシアに進攻を続けるので、ウラル地方ソビエトは、ロマノフ一家を銃殺することを決めた、と通告する。ニコライ二世は処刑班に背を向け、家族を見つめながら、冷静さを取り戻し、こんどは隊長に向き直り、言う――「なんだって！　なんだって！」隊長は早口で同じことを繰り返し、執行班に位置に就くよう命じる。執行班は事前に、だれに発砲すべきか命じられており、大量の出血を避けるために、心臓部分を狙って射つこと、早く止めをさすこと、と指示されていた。ニコライ二世は家族に向き直り、もう何も言わなかった。何か訳の分からない叫び声が聞かれる。数秒間だけ続いた。それから銃撃が始まった。二、三分間続く。ニコライ二世は隊長の手で即死させられる。そのすぐ後、アレクサンドラ・フョードロヴナが死亡し、その後、他のロマノフ家の人々（全部で十二人）が射殺された……

アレクセイ皇太子と三人の姉妹、女官、それに医師ボトキンはまだ生きていた。もう一度、銃撃が起きた。隊長は驚く。なぜなら、心臓をめがけて発砲していたのに、まだ生きていたからだ。彼はまた、銃弾がなにかに当たって跳ね、室内に転げたのを見て驚いた。王女の一人を銃剣で止めを刺そうとするが、銃剣がコルセットを貫けなかった。そのために、惨劇は二十分間も続いた。

それから死体をトラックに乗せ、血が流れ出ないように重い布団を死体の上にかけた。

Ⅱ――彼〔ニコライ二世〕はたずねた――「なぜだ?」それから、アレクセイ皇太子の方に向き直った。直ちに私は発砲し、彼を殺した。それからは、混乱の中で銃撃が始まった。部屋は狭かったが、処刑執行班全員が中に入ることができたので、銃撃はもっと手順よくできたはずだ。多くの隊員が戸口越しに発砲し、銃弾が跳ね返り始めた。壁は石でできていたからだ。その上、銃弾が命中した人々がわめき始めたので、銃撃がいっそう激しくなった。銃撃を停止させるのに苦労した。私の後ろにいた一人が発射した銃弾一発が、私の頭上をかすめた……銃撃が止んだとき、王女たち、アレクサンドラ・フョードロヴナ、女官、それにアレクセイ皇太子もまだ生きていた。連中は恐怖のあまり床に倒れたか、それともわざと倒れたのかもしれないが、ともかく、まだ生きていた。止めを刺しはじめた時(私は心臓には血液が少ないから、心臓を狙うように言っておいたのだが)、アレクセイ皇太子はおびえ切って座っていたので、私が止めを刺した。ほかの仲間は、王女たちに発砲していたが、何も起きなかった。エルマコフは銃剣が役に立たないことを示して見せた。そこで、私たちは頭部目がけて発射し、止めを刺した。あとで森へ行ってから、王女やアレクサンドラ・フョードロヴナをなぜ直ぐに殺せなかったかが、やっと分かった。

[殺害の模様を語るこれら二つの証言は、少し食い違っているが、処刑執行班隊長ヤコフ・ユロフスキーの証言によるものである。証言Ⅰは一九三四年二月一日、彼がスヴェルドロフスクでの旧ボリシェヴィキ仲間の集会に提出した回想記である。証言Ⅱは、ユロフスキーが一九二〇年、まとめておいたメモ書から抜粋したものである]。

付録資料Ⅲ　ニコライ・ロマノフの刑執行

このところ、「赤いウラル」の首都であるエカテリンブルクは、チェコスロバキア軍団の徒党の進撃の脅威にさらされていた。同時に、ソビエト権力から皇帝の座にあった残忍な人殺しを強奪しようと図る反革命の陰謀が発覚した。そのために、ウラル地方委員会は、ニコライ・ロマノフを銃殺刑に処することを決定した。刑は七月十六日に執行された。ニコライ・ロマノフの妻と息子は安全な場所にいる。
汎ロシア中央執行委員会は、ウラル地方委員会の決定を正当なものと判断する。

汎ロシア中央執行委員会のビラ
（一九一八年七月、広く配布された）

用語解説

オクチャブリスト党（十月十七日同盟）——一九〇五年に、自由主義派運動の分裂から生まれる。皇帝の十月詔書に基づいた立憲君主制の樹立を求める。

閣僚会議——十九世紀中葉から一九一七年まで内閣を指す。

憲法制定会議（制憲議会）——一九一七年十一月十二日選出され、一九一八年一月十九日、解散さる。

元老院——一七一一年、ピョートル大帝により創立さる。一九一七年に廃止される。一八六四年以後は最高法院の役割を果たす。

国会評議会——一八一〇年に、アレクサンドル一世によって、ナポレオン帝政のモデルに基づいて創設される。一九〇五年以降、上院となる。

国家ドゥーマ——一九〇六年に設置された代議院議会のこと。一九一七年十月、廃止さる。

社会革命党（エスエル党）——一九〇一年に創設さる。

社会民主党——一八九八年に創設さる。一九〇三年、二派に分裂する。のちにレーニンの名前で知られるウラジーミル・ウリヤーノフに率いられるボリシェヴィキとメンシェヴィキの二派に。

宗務院——ロシア正教会を支配した組織。一七二一年に総主教制度の代わりに設置されたもの。まず十人、次いで十二人の主教から成り、宗務院長官によって統括される。

ゼムストヴォ――一八六四年に創設された地方自治機関。ロシア語で複数の時はゼムストヴァ。

農民共同体――ミールもしくはオプシチーナと呼ばれる。

モスクワ総主教――一五八九年に創設された制度で、一七二一年に廃止さる。一九一七年、ロシア正教会公会議で復活する。

立憲民主党――カデット党、もしくは K. D. とも呼ばれる。一九〇五年十月に創立さる。

臨時政府――一九一七年三月十一日設立され、同年十月二十五日に倒れる。

労働者・兵士・農民ソビエト中央執行委員会――一九一七年六月、全ロシア・ソビエト第一回大会で結成さる。ロシア語のイニシアルを取って、通常は Vtsik または Tsik で知られる。

年代の読み方について

ロシアでは一九一八年二月一日まではユリウス暦が使われていたが、それ以降はグレゴリオ暦がとって代わった。この本に出てくる日付は、ユリウス暦が廃止されるまではユリウス暦を使っている。つまり、二十世紀以降は、日付は十三日遅れている。

年表（一八五六〜一九一八年）

西暦年	月・日	事項
一八五六	三・一八	クリミア戦争を終結させるパリ講和会議
一八六一	二・一九	農奴制度廃止
一八六四		司法改革。ゼムストヴォ（地方自治組織）設置
一八六八	五・六	**ニコライ・アレクサンドロヴィッチ（将来のニコライ二世）誕生**
一八八一	三・一	アレクサンドル二世暗殺、アレクサンドル三世即位
一八八七	五・八	レーニンの兄、アレクサンドル・ウリヤノフ処刑
一八九〇〜九一		皇太子ニコライの極東訪問 訪日中、日本の巡査、皇太子を斬りつける（大津事件）
一八九一		シベリア横断鉄道建設開始。ロシアで大飢饉
一八九四	一〇・二〇	アレクサンドル三世死去。ニコライ二世の治世始まる
	一〇・一四	ニコライ二世、ヘッセン公女アリクス（アリサ）と結婚
一八九五		V・I・ウリヤノフ（レーニン）逮捕 ツァーリの長女オリガ誕生

一八九六	五	**ニコライ二世即位**、ホドゥインカの惨事
	一〇	皇帝・皇后フランス訪問
一八九七		金本位制採用
一八九八		ミンスクでロシア社会民主労働党創設
一八九九		大学騒動
一九〇一		ボゴレポフ暗殺、「警察官組合」創設
一九〇二		社会革命党創設
	冬	内相シピャーギン暗殺され、プレーヴェが後継者に
一九〇三		ロシア社会民主労働党、ボリシェヴィキとメンシェヴィキに分裂する
	八・一六	ウイッテ更迭さる
	七	皇帝夫妻サロフに巡礼
一九〇四		**日露戦争勃発**
	一・二七	日本軍、旅順港攻撃
	七・一五	プレーヴェ暗殺
	七・三〇	皇太子アレクセイ誕生
	九	プレーヴェの後任にスヴィヤトポルク＝ミルスキー公
	一一	ゼムストヴォ会議
一九〇五		ラスプーチン、サンクト・ペテルブルクに到着（一九〇三年にも短期間滞在していた）
	一〜五	旅順、奉天、対馬沖での大敗北
	一・九	「血の日曜日」
	二	セルゲイ大公暗殺
	五〜六	イワノヴォ・ヴォズネセンスクに最初のソビエト出現
	七・四	ビョルケ協定
	八・六	ドゥーマでの最初の皇帝詔勅
	八・二五	**ポーツマス条約**

	一〇	カデット党（立憲君主党）結成
		サンクト・ペテルブルクのソビエト成立
	一〇・一七	第二の詔勅、憲法制定か？
		ウィッテが首相就任
	一二	モスクワで武装蜂起、選挙法制定
一九〇六		国際借款調印
	四	ウィッテ辞任、ゴレムイキンが後任に
	四・二七〜七・八	第一国会
	七・六	内相ストルイピンがゴレムイキンの後継首班に
	八	軍事法廷創設
	一一	農地改革
一九〇七		第二国会
	二・二〇〜六・二	新選挙法
	一一・一	第三国会開会、一九一二年六月九日まで存続
一九〇八		オーストリア、ボスニア・ヘルツェゴヴィナを併合
一九一一		国会での政治危機（西部諸県のゼムストヴォ問題）
	九	キエフでストルイピン暗殺さる。後任はココフツォフ
一九一二	四	レナ金鉱山で労働者虐殺事件。『プラウダ』紙創刊号発行（国外で）
	秋	スパラにいた皇太子、出血で重症に
一九一三	一〇・五	第一次バルカン戦争
	一一・一五	第四国会（一九一七年まで存続）。
		ラスプーチン、「救世主」となる
	六・八	第二次バルカン戦争

一九一四	一	ゴレムイキン、首相に
	六・二八	オーストリアのフェルディナンド大公、サラエヴォで暗殺さる
	七・一五	ロシア軍、部分動員
	七・一九～二四	ドイツが、次いでオーストリアが対ロシア宣戦布告
		サンクト・ペテルブルクをペトログラードと改称
	八	ロシア軍、マズリ湖での戦いで大敗
	九	ロシア軍、レンベルク（リヴォフ）奪回
一九一五	四～八	ロシア、ポーランドとガリツィアから撤退
	八・二二	ニコライ二世、最高司令官に就任
	七～八	国会で進歩派グループ結成。九項目の綱領
	一一	ゼムゴール創設
一九一六	一・二〇	シチュルメルがゴレムイキンの代わりとなる
	五～七	ブルシーロフの攻勢
	一一・一	国会審議。ミリューコフ、「裏切り」について演説する。シチュルメルが更迭され、トレポフに代わる
	一二・一七	ラスプーチン、暗殺さる
	一二・二七	トレポフが更迭され、ゴリツィンに代わる
一九一七	二・二三～二七	ペトログラードで革命。ペトログラード・ソビエト成立
	二・二八	ニコライ二世、ツァールスコエ・セローに向け出発。ドゥーマで臨時委員会成立。モスクワで騒乱起きる
	三・一	勅書第一号。ニコライ二世、プスコフで議院内閣制について宣言を準備
	三・二	リヴォフ公を首班とする臨時政府を構成。ニコライ二世、退位を決意
	三・三	**ニコライ二世、退位**（勅書が公表されたのは四日）、ミハイル大公帝位を返上（勅書の公表はやはり四日）。皇帝一家はツァールスコエ・セローで逮捕さる

	四・三〜四	レーニン、ロシアに帰国。四月テーゼ
	四	ペトログラードとモスクワでボリシェヴィキのデモ
	五	連立政権。ケレンスキー、陸相に就任
	六・三	第一回汎ロシア・ソビエト会議
	六	ロシア軍、オーストリア戦線での攻勢開始。レーニン、フィンランドに逃亡
	七・一	ボリシェヴィキ指導部、逮捕さる。七月騒動
	七・七	ケレンスキー首班の政府成立
	七・三一	皇帝一家、トボリスクに連行さる
	八・九	臨時政府「憲法制定議会の選挙（一一月一二日）」を発表。議会開会は一一月二八日
	八・二五〜三〇	コルニーロフ将軍の反乱
	八・三〇	七月に逮捕されたボリシェヴィキ全員の釈放
	一〇・二五〜二六	ペトログラード、次いでモスクワでボリシェヴィキのクーデター。臨時政府の終焉。第二回汎ロシア・ソビエト会議。平和と土地についての政令を採択。レーニンが主宰する人民委員（コミサール）協議会成立
	一〇・二八	公会議。総主教制の復活
	一一・二	諸人民自決権宣言
	一一・一二	憲法制定議会の選挙
	一二・三	ブレスト＝リトフスク休戦。フィンランド、独立宣言
一九一八		（二月一日以降、日付はグレゴリオ暦で記されている）
	一〜三	ブレスト＝リトフスクの講和会議。トロツキーがロシア代表団を率いる
	一	赤衛軍創設
	一・六	憲法制定議会解散
	三・三	ブレスト＝リトフスク講和条約

三・一二	モスクワ、ロシア共和国の首都に
四〜五	ベロロシア、グルジア、アルメニア、アゼルバイジャン独立
四・二六	皇帝一家、エカテリンブルクに連行される
五	チェコ軍団、ボリシェヴィキに対して反乱
五〜六	都市ソビエト選挙。各地で少数派だったボリシェヴィキは力でソビエトを掌握する
六	英国軍、アルハンゲリスクに上陸
七・一	西シベリア政府、オムスクで樹立宣言
七	ペトログラードで反政府スト
	左派エス・エル（社会革命党）、ボリシェヴィキに反対して蜂起
	モスクワで駐露ドイツ大使フォン・ミルバッハ伯暗殺
	地方で内戦勃発。農民は、ボリシェヴィキの要求する穀物の引き渡しを拒否
七・一六	エカテリンブルクで**皇帝一家を殺害**。アラパエフスクでもロマノフ家の多くのメンバーを殺害

ニコライ二世の家系
（年代は統治・在位期間）

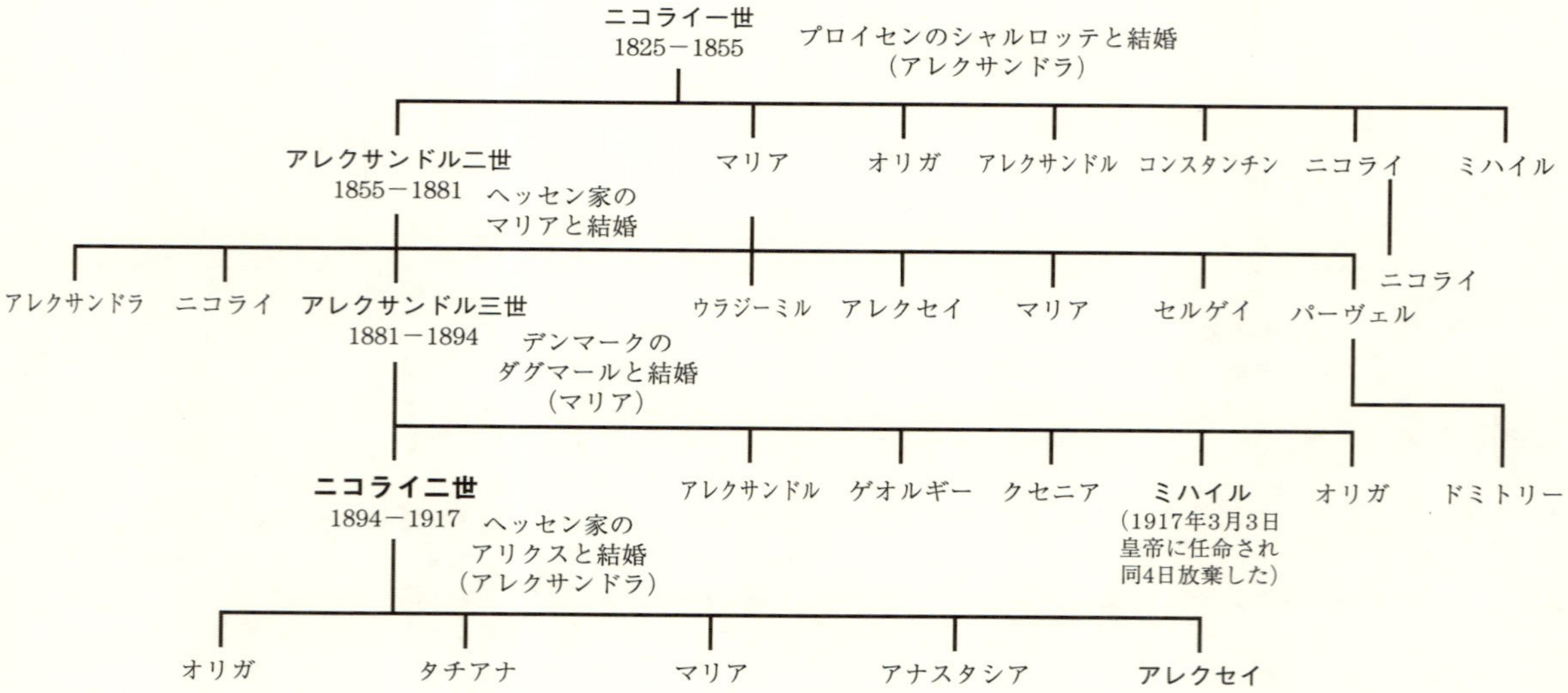
ニコライ一世
1825－1855
プロイセンのシャルロッテと結婚
（アレクサンドラ）
アレクサンドル二世
1855－1881
ヘッセン家の
マリアと結婚
マリア
オリガ
アレクサンドル
コンスタンチン
ニコライ
ミハイル
アレクサンドラ
ニコライ
アレクサンドル三世
1881－1894
デンマークの
ダグマールと結婚
（マリア）
ウラジーミル
アレクセイ
マリア
セルゲイ
パーヴェル
ニコライ
ニコライ二世
1894－1917
ヘッセン家の
アリクスと結婚
（アレクサンドラ）
アレクサンドル
ゲオルギー
クセニア
ミハイル
（1917年3月3日
皇帝に任命され
同4日放棄した）
オリガ
ドミトリー
オリガ
タチアナ
マリア
アナスタシア
アレクセイ

ニコライ二世の従兄弟たち

（年代は誕生年と没年）

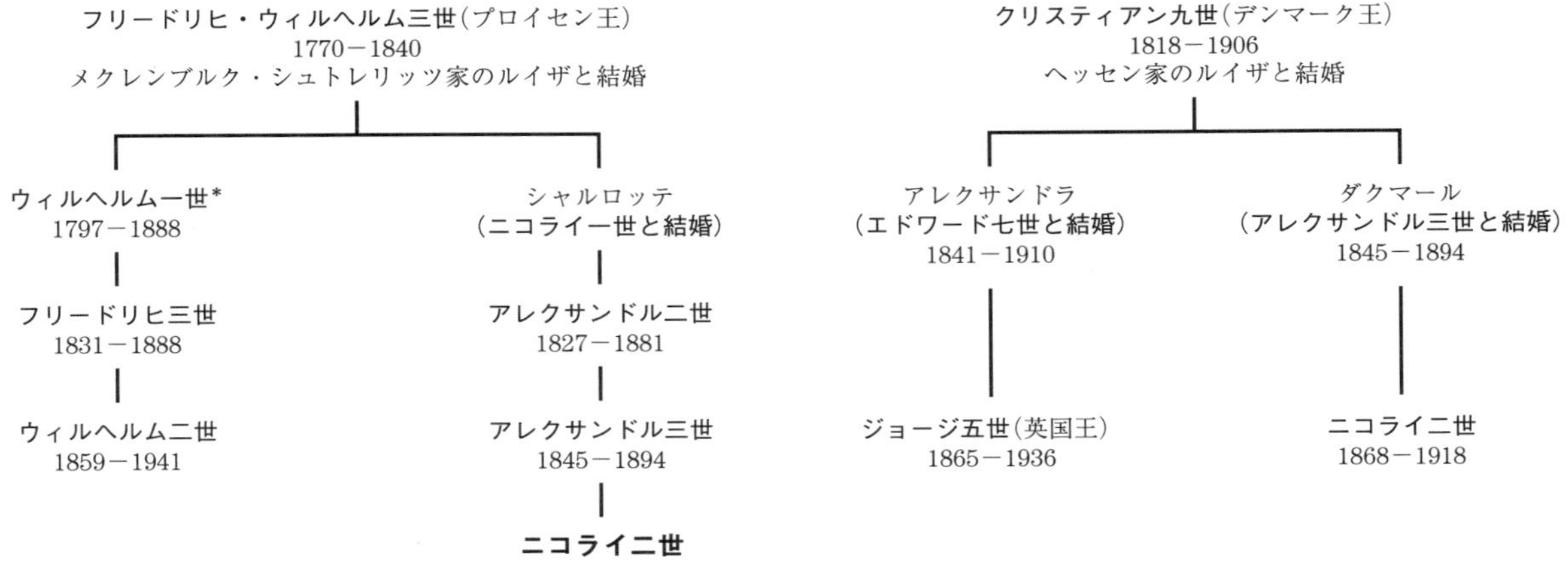

＊プロイセン王，1871年以降ドイツ皇帝

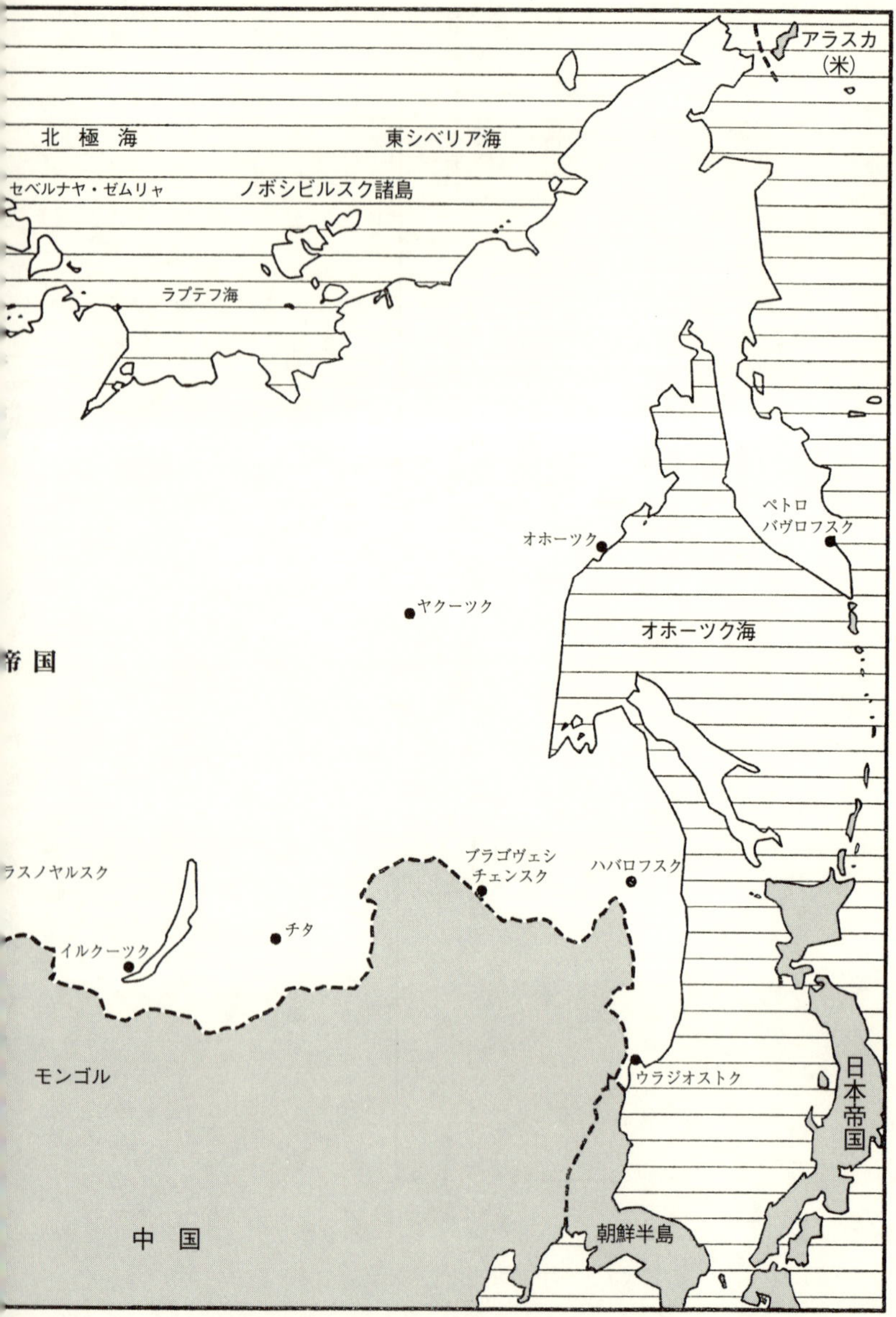

アラスカ
(米)
北 極 海
東シベリア海
セベルナヤ・ゼムリャ
ノボシビルスク諸島
ラプテフ海
ペトロ
パヴロフスク
オホーツク
ヤクーツク
オホーツク海
帝 国
ラスノヤルスク
ブラゴヴェシ
チェンスク
ハバロフスク
チタ
イルクーツク
モンゴル
ウラジオストク
日本帝国
中 国
朝鮮半島

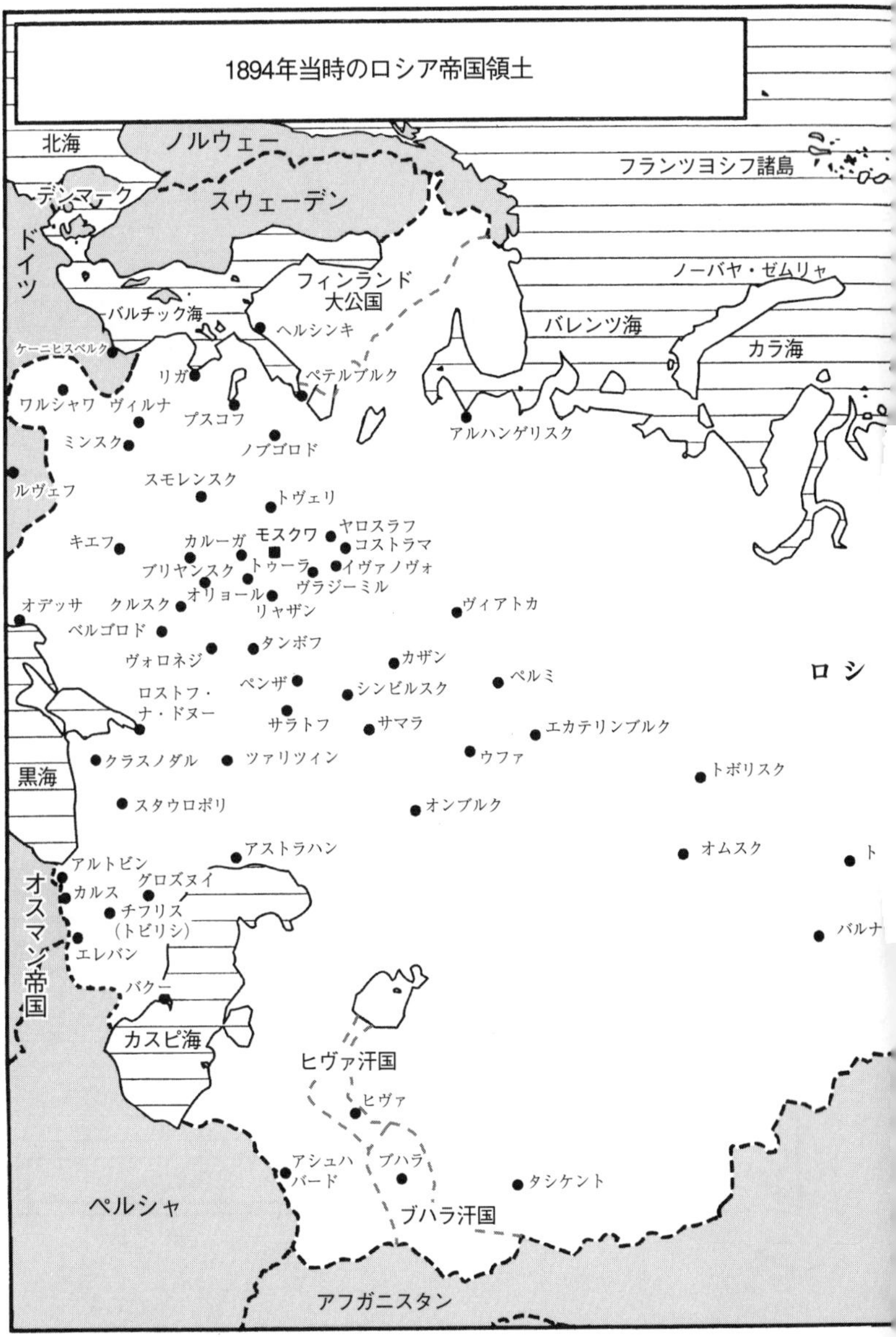
1894年当時のロシア帝国領土
北海
ノルウェー
フランツヨシフ諸島
デンマーク
スウェーデン
ドイツ
フィンランド
大公国
ノーバヤ・ゼムリャ
バルチック海
ヘルシンキ
バレンツ海
ケーニヒスベルク
カラ海
リガ
ペテルブルク
ワルシャワ
ヴィルナ
プスコフ
アルハンゲリスク
ミンスク
ノブゴロド
ルヴェフ
スモレンスク
トヴェリ
ヤロスラフ
キエフ
カルーガ
モスクワ
コストラマ
ブリャンスク
トゥーラ
イヴァノヴォ
オリョール
ヴラジーミル
オデッサ
クルスク
リャザン
ヴィアトカ
ベルゴロド
タンボフ
ヴォロネジ
カザン
ロシ
ペンザ
ペルミ
ロストフ・
ナ・ドヌー
シンビルスク
サラトフ
サマラ
エカテリンブルク
クラスノダル
ツァリツィン
ウファ
トボリスク
黒海
スタウロポリ
オンブルク
アストラハン
オムスク
ト
アルトビン
オスマン帝国
グロズヌイ
カルス
チフリス
（トビリシ）
バルナ
エレバン
バクー
カスピ海
ヒヴァ汗国
ヒヴァ
アシュハ
バード
ブハラ
タシケント
ペルシャ
ブハラ汗国
アフガニスタン

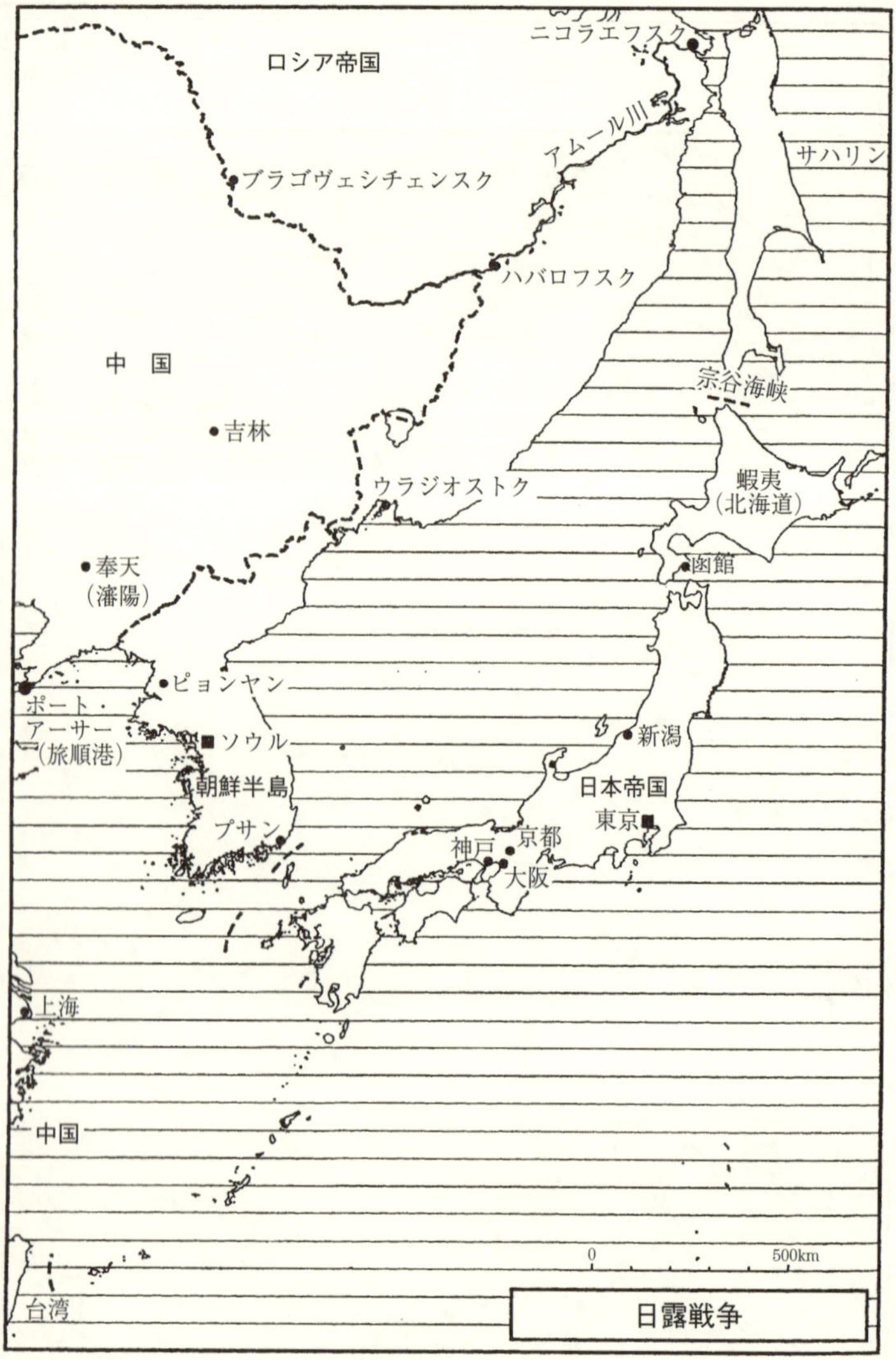
ロシア帝国
ニコラエフスク
アムール川
サハリン
ブラゴヴェシチェンスク
ハバロフスク
中　国
宗谷海峡
吉林
ウラジオストク
蝦夷
(北海道)
奉天
(瀋陽)
函館
ピョンヤン
ポート・
アーサー
(旅順港)
ソウル
新潟
朝鮮半島
日本帝国
東京
プサン
京都
神戸
大阪
上海
中国
0
500km
台湾

日露戦争

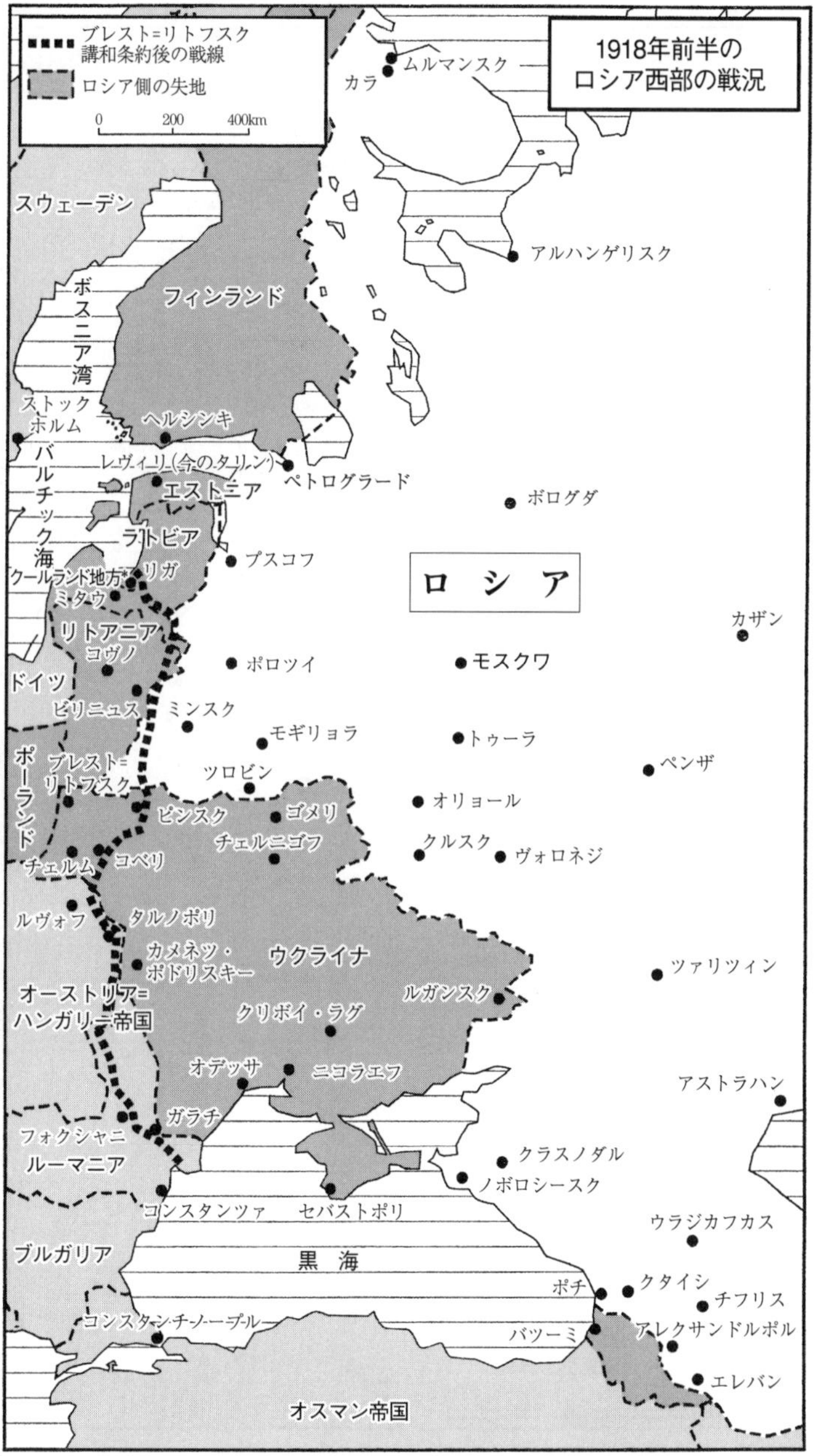

＊現在のラトビアの一部で、ロシア支配時代にはロシア帝国の県の一つだった。第一次世界大戦当時はドイツ軍によって占領されたが、ロシア革命後はラトビア共和国の一部となった。

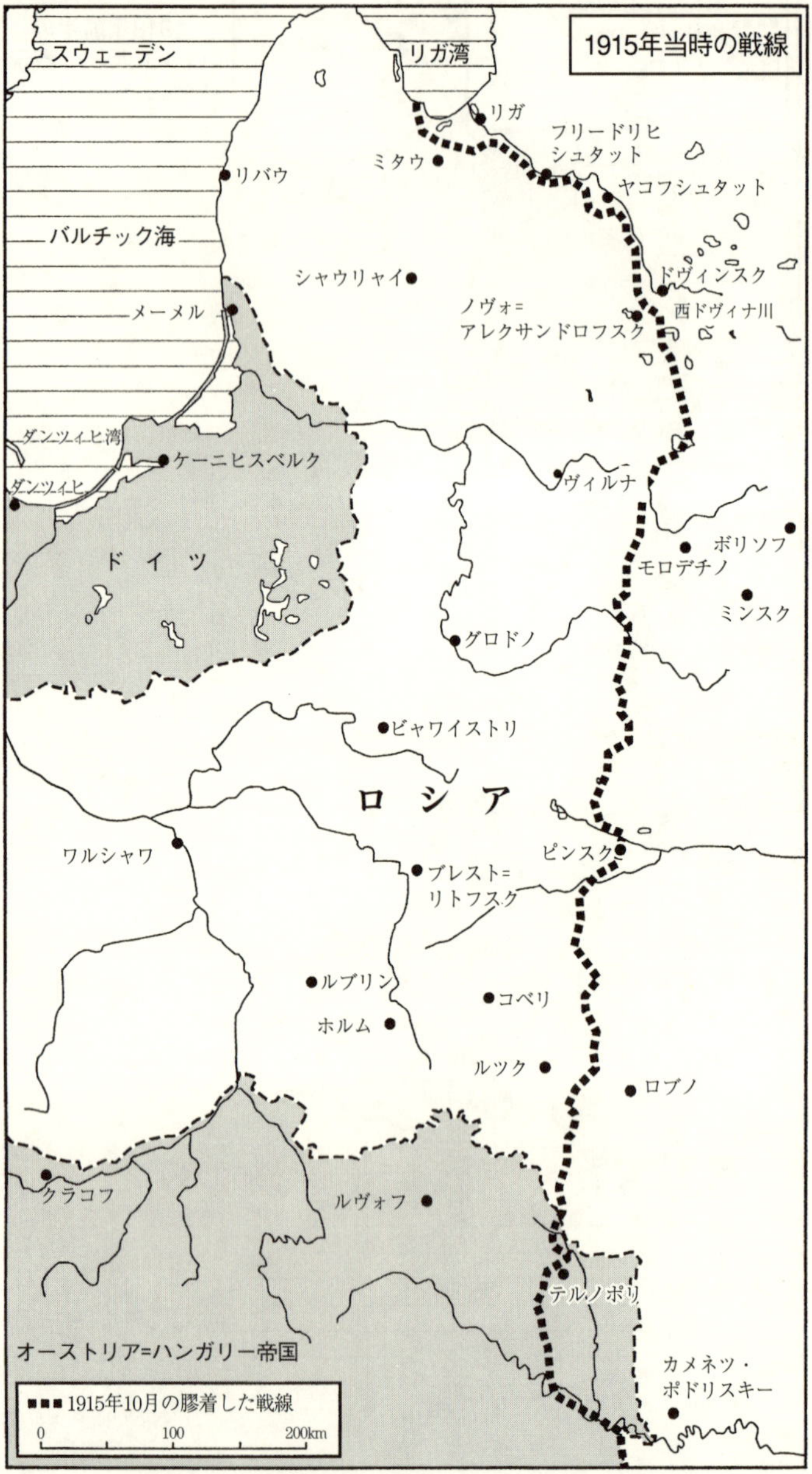
1915年当時の戦線
スウェーデン
リガ湾
リガ
フリードリヒ
シュタット
ミタウ
リバウ
ヤコフシュタット
バルチック海
ドヴィンスク
シャウリャイ
ノヴォ=
アレクサンドロフスク
西ドヴィナ川
メーメル
ダンツィヒ湾
ケーニヒスベルク
ダンツィヒ
ヴィルナ
ボリソフ
モロデチノ
ドイツ
ミンスク
グロドノ
ビャワイストリ
ロシア
ワルシャワ
ピンスク
ブレスト=
リトフスク
ルブリン
コベリ
ホルム
ルツク
ロブノ
クラコフ
ルヴォフ
テルノポリ
オーストリア=ハンガリー帝国
カメネツ・
ポドリスキー
■■■ 1915年10月の膠着した戦線
0
100
200km

謝辞

ここでまず、私の編集者クロード・デュラン氏に感謝の言葉を述べねばならない。彼こそこの本のテーマを私に提案してくれたのであり、彼の親しみのこもった懇請の言葉が私の全ての調査に伴っている。また、私の感謝の気持ちは、フランソワ・ルヌアール仏外交資料館館長に、また彼と共に働いている全ての人々に向けられる。彼らの助力は、私にとって貴重であった。同じように、私の感謝の気持ちは外交資料館の地図部及びその責任者ルルデ氏に向けられる。彼らこそ、この本に掲載されている地図を作製してくれたからである。エカテリンブルクで起きた悲劇については、多くの点で、一九九一〜一九九六年にサンクト・ペテルブルク市長だったアナトーリ・ソブチャック氏のおかげで私に明らかになった。ソブチャック氏は、調査委員会の副委員長として、これらの出来事について明らかにし、皇帝一家の遺体を掘り出すことを準備する役割を担っていたので、法律家としての経験を生かして、この問題について入手可能な全ての情報を集め、それらを私に提供してくださった。

私は、多年にわたり私を励まし、この本を実現させるために貴重な寄与をしてくれたミシュリーヌ・アマール女史にも感謝する。最後に、読みにくい私の草稿を解読し、きれいにタイプした形に仕上げてくれたコレット・ルダノワ女史と、入念に校閲してくださったエレーヌ・ギヨーム女史のことを決して忘れることはできない。

訳者あとがき

「戦争と革命の世紀」と呼ばれる二十世紀において、ロシアほど激動の歴史を経験した大国は世界に例がない。専制君主制の帝政ロシアから世界初の共産主義国家ソビエト社会主義共和国連邦に変わり、そしてその四分の三世紀後には共産主義を投げ捨て、民主主義と市場経済主義を標榜する新生ロシア連邦に生まれ変わった。十九世紀末から二十世紀初頭にかけての激変の中で、主役だったのがロシアのロマノフ王朝最後の皇帝ニコライ二世と、その対極に位置した革命家レーニンである。

エレーヌ・カレール＝ダンコースは、帝政ロシア—旧ソ連—新生ロシアと、ロシアの歴史を一貫して透徹した目で見守って来た歴史学者であり国際政治学者である。彼女が一九七八年刊行した『崩壊したソ連帝国』は十三年後のソ連崩壊をすでに予告した鋭い分析の書で、当時、世界的に話題を呼んだ。現実にソ連が崩壊してから五年後の一九九六年に『ニコライ二世』を、そして、さらにその二年後の一九九八年に『レーニン』を発表した。ニコライ二世の悲劇的な生涯についてはすでに多くが語られ、書かれているが、彼女の書いたものは伝記ではなく、ニコライ二世の治世についての政治的評伝とも言うべきものである。

カレール＝ダンコースは一九九九年十月、日本の日仏会館での記念講演のために来日した際、わたしたちに、なぜニコライ二世に続いてレーニンについて書いたのか、実に明確に説明してくれた。その内容については藤原書店発行の季刊学芸総合誌『環』第一号（二〇〇〇年春季号）に詳しく書いたので、ここでは繰り返さないが、ともかく「ニコライ二世とレーニンの二人を取り上げることは、同じ問題についての二つのアスペクト（様相）をとりあげることである。つまり、なぜロシア革命は避けられなかったのか、という設問に答えるためである」と言うことに尽きる。そして、彼女の回答は明確である――「ロシア革命は決して不可避ではなかった。ただ、ニコライ二世はロシア社会が要求していた大幅な政治改革に踏み切れず、逡巡したあげく重大な過ちを犯し、革命への道を開いてしまった」。

ニコライ二世が引き継いだロシア帝国は、国土を東へ、南へと拡大した結果、伝統も宗教も異なる多民族で構成されるユーラシア大国だった。一八八〇年代から始まった経済的、社会的発展は順調に続き、ニコライ二世は父親のアレクサンドル三世からこれを受け継いだ。当時のロシアにとっては、近代国家に生まれ変わって西欧先進国に追いつくことが急務だった。急速な工業化は都市住民を急増させ、労働条件の悪化から革命的気運が次第に広がる。ニコライ二世の悲劇は、ロシアを急速に近代化させる必要から変革を迫られていることを痛感しながら、その反面、先祖代々受け継いで来た専制君主制をあくまでも保持しようとしたことにある。

一方、まだ海外亡命中のレーニンは、ロシアではまだ革命の機が熟していないと考えており、一九一一年にこう書いている――「ロシアが現在のような状況で経済的にも、国民の知的水準の面でも発展して行くなら、われわれはもはや革命を遂行できないだろう」（カレール＝ダンコースがロシアで発見した資料から）。カレール＝ダンコースは指摘する――「レーニンの天分は、ニコライ二世の犯した過ちを天佑として受け止め、これを巧みに利用したことだ。レーニンの才能は、ロシア革命のためには、民族問題と戦争のインパクトを最大限に活用すべきだ、ということに着目したことだった」。

カレール＝ダンコースがこの本を書いた狙いは、邦訳題『甦るニコライ二世――中断されたロシア近代化への道』（原題は『ニコライ二世――中断された移行』）がいみじくも示している。つまり、ソ連崩壊後の混迷の中で、新生ロシアの舵取をしなければならない指導者たちは、ロシアが今後どのような道をたどるべきか模索中であるが、事態を正しく把握するためには、まず彼らがニコライ二世時代のロシアを再検証し、そこから教訓を引き出して生かすべきだ、とする視点である。

ニコライ二世は、ロシアを近代化して西欧先進国に追いつこうとしたが、伝統的なロシアの価値基準にしがみついたままだったために失敗し、ロシアの近代化への移行は中断された。ニコライ二世の約二十年間の在位期間は、ちょうど十九世紀末から二十世紀初頭にかけてだった。現在のロシア指導者ウラジーミル・プーチンは、二十世紀最後の年である二〇〇〇年に大統領に就任した。彼は「大国ロシアの復活」を掲げ、二十一世紀に強大国ロシアの再現を図ろうとしている。

大統領就任直後、プーチンはロシア国旗にロマノフ王朝時代の三色旗と双頭の鷲《わし》の紋章を選び、国歌としてメロディーは旧ソ連時代のものを復活させ、新しい歌詞には大国ロシアをたたえるものを選んでいる。ロシア正教会は内部の議論の末に、ロシア革命の初期に惨殺されたニコライ二世一家全員を聖殉教者として聖人の列に加えることを決め、二〇〇〇年八月二十日、列聖式を行った。その時、プーチンは大統領として式典に参列している。そこには、ニコライ二世が愛着を示して止まなかった「奥深いロシア」のナショナリズムをかき立てようとするプーチン流儀のロシア国民のアイデンティティーの確立をはかる狙いがある。

著者カレール＝ダンコースに、この本の日本人読者のために『ニコライ二世』発表からプーチン政権登場に至るロシアの変化について論評してくれるようにとお願いしたが、アカデミー・フランセーズ会員であり、しかも女性としては初めて終身幹事という要職を占め、欧州議会議員をもつとめる超多忙な身なので、残念ながら実現しなかった。ただ彼女は、ロシア問題については、おりに触れて仏紙『フィガロ』に寄稿している。その中の一つ「国家再建に賭けるプーチン大統領」（二〇〇〇年十月三十日付『フィガロ』で、彼女はこうはっきり書いている――「（惨憺たる有り様の現在の）ロシアで、プーチン大統領は〈法の独裁〉という表現を口にしている。つまり、国家の権威の復活である……プーチンは、ロシアを収奪し、法を無視しているオリガルキー（政商）たちに法を遵守させようとしている……もし、プーチンがそれに成功すれば、ロシアにおいて民主主義は決定的に救われ、ロシアの近代化は進展するだろう」。彼女の目には、プーチンがニコライ二世時代に中断されたロシアの近代化への道を推進しようとしている信頼に足る指導者と映っているようだ。

なお、読者の便宜のために、文中でのロシア語の固有名詞（人名、地名）、組織名などの表記の原則について述べさせていただく。なるべく現地音に従ったが、組織名としては、例えば、すでに日本の歴史書・辞書などで定着している「ソビエト」に統一した。こうした表記についてはロシア・旧ソ連問題の専門家である畏友新井康三郎氏にチェックの労を取っていただいたことをここに記して、感謝する次第である。

原文で多用されているイタリック体部分は、ロシア語であるためにイタリック体になっている場合は〈　〉括弧内に、また新聞雑誌、書名の場合は『　』でくくり、強調している部分には傍点を付して処理した。

最後に、この本の翻訳が大幅に遅れたことで、藤原書店にご迷惑をおかけしたことをお詫びしたい。そして、翻訳の遅れにもかかわらず訳者を絶えず励まし、貴重な助言と指摘をしてくださった同書店の藤原良雄社長および編集担当者の清藤洋氏に心から感謝の気持ちを表したい。

二〇〇一年五月二日

谷口　侑

LAMSDORFF-GALAGANE (Comte Paul), *Mémoires inédits,* spécialement pour son oncle, ministre des Affaires étrangères et pour l'entrevue de Björkö.

PANINE (comtesse Sophie), New York, 1955.

STOLYPINE (Alexandra, Comtesse Keyserling), Paris, 1959.

Archives du domaine de Gorodnia. (Comtesse L. Komarovski, archives privées ; les comptes des années 1861 à 1880 et 1912 à 1917.)

Journal inédit de madame Hélène KHLEBNIKOV née de LASTOURS sur la révolution de février à Petrograd.

制憲議会に関するもの

MAL'TCHEVSKII (I.), éd., *Vserossisskoe Utchreditel'noe Sobranie* (L'Assemblée constituante panrusse), Moscou, Leningrad, 1930.

RADKEY (O.), *The Election of the Russian Constituent Assembly of 1917*, Cambridge, Mass., 1950.

RUBINSTEIN (N.), *Bol'cheviki i Utchreditel'noe Sobranie* (Les bolcheviks et l'Assemblée constituante), Moscou, 1938.

VICHNIAK (M.), *Vserossisskoe Utchreditel'noe Sobranie* (L'Assemblée constituante panrusse), Paris, 1932.

ZNAMENSKII (O.), *Vserossisskoe Utchreditel'noe Sobranie*, Leningrad, 1976.

*
* *

1917-1918 年のロシア正教会に関するもの

KARTACHEV (A.), *Otcherkii po istorii Russkoi Tserkvi* (Essai sur l'histoire de l'Église russe), Paris, Ymca Press, 1959, 2 vol.

MEYENDORFF (archiprêtre Jean), *L'Église orthodoxe hier et aujourd'hui*, Paris, Seuil, 1960.

ROGELSON (L.), *Tragediia Russkoi Tserkvi 1917-1945* (La Tragédie de l'Église russe), Paris, Ymca Press, 1977.

STRUVE (N.), *Les Chrétiens en URSS*, Paris, Seuil, 1963.

WARE (T.), *L'Orthodoxie, Église des sept conciles*, Bruges, 1968.

*
* *

著者の聞き取り調査によるもの（聞き取り調査のノートは第 7、8、11 章の執筆に利用されている）

GRABBE (comtesse Elisabeth), dernière demoiselle d'honneur nommée auprès de l'impératrice Alexandra, Paris, 1956 à 1975.

IOUSSOUPOV (prince Félix), Paris, 1966.

IOUSSOUPOV (princesse Irène), Paris, 1966-1968.

KERENSKI (F.), Stanford, 1966 ; Paris, 1967.

LAMSDORFF (comtesse Nathalie), née KHVOSTOV (sœur d'Alexis Khvostov), Paris, jusqu'en 1977.

第12章

皇帝一家の最期に関するもの（出典および文献の項目、ガリマール社の回顧録集以外のもの）

AL'FEREV (E.), *Pisma tsarskoi Sem'i iz zatotcheniia* (Lettres de prison de la famille impériale), New York, 1974.

ALEXANDRE (M.), grand-duc, *Once a Grand Duke,* New York, 1932.

BENCKENDORFF (P.), *Last Days at Tsarskoe Selo,* Londres, 1927.

BUXHOEVEDEN (S.), *The Life and Tragedy of Alexandra Feodorovna,* Londres, 1928.

DEHN (L.), *The Real Tsaritsa,* Londres, 1922.

IOFFE (G.), *Velikii okiabr' i epilog tsarisma* (Le Grand Octobre et l'épilogue du tsarisme), Moscou, 1987.

IOFFE (G.), *Revoliutsiia i sud'ba Romanovyh* (La révolution et le sort des Romanov), Moscou, 1992.

KERENSKY (A.), BULYGIN (P.), *The Murder of the Romanov,* Londres, 1935.

MARKOV (S.), *Pokinutaia Tsarskaia Sem'ia 1917-1918* (La famille impériale à l'abandon), Vienne, 1928.

MEL'GUNOV (S.), *Sud'ba Imperatora Nicolaia II posle otretcheniia* (Le destin de l'empereur Nicolas II après son abdication), Vienne, 1928.

PANKRATOV (V.S.), *S tsarem v Tobol'ske : iz vospominanii* (Avec le tsar à Tobolsk : extrait des mémoires), Leningrad, 1925.

RADZINSKY (E.), *The Last Tsar. The Life and Death of Nicolas II,* New York, 1992.

STEINBERG (M.D.), KHRUSTALEV (V.M.), *The Fall of the Romanov. Political Dreams and Personal Struggles in a Time of Revolution,* Yale Un. Press, 1995.

VILTON (R.), *Poslednie dni Romanovyh* (Les derniers jours des Romanov), Paris, 1923.

VOLKOV (A.), *Souvenirs d'Alexis Volkov, valet de chambre de la tsarine Alexandra Feodorovna, 1910-1918,* Paris, Payot, 1928.

*

* *

MILIUKOV (P.), *Istoriia Vtoroi Russkoi Revoliutsii* (Histoire de la deuxième révolution russe), Sofia, 1921.
MINTS (I.), éd., *Dokumenty velikoi proletarskoi revoliutsii,* (Documents sur la grande révolution prolétarienne) Moscou, 1938.
MINTS (I.), *Istoriia velikogo oktiabria* (Histoire du Grand Octobre), Moscou, 1967-1970, 3 vol.
V.D. Nabokov and The Russian Provisional Government, New Haven, 1976.
NOULENS (J.), *Mon ambassade en Russie soviétique, 1917-1919,* Paris, 1933.
PIPES (R.), éd., *Revolutionary Russia,* Cambridge, Mass., 1968.
RABINOVITCH (A.), *The Bolsheviks Come To Power,* New York, 1976.
ROBIEN (L. de), *Journal d'un diplomate en Russie, 1917-1918,* Paris, Albin Michel, 1967.
ROSENBERG (W.), *Liberals in the Soviet Revolution. The Constitutional Democratic Party, 1917-1921,* Princeton, 1974.
SADOUL (J.), Notes sur la révolution bolchevique, Paris, François Maspero, 1971 (éd. de 1919, éd. mise à jour).
SCHAPIRO (L.), *The Origins of the Communist Autocracy,* Londres, 1977.
SCHAPIRO (L.), *Les Révolutions russes de 1917* (New York, 1984), éd. française, Paris, Flammarion, 1987.
TSERETELLI (I.), *Fevral'skaia revoliutsiia,* Paris, 1963, 2 vol.
ULAM (Adam A.), *Les Bolcheviks,* Paris, Fayard, 1973.
VASIUKOV (V.S.), *Vnechniaia Politika vremennogo pravitel'stva* (La politique extérieure du gouvernement provisoire), Moscou, 1966.

二つの記録文書集

Dekrety Sovetskoi Vlasti (Les décrets du pouvoir soviétique), Moscou, depuis 1957, vol. I.
Sovetsko germanskie otnocheniia (Les relations germano-soviétiques), Moscou, 1968, vol. I, pour Brest-Litovsk.

MINDLIN (Z.), « Kirgizy i revoliutsia », in *Novyi Vostok*, v. 1924.
Turkestanskii Krai. Sborniik materialov (Le territoire du Turkestan. Recueil de documents), Tachkent, 1912-1916, 20 vol.
SAFAROV (G.), *Kolonial'naia revoliutsia*, Moscou, 1921.
SOKOL (E.D.), *The Revolt of 1916 in Russian Central Asia*, Baltimore, 1953.

第11章

BASILY (N. de), *Memoirs*, Stanford, 1973.
BUNYAN (J.), FISCHER (H.), *The Bolshevik Revolution 1917-1918. Documents and Materials*, Stanford, 1934.
BURANOV (Iu. A.), KHRUSTALEV (V.M.), *Gibel' Imperatorskogo doma 1917-1919 gg.* (La fin de la maison impériale), Moscou, 1992.
CHAMBERLIN (W.H.), *The Russian Revolution*, Londres, New York, 1935.
CHERMENSKI (E.), *IV Gosudarstvennaia Duma i sverjenie tsarizma v Rossii* (La IVe Douma et le renversement du tsarisme), Moscou, 1976.
CHLIAPNIKOV (A.), *Semnadtsatyi God* (L'année 1917), Moscou, 1922, 3 vol.
CHUGAEV (D.), *Revoliutsionnoe dvijenie v Rossii v avguste 1917 g : razgrom Kornilovskogo miateja* (Le mouvement révolutionnaire en août 1917. L'anéantissement de la rébellion de Kornilov), Moscou, 1959.
DANIELS (R.V.), *Red October*, New York, 1967.
FERRO (M.), *La Révolution de 1917*, t. II. *Octobre. Naissance d'une société*, Paris, Aubier, 1976.
HASEGAWA (T.), *The February Revolution, Petrograd 1917*, Londres, 1981.
IROCHNIKOV (M.), PROTSAI (L.), CHELIAEV (Iu.), *The Sunset of the Romanov Dynasty*, Moscou, 1992.
KATKOV (G.), *The Kornilov Affair*, Londres, New York, 1980.
KEEP (J.), *The Russian Revolution. A Study in Mass Mobilization*, New York, 1976.
KERENSKY (A.), *The Catastrophe*, Londres, 1927.
MEL'GUNOV (S.P.), *Kak Bol'cheviki zahvatili vlast'* (Comment les bolcheviks ont pris le pouvoir), Paris, 1953.

ZEMAN (Z.A.), SCHARLAU (W.), *The Merchant of Revolution,* Londres, 1965.

連合国との関係について

IGNATIEV (A.V.), *Russko-Angliskie otnocheniia nakanune oktiabr'skoi revoliutsii* (Les relations anglo-russes à la veille de la révolution d'Octobre), Moscou, 1966.
IOFFE (A.E.), *Russko-Frantsuskie otnocheniia v 1917 godu* (Les relations franco-russes en 1917), Moscou, 1958.
KENNAN (G.), *The Fateful Alliance.*
NOLDE (B.), *L'Alliance franco-russe. Les origines du système diplomatique d'avant-guerre,* Paris, 1936.

ローザンヌ会議および民族問題に関するもの

Annales des Nationalités, notamment *IIIe Conférence des nationalités,* documents préliminaires, Lausanne, 1916.
BURMISTROVA (T.), *Natsional'nyi vopros i rabotchie dvijenie v Rossii* (La question nationale et le mouvement ouvrier en Russie), Moscou, 1954, 3 vol.
Carte ethnographique de l'Europe, Lausanne, 1918 (commentée).
DMOWSKI, *La Question polonaise,* Paris, 1909.
FILASIEWICZ (S.), *La Question polonaise pendant la guerre,* Paris, 1922.
GABRYS, *Vers l'indépendance lituanienne,* Lausanne, 1920.
KAUTSKY (K.), *Natsionalizm nachego vremeni* (Le nationalisme d'aujourd'hui), Saint-Pétersbourg, 1905.
MILIUKOV, *Dnevnik Miliukova* (Le journal de Milioukov), in *Krasnyi Arkhiv,* t. 54-55.
SENN (A.), *The Russian Revolution in Switzerland,* Cambridge, 1970.

中央アジアにおける蜂起に関するもの

ALLWORTH (E.), éd., *Central Asia, a Century of Russian Rule,* New York, 1967.
« Djizaksoe vostanie 1916 g. » (Le soulèvement de Djizak en 1916), in *Krasnyi Arkhiv,* LX, 1933.
GALUZO (P.), *Turkestan Koloniia* (Le Turkestan : une colonie), Moscou, 1929.
KUROPATKIN (général), « Dnevnik » (Journal), in *Krasnyi Arkhiv,* II, 1922.

第9,10章

戦争に関するもの

ADAMOV, *Konstantinopl'i Prolivy* (Constantinople et les détroits), Moscou, 1925.

L'Allemagne et les problèmes de la paix pendant la Première Guerre mondiale, Paris, 1962 et 1966, 2 vol.

EMETS (V.A.), *Otcherki Vnechnei politiki Rossii, 1914-1917* (Essais sur la politique extérieure russe), Moscou, 1977.

FAY (S.B.), *The Origins of the World War,* New York, 1928, 2 vol.

GOLOVIN (N.), *Voennye usilia Rossii v mirovoi voine* (Les efforts militaires russes dans la guerre mondiale), Paris, 1939, 2 vol.

GOURKO (général V.), *Memories and Impressions of War and Revolution in Russia, 1914-1917,* Londres, 1918.

JELAVITCH (B.), *A Century of Russian Foreign Policy,* New York, 1964.

LIEVEN (D.), *Russia and the Origins of the First World War,* Londres, 1984.

MELGUNOV (S.P.), *Legenda o separtnom mire* (La légende de la paix séparée), Paris, 1957.

POLNER (T.I.), *Russian Local Government During the War and the Union of Zemstvos,* New Haven, Connecticut, 1930.

SEMMENIKOV (V.P.), *Monarhia pered Krucheniem 1914-1917* (La monarchie devant l'effondrement, 1914-1917), Moscou, 1927.

SIDOROV (A.L.), *Ekonomitcheskoe polojenie Rossii v gody pervoi mirovoi voiny* (La situation économique de la Russie dans les années de la Première Guerre mondiale), Moscou, 1973.

SMITH (C.), *The Russian Struggle for Power : A Study of Russian Foreign Policy During the First World War,* New York, 1956.

SOLJENITSYNE (A.), *Lénine à Zurich,* Paris, Seuil, 1975.

SPIRIDOVITCH (général A.), *Velikaia Voina i fevral'skaia revoliutsiia, 1914-1917* gg. (La Grande Guerre et la révolution de Février), New York, 1962, 2 vol.

TRUHOVSKII, *Sovremennoe zemstvo,* (Le zemstvo aujourd'hui), Petrograd, 1914.

ZAÏONTCHKOVSKI (A.M.), *Mirovaia Voina* (La Guerre mondiale), Moscou, Leningrad, 1934.

ZEMAN (Z.A.), *Germany and the Revolution in Russia,* Londres, 1958.

*

* *

バルカン諸国に関するもの

NINČIC' (M.), *La Crise bosniaque et les puissances européennes*, Paris, 1937.

SCHMITT (B.), *The Annexation of Bosnia*, Cambridge, 1937.

SETON-WATSON (R.), *The South Slav Question*, Londres, 1911.

SETON-WATSON (R.), *The Rise of Nationality in the Balkans*, Londres, 1917.

THADEN (E.C.), *Russian and the Balkan Alliance of 1912*, Un. Park. Pennsylvania, 1965.

*

* *

皇帝一家の神秘主義に関するもの

GORAINOV (I.), « Serafim de Sarov. Sa vie. Entretiens avec Motovilov. Instruction spirituelle », Bellefontaine, *Spiritualité orientale*, n° 11, 1973.

SAINT JEAN DE CRONSTADT, *Moia jizn' vo hriste* (Ma vie en Christ), Moscou, 1894.

TIMOFEEVITCH (A.), *Preopodobnyi Serafim Sarovskii* (Le Bienheureux Serafim de Sarov), New York, 1953.

*

* *

ロマノフ王朝三百周年に関するもの

BOGDANOVITCH (E.V.), *Istoritcheskoe Palomnitchestvo nachego tsaria v 1913 g* (Le pèlerinage historique de notre tsar en 1913), Saint-Pétersbourg, 1914.

RADZIWILL (princesse C.), *Rasputin and the Russian Revolution,* New York, 1918.
RASPUTIN (M.), *Rasputin, The Man Behind the Myth : a Personal Memoir,* Engel wood cliffs, 1977.
RODZIANKO (M.), *Le Règne de Raspoutine,* Paris, Payot, 1928.
SIMANOVITCH (A.), *Raspoutine,* Paris, Gallimard, 1930.
SOLOVIEV-RASPOUTINE (M.), *Mon père Grigori Raspoutine. Mémoires et notes,* Paris, Povolozky, 1925. (Repris par Albin Michel en 1966.)
SPIRIDOVITCH (général A.), *Raspoutine, 1863-1916,* Paris, Payot, 1935.
TERNON (Y.), *Raspoutine, une tragédie russe,* Bruxelles, 1991.
TROYAT (H.), *Raspoutine,* Paris, Flammarion, 1996.
WILSON (C.), *Rasputin and the Fall of the Romanov's,* New York, 1964.
なお、文中で引用した二人の殺害計画実行者プリシケヴィッチ、ユスポフの書き残したものがある

*
* *

国内政治事情に関するもの

Gosudarstvennaia Duma. Spravotchnik, (La Douma d'État-guide pour 1913), Saint-Pétersbourg, 1913.
BERDIAEFF (N.), *Les Sources et le sens du communisme russe,* Paris, Gallimard, 1951.
DAN (F.), *Proishojdenie Bol'chevizma* (Les origines du bolchevisme), New York, 1946.
HAIMSON (L.), *The Russian Marxism and the Origins of the Bolchevism in Russia,* Cambridge, 1955.
HOSKING (G.A.), *The Russian Constitutional Experiment. Government and Duma 1907-1914,* Cambridge, 1973.
MARTOV (L.), *Zapiski sotsial-demokrata* (Notes d'un social-démocrate), Berlin, 1922.
STOLIAROV (L.), *Zapiski russkoge krestianina* (Récit d'un paysan russe), préface de B. Kerblay, Paris, Institut d'études slaves, 1986.
TCHERNOV (V.), *Zapiski sotsialista-revoliutsionnera* (Notes d'un socialiste-révolutionnaire), Berlin, 1922.
WHITE (H.J.), *The Rise of Democracy in Prerevolutionary Russia,* New York, 1962.
WORTMAN (R.S.), *The Development of Russian Social Consciousness,* Chicago, 1976.

SEREBRENNIKOV (A.), *Ubiistvo Stolypina. Svidetel'stva i dokumenty* (Le meurtre de Stolypine. Témoignages et documents), New York, 1986.
SOLJENITSYNE (A.) traite des problèmes de cette époque dans *Le « problème russe » à la fin du XXe siècle,* Paris, Fayard, 1994. *La Roue rouge,* 3 vol., *Août 14* (Premier nœud), 1983, *Novembre 16* (Deuxième nœud), 1985, *Mars 17* (Troisième nœud), 1993, Paris, Fayard.
SOUKHOMLINOV (général), *Erinnerungen,* Berlin, 1924.
STOLYPINE (A.), *L'Homme du dernier tsar, Stolypine (souvenirs),* Paris, Alexis Redier, 1931.
STOLYPINE (A.), *De l'Empire à l'exil, mémoires,* Paris, Albin Michel, 1996. (Mémoires posthumes du fils de l'homme d'État. Pour la première partie, généalogique.)
STRAHOVSKY (L.I.), « The Statesmanship of Peter Stolypin. A Reappraisal », in *Slavonic Review,* n° 37, 1959.
TAUBE (M. de), *La politique russe d'avant-guerre et la fin de l'Empire des tsars,* Paris, 1928.
TOKMAKOV (G.), *Stolypin and the Third Douma,* Washington, 1981.
TREADGOLD (D.), *The Great Siberian Migration : Government and Peasant Resettlement from Emancipation to the First World War,* Princeton, 1951.
ZENKOVSKI (A.V.), *Pravda o Stolypine* (La vérité sur Stolypine), New York, 1987.
ZENKOVSKI (A.V.), *Stolypin : Russia's Last Great Reformer,* Princeton, 1986.

第8章

ラスプーチンに関しては以下のような重要な出版文献がある

AMALRIK (A.), *Raspoutine,* Paris, Seuil, 1982.
BELETSKI (S.), *Rasputin,* Petrograd, 1923.
BIENSTOCK (J.), *Raspoutine et la fin d'un règne,* Paris, Albin Michel, 1917.
ENDEN (M. de), *Raspoutine ou la fascination,* Paris, Fayard, 1976. Réédition 1991.
FUHRMANN (J.), *Rasputine. A life,* New York, 1990.
MURAT (princesse Lucien), *Raspoutine et l'aube sanglante,* Paris, 1918.

KIZEVETTER (A.), *Na rubeje dvuh stoletii* (Au tournant de deux siècles), Prague, 1929.
KOEFOED (C.A.), *Russkoe zemleustroistvo* (L'organisation rurale russe), Saint-Pétersbourg, 1914.
KOEFOED (C.A.), *My share in the Stolypin agrarian Reforms,* Odensee, 1985.
KRASIL'NIKOV (N.P.), *P.A. Stolypin i ego deiatel'nost v I, II i III gosudarstvennoi dume* (Stolypine et son action dans les Ire, IIe et IIIe Doumas), Saint-Pétersbourg, 1912.
KRETCHETOV (P.), *P.A. Stolypin : ego jizn' i deiatel'nost'* (Stolypine, sa vie, son action), Riga, 1910.
LEONTOVITCH (V.), *Histoire du libéralisme en Russie,* Paris, Fayard, 1987.
LEVIN (A.), *The Second Douma. A Study of the Social Democratic Party and the Russian Constitutional Experiment,* New Haven, 1940.
LEVIN (A.), *The Third Douma,* Hamden, 1973.
MCNEAL (R.), *Russia in transition. 1905-1914. Evolution or Revolution ?,* New York, 1970.
MAKLAKOV (V.A.), *Pervaia gosudarstvennaia Douma* (La première Douma d'État), Paris, 1939.
MENASHE (L.), *Alexander Goutchkov and the Origins of the Octobrist Party,* New York, 1966.
OWEN (L.A.), *The Russian Peasant Movement 1906-1917,* New York, 1963.
PINTCHUK (Ben Sion), *The Octobrist in the Third Douma, 1907-1912,* Seattle, 1974.
POLEJAEV (P.), *Six années. La Russie de 1906 à 1912,* Paris, Plon, 1912.
POLIANSKI (N.N.), *Tsarskie voennye sudy v bor'be s revoliutsii 1905-1907 gg* (Les tribunaux militaires tsaristes en lutte contre la révolution), Moscou, 1958.
PROKOPOVITCH (S.N.), *Kooperativnoe dvijenie v rossii* (Le mouvement coopératif en Russie), Moscou, 1913.
SAVITCH (G.G.), éd., *Novyi gosudarstvennoi stroi rossii* (La nouvelle organisation de l'État en Russie), Saint-Pétersbourg, 1907.
Sbornik retchei Petra Arkadievitcha Stolypina (Recueil des discours de P.A. Stolypine), Saint-Pétersbourg, 1911.

第7章

AKTINSON (D.), *The End of the Russian Land Commune*, Stanford, 1983.

AVRECH (A. ia), *Stolypin i tretiia Douma* (Stolypine et la IIIe Douma), Moscou, 1978.

BAYNAC (J.), *Les Socialistes-révolutionnaires de mars 1881 à mars 1917*, Paris, R. Laffont, 1979.

BELOKONSKII (I.P.), *Zemstvo i Konstitutsiia* (Le zemstvo et la Constitution), Moscou, 1910.

BESTUJEV (I.V.), *Bor'ba v rossii po voprosam vnechnei politiki 1906-1910* (Le conflit en Russie autour des problèmes de politique extérieure), Moscou, 1961.

BOGROV (V.), *Dmitri Bogrov i ubiistvo Stolypina* (D. Bogrov et l'assassinat de Stolypine), Berlin, 1931.

DANILOV (général I.), *Velikii Kniaz Nikolai Nikolaievitch* (Le grand-duc Nicolas Nicolaievitch), Paris, 1930.

DIAKIN (V.G.), *Samoderjavie, burjuaziia i dvoriantsvo v 1907-1911 gg* (L'autocratie, la bourgeoisie et la noblesse dans les années 1907-1911), Leningrad, 1978.

DOUBROVSKI (S.M.), *Stolypinskaia reforma*, Leningrad, 1925.

DRESDEN (A.), éd., *Tsarizm v borbe s'revoliutsii 1905-1907* (Le tsarisme en lutte contre la révolution), Moscou, 1936.

GERE (V.), *Znatchenie III gosudartsvennoi Dumy v istorii rossii* (La place de la IIIe Douma dans l'histoire de la Russie), Saint-Pétersbourg, 1912.

GESSEN (I.V.), *Iskliutchitel'noe polojenie* (L'état d'urgence), Saint-Pétersbourg, 1908.

HAIMSON (L.), *The Politics of Rural Russia*, Bloomington, 1979.

HEALY (A.), *The Russian Autocracy in Crisis*, Hamden, 1976.

HOSKING (G.), « Stolypin and the Octobrist Party », in *Slavonic & East European Review*, 47, 1969.

IZGOEV (A.), *P.A. Stolypin : otcherk jizni i deiatel'nosti* (Stolypine, sa vie et son œuvre), Moscou, 1912.

IZGOEV (A.), *Russkoe obchtchestvo i revoliutsiia* (La société russe et la révolution), Moscou, 1910.

GELLER (L.), ROVENSKAIA (N.), *Peterburgskie i Moskovskie sovety rabotchih deputatov 1905 g. (v. dokumentah)* (Les soviets de députés ouvriers de Pétersbourg et Moscou, 1905, Documents), Moscou, Leningrad, 1926.

GRINEVITCH (V.), *Professional'nye dvijenie rabotchih* (Les mouvements professionnels des ouvriers), Saint-Pétersbourg, 1908.

HARCAVE (S.), *First blood : the Russian Revolution of 1905*, Londres, 1964.

KOVALEVSKI (M.), *La Crise russe. Notes et impressions d'un témoin*, Paris, 1906.

LAZAREVSKII, *Zakonodatel'nye akty perehodnogo vremeni 1904-1906* (Les actes législatifs de la période de transition 1904-1906), Saint-Pétersbourg, 1907.

MEHLINGER (H.), THOMPSON (J.M.), *Count Witte and the Tsarist Government in the 1905 Revolution*, Indiana Un. Press, 1972.

PANKRATOVA (A.N.) et *al.* éd., *Revoliutsiia 1905-1907 g v rossii, Dokumenty i Materialy*, Moscou, 1961.

SABLINSKI (S.), *The Road to Bloody Sunday*, Princeton, 1976.

SAVITCH (G.G.) éd., *Novyi gosudarstvennoi stroi Rossii* (La nouvelle organisation de l'État), Saint-Pétersbourg, 1907.

SCHWARTZ (S.), *The Russian Revolution of 1905*, Chicago, 1967.

SIDOROV (A.L.), éd., *Vyschyi pod'em revoliutsii 1905 - 1907 gg. vooruјenoe vostanie noiabr'dekabr' 1905* (le « pic » de la révolution de 1905 - Le soulèvement militaire de novembre-décembre), Moscou, 1955.

SZEFTEL (M.), The russian Constitution of April, 23, 1906, Bruxelles, 1976.

TRUSOVA (N.S.), *Natchalo pervoi russkoi revoliutsii ianvar' mart. 1905* (Le début de la première révolution, janvier-mars 1905), Moscou, 1955.

VERNER (A.M.), *The Crisis of the Russian Autocracy : Nicholas II and the 1905 Revolution*, Princeton, 1990.

ZAKHAROVA (I.G.), *« Krizis samoderjaviia nakanune revoliutsii 1905 goda »* in Voprosy istorii, (La crise de l'autocratie à la veille de la révolution de 1905), n° 8, août 1972, p. 119-140.

WITTE (S.), *Samoderjavie i zemstvas* (L'autocratie et les zemstvos), Stuttgart, 1901.

Jurnaly i postanovleniia vserossiiskogo s'ezda zemskih deiatelei v Moskve s 10 do 15 iunia 1907 g (Procès-verbaux et résolutions du Congrès des zemstvos. Moscou 10 juin, 15 juin 1907), Saint-Pétersbourg, 1907.

KOROSTOVETS (I.), *Prewar Diplomacy : the Russian Japanese Problem, Diary of Korostovets,* Londres, 1920.
KUROPATKIN (général A.), *Dnevnik – Krasnyi Arkhiv,* t. II, 1925.
MALOZEMTSEV (A.), *Russian Far Eastern Policy 1881-1904. With a Special Emphasis on the Causes of the Russo-Japanese War.*
RENOUVIN (P.), *Histoire des relations internationales, 1871-1914,* Paris, Hachette, 1955, t. VI.
RENOUVIN (P.), *La question d'Extrême-Orient, 1840-1940,* Paris, Hachette, 1946.
ROMANOV (B.), *Rossiia v Mandchourii,* Leningrad, 1928.
ROMANOV (B.), *Diplomatitcheskii otcherk russko japonskoi voyni* (Les aspects diplomatiques de la guerre russo-japonaise), Moscou, 1947.
SUMMER (B.), *Tsardom and Imperialism in the Far East,* Londres, 1942.
WARNER (D.), WARNER (P.), *The Tide at Sunrise : A History of the Russo-Japanese War, 1904-1905,* New York, 1974.
WHITE (J.A.), *The Diplomacy of the Russo-Japanese War,* Princeton, 1964.
ZABRISKIE (A.), *American-Russian Rivalry in the Far East,* Philadelphie, 1946.
Za kulisami tsarisma (Dans les coulisses du tsarisme), Leningrad, 1925.

第6章

ANWEILER (O.), *Les Soviets en Russie, 1905-1921,* Paris, 1972.
ASCHER (A.), *The Revolution of 1905 : Russia in disarray,* Stanford, 1988.
ASCHER (A.), *The Revolution of 1905 : Authority restored,* Stanford, 1992.
CHERMENSKII (E.D.), *Burjuaziia i tsarizm v pervoi russkoi revoliutsii* (La bourgeoisie et le tsarisme dans la première révolution russe), Moscou, 1970.
COQUIN (F.X.), *La Révolution russe manquée,* Bruxelles, 1985.
COQUIN (F.X.), GERVAIS-FRANCELLE (C.) éd., *1905, La Première Révolution russe,* Paris, 1986.
GEFTER (M.I.), *Ekonomitcheskie predposylki pervoi russkoi revoliutsii* (Les sources économiques de la première révolution russe), Leningrad, Moscou, 1955, publication de l'Académie des sciences.

MIRNYI, *Adressy zemstv 1894-1895 : ikh polititches Kaiaprograma. Pervaia tsarskaia retch* (Les adresses des zemstvos de 1894-1895 et leur programme politique. Le premier discours du Tsar), Genève, 1896.
NIKOLAIEV (A.), *Sel'skoe samoupravlenie* (L'autogestion rurale), Saint-Pétersbourg, 1906.
NOVIKOV (A.I.), *Zapiski zemskogo natchal'nika* (Notes d'un chef rural), Saint-Pétersbourg, 1899.
PEARSON (Th.), *Russian Officialdom in Crisis : Autocracy and Local Self-Government,* Cambridge, 1989.
PHILIPPOT (R.), *Les zemstvos,* Paris, 1991.
PIPES (R.), *Struve : Liberal of the left, 1870-1905,* Cambridge, Mass., 1970.
PIPES (R.), *Social Democracy and the St. Petersbourg Labor Movement, 1885-1897,* Cambridge, Mass., 1963.
SCHNEIDERMAN (J.), *Sergei Zubatov and Revolutionary Marxism. The Struggle For the Working Class in Russia,* Ithaca, 1976.
SOLOVIEV (I.B.), *Samoderjavie i dvorianstvo v 1902-1907* gg. (L'autocratie et la noblesse), Leningrad, 1981.
SPIRIDOVITCH (général A.), *Histoire du terrorisme russe, 1886-1917,* Paris, 1930.
TUGAN-BARANOVSKI (M.), *Russkaia fabrika v prochlom i nastoiachtchem* (La fabrique russe, hier et aujourd'hui), Saint-Pétersbourg, 1898.
VESELOVSKI (B.), *Istoriia zemstva za 40 let* (Histoire des zemstvos durant quarante ans), Saint-Pétersbourg, 1901-1911, 4 vol.
WITTE (S.TU.), *Samodorjavie i zemstvo. Konfidentsial' naia zapiska 1899* (Autocratie et zemstvo, note confidentielle, 1899) préfacée par P. Struve, Stuttgart, 1901.
WOROBEC (Ch.), *Peasant Russia : family and community in the post-emancipation period,* Princeton, 1991.

第5章

DALLIN (D.), *The Rise of Russia in Asia,* Cambridge, 1950.
GLINSKI (B.), éd., *Prolog russko-japonskoi voiny,* Saint-Pétersbourg, 1915 (publication des papiers Witte sur ce thème).
HUDSON (G.F.), *The Far East in World Politics,* New York, 1939.

BENSIDOUN (S.), *L'Agitation paysanne en Russie de 1881 à 1902,* Paris, FNSP, 1975.
BLOCH (J. de), *Les Finances de la Russie,* Paris, 1912.
CARRÈRE D'ENCAUSSE (H.), « L'agitation révolutionnaire en Russie, 1898-1904 », in *Revue d'histoire moderne et contemporaine,* 1977.
CYON (E. de), *L'Alliance franco-russe,* Lausanne, 1895.
DUBNOW (S.), *History of the jews in Russia and Poland,* Philadelphie, 1916-1920, 3 vol.
EMMONS (T.), VUCINICH (W.S.), éds., *The Zemstvo in Russia. An Experiment of Local Self-Government,* Cambridge, 1982.
FRANCK (S.), *Cultural Conflict and Criminality in Russia, 1861-1900,* Brown Un., 1987 (PHD).
FRÖLICH (K.), *The Emergence of Russian Constitutionalism, 1900-1904. The relationship between social mobilization and political group formation in pre-revolutionary Russia,* La Haye, 1981.
GALAÏ (S.), *The Liberation Movement in Russia, 1900-1905,* Cambridge, 1973.
GIRAULT (R.), *Emprunts russes et investissements français en Russie, 1887-1914,* Paris, A. Colin, 1973.
GRAENBERG (L.), *The Jews in Russia, 1881-1917,* New Haven, 1951, (2 volumes ; c'est le second qui couvre cette époque).
JUDGE (E.), *Plehve,* Syracuse, 1983.
KASSOW (S.), *Students, Professors and the State in Russia,* Berkeley, 1989.
KASSOW (S.), *The Russian University in Crisis, 1899-1911,* Princeton, 1976, PHD.
KHROMOV (P.A.), *Ekonomitcheskoe razvitie Rossii v XIX-XX vv* (Le développement économique de la Russie aux XIXe-XXe s.), Moscou, 1969.
KOMITET MINISTROV, *Nacha jeleznodorojnaia politika* (Notre politique ferroviaire), Saint-Pétersbourg, 1902, 2 vol.
KONI (A.), *Sergei Iulievitch Vitte : otryvok vospominanii* (Souvenirs sur Witte), Moscou, 1925.
LAUE (Th. von), *Sergei Witte and the Industrialization of Russia,* New York, 1963.
MEHLINGER (H.), THOMPSON (J.), *Count Witte and the Tsarist Government in the 1905 Revolution,* Bloomington, 1972.

Russian Merchants 1855-1905, Cambridge, Massachusetts, Londres, 1980.
Peasant in Nineteenth Century Russia (sous la direction de Vucinich, W.), Stanford Un. Press, 1968.
PLEKHANOV (G.), « Alexandre III », *Œuvres*, Moscou, 1927, t. 24.
POBEDONOSTSEV (C.), *L'Autocratie russe. Mémoires politiques. Correspondance officielle et documents relatifs à l'histoire du règne de l'Empereur Alexandre III de Russie*, Paris, 1927.
POLIAKOV (A.), « Tsar mirotvorets » (Le tsar pacificateur), in *Golos Minuvchego*, Moscou, 1918, n° 1, 3.
POLOVTSOV (A.A.), *Dnevnik, 1883-1892*, (Journal Moscou), 1966, 2 vol.
PORTAL (R.) éd., *Le Statut des paysans libérés du servage*, Paris, Mouton, 1963.
RAMBAUD (A.), « L'armée du tsar Alexandre III », in *Revue bleue*, Paris, 1893.
TOLSTOÏ (L.), *O golode* (Sur la famine), Saint-Pétersbourg, 1891.
VALUEV (P.A.), *Dnevnik 1877-1884*, Petrograd, 1919.
ZAIONTCHKOVSKI (P.A.), *Rossiiskoe samoderjavie v kontse XIX stoletiia* (L'autocratie russe à la fin du XIXᵉ siècle), Moscou, 1970.
ZAIONTCHKOVSKI (P.A.), *Samoderjavie i Russkaia armiia na rubeje XIX-XX v. 1881-1903* (L'autocratie et l'armée russes au tournant des XIXᵉ et XXᵉ siècles), Moscou, 1973.
ZAIONTCHKOVSKI (P.A.), *Otmena krepostnogo prava v rossii* (L'abolition du servage), Moscou, 1960.

第2章

この章は「本書全体に関する参考文献」およびニコライ二世の伝記、さらに各種の日記・証言に基づいている。

第3,4章

ANFIMOV, *Krestianskoe khoziaistvo Evropeiskoi rossii*, Moscou, 1980.
ANSPACH (A.), *La Russie économique et l'œuvre de Monsieur de Witte*, Paris, Le Soudier, 1904.
BELOKONSKII (I.P.), *Zemskoe dvijenie* (Le mouvement des zemstvos), Moscou, 1910.

章ごとの参考文献

第1章

ADAMS (E.) éd., *Imperial Russia after 1861 – Peaceful modernization or Revolution ?*, Boston, 1965.

ARSENIEV (K.), *Gorodskoe Upravlenie* (L'administration municipale), Saint-Pétersbourg, 1893, t. IX du *Dictionnaires encyclopédiques.*

AXELROD, *Perejitoe i peredumanoe* (Ce que j'ai vécu et repensé), Berlin, 1903.

BENSIDOUN (S.), *Alexandre III*, Paris, Sedes, 1990.

BYRNES (R.), *Pobedonostsev. His Life and Thought*, Bloomington, 1968.

DRUJININ (N.M.), *Russkaia derevnia na perolome 1861-1880 gg.* (La campagne russe au tournant des années 1861-1880), Moscou, 1978.

FIRSOV (N.N.), Aleksandr III ; *in Byloe*, Moscou, 1925.

KERBLAY (B.), *Du Mir aux agrovilles*, Paris, Institut d'études slaves, 1985 (particulièrement p. 27 à 71, Les lendemains de la réforme).

KOLOSOV (A.), *Aleksandr III. Ego litchnost' ; intimnaia jizn' i pravlenie* (Alexandre III. Sa personnalité, sa vie privée et son gouvernement), Londres, 1902.

Krestianskoe dvijenie (1881-1889) et *(1890-1900)* (Le mouvement paysan), publié sous la direction de N. Droujinine, Moscou, 1959 et 1960, 2 vol.

KUZMIN-KARAVAEV, *Zemstvo i derevnia* (Le zemstvo et la campagne), Saint-Pétersbourg, 1904.

MASLOV (P.P.), *Agrarnyi vopros v rossii* (La question agraire en Russie), Moscou, 1906.

MESTCHERSKI (V.P.), *Moi vospominaniia 1897-1912*, SLND, 3 vol.

MILIUTIN (D.A.), *Dnevnik*, Moscou, 1950 (spécialement le t. IV qui couvre les années 1881-1882).

MOSSE (W.E.), *Alexander II and the Modernization of Russia*, New York, 1958.

NAZAREVSKI (V.V.), *Tsarstvovanie Aleksandra III* (Le règne d'Alexandre III), Moscou, 1910.

OWEN (I.G.), *Capitalism and Politics in Russia. A Social History of*

RACHIN (A.G.), *Naselenie Rossii za sto let 1811-1913* (La population de Russie, cent ans. 1811-1913), Moscou, 1956.
TROINITSKI (N.A.), *Pervaia vseobchtchaia perepis naseleniia Rossiiskoi imperii 1897 g. obchtchii svod* (Le premier recensement général de la population de l'Empire russe, 1897, données générales), Saint-Pétersbourg, 1905, 2 vol.
Zakonodatel'nye akty perehodonogo vremeni (Textes législatifs de la période de transition), Saint-Pétersbourg, 1907.
Rossiia v prochlom i nastoiachtchem v pamiat'treh sot letiia tsarstvovaniia derjavnago doma Romanovyh (La Russie hier et aujourd'hui. Pour le jubilé du tricentenaire du règne des Romanov), Moscou, 1913.
Polnoe Sobranie zakonov rossiiskoi imperii (Collection complète des lois de l'Empire russe), Saint-Pétersbourg, 1864.

*
*　*

その他参考にした歴史辞典、年鑑など

Istoriia rodov russkogo dvorianstva (Histoire des lignées de la noblesse russe), 2 vol, Saint-Pétersbourg, 1886.
Almanach de Saint-Pétersbourg, Cour, monde et ville, 1913-1914, Saint-Pétersbourg, Leipzig, 1919.
Stammtafeln- Zur Geschichte der Europäischen Staaten, Marburg, 1953, vol. I & II.

MILLER (M.), *The Economic Development of Russia, 1905-1914,* New York, 1967.
MOSSE (W.E.), *Perestroïka under the Tsars,* Londres, 1992.
PORTAL (R.), *La Russie industrielle, 1884-1927,* Paris, 1956.
ROBINSON (G.T.), *Rural Russia under the Old Regime,* New York, 1932, et Londres, 1967.
SHANIN (Th.), *The Roots of Otherness : Russia's Turn of Century, t. I, Russia as a Developing Society,* Yale Un. Press, 1986.
STRUVE (P.), *Krititcheskie zametki k voprosu ob ekonomitcheskom razvitii kapitalizma v Rossii* (Notes critiques sur le développement du capitalisme en Russie), Saint-Pétersbourg, 1894.

ロシアの「特殊性」を扱ったもの

BESANÇON (A.), *Le Tsarévitch immolé,* Paris, 1967.
BILLINGTON (J.), *The Icon and the Axe. An Interpretative History of Russian Culture,* Londres, 1966.
CHERNIAVSKY (M.), *Tsar and People,* New Haven, Londres, 1961.
EDELMAN (N.), *Revoliutsiia sverhu v Rossii* (La révolution par en haut en Russie), Moscou, 1989.
ETKIND (E.), NIVAT (G.), SERMAN (I.), STRADA (V.), *Histoire de la littérature russe : Le XXe siècle : L'âge d'argent,* t. IV, vol. I, Paris, Fayard, 1987.
PIPES (R.), *Russia Under the Old Regime,* New York, 1974 (sur l'État patrimonial).

公文書類

Imperatorskii Vserosiiskii prestol. Nasledie prestola po osnovnym gosudarstvenym zakonam (Le trône impérial de Russie. La succession au trône selon les lois fondamentales de l'État), Paris, 1922.
Gosudarstvennaia Duma. Stenografitcheskie otchety (La Douma d'État, comptes rendus sténographiques), Saint-Pétersbourg et Petrograd, 1906-1915.
KORKUNOV (N.), *Russkoe gosudarstvennoe pravo* (Le droit public russe), Saint-Pétersbourg, 1897.

ロシアに関する概説書

KARAMZIN (N.M.), *Istoriia Gosudarstva Rossii,* Saint-Pétersbourg, 1892, 12 vol.

KARPOVITCH (M.), *Imperial Russia, 1801-1917,* New York, 1932.

KLIOUTCHEVSKI (V.O.), *Kurs russkoi Istorii,* Moscou, 1956-1958, 5 vol.

LEROY-BEAULIEU (A.), *L'Empire des tsars et les Russes,* Paris, 1889-1893, 3 vol.

MARTOV, MASLOV, POTRESSOV, *Obchtchestvennoe dvijenie v Rossii v natchale XX veka* (Le mouvement social en Russie au début du XXe siècle), Saint-Pétersbourg, 1909.

PARES (R.), *History of Russia,* New York, 1960 (rééd. de l'éd. 1937).

PARES (R.), *Russia and Reform,* Londres, 1907.

PASCAL (P.), *Histoire de la Russie des origines à 1917,* Paris, PUF, 1976.

PLATONOV (S.), *Histoire de la Russie des origines à 1918,* Paris, Payot, 1929.

RAEFF (M.), *Comprendre l'Ancien Régime russe,* Paris, Seuil, 1982.

RIAZANOVSKI (N.), *Histoire de la Russie. Des origines à 1984,* Paris, Robert Laffont, 1987 (éd. originale 1963).

SETON WATSON (H.), *The Decline of Imperial Russia, 1855-1914,* Londres, 1952.

SOKOLOFF (G.), *La Puissance pauvre : Une histoire de la Russie de 1815 à nos jours,* Paris, Fayard, 1993.

SZAMUELY (T.), *La Tradition russe,* Paris, Stock, 1974.

WEIDLE (V.), *La Russie absente et présente,* Paris, Gallimard, 1949.

ロシアの発展ぶりに関するもの

BLACK (C.), *The Transformation of Russian Society : Aspects of Social Change since 1861,* Cambridge, Mass., 1970.

BLACK *et al., The Modernization of Japan and Russia : A Comparative Study,* New York, Londres, 1975.

BLACKWELL (W.L.), *Russian Economic Development from Peter the Great to Stalin,* New York, 1974.

CRISP (O.), *Studies in the Russian Economy before 1914,* Londres, 1976.

FINN-ENOTAIEVSKI (A.), *Kapitalizm v Rossii, 1890-1917* (Le capitalisme en Russie), Moscou, 1925.

GERSCHENKRON (A.), *Economic Backwardness in Historical Perspective,* Cambridge, Mass., 1962.

SUKHANOV (N.), *Zapiski o revoliutsii* (Notes sur la révolution), Berlin, Moscou, 1922-1923, 7 vol.
TSERETELLI (I.), *Vospominaniia* (Mémoires), Paris, 1963, 2 vol.
VYROUBOVA (A.), *Memories of the Russian court,* New York, 1923.
WITTE (S.), *Vospominaniia* (Mémoires), Moscou, 1960, 3 vol.
YOUSSOUPOV (Prince F.), *Avant l'exil,* Paris, 1952.

記録を集大成したもの

ALEKSEIEV (V.A.), *Gibel'tsarskoi sem'i : mify i real' nost' (novye dokumenty o tragedii na Urale)* (La fin de la famille impériale. Mythes et réalité. Nouveaux documents sur la tragédie de l'Oural), Ekaterinbourg, 1993.
Bor'ba za vlast sovetov v Tobol'skoi gubernii 1917-1920. Sbornik dokumentov (La lutte pour le pouvoir des soviets dans la province de Tobolsk, recueil de documents), Sverdlovsk, 1967.
Gibel' tsarskoi sem'i (La fin de la famille impériale), éd. N. Ross, Francfort, 1987. Cet ouvrage reprend l'enquête effectuée en avril 1919 par le juge N. Sokoloff. La totalité des documents de l'enquête se trouve rassemblée dans :
Documents of the Investigation into the Death of Nicolas II, Sokolov Archives, Houghton Library, Harvard Un. Kilgour Collection.
« Interrogatoires des ministres, conseillers généraux, hauts fonctionnaires de la Cour impériale russe par la Commission extraordinaire du Gouvernement provisoire de 1917 », in *La Chute du régime tsariste,* Paris, Payot, 1927.
IACOVOI-RAVISKII, V.I. ed. *Sbornik materialov po musul' manstvu* (Recueil de documents sur les musulmans), Saint-Pétersbourg, 1899.
KERENSKI (A.) et BROWDER (R.), *The Russian Provisional Government, 1917,* Stanford, 1961, 3 vol.
Monarchiia pered Krucheniem : 1914-1917 – Bumagi Nikolaia II i drugie dokumenti (La monarchie avant la chute, 1914-1917, Les papiers de Nicolas II et autres documents), Moscou, Leningrad, 1927.
Poslednie dni romanovykh – Dokumenty materialy, dnevniki, sledstvia, versii (Les derniers jours des Romanov – Documents, matériaux, enquêtes, journaux intimes, versions), Sverdlovsk, 1991.
SOKOLOV (N.), *Ubiistvo Tsarskoi Sem'i* (Le meurtre de la famille impériale), Berlin, 1925. Voir *supra,* les Archives Sokolov.

IZVOLSKI (A.), *The Memoirs of Alexander Izwolski*, Londres, 1920.
KERENSKI (A.), *La Russie au tournant de l'Histoire*, Paris, Plon, 1967.
KOCHELEV (A.I.), *Zapiski* (Mémoires), Berlin, 1884.
KOKOVTSEV (V.N.), *Iz moego prochlogo : vospominaniia, 1903-1919* (Souvenirs de mon passé), Paris, 1933, 2 vol.
KRYJANOVSKI (S.E.), *Vospominaniia* (Mémoires), Berlin, 1938.
LAMSDORFF (V.), *Dnevnik V.N. Lamsdorffa, 1886-1890* (Journal de V.N. et Dnevnik 1894-1896. Moscou 1991. Lamsdorff), Moscou-Leningrad, 1926.
MAKLAKOV (V.), *Memoirs of V.A. Maklakov: the first State Douma*, Bloomington, Ind., 1964.
MAKLAKOV (V.), *Vlast : obchtchestvennost' na zakate staroi Rossii* (Le Pouvoir et la société au déclin de l'ancienne Russie), Paris, 1936.
MELGUNOV (S.P.), *Poslednii Samoderjets* (Le dernier autocrate), Moscou, 1917.
MILIOUKOV (P.), *La Crise russe*, Paris, 1907.
MILIOUKOV (P.), *Vospominaniia* (Mémoires), New York, 1955.
MOSSOLOV (A.), *At the Court of the last Tsar*, Londres, 1935.
OUKHTOMSKI (E.), *Voyage en Orient de son Altesse impériale le Tsarévitch*, Paris, Delagrave, 1893.
PALÉOLOGUE (M.), *La Russie des Tsars pendant la Grande Guerre*, Paris, Plon, 1922, 3 vol.
PETRUNKEVITCH (I.I.), *Iz zapisok obchtchestvennogo deiatelia* (Mémoires sur une action politique), Berlin, 1934.
POBEDONOSTSEV (K.), *Reflections of a Russian Statesman*, Londres, 1896.
POBEDONOSTSEV (K.), *Pisma Pobedonostseva K Alexandru III* (Lettres de Pobedonostsev à Alexandre III), Moscou, 1925-1926.
POURICHKEVITCH (V.), *Comment j'ai tué Raspoutine*, Paris, Povolozky, 1924.
RODZIANKO (M.V.), *Gosudarstvennaia Douma i fevral'skaia revoliutsiia 1917 goda* (La Douma d'État et la révolution de février 1917), Rostov-sur-le-Don, 1919.
RODZIANKO (M.V.), *Le Règne de Raspoutine*, Paris, Payot, 1927.
ROBIEN (L. de), *Journal d'un diplomate en Russie, 1917-1918*, Paris, Albin Michel, 1967.
SAZONOV, *Les Années fatales*, Paris, Payot, 1927.
SPIRIDOVITCH (général Alexandre), *Les Dernières Années de la cour de Tsarskoïe Selo*, Paris, Payot, 1928, 2 vol.

NICOLAS II, *Polnoe sobranie retchei Imperatora Nikolaia II (1894-1906)* (Recueil complet des discours de l'empereur Nicolas II), Saint-Pétersbourg, 1906.
NICOLAS II, *Letters of the Tsar to the Tsaritsa, 1914-1917,* Londres, 1929.
NICOLAS II et Maria FEODOROVNA, « Perepiska Nikolaia II i Marii Feodorovny 1905-1906 » (Correspondance de Nicolas II et Marie Feodorovna), in *Krasnyi Arkhiv,* t. XXII, 1927.
NICOLAS II, *Correspondance entre Nicolas II et Guillaume II, 1894-1914,* Paris, Plon, 1924.
ALEXANDRA, *Lettres de l'Impératrice Alexandra Feodorovna à l'Empereur Nicolas II,* Paris, Payot, 1927.
AVDEEV (A.D.), « Nikolai Romanov, v Tobolske i v Ekaterinburge » (Les Romanov à Tobolsk et Ekaterinbourg), in *Krasnaia Nov',* V, 1928.
AVDEEV (N.), *Revoliutsiia 1917 : Khronika Sobytii* (La Révolution de 1917 ; chronique des événements), Moscou, 1923-1930, 6 vol.
BENCKENDORFF (comte P.), *Last days at Tsarskoe Selo,* Londres, 1927.
BOMPARD (M.), *Mon ambassade en Russie,* Paris, Payot, 1937.
BUCHANAN (sir George), *My Mission to Russia,* Londres, New York, 1923, 2 vol.
CHIPOV (D.), *Vospominaniia i dumy o perejitom* (Souvenirs et réflexions sur ce que j'ai vécu), Moscou, 1918.
CHTCHEGOLEV (P.E.), *Otretchenie Nikolaia Vtorogo. Vospominaniia otchevitsev. Dokumenty* (L'abdication de Nicolas II. Souvenirs des témoins. Documents), Leningrad, 1927.
CHTCHEGOLEV (P.E.), *Padenie tsarskogo rejima* (La chute du régime tsariste), Leningrad, 1924-27, 7 vol.
GAPONE (G.), *Les Mémoires du pope Gaponee. Les dessous de la Révolution russe,* Paris, 1906.
GILLIARD, *Le Tragique Destin de Nicolas II et de sa famille,* Paris, Payot, 1938.
HANBURY WILLIAMS (major-general, sir John), *The Emperor Nicholas as I knew him,* Londres, 1922.
IAKOVLEV (V.), « Poslednii reis romanovyh, Vospominaniia » (Le dernier voyage des Romanov, souvenirs), in *Ural,* 8, 1988.
IZVOLSKI (A.), *Correspondance diplomatique (1906-1911),* Paris, Les Éditions internationales, 1937, 2 vol.

参考文献

本書全体に関する参考文献

ニコライ二世に関するもの

ELTCHANINOV (A.), *Tsarstvovanie gosudaria Imperatora Nikolaia Aleksandrovitcha* (Le règne de l'empereur Nicolas Alexandrovitch), Saint-Pétersbourg, Moscou, 1913. (Cette biographie a été publiée avec l'accord de Nicolas II.)

FERRO (M.), *Nicolas II,* Paris, Payot, 1990.

GRUNEWALD (C. de), *Le Tsar Nicolas,* Paris, Berger-Levrault, 1965.

LIEVEN (D.), *Nicolas II, Emperor of all the Russias,* Londres, 1993.

＊邦訳——ドミニク・リーベン『ニコライ II 世——帝政ロシア崩壊の真実』小泉摩耶訳、日本経済新聞社、1993 年

MASSIE (R. K.), *Nicholas and Alexandra,* New York, 1971.

OLDENBOURG (S.), *Tsarstvovanie Imperatora Nikolaia II* (Le règne de l'empereur Nicolas II), Belgrade, Munich, 1939, 1949, 2 vol.

RADZINSKY (E.), *The Last Tsar : the Life and Death of Nicolas II,* New York, 1992.

＊邦訳——エドワード・ラジンスキー『皇帝ニコライ処刑——ロシア革命の真相』（上下）工藤精一郎訳、日本放送出版協会、1993 年

RADZIWILL (C.), *Nicolas II : The Last of the Tsars,* Londres, 1931.

TROYAT (H.), *Nicolas II,* Paris, Flammarion, 1991.

書簡・証言・回顧録など

NICOLAS II, *Dnevnik Imperatora Nikolaia II* (1890-1906) (Journal de l'empereur Nicolas II), Berlin, 1923.

NICOLAS II, *Dnevnik Imperatora Nikolaia II,* Moscou, 1991.

NICOLAS II, « Dnevnik Imperatora Nikolaia II », in *Krasnyi Arkhiv,* t. XX, XXI, XXII, XXVII, Moscou, 1927-1928.

ワ　行

ヤ　行

ラ　行

マ　行

ナ　行

ハ　行

タ 行

カ　行

サ　行

人名索引

ア　行

著者紹介

エレーヌ・カレール＝ダンコース
Hélène CARRÈRE D'ENCAUSSE

ロシアおよび中央アジアを専門とする歴史学者・国際政治学者。アカデミー・フランセーズ終身幹事（女性のアカデミー会員は作家マルグリット・ユルスナールに次いで二人目）、欧州議会議員。パリの政治学院卒、ソルボンヌ大学で歴史学博士号、さらに同校で文学・人文科学国家博士号を取得、母校で教鞭を執った。仏紙『フィガロ』の国際面にロシア・カフカス・中央アジア問題に関する解説記事を定期的に寄稿する文字通りの第一人者。主な著書に、中央アジアでの民族問題がソ連の命取りとなることを予言した名著『崩壊したソ連帝国』（1978、邦訳・藤原書店）のほか、『民族の栄光』（1990、邦訳・藤原書店）『レーニン』（1998）『未完なるロシア』（2000）（共に邦訳・藤原書店近刊）など多数。

訳者紹介

谷口 侑（たにぐち・すすむ）

1936年、中国・長春生まれ。富山国際大学教授（専門・国際関係論）。1959年、東京外国語大学フランス語科を卒業。20年近く新聞社のパリ、ロンドン、ニューヨーク特派員をつとめる。主な共著書に『二〇世紀　どんな時代だったか』（全8巻、読売新聞社刊）。主な訳書に『革命の中の革命』『革命と裁判』（共訳、ともにレジス・ドブレ著、晶文社）など多数。

甦《よみがえ》るニコライ二世——中断されたロシア近代化への道

2001年5月30日　初版第1刷発行©

訳　者　谷　口　侑
発行者　藤　原　良　雄
発行所　株式会社　藤　原　書　店

〒162-0041　東京都新宿区早稲田鶴巻町523
TEL　03（5272）0301
FAX　03（5272）0450
振替　00160-4-17013

印刷・製本　美研プリンティング

落丁本・乱丁本はお取り替えします
定価はカバーに表示してあります

Printed in Japan
ISBN4-89434-233-2

五〇人の識者による多面的読解

『地中海』を読む

I・ウォーラーステイン、網野善彦、川勝平太、榊原英資、山内昌之ほか

各分野の第一線でいま活躍する五〇人の多彩な執筆陣が、今世紀最高の歴史書『地中海』の魅力を余すところなく浮き彫りにする。アカデミズムにとどまらず、各界の「現場」で二一世紀を切り開くための知恵に満ちた、『地中海』の全体像が見渡せる待望の一書。

A5並製　二四〇頁　**二八〇〇円**
（一九九九年一二月刊）
◇4-89434-159-X

世界初の『地中海』案内！

ブローデル『地中海』入門

浜名優美

現実を見ぬく確かな眼を与えてくれる最高の書『地中海』をやさしく解説。引用を随所に示し解説を加え、大著の読解を道案内。全巻完訳を果した訳者でこそ書きえた『地中海』入門書の決定版。付録——『地中海』関連書誌、初版・第二版目次対照表ほか多数。

四六上製　三〇四頁　**二八〇〇円**
（二〇〇〇年一月刊）
◇4-89434-162-X

陸中心史観を覆す歴史観革命

海から見た歴史

（ブローデル『地中海』を読む）

川勝平太編

陸中心史観に基づく従来の世界史を根底的に塗り替え、国家をこえる海洋ネットワークが形成した世界史の真のダイナミズムに迫る、第一級の論客の熱論。**網野善彦／石井米雄／ウォーラーステイン／川勝平太／鈴木董／二宮宏之／浜下武志／家島彦一／山内昌之**

四六上製　二八〇頁　**二八〇〇円**
（一九九六年三月刊）
◇4-89434-033-X

人文・社会科学の一大帝国

ブローデル帝国

フランソワ・ドス編
浜名優美監訳

『地中海』と「社会科学高等研究院第6部門」「人間科学館」の設立・運営を通しブローデルが築き上げた「人文社会科学の帝国」とは？　**フェロー、ル=ゴフ、アグリエッタ、ウォーラーステイン、リピエッツ**他、歴史、経済、地理学者が「帝国」の全貌に迫る。

A5上製　二九六頁　**三八〇〇円**
（二〇〇〇年五月刊）
◇4-89434-176-X

BRAUDEL DANS TOUS SES ÉTATS
EspaceTemps 34/35

***7　金融小説名篇集**　吉田典子・宮下志朗 訳=解説
〈対談〉青木雄二×鹿島茂

ゴプセック――高利貸し観察記　*Gobseck*
ニュシンゲン銀行――偽装倒産物語　*La Maison Nucingen*
名うてのゴディサール――だまされたセールスマン　*L'Illustre Gaudissart*
骨董室――手形偽造物語　*Le Cabinet des antiques*

528 頁　**3200 円**（1999 年 11 月刊）◇4-89434-155-7

高利貸しのゴプセック、銀行家ニュシンゲン、凄腕のセールスマン、ゴディサール。いずれ劣らぬ個性をもった「人間喜劇」の名脇役が主役となる三篇と、青年貴族が手形偽造で捕まるまでに破滅する「骨董室」を収めた作品集。「いまの時代は、日本の経済がバルザック的になってきたといえますね。」（青木雄二氏評）

***8・*9　娼婦の栄光と悲惨――悪党ヴォートラン最後の変身**（2分冊）
Splendeurs et misères des courtisanes　飯島耕一 訳=解説
〈対談〉池内紀×山田登世子

⑧448 頁 ⑨448 頁　各 **3200 円**（2000 年 12 月刊）⑧◇4-89434-208-1 ⑨◇4-89434-209-X

『幻滅』で出会った闇の人物ヴォートランと美貌の詩人リュシアン。彼らに襲いかかる最後の運命は？　「社会の管理化が進むなか、消えていくものと生き残る者とがふるいにかけられ、ヒーローのありえた時代が終わりつつあることが、ここにはっきり描かれている。」（池内紀氏評）

***10　あら皮――欲望の哲学**　小倉孝誠 訳=解説
La Peau de chagrin　〈対談〉植島啓司×山田登世子

448 頁　**3200 円**（2000 年 3 月刊）◇4-89434-170-0

絶望し、自殺まで考えた青年が手にした「あら皮」。それは、寿命と引き換えに願いを叶える魔法の皮であった。その後の青年はいかに？　「外側から見ると欲望まるだしの人間が、内側から見ると全然違っている。それがバルザックの秘密だと思う。」（植島啓司氏評）

11・12　従妹《いとこ》ベット――好色一代記（2分冊）　山田登世子 訳=解説
La Cousine Bette

嫉妬と復讐に燃える醜い老女、好色の老男爵……。人間情念の深淵を描き尽した晩年の最高傑作。

***13　従兄《いとこ》ポンス――収集家の悲劇**　柏木隆雄 訳=解説
Le Cousin Pons　〈対談〉福田和也×鹿島茂

504 頁　**3200 円**（1999 年 9 月刊）◇4-89434-146-8

骨董収集に没頭する、成功に無欲な老音楽家ポンスと友人シュムッケ。心優しい二人の友情と、ポンスの収集品を狙う貪欲な輩の蠢く資本主義社会の諸相を描いた、バルザック最晩年の作品。「小説の異常な情報量。今だったら、それだけで長篇を書けるような話が十もある。」（福田和也氏評）

***別巻1　バルザック「人間喜劇」ハンドブック**　大矢タカヤス 編
奥田恭士・片桐祐・佐野栄一・菅原珠子・山﨑朱美子=共同執筆

264 頁　**3000 円**（2000 年 5 月刊）◇4-89434-180-8

「登場人物辞典」、「家系図」、「作品内年表」、「服飾解説」からなる、バルザック愛読者待望の本邦初オリジナルハンドブック。

***別巻2　バルザック「人間喜劇」全作品あらすじ**
大矢タカヤス 編　奥田恭士・片桐祐・佐野栄一=共同執筆

432 頁　**3800 円**（1999 年 5 月刊）◇4-89434-135-2

思想的にも方法的にも相矛盾するほどの多彩な傾向をもった百篇近くの作品群からなる、広大な「人間喜劇」の世界を鳥瞰する画期的試み。コンパクトでありながら、あたかも作品を読み進んでいるかのような臨場感を味わえる。当時のイラストをふんだんに収め、詳しい「バルザック年譜」も附す。